2022

米国経済白書

大統領経済諮問委員会

米国経済白書 2022

萩原伸次郎監修・『米国経済白書』翻訳研究会

翻訳者 | 萩原 伸次郎（総論、大統領経済報告、第1〜2章）
大橋 陽（第3〜5章、付録）
下斗米 秀之（第6〜7章）

* 協力（下斗米秀之ゼミナール）

池田 悠人／臼田 千優／大村 亜優／加室 朋香／小林 力生／小松 日和／齊藤 瑠伽／
竹中 脩悟／濱野 裕真／宮澤 誠司／本橋 理央／森田 悠作／山口 昂祐

総論 ■ 萩原 伸次郎

トランプ政権とは真逆なバイデン‐ハリス政権の経済政策
公的セクターの復権は、米国経済に実現可能か？

2022 年経済諮問委員会年次報告

1 経済成長における公的セクターの役割 17

パンデミック前／マクロ経済的安定を確実にする／市場の失敗に対処する／不平等の削減／結論

2 2021 年の回顧と将来の展望 37

2021 年の財政政策／経済的不確実性の上昇／リセッションと回復における経済／このリセッションと回復は、そのほかのそれといかに異なるのか？／グローバル・サプライチェーンの混乱／労働市場／予測／結論

3 米国経済とグローバル・パンデミック 87

グローバルな経済困難の最中の回復／国際貿易、経済回復、そして長引く COVID-19 の課題／公平な国際貿易を構築する諸政策／結論

総論

トランプ政権とは真逆な バイデン・ハリス政権の経済政策

公的セクターの復権は、米国経済に実現可能か？

はぎわら　しんじろう
萩原 伸次郎
横浜国立大学名誉教授

はじめに

2022年『米国大統領経済報告』が、この4月に公表された。いうまでもなく、米国大統領経済報告は、一般教書、予算教書とならぶ米国大統領による米国議会への「3大教書」の1つであり、普通2月半ばまでに公表される。1月の終わりまでに、大統領の一般教書の表明があり、それは現在、大統領が米国議会に直接出向き、上下両院合同会議でその演説を行い、テレビ中継される。2月の初めには、予算教書が大統領によって議会に送られる。

今年は、2022年2月24日にロシアによるウクライナ侵略が開始され、バイデン（ジョセフ・ロビネット・バイデン・ジュニア）大統領の一般教書演説は、3月1日に上下両院合同会議で行われるという異常事態となった。その後、予算教書の発表があり、そして、経済報告の公表ということだから、4月にずれ込んだことになる。

大統領経済報告の冒頭には「米国議会へ」という言葉が入り、末尾に大統領の署名がある。この大統領経済報告には、「大統領経済諮問委員会（CEA）年次報告（アニュアル・レポート）」が付随する。

「本体」ともいうべき、大統領経済報告は、ケネディ政権最初の1962年のものは、25ジにわたる大報告だったが、次第に短くなり、今年、バイデン大統領による初の『大統領経済報告』は、英文で3ジ半しかない。その結果、米国大統領経済報告といえば、一般には、CEAによる詳細な年次報告を意味するようになった。

CEAが、年次報告を大統領に提出する際の「提出書」には、「1978年『完全雇用及び均衡成長法』によって修正された、1946年『雇用法』の規定にしたがって」報告書を提出すると記している。「雇用法」は、第2次世界大戦後まもない46年に施行され、第1回大統領経済報告は47年1月に出された。

初代大統領ジョージ・ワシントンによって1790年に出された一般教書、1921年の「予算ならびに決算法」に基づく予算教書と比べ、大統領経済報告は、戦後始まったもので、比較的新しい。これは、世界大恐慌の記憶がいまだ残る第2次世界大戦後、政府が経済をコントロールして大恐慌の再来を防ごうと、「雇用法」を制定したためだ。「雇用と生産、購買力の促

トランプ政権とは真逆なバイデン—ハリス政権の経済政策——萩原伸次郎

進を最大限行うことが連邦政府の責任」と定めたこの法律に基づき、経済運営に責任を持つ大統領が議会に対して米国経済の現状を説明し、適切な経済政策をとることが義務づけられるようになった。

大統領が、アメリカ経済の舵取りに責任があると法律上定められたとしても、大統領が必ずしも経済に明るいとは限らない。そのため、「雇用法」は、大統領が、経済学の専門家である経済諮問委員をアドヴァイザーとして任命し、経済諮問委員会が、諮問委員会報告を大統領に提出するという仕組みにしたわけだ。バイデン大統領が任命した諮問委員は、委員長にセシリア・エリーナ・ルース（Cecilia Elena Rouse）、委員としてジェリド・バーンスタイン（Jared Bernstein）、ヒーザー・バウシェイ（Heather Boushey）の3人だ。特筆すべきは、委員長に指名され、上院によって、2021年3月2日に承認されたルース委員長だ。彼女は、プリンストン大学教授であり、2012年から2021年まで、プリンストン大学公共・国際情勢学部の学部長の任にあった。そして、黒人女性として初めて、今回、大統領経済諮問委員会委員長の任についた。バイデン大統領は、公約通り、黒人女性を積極的に役職の重要ポストに任命している。副大統領のカマラ・ハリスがそうだし、最高裁判事にも米国史上初の黒人女性、ケタンジ・ブラウン・ジャクソンを任命し、上院の承認を得ている。ルースは、バイデン大統領の中心的経済アドヴァイザーだし、バイデン内閣の一員でもある。彼女は、1998年から99年まで、クリントン政権の国家経済会議で、大統領特別補佐官として働いた経験もあり、2009年から2011年まで、オバマ政権で大統領経済諮問委員会委員として勤めた経験がある。

公的セクターの成長効果を力説する2022年『報告』の概要

既述のように、今年の大統領経済報告が発表されたのは、例年より大幅に遅れて、2022年4月のことだ。ルース委員長の下で、バイデン大統領に経済諮問委員会年次報告が提出されたのは、2022年4月14日となっている。以下、その概要を示せば次のとおりである。

第1章　経済成長における公的セクターの役割
第2章　2021年の回顧と将来の展望
第3章　米国経済とグローバル・パンデミック
第4章　人々への投資——教育、労働力開発、健康
第5章　経済的平等への障壁——買い手独占、独占、差別の役割
第6章　弾力的なサプライチェーンの構築
第7章　クリーン・エネルギーへの転換を加速し、円滑にすすめる

今年の大統領経済報告は、前年までのトランプ政権の大統領経済報告とは、まさに真逆の内容を持っているといっていいだろう。トランプ政権の経済政策が、2017年12月の「減税及び雇用法」の成立を基軸に、減税と規制緩和によって、経済成長が成し遂げられると主張し、1980年代のレーガン政権以来の新自由主義的経済政策を金科玉条のごとく振りかざしたのに対し、バイデン - ハリス政権は、経済成長における公的セクターの役割を強調するからだ。ま

た、トランプ政権の経済諮問委員たちが、たか
だか3年の彼らの政策を手放しで称賛し、米
国経済に潜む長期の低成長の問題についてほお
かぶりを決め込んだのに対して、バイデン‐ハ
リス政権の経済諮問委員会は、米国の長期の低
成長にメスを入れ、それは、この70年代以降、
米国の経済政策において、公的セクターの経済
成長に対する役割を軽視してきたからだと喝破
する。

　トランプ政権の自らの政策への自画自賛は、
次の言葉で明らかだ。「トランプ政権になって
3年、米国経済は多くのさまざまな測定値に
おいて、予想を超えて、超過達成し続けてお
り、産出、雇用、雇用者報酬の上昇は、すべ
て2017年の前にたてられた予測を超えている。
わが政権の経済政策アジェンダの明確な成功
が明らかにしているのは、その基盤となる政策
の柱が、米国経済に、かつて成功を抑え込んで
いた構造的傾向を克服させることを可能とする
ということである」(『米国経済白書2020』蒼
天社出版、2020年、18㌻)。また彼らは、こ
の『報告』の「第1章大拡大」において、次
のようにいう。「減税及び雇用法(TCJA)の制
定から2年、わが政権による企業向け規制緩
和政策と革新的エネルギー・インフラストラク
チャーへのサポートの強化によって、米国経済
は健全なペースで拡張を続けているが、それら
は、2018年と2019年の『大統領経済報告』
によって予測されていた。2019年12月時点
で米国経済の拡張は、127カ月に到達し、わ
が国史上最長となった」(同上訳書、24㌻)。

　しかしこれは、米国経済を長期の観点で眺
めれば、彼らが記録的な最長の拡大とする、
2009年第2四半期から2019年第4四半期ま
での経済成長は、第2次世界大戦後、米国で
11回あった経済拡張期において、成長率が最
も低くなっている拡張期であるということにほ

おかぶりしている議論といわざるをえないだろ
う。私は、『米国経済白書2020』の総論で次
のようにいった。「2019年12月において、ア
メリカ経済は、経済拡大の127カ月目に入っ
たという。指標は、実質GDP成長率が2009
年7月以降2019年12月まで、42四半期も
プラスをもち続けたということである。しかし、
その期間の長さを持って「大拡大」という表現
をするのはミスリーディングというものだろう。
なぜなら、「大拡大」というには、その成長率
があまりに低すぎるからだ」(同上訳書、vii㌻)。

　パンデミック前の状況について、トランプ政
権が、米国経済は歴史上かつてない大拡大を行
い、失業率は3.2%の低率だし、株価はこれま
た、これまでにない高価格をつけている、と手
放しで自らの政策を褒め上げたのは既述の通り
だが、今年のバイデン‐ハリス政権の『報告』は、
そうした楽観的把握は、経済データの弱点を無
視していると批判する。つまり、確かにパンデ
ミック前、失業率は、史上最低だったし、株価
は史上最高だったのだが、危険信号は、米国経
済成長能力の長期にわたる停滞にあったと喝破
する。その経済成長能力の停滞は、どの指標に
現われたのか。それは、労働参加率の低下だと
今年の『報告』はいう。労働参加率の低下は、
米国における生産能力の低下につながった。だ
から、第2次世界大戦後、米国には、2009年
第2四半期から2019年第4四半期までを含
めて11回の経済拡張期があったのだが、最後
の11回目のパンデミック前の経済拡張期の成
長率は最も低かったのだ。しかも、成長率が下
がっただけではない。経済成長の果実が、すべ
ての人の働きに応じて均等に分配されたのでは
なく、所得の高い層に著しく傾斜して分配され
たと指摘する。この事実は、1970年代以降の
所得グループ別平均家族所得の成長を見れば一
目瞭然なのだ。

トランプ政権とは真逆なバイデン - ハリス政権の経済政策——萩原伸次郎

　今年の『報告』は、その原因を経済成長において、民間セクターを補完する公的セクターの働きが後退してきていることに求める。しかも、この公的セクターの役割についての後退は、決して偶然に起こったものではない。それは、政府の機能が退場すれば、民間セクターによって経済成長は、より活発に展開するという経済哲学によるものなのだ。いうまでもなく、それは、1980年代から米国経済政策を支配している新自由主義的経済政策のことだ。

　しかし、新自由主義者がいうように、公的セクターの役割を認めず、民間セクターへの減税と規制緩和だけで、強力かつ持続的な経済成長を米国経済にもたらすことはできなかった。それに対し、今年の『報告』は、効果的な公的セクターは、米国経済を活発な成長軌道に乗せるのに極めて重要な役割を果たすと、指摘する。公的セクターは、決して民間セクターの働きを無視しているのではない。公的セクターが民間セクターの補完的役割を果たすことで、米国経済を強力かつ持続的な成長軌道に乗せることができるのだ。今年の『報告』によれば、公的セクターが民間セクターを補完する道は3つあるという。その第1が、的確な財政金融政策にみられるマクロ経済の安定化を確実にすること、第2が、公害にみられるように、民間セクターが成し遂げることの出来ない「市場の失敗」に対処することであり、そして、その第3は、不平等を削減することなのだ。

なぜ経済成長が停滞するのか
教育、労働力の開発、健康政策の重視を !!

　バイデン - ハリス政権が、トランプ政権と、真逆な政策体系を持っている典型的な例が、経済成長への考え方だ。トランプ政権の考えは、減税、規制撤廃、イノベーション促進のエネルギー政策が経済停滞を克服し、継続的な経済成長を可能にするというものだ。トランプ政権の成長促進政策とは、2017年12月に成立した「減税及び雇用法」のことだ。法人税を引き下げ、企業の設備投資をすべて費用化するという投資促進政策のことであり、事実2018年以降アメリカ企業の設備投資は上昇を示したし、株式市場はさらなる上昇を示した。「米国の労働市場はこの半世紀において最も強力であるのは、トランプ大統領の成長促進政策が労働需要を上昇させ、労働市場に参入する構造的な障壁を低くしているからである」(『米国経済白書2020』55ページ)。そして、その第2章では、「経済成長は歴史的に恵まれなかったアメリカ人に恩恵を与える」とまでいい切った。しかしトランプ政権の経済政策担当者たちが無視しているのは、1970年代以降の長期にわたる米国の経済成長の停滞であり、労働者の実質賃金の傾向的低落だ。すなわち、1960年代までの米国の長期の経済成長は、1980年代レーガン政権による減税、規制撤廃の経済政策の本格的実施によって低成長に転じ、株式価格が上昇しても、労働者の実質賃金は1970年半ば以降下落傾向にあり、しかも、所得格差が急速に開いてきたという現実だ。

　バイデン - ハリス政権は、その事実を直視し、経済成長は、質の高い健康な多くの人々の労働によって成し遂げることができる。そして、か

れらが、率先して労働市場に参加し、労働生産性を賃金の高さによって還元される社会を創ることこそが重要なのだ、ということを明らかにする。『報告』はいう。エコノミストは、「人的資本」というコンセプトで、人々への投資を捉えてきた。このコンセプトは、知識、スキル、健康、そして個人の身についた価値ある資質を捉えたものだが、これは、設備投資や金融投資が、収益を生むのと同じように、働く人々、雇用主、そして社会にも便益を生み出すのだ。

人的資本の蓄積は、より速い経済成長に大いに貢献し、生活水準も向上すること請け合いだ。しかし米国をみて憂慮すべきは、とりわけここ数十年において、教育のレベルや平均寿命の延長が他国と比べて、著しく落ちてきていること

だ。だから、わが国は、より多くの資金を教育に投資しなければならないし、労働力の開発、健康への投資が重要となる。減税と規制緩和によって、経済の供給力を重視するなどという議論は、全くの誤りで、富をつくる労働者の質の向上、賃金の大幅上昇によって、真の経済成長の持続が可能にとなるというのが、今年の『報告』のエッセンスだ。これは、アダム・スミス以来の経済学のいわば常識ともいえる議論であり、傾聴に値しよう。なぜなら、スミスは彼の主著『諸国民の富』（1776年）で次のようにいっているからだ。「労働者の報酬が豊かだということは、国富が現に増加しているということの必然的結果であると同時に、その自然的徴候である」と。

買い手独占、独占、差別が、経済的不平等を生み出している

労働組合の力を強くし、女性、黒人、ヒスパニックなど、マイノリティ・グループへの差別を撤廃する

今年の『報告』の大きな特徴は、トランプ政権の『報告』と異なり、労働市場の不平等を真正面から論じ、その不平等を労働市場の買い手独占、製品の売り手独占、そして人種、エスニシティ、ジェンダーによる差別にまで立ち入って論じていることにあるといっていいだろう。この点、トランプ政権の『報告』とは、まさに真逆の内容だ。トランプ大統領、2020年『報告』では、次のように指摘されている。「米国労働市場はこの半世紀において最強の状況であり、それはさまざまな測定を通した経済データによって示される。トランプ大統領の成長促進政策がこの強さに貢献している」とし、「わが政権の政策は労働需要を高め、労働市場への参入の構造的障壁を減少させる。このアプローチは、歴史的に不利であったグループに大きく

便益を与え、経済ブームを通じて不平等を削減しようとするものである」。「今日のよりタイトな労働市場とその結果としての賃金上昇は予想できたものであり、政権の歴史的な減税と規制撤廃行動によるものであって、継続する経済拡大をもたらしている。不必要な規制障害を取り除いて減税することは、労働需要を喚起するのであり、企業をして生産性を高める投資へのインセンティブを与えるのである。その結果、労働生産性、賃金、そして雇用それらの全部が上昇する」（『米国経済白書2020』56㌻）。つまり、減税と規制緩和によって、労働生産性、賃金、雇用それらの全部が上昇するのだそうだ。それならば、減税と規制緩和の新自由主義的経済政策が始まり今日まで続く中で、労働生産性、賃金、雇用それら全部が上昇したのかといえば、

トランプ政権とは真逆なバイデン‐ハリス政権の経済政策──萩原伸次郎

それは正確な表現とはいえないだろう。今年の『報告』は、図5-1において、1948年から2020年までの生産性、労働者報酬をグラフで示し、生産性上昇に追いつかない労働者報酬が、1980年代から始まり、そのギャップは、今日に至るまでどんどん開いていることが示されているのである。すなわち、減税と規制緩和の経済政策は、たしかに、労働生産性、賃金、雇用のすべてを上昇させたかもしれないが、労働生産性と賃金とのギャップは、年を追うごとに開いている。つまり、労働生産性の上昇は、そのまま賃金の上昇につながらないということを図5-1は、見事に示しているのである。だとすれば、そのギャップが開いたのはなぜか、そのことを究明することが経済政策上重要となるのは明らかだ。

今年の『報告』は、そのギャップの広がりを、労働市場における買い手独占、製品市場の売り手独占による雇用主側の市場支配力の強化に求め、さらに、人種、エスニシティ、ジェンダーによる差別が、黒人、ヒスパニック、そして女性に不当に低い賃金を押しつけてきたからだと論じる。調査は、賃金、所得、資産の不平等が、広がっていることを示すのだが、それを、人々の教育達成度や労働経験の違いによってのみ説明することはできない。つまり、労働市場が、少数の雇用主と多くの労働者によって構成され、雇用主側に買い手独占の経済レントが発生しているのだ。調査を行った研究者たちによれば、労働者たちの生産性は、彼らが得ている賃金より17％も高かったというのである。とりわけ、低賃金労働市場において、この雇用主の買い手独占力は強く発揮され、企業の集中合併による労働市場の集中化が、この傾向に拍車をかけている。さらにまた、労働市場の買い手独占力のみならず、製品市場の売り手独占も、消費者から経済レントを絞り上げ、それを企業の株主へ

の高配当へとつながり、格差を広げる大きな役割を果たしているというわけだ。しかもこの市場を通じた雇用主の支配力は、人種，エスニシティ、ジェンダーの差別を通じて、さらなる経済格差へと導くことになる。こうした差別は構造的なものであり、その結果は、労働者能力の誤った配分となり、イノベーションの芽を摘んでしまうことにつながるし、結果として、米国経済の長期の経済成長の低さになって現れるということになる。

労働市場における買い手独占の形成によって、経済レントが雇用主側に流れ、労働者側に不利な状況がつくられ、労働生産性と賃金との格差が開き、米国の経済成長が鈍化したのである。その開始が1980年代からだったという図5-1が語る事実は決して偶然ではない。それは、第2次世界大戦後、米国に形成された「ケインズ連合」の崩壊と時期が重なるのだ。巨大産業企業の経営者と労働組合が生産階級として連携する階級連合が、この「ケインズ連合」の内実だが、この体制のもとで、戦後米国では、株主配当は低く抑えられ、巨大産業労働者の高賃金と巨大産業の高利潤が実現した。しかしその後、この「ケインズ連合」は、米国企業の多国籍化の進展とともに崩壊し、労働市場においては、雇用主による買い手独占的状況が出現したということになる。

バイデン‐ハリス政権は、だから、労働組合の力の復権を呼びかけ、労働市場に公平さを取り戻せと主張する。また、公的権力の介入によって、連邦最低賃金の大幅アップを国民に呼びかけるのだ。この具体的な内容については、ぜひ本文を熟読玩味願いたい。

弾力的なサプライチェーンをいかに構築するか

新自由主義的サプライチェーンからの脱却を*!!*

今年の『報告』においては、グローバル・サプライチェーン問題が、米国経済政策の新しい課題として浮上してきた。いうまでもなく、これは、2021年秋ごろから深刻になり始めた、米国における物価の急騰の背景にある供給制限に直接かかわる問題だ。現在米国を襲っている物価高騰の波は、ロシアのウクライナ侵略という不確定要因も重なり、バイデン - ハリス政権の克服すべき最も重要な課題の1つになっている。2021年1月のバイデン大統領就任以来、彼の支持率低迷の要因には、明確にこのインフレ問題が存在していることは明らかだ。

事の起こりはいうまでもなく、2020年初めのCOVID-19パンデミックが、深刻に米国を襲ったことだ。トランプ大統領は、初めのうちは、このCOVID-19を甘く見ていたが、その後、患者と死者が急増し、米国経済が、個人消費の落ち込みと失業の急増に直面し、積極的な財政政策の必要に迫られた。リーマンショックを超える、放置すれば確実に、1929年大恐慌の再来とみたトランプ政権は、2020年3月27日「コロナ援助・救済・経済安定化法」（CARES: Coronavirus Aid, Relief and Economic Security Act of 2020）を議会との協力で通過させた。これは、2兆2000億ﾄﾞﾙにも及ぶ財政支出政策である。2008年9月15日リーマン・ブラザーズ倒産に始まる世界経済危機に直面したオバマ政権が打ち出した「米国復興及び再投資法」であっても、総額8000億程度のものであったことを思うと、このトランプ政権による財政政策は、半端な数字ではない。しかも、こ

の財政政策は、低所得者家計の所得補償に大きな力を発揮し、個人消費の回復は、米国経済のCOVID-19によるリセッションを早急に回復過程に向かわせた。さらに、2021年1月に政権を樹立したバイデン大統領は、3月11日、COVID-19パンデミック対策を目的とした「米国救済経済計画法」（ARP: American Rescue Plan of 2021）を連邦議会の審議・修正を経て成立させた。この救済計画法に基づく財政支出は、これまた総額1兆9000億ﾄﾞﾙという巨額な財政支援であり、米国経済には、2020年から2021年にかけて、財政支援による巨額な有効需要がつぎ込まれた。しかも、これら救済資金は、サービスではなく財への需要となって、財市場のひっ迫が現実のものとなった。アメリカは、いうまでもなく貿易赤字の国だ。多くの物資を輸入に頼っている。物財への需要は、財の輸入の巨額化をもたらし、2020年の半ばには、一時、米国の輸出・輸入とも激減したが、その後急速に回復し、2021年末には物財における膨大な貿易赤字を計上するようになった。

この急速な米国市場にける需要増は、グローバル・サプライチェーンの混乱を引き起こした。つまり、急増する需要に供給が追いつかないという事態が、米国市場において起こったのだ。しかも、米国の財の輸入は、その多くがコンテナによって行われ、そのコンテナ港は、ロスアンゼルスとロングビーチの港を通して運ばれる物が多く、そのキャパシティの限界は、供給の遅れとなって現れた。サプライチェーンは、

トランプ政権とは真逆なバイデン‐ハリス政権の経済政策──萩原伸次郎

世界的に複雑に入り組んで形成されているので、どこかで混乱が生じるとそれが、世界的に波及するという事態も引き起こされる。急速に引き起こされた半導体不足はそのいい例だ。

今回のグローバル・サプライチェーン問題は、1980年代以降アメリカ多国籍企業が、グローバルに利益を上げるために考案され実施されてきたアウトソーシングやオフショアリングによるビジネス・モデルが現実の高まる不確実性とそのリスクに対応できなくなったことを示しているということもできよう。

この問題を論じるには、過去30年間の貿易拡大が、グローバル・サプライチェーンの形成と密接不可分にかかわっていたことの指摘が重要だ。つまりこの拡大は、アメリカ多国籍企業が、労働コストの低廉さや中間財、原材料の手に入れやすさをもとめて、世界的にサプライチェーンの形成を伴ってきた。アメリカ多国籍企業は、このオフショア生産とその製品のアメリカへの移転で莫大な利益を上げてきたが、いうまでもなくそれは、アメリカ貿易赤字の巨額化と、アメリカ製造業の衰退、雇用の減少を引き起こしてきたのだ。2001年には、中国が世界貿易機関（WTO: World Trade Organization）に加盟し、財・サービスなどWTO下の貿易自由化が、米中間の貿易を劇的に増加させた。アメリカ企業はこぞって中国への進出を果たし、グローバル・サプライチェーンが中国を基軸に形成される時代になったわけだ。事実中国のWTO加盟以降、中国からアメリカへの輸出はうなぎ上り、リーマンショック前には、アメリカ輸入の約20％近くまで上昇し、その後も上昇は続いた。

しかし近年、いくつかの要因によってアメリカ企業のグローバル・サプライチェーンの形成には、従来のそれとは逆行する傾向が現れた。その原因の第1は、2008年世界金融危機がグローバル経済に与えたかつてない深刻なショックだ。その危機以降、グローバル・サプライチェーンの拡大は、今に至るまで完全に回復したとはいえないのだ。グローバル・サプライチェーンの拡大を貿易のシェアで計測すると、世界経済危機後減速し、現在最新のデータが利用可能な年である2015年には反転する傾向すら見ることができるというのである。それは、経済成長の減速化と事業方式の改革によって引き起こされたというのだ。最近では、トランプ政権下での対中国制裁措置に始まる両国間のコンフリクトにみられるように、コスト効率的グローバル・サプライチェーンが、リスクなしで形成される時代は過ぎ去った。さらに、COVID-19パンデミックの世界的な広がりがそれに追い打ちをかけた。こうした事態が、グローバル・サプライチェーンの再編をもたらしているというのだ。

グローバル・サプライチェーンは、国際貿易の拡大とともに形成されてきたのだが、それはとりわけ中間財貿易を促進した。中間財は、いうまでもなく完成品の生産に不可欠な財である。COVID-19パンデミックは、この中間財貿易に深刻な影響を与えた。グローバル・サプライチェーンは、遠隔地を入り組んで結びつけるものであり、COVID-19による現地生産の操業停止は、そのサプライチェーンを通じて伝染し、世界中の経済活動を混乱させた。

とりわけ、2020年1月23日の武漢市の閉鎖は、その地域の主要製造業の操業停止を引き起こし、さらにその後の中国諸都市のロックダウンは、アメリカ企業のサプライチェーンの崩壊を引き起こした。このCOVID-19パンデミックによるグローバル・サプライチェーンの分断は、貿易政策の不確実性も手伝って、アメリカ企業にその再編を促し、とりわけ中国における資産を本国により近いメキシコ、米国本国へ

移動させる動きとなっていることに注目しなければならない。2020年1月というのは、まだCOVID-19が世界に深刻に広がる前のことだが、バンク・オブ・アメリカ（Bank of America）は、北米、ヨーロッパ、アジア太平洋地域、中国にまたがる3000社をカバーするアナリストを調査し、グローバル・サプライチェーンの移動の確実な証拠を発見したという。12セクターにわたって、グローバル・サプライチェーンを持つ80％の企業は、少なくともその一部を移動させることを考えているという。「傾向は明らかなのだ。グローバル・サプライチェーンは、間違いなく根底から崩され、本国か戦略的同盟国へと移動」ということになるだろう。

このグローバル・サプライチェーンの再編の要因は単一ではない。第1が、中国の高賃金化、第2が技術革新とオートメーション化、第3が中国との貿易政策での対立と高関税、そして第4がCOVID-19パンデミックによるグローバル・サプライチェーンの分断にある、とトランプ政権最後の『報告』は指摘した（『米国経済白書2021』蒼天社出版、2022年、219ジ）。

バイデン‐ハリス政権は、サプライチェーンに弾力性を持たせることが重要だと指摘する。弾力性とは、サプライチェーンに混乱があったとしても直ちに混乱前に復帰する力だ。そして、民間セクターにできる弾力性強化策を彼らは3つあげる。第1が、サプライチェーンの可視性を確保すること、つまり、企業が取引している供給業者の生産レベルと在庫についてよく知りうることが重要だ。そのことによって、混乱が起こった時、企業は、いち早くそのサプライチェーンをどう維持すべきか、またどのように対処すべきかがよりよく分かるだろうという。第2が、代理機能性の確保だ。効率性重視の新自由主義的グローバル・サプライチェーンには、余裕がない。いったんその関係が切れれば、供給上の混乱は広がる。だから、企業は、追加的な供給業者との関係をつくっておくべきだし、企業それ自身が、在庫を持つべきである。そして、第3が、敏捷性だ。サプライチェーンが混乱した時、迅速に対応できる能力を持っていなければ、経営はたちまち行き詰る。混乱したサプライチェーンに代替する生産物、生産過程の用意であり、供給業者との協力関係の維持が、その要となるだろう。そして、国内生産の強化が敏捷性を確保する最も重要なやり方だとバイデン‐ハリス政権は指摘する。近くで生産するということは、輸送コストと時間の節約、より良いコミュニケーションの可能性を増進させることになるだろう。

ところで、バイデン‐ハリス政権のトランプ政権との決定的相違は、トランプ政権が公的セクターの役割を無視したのに対し、公的セクターの役割を強調する点にある。サプライチェーンの弾力性維持のために、公的セクターができることは、彼らによれば、2つの分野で重要だという。その第1は、情報の収集と伝播だ。市場は万能ではない。市場の失敗がそのいい例だが、物資不足の時に、民間企業は、競争企業との関係で、サプライチェーン関連の情報を共有することを嫌う。情報が明らかにならないと、需給関係で動く、市場の機能そのものがうまく動かないことが起こる。そこで、民間利害とは直接には関係がない公的セクターのお出ましとなる。市場の機能が円滑に働くためには、公的セクターの補助が不可欠というわけだ。そして、第2が、国家安全保障の分野だ。このバイデン‐ハリス政権の国家安全保障は、軍事関係にとどまらず、気候や健康の安全保障を含むものだ。これらの分野は、民間セクターに任せると、「市場の失敗」が起こる。なぜなら、これらの分野の生産は、国内生産によって、その生産の外部性（スピル・オーバー効果）が大き

トランプ政権とは真逆なバイデン - ハリス政権の経済政策──萩原伸次郎

くなるが、金銭的利益を追求する民間企業には、それが理解できず、公的セクターの関与なく民間セクターにそれらを丸投げすれば、生産が過少供給に陥る可能性が生じる。

　例えば、平和時の食料の備蓄や軍事能力を考えよう。いずれも民間セクターに任せれば、過少供給に陥る。平和時にせっせと食糧を備蓄し、軍備を個人で積極的に備える人はいないだろうからだ。

　バイデン - ハリス政権は、1980年代以降、米国が積極的にとってきたグローバル・サプライチェーンの形成、すなわち多国籍企業のアウトソーシング、オフショアリングに対して批判的だ。例えば、グローバル・サプライチェーンには運輸がつきものだが、この運輸が、温室効果ガス発生に大きな役割を果たしているという。だから運輸サービスの少ないサプライチェーンこそ、地球温暖化防止に大きな役割を果たすとする。新自由主義的貿易政策の実施に深くかかわる世界貿易機関は、多国籍企業のグローバル・サプライチェーンの形成に積極的に関わり、米国のイノベーション、雇用、そして賃金を削りに削ってきたのだ。

まとめにかえて

クリーン・エネルギー社会への転換をどう実現するか

　今や国家安全保障確保の基軸は、気候危機の克服だとバイデン - ハリス政権はいう。この克服なくして米国の安全保障は保たれず、クリーン・エネルギー社会の実現は加速化されなければならない。これは、トランプ政権のエネルギー政策とは真逆だ。トランプ政権の『2020年報告』は次のようにいう。「米国のエネルギー・イノベーションは、トランプ政権下で繁栄を続けている。イノベーション── そして、それをサポートする政策 ──は、コストと価格をより低くし、生産を増加させる。これは米国のシェール革命にみることができ、シェールとその同じ地層形成における石油とガス採掘の生産性の劇的な上昇によって示される。シェール採掘の生産性の増進は、天然ガス、電気、石油を低価格に導き、4人家族で年間平均2500ドルの節約をもたらしている」(『米国経済白書2020』、110㌻)。また、民主党政権による政策展開を批判して次のようにもいっている。「ト

ランプ政権の規制撤廃のエネルギー政策は、それ以前の連邦の規制撤廃政策を踏襲したものであるが、シェール革命を引き起こすことを促進した。民間のイノベーションと投資への不必要な抑制を制限することによって、わが政権は、わが国の豊富な人的かつエネルギー資源のさらなる解放をサポートする。対照的にニューヨーク州は、シェール生産を禁止し、また新しいパイプラインの建設を妨害し、州内の天然ガス生産の落ち込みを引き起こしており、よそで生産されるエネルギーとより高い価格のエネルギー価格に依存する状況を創り出している。同様に、州と連邦レベルの再生可能エネルギー権限についての事実は、それらのコストと限界を示している」(同上訳書、同㌻)。

　これをみても明らかなように、トランプ政権には、化石燃料に依存する社会からどのように抜け出すかの戦略は全くないといえるだろう。それに対して、バイデン - ハリス政権は、大気

中の二酸化炭素濃度の上昇が地球温暖化をもた
らし、米国にハリケーン、山火事、その他さま
ざまな破壊的な事象を引き起こしていることを
直視する。そして、トランプ政権が、パリ協定
から抜け出る政策をとったのとは、まさに真逆
に、他の主要温室効果ガス排出諸国と協力しな
がら、排出ガス削減、気候危機の最悪の結果を
避けるべく、行動することを宣言するのだ。

　しかし、CO_2 を削減しながら、米国が、産業
の強さとエネルギー安全保障をいかに確保する
かは極めて大きな課題である。しかも、今まで
雇用と税収を炭素集約的な産業に依存してきた
米国中の地域社会をサポートするにはどうすべ
きか、課題は山積みだ。バイデン - ハリス政権
のその対策については、ぜひ本文を熟読いただ
きたい。

ECONOMIC

REPORT

OF THE

PRESIDENT

TRANSMITTED TO CONGRESS | APRIL 2022

TOGETHER WITH THE ANNUAL REPORT
OF THE COUNCIL OF ECONOMIC ADVISERS

目　次

* 会議の報告書の詳細な目次については、9ﾟ (本書『米国経済白書 2022』7ﾟ) を参照

2022

大統領経済報告

米国議会へ

私が2021年1月20日、政権に就いた時、わが国は、COVID-19パンデミックのさなかにあり、経済回復は、弱く不均等に進んでいた。6カ月以上も、おおよそ400万人の労働者が失業中だった。議会予算局と民間予測家たちは、2021年を通して、失業率のゆっくりとした低下を予測していた。

わが国は、パンデミックに打ち勝ち、それが引き起こした深刻な経済混乱からの回復に必要な重要かつ練られた課題に十分適した、迅速な経済政策を必要としていた。回復は、急速かつ活発であることが求められてきたが、それはかつてのわれわれに復帰するには十分ではなく、より良き未来のさらなる構築も求められていた。

今日、従来とは著しく異なる米国をわれわれはみている。2億人以上のアメリカ人がワクチン接種を完全に行い、最悪のCOVID-19から保護されている。企業は活動を取り戻すことができるようになった。学校や育児センターは再びオープンしている。わが国の経済回復は強力であり、それは雇用とGDPの劇的な上昇に明らかだ。さらに、われわれの前進は、2021会計年度において、わが国の財政赤字が3600億ドル減少したことによって達成されてきたし、2022会計年度では1兆3,000億ドルの画期的減少が予測されている。

この成功は、あらかじめ定められたものではなかった。それは、よく計画され、よく管理実施された政策の結果なのだ。

わが政権の発足にあたって、その最も重要な任務は、破滅的なウイルスの淵からわれわれを自由にすることだった。昨年、私は、米国救済計画法（ARP: American Rescue Plan of 2021）に署名したが、それは、米国史上最も重要な経済救済包括政策の1つである。ARPは、ウイルスによって被害を受けた企業、労働者、家族のための保護政策を提供した。それは、経済回復を軌道に乗せ、維持するための方策を優先し、州・地方政府への援助、アメリカ人への給与所得援助、学校の安全な再開への支援、そして、活発なワクチン接種プログラムへのサポートであった。

直接的支援に付け加えて、ARPは、労働者や企業がしばしば経済的ショックに継続して起こる長期の多くの有害な影響を避けられるよう、長期的回復のための足場を供給した。われわれは、ほぼすべての範囲にわたって成功をみた。2021年末、わが経済は、600万以上の雇用を創出し、それは、1年においてはかつてない大きな数字であり、失業率の最も速い下落を経験した。米国は、1984年以来最も強力な経済成長をみており、GDPは、ほぼ6％の拡大を示した。貧困は、とりわけ子供において、画期的な低さに到達したことが見込まれる。実質可処分所得は、所得分布の下半分において上昇した。

アメリカ人のポケットにお金がたまるにつれ、彼らは、支出をしようと構えたが、ウイルスが旅行、レジャーその他のサービスの需要をおさえたので、その多くが財に向けられた。このたまりにたまった需要は、受注残高の追加をもたらしたが、わが政権は、港、貨物列車、トラックなど、サプライチェーンのすべての段階においてその混乱を緩和するため、産業とともに働き続けている。その結果、お店の棚は、よく在庫をそろえており、多くの人が予測した休日のサプライチェーン危機が起こることはなかった。

パンデミックによって抑制された経済、それは、強力な需要とともに、価格上昇をもたらした。こ

の傾向は、米国だけの独自のものではない。世界中の諸国が、パンデミックが終息し、需要が構築されるに従い、上昇するコストと格闘している。これに付け加えるに、ウクライナにおける戦争が世界中のエネルギーと食料価格を上昇させる供給ショックを引き起こしている。

われわれは、これらの直接的課題に取り組む一方、また未来に向かって生産能力を拡大しなければならない。このパンデミックによって、米国経済に何年にもわたって広がってきた亀裂があらわになった。何十年にもわたった低くかつ不平等な経済成長は、黒人、有色アメリカ人、そして、部族民を不均等に傷つきやすくし、研究とインフラへの不十分な投資、企業統合と競争の低下、そして、製造業セクターの空洞化をもたらし、アメリカ人労働者と中間階層の家族をサポートすることを欠落させてしまった。われわれは、アメリカ人家族と労働者により強固な、かつより公平な成長をもたらす経済を建設することを求める。

2021 年 11 月 15 日、私は、超党派インフラ法（BIL: Bipartisan Infrastructure Law）に署名し、その経済を構築するために画期的な機会を供給する。BIL は、何百万もの新しい雇用を創出するものだが、わが国の現実のインフラストラクチャーにおける長期にわたって必要な投資を規定し、道路及び橋梁の近代化のための資源を供給し、クリーンな飲み水を確保し、効率的かつ適切なブロードバンドを提供し、クリーンかつ信頼のおけるエネルギーを生産する。これら重要な投資は、とりわけ米国の農村を変化させ、これら地域に雇用を創出し、富を構築することになるだろう。

過去 1 年、私はまた、経済を改善し、連邦政府調達の効率性を高めるいくつかの行政命令に署名した。競争促進の行政命令は、それによって企業が労働者と消費者を傷つける集中した市場力を行使できなくしたし、連邦契約の労働者への、時給 15ドルの最低賃金を確立する行政命令がその例だし、サプライチェーンの欠陥に対処するための行政命令も行なった。

私はまた、気候変動とたたかう政府全体のアプローチを前進させ、労働者組織とその力を強化し、ジェンダー平等と人種平等を追求した。

われわれは、この重要な仕事を継続しなければならない。何十年にもわたって、米国では、その

家族、その地域社会、米国企業、そしてわが国民に投資するのがあまりに少なかった。われわれが、子供と家族、労働者と米国企業に資源を向けるとき、その全体の経済の底を引き上げ、さらに天井も引き上げるのだ。

われわれは、例えば、教育と訓練への、とりわけ若い人たちへのその投資が、経済的に意味あるものとなることを知っている。高い質の幼稚園・保育園に誰でもが入れることは、多くの他の先進国経済においては通常の姿だ。すべての子供たちに質の高い幼稚園・保育園へ就学させることは子供が大きくなった時にベネフィットをつくり出すのだから、時間がたてば、それは、割が合うことになる。

さらに、次の 10 年において創出される新しい雇用のほぼ半分は、少なくとも中等教育を越える教育が必要とされるし、職に就く前に訓練が必要とされる。20 世紀初めの小中学校教育の義務化が、熟練の高度な労働力を創出するのを手伝ったように、今日より高度な教育への投資は、労働者が、明日のより高い給与の雇用につくことを援助できる。結果は、より広範囲であり、より活発な経済成長となることだろう。

われわれは、家族のバランスの取れた仕事と家族生活を援助する政策に力を入れることに失敗した経済的結果をみてきている。1999 年、25 歳から 54 歳までの人々の労働参加率は、84％以上でピークを打った。それ以来、一度も再びそのレベルに到達したことはない。われわれは、適切な、高質な子供のケアと長期のケアは、有給家族休暇と医療休暇と相まって、より高い労働参加率に導くことができるということを知っている。私は、繰り返し、また長期にわたって言ってきたことだが、中流階級がこの国をつくり、労働組合が中流階級を創ったのだ。労働組合なければ、労働者は、しばしばより高い賃金、より良い労働条件、彼らの家族の将来の保障、そして、彼らの職場における声を確保する交渉力をしばしば欠落させることになる。しかしながら、われわれは、ほぼこの 70 年にわたって労働者の力が減退してきたことをみてきた。労働者が組織化によって再び力を獲得する方法を見つけ出すことによって、常に米国経済のバックボーンである米国の労働力を、強化する道を見つけねばならない理由が、そこにあ

る。

　われわれは、労働者に力を与える一方、また、家族が直面するコストに注目しなければならない。それは、台所のテーブルで議論され、親たちを夜を徹して眠らせないものなのだが、それは食料を調達し、年老いた親の面倒をみて、彼らの子供を守ることなのであって、それらは彼らが働いている間にも行わなければならないのである。過去1年、多くのアメリカ人家計は、そのバランス・シートを強化することができた。しかし、われわれは、コスト上昇が2021年の経済的利益を侵食することを望まない。ガソリン価格から野菜、住宅費用まで、私は、価格上昇に対処するため、わが政権が利用可能とするすべての手段を使うことを継続するだろう。

　これのすべての背景にあるのが、簡単に見過ごすことができない速いスピードで地球の温暖化が進んでいることである。気候変動コストは、いたるところでみることができ、それは、食料生産を阻害し、食料をより値段の高いものとする干ばつと洪水であり、わが経済を減速させているサプライチェーンの混乱、そして、汚染から引き起こされる病気なのだ。

　昨年だけで、極端な悪天候そして気候災害は、わが諸地域に1450億㌦の被害を与え、何百人もの命を奪った。2050年までに温室効果ガスの排出をネットでゼロにし、一方で、米国の地域社会と労働者をサポートし、新しい米国産業を拡大させるということは、わが政権が優先すべきものの1つとなっている。気候変動を考えるとき、私は、雇用を考える。

　さらに、ウクライナにおける戦争は、米国がエネルギーの自立を達成させなければならない事実を強化するが、それは、長期にわたる化石燃料からの依存を脱却することによって成し遂げることができるのである。

　私が、2022年の一般教書演説で言ったことだが、われわれ国民は、かつて直面した中で最も困難な年の2年を過ごしてきたのである。この経済報告で述べているように、私は画期的な回復とより良き米国を建設しつつあることに確信を持っている。

　私は、パンデミックの被害を修復する方法を見つけ出すためだけではなく、仕事を通じて富の報酬と最高の便益を生み出す経済のページを開くことを約束するために政権の座にいるのである。わが政権は、人々に投資し、革新的アイディアに投資し、21世紀の実際のインフラに投資し、そして、気候変動とたたかうため重要な投資をすることに献身する。われわれは、底辺を押し上げ、すべてのアメリカ人に便益となる成長を確実にする経済を築き上げる基礎をつくったのである。

J・R・バイデン・Jr.

ホワイト・ハウス
2022年4月

提出書

大統領経済諮問委員会

ワシントン D. C.　2022 年 4 月 14 日

大統領閣下

　経済諮問委員会は、これに添えて、1978 年の「完全雇用及び均衡成長法」によって修正された「1946 年雇用法」にしたがって、その 2022 年年次報告を提出するものです。

敬具

委員長　　　セシリア・エリーナ・ルース

委員　　　　ジェリド・バーンスタイン

委員　　　　ヒーザー・バウシエイ

目 次

目 次

目次

図・表・Box 一覧表

図・表・Box 一覧表

図・表・Box 一覧表

第1章
経済成長における
公的セクターの役割

米国経済は、世界で最も強力で、最も生産的な経済の1つであるが、過去数十年にわたる傾向はその位置を崩しかねず、多くのアメリカ人の生活水準は低下の脅威にさらされている。2001年リセッション以降、米国では比較的弱い経済成長を経験しており、所得と資産の不平等は、この100年において経験したことのないレベルとなっている。人種、エスニシティ、そしてジェンダーによる差別は依然根強く残っている。

これら経済的諸課題には、多くの原因がある。それらにおける1つの共通のテーマは、経済成長において米国の公的セクターが民間セクターに対するその補完的役割から退場していることである。過去40年にわたって、重要な物的インフラの軽視が行われ、港から電力グリッドに至るまで、国民は成長の阻害となり、ショックと変化に対してその柔軟性を失った障害と脆弱性とともに置き去りにされた。米国は教育への公的資金ファンドの世界的リーダーとしての過去を置き去りにしたのであって、それは高等学校運動から退役軍人援助法に至るまで、現在では初期の幼児教育と職業訓練に至るまで同等の仲間の国からも後れを取っている。過少投資は、とりわけ、米国の経済能力の成長のペースを後らせ、それは失業が少なく、そして他の資源が完全に使用された時の、わが国経済の生産可能な財とサービスの維持可能な最大限の分量に現れる。

この米国における公的セクターの役割の変化は、突如として起こったものではない。それは、ただ、政府が退場した場合にのみ、民間企業の繁栄が維持できるという経済哲学を反映していたのであって、公的セクターへの投資は民間セクターの活動を「排除」することになる。それを試してみたものの、こうした予言は何も生産的ではなかった。この哲学の推進者は、最も称賛されてきた経済学におけるいくつかの原理を無視してきたことになるが、その例は民間セクターができなく、公的セクターに代わることができないところで顕著に表れた。その結果、公的セクターが退場した時、経済成長が衰退し、その配分は公平ではなくなったのである。民間セクターは、ライバルを失ったのではなく、それはパートナーを失ったのである。

パンデミックのさなか、過少投資によって創り出されたインフラ問題は危機となった。信頼できるブロードバンド・インターネットの欠如を、例えば取り上げてみよう。それは、多くの子供や家族に遠隔教育を行うことを困難にし、置き去りにした（Auxier and Anderson 2020）。米国の港そしてその他の運輸インフラの能力制限は、サプライチェーンを混乱に陥れ、米国製造業を痛めつけた（U.S. Department of Transportation 2022b）。すでに、過少投資は、パンデミック前に米国の経済能力を抑制していたのであって、もし、パンデミックがこれら脆弱性を明らかにしなかったとすれば、それは継続していたことであろう。

公的セクターが人々の健康や教育に過少投資していた場合、民間セクターは、構築し、雇い、投資する基盤の脆弱性とともに置き去りにされるであろう。公的セクターがイノベーションや基礎科学に過少投資していた場合、民間セクターはクリーン・エネルギーやバイオ医療のような産業で

の製品に適用できるアイディアや技術を持ち合わせることはできないであろう。巨大な、健康な、かつ高度な熟練労働力をつくりあげることによって、そしてまた、技術進歩をたきつけることによって、公的投資は米国経済の能力を拡大することができるのである。そして、それゆえ、アメリカ人の生活水準を長期にわたって前進・維持することが可能となるのである。

　しかしながら、公的投資の採算が短期に現れることはまれである。子供が大人に成熟するように、アイディアが産業になって成長するには時間がかかる。これは2つのことを示唆している。第1に、米国政府は、もし明日に便益を得たいなら、今日投資しなければならない。なぜなら、投資の採算は表れるのに時間がかかるからである。そしてもし、政府が過少投資の兆候が完全に現れるまで待つなら、あまりに長い時間待っていたことになる。インフラストラクチャーの取り換えを、修理やクリーンなエネルギーへの無秩序な転換、そして、恵まれない子供たちへの公的投資に代えて、成人へのより大きな公的援助の必要を超えて行なおうとすれば、よりたくさんのコストがかかるであろう。第2に、わが経済の総能力を増大させるにあたっての政府の役割は挑戦しがいのあるものであり、持続的な努力が必要とされる。橋梁の建設、研究所の経営、電力グリッドの拡張、そして子供を生産的な大人にならせるための教育には複雑な長期の投資が必要とされる。公的サービスの計画と実施のためには、予算範囲を超えて、計画する忍耐強くかつ能力のある機関が必要とされる。公的セクターの役割が無視される場合、政府の能力への投資の側面は、最も悪化することになる。

　バイデン - ハリス政権の経済政策アジェンダの中心目的は、公的セクターを長期の成長のパートナーとして取り戻すことであり、とりわけ、物的インフラからわが労働者のバイタリティーに至る経済の供給の側面に力を注ぐものである。このことが意味するのは、第1に、物的インフラにおける崩壊を修理することである。超党派インフラストラクチャー法、それは、2021年11月にバイデン大統領によって署名されたものであるが、運輸と公益システムへの画期的な投資を行うもので

あり、電力を確保し、水をきれいにし、国中の人々と財の流れを維持するための、何十年も遅れたインフラのメンテナンスに取り組むものである。この法律はまた、いくつかの戦略的分野でのインフラの質の向上を図るものでもあり、鉛中毒阻止、農村のブロードバンド化、そして電気自動車がその分野である。そのような投資は重要であり、成長をより活発にし、より広範に分かち合い、そして環境的にも維持可能なのである。

　しかしながら、成長を促進するために、公的セクターの役割を完全に回復させることには、物的インフラ投資以上のものが含まれている。長期の経済成長はまた、経済学者が「人的資本」と呼んでいる労働者の生産的なスキルとその能力にかかっており、そして技術進歩のペースにかかっているのである（Romer 2019）。これらの要因が、ともに米国経済の能力を決定するのである。米国政府はまた、労働者、子供、そして家族における投資を通じて成長をサポートする以上のことを行うことができるであろう。例えば、初期の子供の教育は、ほかの発達した諸国では無料か非常に少ない費用で利用可能であるが、米国では低所得家族に生まれた子供の多くにおいては金銭的に負担が多くなるのである（Boushey, Barrow, and Rinz 2021）。初期の子供への投資は、その他の人的資本への投資と同じく、子供や学生が成長して労働者になるに従い、長期の生産性成長を上昇させることになるであろう（Cascio 2021）。

　経済成長の果実はまた、より広範囲に共有されなければならない。所得の労働者への分配は、よく知られているように、ある時安定したのであるが、その後、今までにないほど低くなり、労働所得の分配は1970年代以降、トップの勤労者によりいっそう集中している（Congressional Budget Office 2021）。物的インフラと人的資本への公的投資はまた、人々が経済的機会へのアクセスを確実にすることで、より広範囲に分かち合う。

　より多くの人に成長の果実が行き渡るようにするその他2つの方法は、租税政策と労働規制である。かなりの多国籍企業は、例えば、効果的な国際租税協力をないがしろにすべく、彼らの所得と

経済成長における公的セクターの役割

資産をタックス・ヘイブンにシフトさせ報告する。これらの地域は、税率が低く無きに等しい。税の国際水準と最低課税率を設定することは法人税の底辺へのグローバルな競争をストップさせ、より多く利益を上げる会社は彼らが使用する公的投資とサービスに公正な分担を支払うことになる。より強力な労働規制、例えば、より高い最低賃金、時給と職場の安全の効果的な規制、そして労働者の団結の権利の保障、これらはまた、労働者の賃金と労働条件の向上に役立つことであろう。

わが政権のアジェンダは、わが経済の能力を再構築することをスタートさせることになろう。ムーディ・アナリティクス（Moody's Analytics）による推計によれば、超党派インフラ法と米国救済計画とともに、大統領の政策に基づく追加的な法案が通過すれば、これら法案が成立しない場合に比べて、2031 年には約 1.5％大きい経済に導くことができるであろうという（Zandi and Yaros 2021）。わが政権の 2023 会計年度予算からの経済予測によれば、その成立は約 0.4％ポイントの

長期の年成長率の引き上げになるであろうという。

この序論的な章では、米国を、経済成長を含めて活発な軌道に戻すのに、なぜ、賢明な経済学だけではなく、強力かつ効果的な公的セクターが、決定的に重要なのかを説明する。ここではまず、COVID-19 パンデミック前の米国経済の簡単な姿から始めるが、そこに示されるのは公的セクターの衰退によってもたらされた、その生産能力の絶望的な成長とともに格闘する姿である。各節では、そこで公的セクターの 3 つの補完的な役割を考察するが、その第 1 はマクロ経済的安定を確実にすること、第 2 は民間セクターがもたらすことのできない（市場の失敗）分野に対処すること、そして、第 3 が不平等を削減することである。まず初めは概念上の議論であって、なぜ政府が、これらの分野のそれぞれにおいて働く役割があるのかを説明する。次に、パンデミックの最中にいかにして米国政府がその役割を果たしたのかを叙述する。そして最後に、政府の役割が未完で残っているものとは何かを議論する。

パンデミック前

COVID-19 パンデミックに突き進む直近の諸年の経済はどのようなものであったのか？　いくつかの経済パフォーマンスの測定値によると、それは、ここ長年の米国経済よりも、よりいっそう強力であったという。失業率は低く、株式・住宅価格はうなぎ上りであった。しかし、2010 年代末の明るい側面は経済データの他の弱さを無視しているのであって、とりわけ、エコノミストによる、米国の経済能力の長期にわたる成長の最良の代理変数として測定された値は、危険サインを出していたのである。

これら危険サインの中で注目すべきは、米国の労働参加率が、先進諸国世界で最低のレベルに落ち込んでいたことである。1985 年において、働き盛り米国女性の労働参加率は、オーストラリア、カナダ、欧州連合、日本、イギリスのそれを上回っていたのであるが、それ以来米国の労働参加率はこれら諸国・地域すべてによって追い抜かれた（図

1-1）。

男性の労働参加率も、同様に停滞している。1960 年、25 歳から 54 歳までの男性の仕事において、ほぼ全体として 100 人に 3 人が仕事につかずに仕事を探していた（Krueger 2017）。しかし、2019 年まで、その年齢グループの男性の労働非参加率は 3 倍となり、10 人に 1 人以上が労働外にあった（図 1-2）。この低下は家計のジェンダーの責任分担の変化が反映しているかもしれない一方、その多くはその変化とは直接関係がない（White House 2016）。

男女ともに労働参加率の低下は、直接的に米国経済の生産能力の成長を低下させてきた。より少ない労働力をもって、米国企業は国内的により少ない労働者を雇わざるをえず、それゆえ、もし参加率がもっと高かった場合よりも米国においてはより少なく生産せざるをえなかったのである。

産出と生産性の鈍化した成長率は、パンデミッ

図 1－1　女性の労働参加率、25〜54 歳

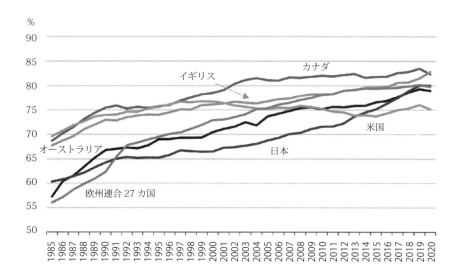

出所：OECD (2021).

図 1－2　男性の労働参加率、25〜54 歳

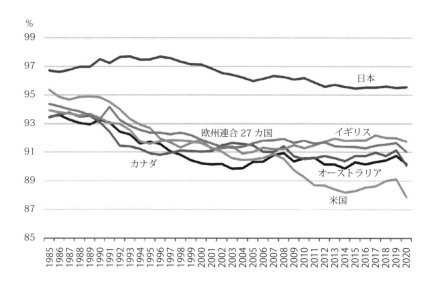

出所：OECD (2021).

図1-3　景気拡大期の経済成長率

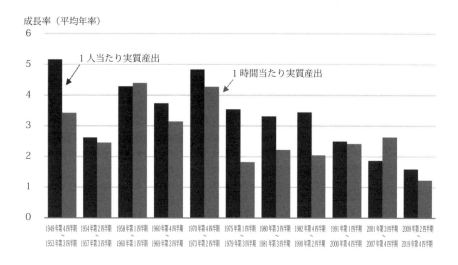

出所：Bureau of Economic Analysis; CEA calculations.

クを前に、米国経済パフォーマンスに別の陰鬱な見通しを提供する。1950年以来の、米国における経済拡大期の開始から終了までの平均成長率をみると、大リセッション以降の回復におけるそれよりも低いものは存在しない。これら拡大の平均を比べると、パンデミック前の拡大期における1人当たり実質産出と生産性（時間当たり実質産出）は、速さにおいて半分以下なのである（図1-3）。生産性成長が失業と資源稼働率の周期的変化に順応すると仮定すると、生産性成長は、米国の能力成長の鈍化についてとりわけ明確な見方を提供する。

　経済成長が遅くなるばかりではない。それはまた、広範囲に共有されなくなってきた。第2次世界大戦から1970年代末まで、実質所得は、所得トップ5％の家族と同様に、所得分布が底辺から第1五分位の家族においてもほぼ倍増した。しかし、1970年代の後、成長の成果は、よりいっそうトップに集中するようになった。1973年以来、底辺の第1五分位の所得分布における家計の実質中央所得は15％も上昇しなかったが、トップ5％の家族は100％以上の成長であった（図1-4）。さらに、米国連邦準備と世界不平等デー

タベースからのデータによれば、トップ1％の家計のネットの所有資産は記録的な高さかそれに近い数値となった（Federal Reserve 2021; World Inequality Database 2021）。

　経済的パフォーマンスの下降の兆候はまた、他の一連の指標にも現れている。過去数十年間を通して、アメリカ人の余命はゆっくり落ちてきており、他の高所得諸国のそれに遅れをとってきた（OECD 2021）。現在それは、G7諸国において最も短く過去十年においてネットでの上昇はほぼみられなくなった。さらに、不平等と健康への過少投資は、乳児死亡率につながっており（Chen, Oscar, and Williams 2016）、1980年代以来、乳児死亡率は、同様国よりも米国のほうがより高く維持されてきた（図1-5）。妊婦死亡率はまた、いかなる先進諸国よりも米国において、より高くなっている（Declercq and Zephyrin 2020）。多くの分析家はまた、アルコール、薬物、そして自殺に関連するいわゆる絶望死の急上昇の要因として経済的停滞を非難してきた（Case and Deaton 2020）。

　一見景気がよさそうな経済の下で沈み込む不満

図1−4　所得層別の平均家族所得の増加

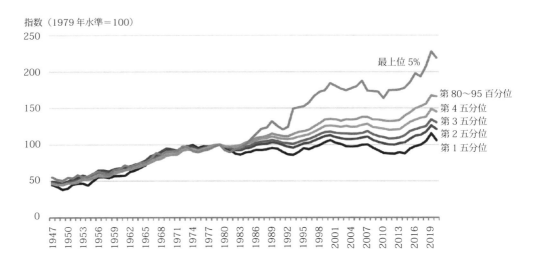

指数（1979年水準＝100）

最上位5%

第80〜95百分位
第4五分位
第3五分位
第2五分位
第1五分位

注：所得は、現行の方法により、全都市消費者消費者物価指数の遡及的統計によって
　　調整されたﾄﾞﾙのものである。
出所：Census Bureau; CEA calculations.

図1−5　乳児死亡率

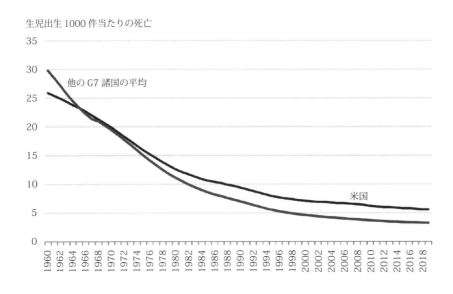

生児出生1000件当たりの死亡

他のG7諸国の平均

米国

出所：World Bank.

を説明するためには、わが国の経済的健康のより微妙な状況説明が必要とされる。パンデミック前の経済は、確かにここ20年において初めて完全雇用状況か、それに近い状況となってはいた。しかし、米国経済が周期的状況から利益を得ていたとしても、成長を含む長期の構造的基盤は維持できていなかったのである。その場限りの一時的なマクロ経済政策では、公的セクターが、民間企業のパートナーとして行うべきすべてのものの代わりはできなかったということなのである。

今、必要なことは公的セクターと民間セクター間の効果的なパートナーシップなのである。民間企業のまさにその存在は、公的セクターだけが供給できる諸機能に依存しており、それは制度的法的フレームワーク、国家安全保障や信頼されるインフラストラクチャーなどのことである。しかしながら、これらの基本的な政府機能は、より生産的な能力や成長を通じて、生活の繁栄を確実にする経済成長促進における公的セクターの補完的役割で終わってしまうわけではない。

これらの諸機能は、かなりの程度、困ったことに簡単に無視されがちであり、過少投資によってもたらされるその被害はゆっくりと蓄積される。それゆえ、公的投資の任務は、減税よりも、本来、より求められているものなのである。しかしこれらの諸機能が無視されると、政府は、無能になり、経済変動に対応することができにくくなる。COVID-19パンデミックが到来した時、例えば、企業に対するサポートの回路の行政的インフラが欠落していると、給与小切手保護プログラム（Paycheck Protection Program）は、より費用がかかることになり、他の高所得諸国の同様のプログラムより救済が必要の時、企業に対してより適切に対応することができなくなることを意味する（Autor et al. 2022）。公的セクターへの過少投資のための法は、結果として非効果的な政府の形となって現れる。

マクロ経済的安定を確実にする

COVID-19パンデミックは、1918年のインフルエンザ・パンデミック以来最悪の世界的大流行となったが、社会はまた、リセッションや石油・重要食料などの基本商品の価格変動を含めたそのほかの多くのショックに見舞われた。これらのショックは、経済的に広く、かつ急であり、とりわけ伝染病の場合ではまれに起こり、コストがかかり、予測が難しいものである。それゆえ、個々人がそれらに対して準備するということは、困難でもあるし、現実的ではないであろう。

政府の重要な機能の1つは、そのようなリスクに対して社会を守る手助けをすることである。例えば、反循環的金融・財政政策は、不況に陥った経済に需要、産出、そして雇用を創出するのに欠かせないものである。さらに、長期成長軌道における経済を単純に安定させることと違って、そこには適切な反循環的諸政策によって、平均生活水準を上昇させることを考えるという諸理由がある。能力がすでに過少使用である場合、例えばリセッションの時、民間セクターはより能力を増加させる投資へのインセンティブを弱め、結果として、より長期の成長を制限する（DeLong and Summers 2012）。これらのいわゆるヒステリシス効果が弱いかあるいはないとしても、反循環的諸政策は、経済の能力以下で支出される時間を短縮することによって長期の産出レベルを上昇させることができるかもしれない。これは、ミルトン・フリードマンの有名な、景気循環の「引き抜き（plucking）」モデルである（Dupraz, Nakamura, and Steinsson 2021; Friedman et al. 1964）。

パンデミック中におけるマクロ経済的安定化

パンデミックが到来し、雇用と所得の喪失は、何百万という家族の困難と中小企業の破産という危機をもたらした。巨大な公的政策による対応は、パンデミックによる公衆衛生危機が長期の螺旋状に落ちていく経済危機になることを阻止したように思われる。

政府は、パンデミックに対して経済に広範囲に

保護政策を提供した。それは、拡大させた失業保険、一時的に閉鎖された企業へのサポート、州・地方政府への援助、そして経済インパクト支払い（EIPs: Economic Impact Payment、これは、しばしば、「刺激小切手」といわれているもの）である。この対応は、かつて大統領経済諮問委員会委員長であったクリスチナ・ローマ―（Christina Romer）がデビッド・ローマーとともに論じたペーパーの中で、「パンデミック保険」政策の立法化として考えられたものであり、もしそのような保険が存在したのであれば、家族と企業は、彼ら自身で購入を希望したであろうというものである（Romer and Romer 2021）。

公衆の関心事は、EIPs のような裁量的財政政策に集中されてきた観があるが、政府がパンデミックの導いた破滅的な経済危機阻止を「実施した」ものの多くは、議会や政府が効果的な行動をとらずとも「自動安定装置」として知られる一連の政策によって起こったものであった。例えば、労働者が解雇された時、失業手当を申し込むことができ、仕事を求めておおむね 26 週間までの援助を得ることができる。これらの支出は、労働者の困難を和らげることができるし、多くの労働者が一度に（リセッションの時のように）仕事を失う場合、滝のように落ち込む所得と支出を阻止するマクロ経済的な効果がある（Kekre 2021）。危機の時は、「延長される手当」（Extended Benefits）と呼ばれるプログラムがあり、失業率がある一定範囲に到達するとかなりの州は、自動的に支給の週を付け加える。Box 1-1 において議論されるように、議会は現行システムの弱点を反映してパンデミックのさなか失業保険（UI: unemployment insurance）をより気前よくかつより広範囲にすべく重要な行動を起こしたが、かなりの UI システムは議会の行動がなくても発動されるはずのものであった。例えば、2019 年に対して 2020 年の UI 支払いのほぼ 25％の増加は、「通常の」UI プログラム（通常手当と延長手当）によるものであった。この増加は、パンデミックのさなか、あるいは普通のリセッションにおける労働者をサポートするには十分といえなかったかもしれないが、未来の政策が、活発な 「自動安定装置」を確実に含むことの重要性を示しているといえるであろう。

米連邦準備制度によってとられた金融政策はまた、マクロ経済的安定において決定的な役割を演じる。前副議長リチャード・クラリダと共著者、バーキュ・ドウイガン - バンプとチアラ・スコッティ（Burcu Duygan-Bump and Chiara Scotti 2021）による最近の論文が示しているように、パンデミックが引き金となった経済危機を反転させ、阻止する連銀（Fed）の努力は、さまざまな形態をとった。まず、かつてないスピードで、その伝統的な政策ツール・キットを実施した。それは、基準の名目金利をゼロに切り下げ、ゼロ金利政策は、「経済が最近の事態を切り抜け、最大限の雇用と価格の安定目標を達成する軌道に乗る」まで継続させるというフォワード・ガイダンスを流し、米財務省証券とモーゲージ担保証券の資産購入 7000 億㌦を表明した。

引き続く週と月において、Fed は、追加的なプログラムを確立し、金融市場の流動性を維持し、中小企業と地方政府へ貸しつけるべく銀行を援助したのであり、貸付対象のその多くは生き残りをかけて信用を必要としている時に借りることのできない者たちであった。そして最後に、Fed は銀行の資本状況へのパンデミックの影響を理解するため 2 回の完全なストレス・テストを完了するため銀行とともに働いたが、それは 2008 年金融危機の時の同じように、危機を乗り越えるための米国金融機関の迅速性について投資家の信頼を上昇させるという目標を持つ透明性を創出するためのものであった（Morgan, Peristiani, and Savino 2014）。

これらの政策行動は、大恐慌の再来を阻止しただけではなく、また大リセッションをも阻止するうえでも役立ったのである。すなわち、パンデミックが引き起こした危機の規模と性格への的確な対応を通じて、Fed の行動は、さらなる、より大きな経済崩壊を回避するのに役立ったのであり、2008 年金融危機の後よりも、より強力な今日まで続く危機後の回復を促進したのである。

将来の最大の困難は、何の警告もなく起こりうる。パンデミック中に政府がマクロ経済を支えたのと同じように、将来の予期できないショックに襲われた経済を政府が導かなければならない。労働者、家族、企業を深刻な困難から保護する社会的保険プログラムは、マクロ経済の安定に基軸的な役割を果たす（McKay and Rris 2016）。失業

保険と補足栄養援助プログラム（SNAP: Supplemental Nutrition Assistance Program）は、パンデミックが引き起こす予期せぬあらゆる必要性に対して、強力な反循環的政策手段になったことを実証したし、家計の財産を守ったのである（Rouse and Restrepo 2012）。今までにない失業と飢餓の急増に直面し、かなりの政府援助が自動的に確保された。最近の情勢に合わせた「つましい食料プラン」（Thrifty Food Plan）の改定は、決定的に将来のリセッションにおいて SNAP の安定力をさらに強めることになるであろう（Bauer 2021）。

市場の失敗に対処する

多くの場合、民間市場は、十分に財とサービスを供給するが、それができない教科書的な例が存在する。これらの状況は「市場の失敗」といい、家計や企業のような個々のアクターが、彼ら自身によって効率的な結果を達成できない時に起こる。市場の失敗は、現実の市場世界におけるありふれた現象である。対処しないで放置すると、効率を損ね、経済の能力を抑えることになる。

市場の失敗としてよく知られる例の1つは、民間における決定がこれら決定の関係者にかかわりのない人々に波及した結果、エコノミストはこれを「外部性」と呼びます。例えば、排出物を削減するのにどれほど設備に支出するかについての産業工場の決定は、これら工場の近くで空気を吸い、水を飲むすべての人にとっての問題である。そして、なおこれらの決定を行う場合、民間会社は、それが彼らの最終的収益に影響を及ぼさない程度までに排出をコントロールしようとするインセンティブを持ち、それが、社会全体の好ましいとされるより、より多くの排出になる傾向がある。政府介入は、彼らの決定作成における社会的損害の計算を工場に強制する政策を通じて結果を改善することができる。

さらに、マクロ経済的安定の必要は市場の失敗の1つの形態として特徴づけることができ、それは価格の硬直性、不完全な保険市場、そして総需要へのショックから発する外部性に由来する。市場の失敗はまた、人々が信用を抑えられた時に発生することがある。これらの信用抑制は何か価値のあるものに支出する人々の能力を阻害し、これらコストへの負担能力の欠如は財とサービスが長期の価値をもたないという不正確なシグナルとなるかもしれないのである。この顕著な例の1つが、育児と教育である。家族が彼らのライフサイクルにおいてそれらのサービスの真のコストを負担できないことは、決して、それらが価値のないものであるということを意味しない。ここに、公的介入の動機が発生するのである。

さらに、効率的な市場には、取引される財とサービスのその質と価格について、購入者と販売者はよく知っていなければならないという必要性が生じる。参加者によく知らせていない場合、市場は購入者と販売者に対し、相互の利益を生み出すにあたって困難が生じる。例えば、健康保険市場を取り上げてみよう。それを購入する人々は、保険会社より、自分の健康状況について、より詳しい。それは、これらの市場が不十分な保険適用を供給する原因となる。つまり、恐れから、不健康な人々だけが十分な保険適用を得ようとするからである。最後に、生産と販売が、高度に1人もしくは一握りの会社に集中されると、市場は効率的な結果に到達することができない恐れが生じる。支配的な地位は、そのような会社にコストを上回る財サービスの価格付けのインセンティブをあたえ、イノベーションは行わず、彼らの地位を守り固め、購入者から独占レントをせしめるという反競争的な行動をとることになるからである。

パンデミック中の市場の失敗

パンデミックが示したことであるが、人々の行動がウイルスの拡散を加速化したり、遅くしたりするかもしれないということである。テスト、マスク着用、ソーシャル・ディスタンス、そしてワクチン接種は、ちょうど人々がこれらのことを行う以上に便益を生むのであって、これらの人々に

失業保険（UI）は、米国のセーフティ・ネットの重要な構成要素であり、労働者に、彼らにとって支配の及ばざる失業中においてその所得を供給するものである。UIによって、労働者は、彼らの賃金の一部の受け取りを継続でき、新しい職を探す時に家族をそれで養うことができる。UIはまた、自動安定装置でもある（Kekre 2021）。経済が下降をこうむる時、増大するUIの支払いは、経済を持ち上げ、消費と生産の螺旋状の下降を防ぐのである。たしかに、2008年の大リセッションの間、UIは、何百万ものアメリカ人を貧困から救出し、一方でまた何百万の雇用を救ったのである（West et al. 2016）。

しかしながら、COVID-19パンデミック、そして、それが急速に引き起こす雇用喪失は、UIシステムをテストし、下記に述べる弱点を明らかにした。現在のUIシステムは、バラバラであり、──連邦政府と州政府の両方によって共同に資金付けされているが、主として、州によって管理され、広範な基準の中で、それは、彼ら自身の適格性基準、手当のレベル、手当の支給期間がセットされる。そして、仕事の性格は、パンデミック前でさえ、進化してきたのであり、UIは、時流についていってはいなかった。例えば、自己雇いの労働者、それは、独立の契約者を含むのであるが、UIを適用することはできない。労働力は変化し、過去数十年で巨大に発展し来ているが、UIの課税される賃金ベースは、それとともに成長してきてはいない（Vroman and Woodbury 2014）。

パンデミック中に立法化されたUIの拡大は、広範囲に及ぶ国民的危機の間、適切な救済の供給をシステムに許したが、一方で、労働者をサポートし経済を安定化させるシステムの能力を強化している。連邦パンデミック失業補償とパンデミック緊急失業補償プログラムは、全国的な手当の額と支払いの期間の基準を設定したが、それは、パンデミックが突き付けた今までにない労働市場への課題を説明する。一方で、そのピークにおいて、パンデミック失業援助プログラムは、伝統的なUIに適格性のない1500万人近い労働者に手当てを利用可能とした（Bivens and Banerjee 2021）。

パンデミックはまた、UIシステムへの投資の必要性とより広範なUI政策改革に光を当てた（Bivens et al. 2021）。2021年夏、最初のUI支払いを受けたほぼ40％の労働者は、少なくとも3週間それを受けるのに待たねばならなかったと報告した（U.S. department of labor 2022）。適用のプロセスとセーフティ・ネット政策の分配の遅れた時間は、金銭的に傷つきやすい家族をより危険な状況に置いた。未来の経済的下降は、現在排除されている労働者へUI手当を再び拡大する必要があるかもしれず、それは、彼らを含む改革の役割を示唆している。

接触する人すべてに健康の便益的外部性を生み出すのである。政府は、パンデミック中に、これらの社会前進的行動の激励とその必要ないくつかの手段をとってきたのであって、それには、アメリカ救済計画法に含まれた、全国的ワクチン接種とCOVID-19テストを無料にする資金が含まれる。連邦政府と多くの州地方政府は、また、COVID-19の空気感染を削減するため室内でのマスク着用を義務づけた。加えて、州地方政府は、室内収容能力に一時的な制限を科し、増大するソーシャル・ディスタンスを激励し、特定の行動に対してワクチン接種の義務化を実施した。連邦政府はまた、ワクチンの開発と分配に資金づけたが、それは、免疫の便益が、ただ個々人の免疫以上に便益があると前提してのことであった（Box 1-2を参照のこと）。

1つ重要な外部性の特別なケースは、「公共財」にかかわるものであり、国防やかなりのインフラの形をとるので、その財とサービスは、1人の人の使用によって枯渇することはなく、それに支払いがあろうがなかろうが人々に便益をもたらす。もし民間セクターに供給を任せ放置すれば、公共財は過少供給され、人々は個別に支払をしようとはしないし、他人の支払い意志にただ乗りするで

Box 1—2　公共財としての効果的な COVID-19 ワクチン

COVID-19 ワクチンの命を救うインパクトは、基礎的科学研究という重要な公共財としての重大さを示している。そのような研究を公共財とする1つの考えは、例えば、所与の疫病を退治するという、知識の1つの使い方が、同じ知識の潜在的な他の適用を排除することができないからである。COVID-19 ワクチンの場合、科学的大発見の中心は、エボラ、マーズ、ヒューマン・パピロマウイルス、人間免疫不全症ウイルスなどを含むその他のウイルスの脅威に対する研究を公的に資金付けしてきた何十年もの結果であった（Harris 2021）。生物医療研究・開発局は、例えば、メッセンジャー RNA 研究のカギとなる資金提供者であり、そのワクチン・プラットフォームは、結果としてモデルナとファイザーのワクチンに使用されたのである。公的投資はまた、COVID-19 ワクチンの開発の最終段階においても決定的であった。リチャード・G・フランク、レズリー・ダッハとニコール・ルリーは、さまざまな推計を検討し、米国政府は、COVID-19 ワクチンの研究開発に180億ドルから230億ドルにも上る投資をしたし、ワクチンの先行する購入に約120億ドル以上使用したという。カイザー・ファミリー財団（Kates 2021）ならびに米連邦緊急管理局（2021）の分析によれば、米国は、ワクチン・キャンペーンに200億ドルも使用した。

研究者の推計によれば、ワクチン・プログラムが、もしなかったならば、およそ110万人の追加的死者と1030万人の追加的入院患者が、米国において、2020年12月から2021年11月にかけて発生したであろうという（Galvani,

Moghadas, and Schneider 2021）。救われた人命1人当たりのコストを計算すれば、ワクチンへの公的支出は、顕著にコスト効率的であったといえるであろう。とりわけ、COVID-19 ワクチンが、公的投資がなければ、出現することはなかったと仮定すると、この投資のコストは、救命されたアメリカ人1人当たり、4万5000ドルから5万ドルに値した。

対照的に、いくつかの米国政府機関は、もし1人当たりの救命に1100万ドル近くかかれば、コスト効率的であると一般的には考えている。このことが示すのは、COVID-19 ワクチンに支出された半セントが、他の米国政策による1ドルの支出によって救命される数と同じだけ救命するということである（U. S. Department of Health and Human Services 2021; U. S. Department of Transportation 2021）。そのような閾値は、「統計的命の価値」として言及され、車の安全から発電排出物に至る、救命規制政策の評価に広く使われている（Viscusi 2018）。しかしながら、これらの推計もワクチン支出の本当のコスト効率性について、はなはだ過小評価しているといわざる得ない、というのは、海外での何百万人もの救命数が計算に入れられていないし、2021年11月以降の救命者数も反映されていない。COVID-19 ワクチンによってまだ救命されていない人や、入院、疾病、労働休業のコストの回避も計算に入れられていない。こうしたものをまとめれば、COVID-19 ワクチンへの公的投資は、パンデミックに対する最もコスト効率的な唯一の政策といえるであろう。

あろう。しかしながら、すべての人がただ乗りすれば、享受すべき公共財はなくなってしまう。政府による公共財への支出によって、十分それらは供給され、それゆえ、経済の生産能力を高めることができるのである（Box 1-2 をみよ）。

パンデミック中の緊急の中小企業への政府支援は、市場の失敗への政策的対応としてまたみるこ

とができるが、それは、以前大統領経済諮問委員会委員長を務めたジョセフ・E・スティグリッツが議論している（Stiglitz 2021）。多くの中小企業は、例えば、「業務中断」に対する保険に入っているが、それは、火事、洪水、やその他自己責任によるものではない収入喪失を補償する。これらの保険は、多くがパンデミックを補償するも

のではなく、2020年4月末、一時的に閉鎖した41％の中小企業は収入喪失に対して補償はなく、永遠の企業閉鎖の危機に彼らを追いやった（U.S. Census Bureau 2022）。中小企業への援助金とローンは、給与小切手保護プログラムとレストラン再復興基金のように、中断企業保険の形で直接供給することによって、保険適用の欠落に対処したのである。

　　パンデミックを超えた市場の失敗

　市場の失敗は、インフラ、子供の健康と教育、クリーン・エネルギーへの公共投資に賛成する統一的テーマである。この項では、これらの関心領域を検討する。

　インフラストラクチャー　経済的能力への基本的インプットを供給するにあたって、米国においては、競争国にはるかに遅れているという多くの証拠が存在する。米国のインフラに関してはさまざまな例がある。世界経済フォーラムのグローバル競争報告によれば、2019年において、全体のインフラの質に関して、米国は13番目に位置し、道路インフラに関して17番目、電気供給の質に関して23番目、そして、水の供給に関しては、30番目の信頼度である（Schwab 2019）。世界銀行とHISマーキットによる分野別の世界の港のランキングによれば、トップ50に米国の港はどこも入らず、トップ100にちょうど4つが入るだけである。比較してみると、トップ10の港のうち、いくつかは中国にある。連邦通信委員会（FCC: Federal Communications Commission 2018）はまた、ブロードバンドとその接続に関して米国は先進国中10番目であるとランク付けした。財とサービスの運送、国と世界にわたって労働者を結ぶこと、技術進歩を生産性増大に変化させることにおいて、米国は、もはや最先端に位置してはいない。

　公的セクターは、物的インフラ・ストックの建設・維持において重要な役割を持っており、民間資本投資を補完する。民間セクターは、経済に多くの物的資本——例えば、工場やオフィスなどを供給するが、運輸システムのようなインフラプロジェクトは、民間開発に向いてはいない。これらの建設は、しばしば、個人の土地所有者による法外な値段の要求を克服するため土地使用に関して法的権限が必要となる。さらに、これらのプロジェクトのかなりの社会的便益は、イノベーション、規模の経済、そして労働移動性から生み出されよう。これら要素を、民間開発者は、彼らの投資決定において考慮することはなく、ゆえに過少投資に導くことになるであろう（Ramondo, Rodriguez-Clare, and Saborio-Rodriguez 2016;Perla, Tonetti, and Waugh 2021）。

　2021年から22年にかけてのサプライチェーンの混乱は、経済成長において、速くかつ効率的な運輸の決定的重要性を示したもので、政府が運輸インフラに十分投資していない場合、米国に高いコストがかかることを示したものである。これらのシステムが痛めつけられる時、それらが、経済のその他分野でのボトルネックとなりかねず、累積的な不足、遅れ、そして価格上昇を引き起こすことになる（Bernstein and Tedeschi 2021; Helperand Soltas 2021）。2021年12月の半ば、米国製造業における中小企業の71％が国内供給業者による遅れを報告した（U.S. Census Bureau 2022）。より高い海運コストと時宜を得た運送ができないことに直面し、これらの製造業者は、国際競争者への販売を失うリスクに置かれ、雇用と投資を削減することを強いられた（Hummels and Schaur 2013; Clark, Dollar, and Micco 2004; Hornbeck and Rotemberg 2021）。

　子供たち　子供たちへの投資がいかにライフサイクルを通して、また社会一般において、積極的な効果を持つかに関しての巨大な証拠物件がある（Almond, Currie, and Duque 2018）。教育は長期において労働者の生産性と賃金を押し上げる一方で、成人の死亡と投獄を削減し、それゆえ、経済全体の能力を持ち上げる（Card 1999; Oreopoulos and Salvanes 2011）。子供の健康への干渉、それは十分な栄養を供給するというようなことであるが、同様の医療的かつ非医療的福利の両方の側面における継続的な効果を持つ（Bailey et al.2020）。そのような教育と健康への投資の見返りは、すべての年齢の子供たち、すなわち生まれてから若い成人になるまでみてとることができる（Hendren and Sprung-Keyser 2020）。これが示唆するのは、初期教育と子供プログラムが、初等及び中等学校と同様に、そこへの投資から広範な

便益が生じるということである。

しかしながら、未来に見返りがあるとはいえ、育児やヘルスケアの民間コストは上昇し、負担となり、直ちに支払わなければならない（Council of Economic Advisers and Office of Management and Budget 2021）。これらの便益は、家族それ自体に還元するというよりは、多くは、社会に帰し——それらは、高い税収、犯罪の低下、より少ない公的援助となる（Hendren and Sprung-Keyser 2020）。さらに、育児の質は、しばしば変化し、両親が確定することが困難である（Mocan 2017）。これらのことを鑑みると、家族が、社会全体のこれらの投資の長期の便益を考慮し、子供に投資することは不可能である。

政府は、子供たちが公的供給と補助のような措置を通じて人生の初期に質の高い教育とケアを受けることを援助することができる。初期教育の便益の強力な証拠があるにもかかわらず、アメリカ人の3歳と4歳の子供が保育園へ通うことのできるのはたった約半数にすぎず、低所得の家族の子供たちは、高所得の家族の子供たちと比較すると保育園に登録される数はより少ない（National Center for Education Statistics 2021; Cascio 2017）。ケアラーの待遇改善とケアの制度的基準化は、全国において、その質を向上させるであろうし、それはまた、その効果を上昇させることによって、これらのプログラムから、長期的に報酬を上げることになるであろう（Banerjee, Gould, and Sawo 2021）。

子供たちに対する過去何十年にもわたる過少投資が意味するものは、米国が現在と未来の人口動学的変化によく対応準備していないということである。労働力が高年齢となり、退職する労働者の数が増加するという結果が意味するものは、もし米国がわれわれの未来の人的資本への過少投資を逆転しなければ、労働者1人当たりの人的資本の成長、そして、生産能力の上昇による成長が緩慢化するということであり、われわれは、それについては第4章で議論する。

気候変動　汚染によって引き起こされる気候変動はまた、もう1つの経済的課題を提供する。汚染行動のそれぞれはまた、地球温暖化と環境破壊をもたらすが、汚染者は、彼らの汚染とともに関連するコストを個人的には負担はしない。嵐、洪水、干ばつや山火事による経済的被害は、すでに米国においては年間1000億㌦を超えるまで上昇してきている（National Centers for Environment Information 2022）。

この問題と対照的なのがクリーン・エネルギーへの過少投資であり、その理由は民間行為者が移行投資のすべてのコストを負担することにあり、彼ら自身が長期のすべての社会的便益を享受できるということにはならないからである。クリーン・エネルギーの民間の便益のみならず、炭素とそのほかの温室効果ガス排出の民間コストが、それらの社会の長期にわたるコストと便益へ対応するのを確実にすることに政府は援助し、これらの外部性を調整できる。化石燃料への補助金をクリーン・エネルギー投資への補助金へ置き換えることは、例えば、電気自動車のように、民間のインセンティブと社会的インセンティブを提携させることを援助する。

未来におけるわが国のエネルギー・システムの採用は、個人の家計、企業、あるいは産業だけによって達成できるものではない。電気自動車の購入を望んでいるノース・ダコタ州の一消費者を考えてみよう。エネルギー省によれば、ノース・ダコタ州では、全部で138の公的及び民間の電気自動車チャージ設備ポートを持っている（Alternative Fuels Data Center n.d.）。これは、510平方マイル当たり1つのチャージ・ステーションがあることになり、現在米国で販売されているいかなる電気自動車も1回のチャージで運転できる距離に等しいかそれを超えている（Wallace and Irwin 2021）。一方、カリフォルニア州では、4平方マイルに1つのチャージ・ステーションがある（Alernative Fuels Data Center n.d.）。電気自動車インフラにおいてカギとなる課題は、自動車購入者とチャージ・ステーション供給者との協同関係である。どちらも投資を最初に行おうとはしない。鶏が先か、卵が先かという問題がここにあり、それが、電気自動車への転換を遅らせているのである（Li et al. 2017）。このことが示唆するのは、インフラに先行投資を行うにあたっての政府の役割であり、このことによってすべてのアメリカ人がエネルギー転換に参加することができるのである。

不平等の削減

　経済的効率性と公平の２つは、重要な目的である。しかし、効率的な経済結果が、公平なものとなる保証はどこにもない。政府は、経済成長の便益を分かちあえるよう、そのことを確実にするための役割を担っているのであって、そうでない場合には、便益は一部の運のいい人に行ってしまう——そして、政府は取引調整や技術変化に伴う経済的混乱のコストを分散することにおいても役割を担っているのであって、そうでない場合には、コストは、特定の地方経済とグループへの集中的損害としてぶちまけられてしまうであろう。もう１つ重要なことは、たとえ難しいとしても、政府には多くの少数グループが、労働市場の不利な取り扱いから住居の隔離まで、深刻な差別の引き続く遺物に対して対抗する任務があるということである。

パンデミック前後の不平等

　米国経済は、長らく、個人と家族間の所得、資産、そしてその他の経済的結果について、大きな不平等状況で特徴付けがなされてきた。これらの不平等は、機会、勤労所得獲得能力、選好、交渉力、そして運におけるバリエーションが反映しているとされるが、それには、人種、エスニシティ、階級、ジェンダー、性的指向、そしてその他異なる指標が伴っている。

　所得の不平等は、２つの経済的トレンドによって説明できるであろう。１つ目は国民所得における労働シェアの低下であり、２つ目は労働者間における勤労所得の不平等の上昇である。2000 年から 2019 年にかけて、非農業企業セクターにおける所得の労働シェアは、6％分下がり、63％から 57％に低下した、と労働統計局データは教える。加えて、1970 年代以降、勤労所得成長は、強力に最上家計に向かった（Congressional Budget Office 2021）。非労働所得（すなわち、資本と企業所有者への支払い）の分配は、労働所得のそれよりもより不平等であるから、労働シェアの

低下と報酬不平等の上昇は相まって、全所得の上昇する不平等に貢献してきた。労働シェアの低下と報酬不平等の上昇は、多くの貢献要因を反映するが、とりわけ、スキルの供給と需要の関係の変化、トップの税率と反トラスト強制のような公共政策の変化、そして労働組合のような労働市場における機関の変化がその要因としてあげられる（Furman 2016）。まとめていえば、これら経済的シフトと制度的変化が、労働者のパワーを貶めており、とりわけ、それは、最も傷つきやすい労働者に集中し、トップの勤労所得者と資本と企業の所有者への便益となっている。

　同時に、人種とジェンダー・ギャップは、強力に残存している。過去 20 年を通して、人種とエスニシティによる時給と年収におけるギャップの縮小はほぼなく、同時期、ジェンダー・ギャップが少々縮小したのである（図 1-6 と 1-7）。

　これら経済的格差がしつこく残っている一方、差別に反対する政策行動と立法努力は重要であり、進行を推し進める原動力である。批判的にいえば、人種とエスニシティに対する不平等の削減は、「継続的」というよりは、「時々」というべきで、これは、1964 年公民権法、1966 年公正労働基準法、そして、1990 年代のタイトな労働市場のような、明確な変化を反映しているのである（Donohue and Heckman 1991; Derenoncourt and Montialoux 2021; Baker and Bernstein 2013）。「ブラウン対教育局」訴訟における画期的な米連邦最高裁判決の後、学校の質の改善は、もう１つの重要な人種とエスニシティにおける勤労所得ギャップの縮小に貢献した要因である（Card and Krueger 1992）。

　調査が教えるところでは、また、過去の反差別政策は、マイノリティに便益をもたらしただけではなく、米国経済全体の能力を拡張したのであって、それは、差別がすべてのアメリカ人の潜在能力の完全な使用を阻止していたからである。ある分析によれば、1960 年から 2010 年までの米国経済成長の 20％から 40％は、性と人種の差別障

図1−6　人種、エスニシティ、ジェンダーによる年間の稼ぎの格差

出所：Bureau of Labor Statistics; CEA calculations.

図1−7　人種、エスニシティ、ジェンダーによる1時間当たりの平均的稼ぎの格差

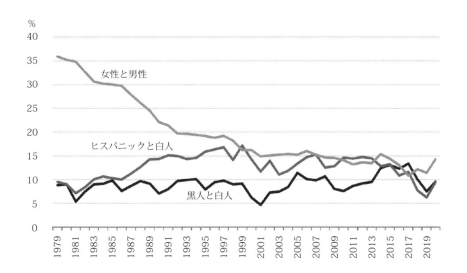

出所：Bureau of Labor Statistics; CEA calculations.

壁を削減したことによると説明されうる（Hsieh et al. 2019）。女性と人種的かつエスニシティ的マイノリティは、現在、法律、医療のような高勤労所得の職業に就くことが可能となったが、職業上の差別は、ジェンダー、人種、そしてエスニシティによる所得格差の重要な促進要因となって残っている（Cortes and Pan 2018; Weeden 2019）。全体として、職業上及び産業上の差別は、2011年時点において、ジェンダー間の給与支払いギャップの約半分の説明原因である（Blau and Kahn 2017）。1970年代と1980年代における職場への女性の急速な進出の後（図1-6と1-7）、労働市場のジェンダー差別の削減の前進は、近年緩やかになってきている。

ジェンダー・ギャップが残る背景のカギとなる要因の1つは、近年の多くの研究が議論しているが、異性のカップルにおいて、とりわけ子供をめぐっていかに家計の責任を分担するかが、典型的な要因であるようである。米国においては、女性の雇用と勤労所得は、第1子出産直後に下落し、出産後10年たっても、20%から30%ほど低くとどまる。世界的に、より大きな「子供ペナルティー」は、より伝統的なジェンダー規範を有している国や地域において発生する（Kleven 2021）。そのほかの調査が示していることであるが、公正かつ予想可能な仕事のスケジュールの欠落が、母親の労働参加への障害となっているかもしれないという。女性が男性よりも通勤時間が長くて、より給料の高い仕事につきたがらないのは、女性は男性に比べて家事と子供へのより大きな責任を負わされているからである。そして、ジェンダー間の給与ギャップは、柔軟な労働時間に対応できる職業ではより小さい（Barbanchon, Rathelot, and Roulet 2021; Goldin 2014）。規範や基本的経済力、つまり、給与労働か、あるいは家計労働か、これらへの特化——が女性と男性をして異なる生活の選択を強いるのであり、政府は、家族とキャリアの両方を行いたいと考えているケア従事者、とりわけ女性に、有給休暇や子供のケアに補助するとか、そうした対応ができるはずである（Boushey 2016）。

パンデミックにおける不平等

COVID-19パンデミックは、むき出しの巨大な、警告的な経済的分断をもたらした。多くの高給取りの労働者は、例えばテレワークを通じて仕事を続けたが、一方で、パンデミック後の失業の80%は、賃金労働者の最も低い四分の一に集中した（Gould and Kandra 2021）。女性は、学校や保育園の閉鎖の矢面に立ち、追加的なケアの責任を負わされ、労働供給は、幼い子供を持つ母親では、パンデミック中の2年において押さえつけられる傾向が続いた（Goldin 2021）。さらに、米国経済データを人種別、性別、エスニシティ別、教育別に分析した研究によれば、ヒスパニックや非ヒスパニックの黒人母親、あるいは学位を持たない母親など、複合的要素を持つ女性の間では、パンデミックからの回復において、労働参加が緩やかであることが分かった（Tuzemen 2021）。

政府のパンデミックへの対応は、特定の労働者のグループに重くのしかかるコストを阻止することを目的とした。いくつかのプログラムが、パンデミックに影響された産業——例えば、航空旅客、ホテル、レストランへ、同時にそこで働く労働者の救済を目的につぎ込まれた。加えて、政府は、もし対処されずに放置されていれば、パンデミックに関連した困難に何百万もの家族がさらされていたであろうと思われる、セーフティ・ネットのいくつかの穴を繕ったのである（Wheaton, Giannarelli, Dehry 2021）。

これらの繕いの1つが失業保険の拡大であり、それは「一時的に雇われる」ギグ労働者と自己雇労働者、限定された労働履歴しかない労働者をカバーするものであり、パンデミック失業援助（PUA: Pandemic Unemployment Assistance）によって行われた（Box 1-1をみよ）。第2のセーフティ・ネットの繕いは住宅政策であった。政府は、銀行や地主に対して、家族を抵当流れに追いやり、追い出すことを禁じ、緊急貸し付け援助プログラム（ERAP: Emergency Rental Assistance Program）と住宅所有者援助基金（HAF: Homeowner Assistance Fund）によって彼らを救済した。第3に、パンデミック中の学校閉鎖は、パンデミック前に無料か安い値段で学校給食を受けて

図1-8　人種集団別の貧困率

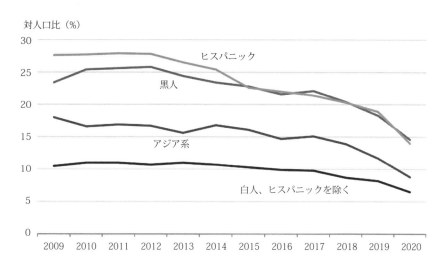

対人口比（%）

出所：Census Bureau

いた3000万人近い子供たちにとって、他の形態による栄養補給が必要とされていることを意味し、それは、パンデミック電子トランスファープログラムによって繕われた（Economic Research Service 2022）。

　これらのセーフティ・ネットの繕いは、パンデミックやリセッションにもかかわらず、拡張された子供税額控除のような政策とともに、記録的に最低レベルの貧困を削減するのに役に立った。2021年の公式統計は、2022年末にならないと公表はされないが、補足的貧困測定によれば、2020年における貧困率が2019年の11.8%から9.6%に落ち込んでいるのは、多くの低所得家計が政府から受けた資源によるものである（Fox and Burns 2021）。貧困率の低下は、特定の人種とエスニシティ・グループにおいてより大きく、黒人とヒスパニック系アメリカ人の補足的貧困率は、それぞれ3.7%ポイントと4.9%ポイント下落した（図1-8）。子供の貧困率の低下は、同様に劇的なもので、ほぼ3%ポイント落ち込み、2021年にはさらに下落するものと予測されている（Wheaton, Giannarelli, and Dehry 2021）。データは、パンデミックの困難を阻止するための公的援助の重要性を示している、なぜなら、公式貧困測定、それは、移転収入の増加を反映しないので、2020年には最大パーセント・ポイントの11.4%に上昇したからである。

結　論

　エコノミストは、経済における政府行動は民間セクターのパートナーとして公的セクターの役割を満たし、無数の方法を通じて成長と福利を促進することができると、長らく理解してきた。マクロ経済的安定を確実にし、公共財への投資、市場の失敗への対処、そして、不平等を削減すること

は、市場が1人ではできないかなりの機能であり、政府なしではほぼ何もできないであろう。政府がこれらの役割を実現する時、その役割は市場を邪魔することではないし、民間企業を締め出すことでもない。それらは、市場と包括的かつ繁栄する社会を作り出す潜在力を創出し、保護し、拡大するのである。

これら政府の補足的諸機能は、COVID-19パンデミックにおいて本格的に示された。健康のコストとウイルスの伝染のリスクは、人と人との交流が基本的に社会的意味を持つことを意味し、これらリスクを削減するため、たくさんの米国政府の政策を動機付けした。物理的に距離を保つこと、助成金によるテスト、マスクの必要性、そして、ワクチンとCOVID-19の治療への公的投資である。そして、公衆衛生上の危機のちょうど背後に、経済危機の巨大な力がぬっとあらわれ何百万という人々の職と所得が奪われる困難が予示された。危機は、米国政府の積極的金融財政政策によって成功裏に回避され、パンデミック中、総需要を支えセーフティ・ネットを強化した。COVID-19に対する米国の対応は、われわれ社会の至るところで、パンデミックの不平等な影響を意識的に認識させ、緩和させてきた。前進的な直接の現金援助、パンデミックで最も被害を受けた産業の労働者へ目的を絞ったサポートを行い、そして、農村とその他の恵まれない地域に仕えるようブロードバンド・アクセスとワクチン接種が届くように投資を行った。

公的セクターと民間セクターとのパートナーシップは、パンデミック中働き、将来にわたる経済成長を増加させることに貢献する潜在力となった。この『報告』の引き続く章において議論するように、政府の役割を理解することは、経済政策の選択を評価する場合に重要である。これらの役割を遂行する政策アジェンダは、米国経済の成果を改善し、米国の生産性能力を高めることができるのであって、双方とも現在と何年にもわたる世代を超えて実現されるものである。

第2章においては、昨年の経済を回顧し、この回復が過去の回復とどのように異なるのかを議論する。この章では、財政・金融政策によるサポート、パンデミック問題、インフレーション、そして、労働参加率について議論する。わが政権の予算の支えとなるマクロ経済予測も提示される。パンデミックが引き起こした経済下落に対処することは、世界中の国々で共有される優先事項である。第3章では、米国経済をグローバルな観点から分析するが、その他諸国の回復への道筋、インフレ傾向、労働市場が検討され、同時に国際貿易の変化とそれが米国貿易赤字にもたらすインパクトも検討される。この章では、さらに、米国の国際経済政策の諸原理について議論されるが、それは、経済的柔軟性を促進し、米国社会で広く共有される便益を生み出す。

人的資本——あるいは知識、スキル、健康、そして、その他の個人が身に着ける価値ある資源は、経済成長の重要な要素である。しかしながら、近年、人的資本の蓄積は緩慢化してきた。例えば、平均余命はパンデミック前の十年で半年も伸びていないのであり、そして、若手成人の現世代の教育レベルは彼らの親の世代に比較すると少々成長しているにすぎない。第4章においては、教育、労働力の成長、そして、健康（人的資本の主要要素のいくつか）を議論し、これらの人的資本の形態をサポートする公的投資について探索し、人的資本をより生産的に使用させる政策変化と米国経済の能力の拡大について検討する。

たとえ、人々が強力な人的資本を開発したとしても、それに反する諸力がそれらを成功裏に使用させることを阻む。例えば、1990年代以降、米国産業の約75%において集中が進んでおり、調査が示すところでは、米国労働市場の約60%が高度に集中化されており、賃金の削減となり、労働条件の質の低下を招いているという（Grullon, Larkin, and Michaely 2019; Azar et al. 2019）。第5章では、競争を阻害している諸力、そして、なぜに、買手独占（雇用主あるいは、その他の財やサービスの買手における競争の欠落）、売手独占、人種・エスニシティ・ジェンダー差別に対処することが長期の成長にとって重要なのかを議論する。加えて、第5章では、いかにしつこく残る不平等が——とりわけそれは、労働市場の成果、技能の配置、イノベーション、そして、人的資本への投資への影響を通してのものなのであるが——経済効率性と能力の成長を損ねかねないのかを検討する。

何十年にもわたって、専門家は、米国のサプラ

イチェーンが脆弱であり、これが天候やグローバルなかく乱のようなショックに全く無防備であることを警告してきた。しかしながら、それは、「サプライチェーン」が家計での言葉になる、弱った存在であることにパンデミックが明るみに出すまで気づかなかった。第6章においては、サプライチェーンの形成について叙述し、企業の増大するアウトソーシングとオフショアリングへの依存にかかわる問題を議論する。決定的に重要な産業においては、サプライチェーンの柔軟性は国家安全保障という含意を持つ。他の産業においては、サプライチェーンの複雑性は、企業が、その民間計画と決定に関して、調整することを困難にする可能性があり、産業基準や情報の取りまとめや拡散についての政策の役割が示唆される。この章においては、そこで、サプライチェーンの柔軟性とそのイノベーションを強化し、これら問題に取り組むことを援助するわが政権が提案する例を示そう。

第7章では、気候リスクとクリーン・エネルギーへの移行によって、これらリスクを和らげる世界的な取り組みについて議論する。そこで、この移行をコスト効率的に加速させるエネルギー転換と政策をためらわせる要因について概観する。この章では、米国内産業とその影響を受ける地域のエネルギー転換をスムーズに行わせる連邦気候政策の強化の経済的合理性について説明する。とりわけ、この章では、国内クリーン産業をサポートする政府の干渉の機会と課題を叙述し、化石燃料に依存する地域の経済発展という、地域を基盤とした政策について論じる。

第2章
2021年の回顧と将来の展望

COVID-19パンデミックは、2020年と同じように、2021年の米国経済を舵取りするにあたって決定的な要因であった。2020年初め、パンデミックの麻痺的な一撃は、大恐慌以来の米国に最も深いマクロ経済的ショックを与えた。そして、2021年に閉鎖とマスクが始まって1年以上、米国が経験した経済的下落と上昇のほぼすべての駆動因は、直接的間接的に、このウイルスに由来した[1]。給与雇用の成長は、例えば、COVID-19の死亡率の上下に合わせて逆に変化した（図2-1）。

2つの広範かつ取り混ぜた諸力が、2021年のCOVID-19の動きに影響した。第1は感染の継続する波であったし、第2は継続するワクチン接種の進行であった[2]。米国におけるパンデミクの開始は、公式には2020年1月20日である。というのは、その時、疾病管理予防センター（CDC: Center for Disease Control and Prevention）がワシントン州において最初の米国におけるコロナウイルスを確認したからだ[3]。2021年末までに、米国では、死者が80万人以上を数えたが[4]、それはアメリカ独立戦争を含めて、今まですべての戦争を合わせた米国戦闘員の死者より多かった[5]。2021年1月初め、パンデミック最高潮の時、測定された感染者は突出し、死亡者は7日を通して1日平均3400人であった（図2-2）。感染者数と死亡数は、冬と春を通して顕著に落ち、1日平均150万人以上の人が、完全に免疫となった。しかしながら、COVID-19のより感染力の強いデルタ株が6月に現れ、8月までにデルタは、米国感染者の90％を数え（図2-3）、入院者数と死者の増加をもたらした[6]。デルタの波は、ある程度2021年第3四半期の実質国内総生産（GDP）の

一時的な弱まりの要因となった。この年の遅く、より感染力の強いCOVID-19のオミクロン株がデルタ株に置き換わった。これらの変異株は、パンデミックと、それがもたらした経済的破壊がまだ終わってはいないということを真剣に思い起こさせるのに役立った。

第2の動き——人々へのワクチン接種の努力が、2020年12月11日、ファイザー・バイオンテクワクチンの緊急使用認可を食品・薬品庁（FDA: Food and Drug Administration）が与えることで始まった。そして、1週間後、モデルナ・ワクチンが使用許可となった[7]。政権に就く前、バイデン大統領は、政権に就いて最初の100日間で12億回のワクチン接種を目標として設定した。そして、2021年1月21日の政権に就いてから丸1日おいて、ワクチン接種を加速化させるプランを公表した[8]。3月11日、バイデン大統領は、州に指令を出し、5月1日まで18歳以上のすべての成人にワクチンを利用可能とすべく指導した[9]。ワクチン供給を増加させる連邦努力に駆られて、日付けが後になって、4月19日に前倒しとなった[10]。4月12日に終わる週で、1つのパンデミック記録となる、1日当たり190万人の新しい人々が完全に免疫となった[11]。就任92日目の4月21日、バイデン大統領は、就任してから2億回の接種を管理し、100日で1億回の接種という最初の目標の2倍となる、計画より8日早く行えたと述べた[12]。

1年の中頃で、1億6200万人の人々（人口の49％）が完全に免疫となり、年が終わるまでには、この数字は2億700万人（人口の62％）に上昇した[13] 高年齢層では、1年の中頃で人口の78％が完全に免疫となり、年末までには88％と

図2−1 雇用増と COVID-19 死亡数の変化、2020 年 9 月〜2021 年 12 月

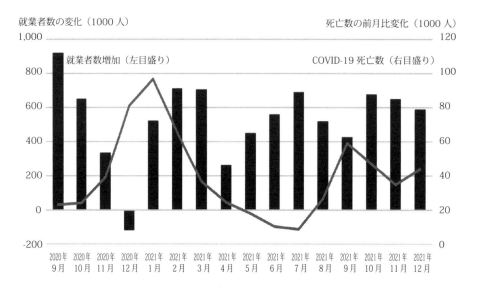

就業者数の変化（1000 人）

死亡数の前月比変化（1000 人）

就業者数増加（左目盛り）

COVID-19 死亡数（右目盛り）

出所：Johns Hopkins University; Bureau of Statistics; Haver Analytics.

図2−2 COVID-19 の日次死亡者数、2020 年 2 月〜2021 年 12 月

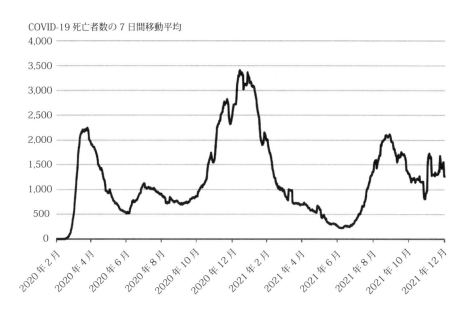

COVID-19 死亡者数の 7 日間移動平均

出所：Our World in Date; CEA calculations.

Box 2—1　COVID-19 の歴史的前例

20 08年グローバル金融危機の後、回復は、ゆっくりと始まり、2011年——それは、回復の最初のまる1年なのだが、雇用上昇は、平均すると月たった17万3000人であった。なお、米国は、継続的な経済成長を経験し続け、わが国歴史上最も長い拡大となった。COVID-19 パンデミックが、しかしながら、社会をひっくり返し、数え切れないほどのアメリカ人の安寧を破壊するという結果を伴いながら、経済活動を休止させた。

COVID-19 は、米国が対処しなければならなかったパンデミックや経済活動の地殻的変動の最初のものではなかった。1918年のインフルエンザ・パンデミック——これは、米国を襲った直近の主要なパンデミックであり——生命の喪失において壊滅的なインパクトを与えた。しかしながら、それは、マクロ経済に対して簡単に察知できるインパクトではなかった。その時の米国の経済データは、2021年よりもはるかに限定されたものであり、しばしば、年次ベースでのみ利用可能であり、パンデミックのショックを詳細に測るには困難をきたす。さらに、第1次世界大戦への十分大きな頑張りが、いかなるマクロ経済的インパクトも補正したようだ、とベンメレヒとフライドマン（Benmelech and Frydman, 2020）がいっている。

第1次世界大戦と異なって、第2次世界大戦は、同様の大きさのパンデミックの大爆発をみることはなかった。しかし、戦争とその後において、現在のCOVID-19 の経験とよく似た興味深い事態が起こった。第2次世界大戦は、工業生産において劇的な戦時シフト創り出し、それに、戦後平和の時期に通常の経済活動に戻るという急速な回転運動が続いた。この経済活動のシフトは、2021年に目撃された混乱とよく似たサプライチェーンの攪乱を創り出した。第2次世界大戦は、全体の国内産業を閉鎖し、それを戦争生産装置へ徴用した。驚くべきことではないが、生産能力のシフトの結果、一般生産物の供給は少なく、戦争中は全く空になった。例えば、家族は車や家庭用品を買うにも困難をきたした。なぜならそれらは生産されていなかったからである。労働統計局（BLS）によれば、「1943年まで、多くの耐久財、例えば、冷蔵庫とラジオは、消費者価格指数の分野から除外された、なぜならそれらの在庫が尽きたからだ」（BLS 2014）。供給者不足は、戦争が終わるまで、価格に上昇圧力を掛け続けた。

加えて、消費者の鬱積した需要が、第2次世界大戦後の価格を押し上げた。戦争中、広範囲な配給が家計による購入を制限した。政府は、砂糖、コーヒー、肉、そして、チーズのような食品を、自動車、タイヤ、ガソリン、そして、靴のような耐久財を含めて、配給した。個人貯蓄は相当増加し、戦争が終了するとまもなく使用された。1945年と1949年の間、大体1億4000万人のアメリカ人は、2000万台の冷蔵庫、2140万台の自動車、5500万台のストーブを購入した。COVID-19 パンデミックとともに起こったサプライチェーンの混乱と鬱積した需要は、第2次世界大戦後に起こったそれとよく似ている——しかし、そんなに深刻ではない。

なった[14]。ワクチン接種による免疫はアメリカ人の中で広範囲に進行し続け、FDA は、5月10日、12歳から15歳の子供にワクチン接種を許可し、10月29日には、5歳から11歳までの子供に広げた[15]。9月、バイデン政権は、連邦職員と契約者に対して、ワクチン接種の必要性を、同時に、ヘルスケア労働者にも免疫を得ることの必要性を伝えた[16]。100名より多い従業員の民間企業の労働者は、免疫を得るか、あるいは週に1度の検査が必要とされた[17]。これらの必要事項は、2021年後半の免疫努力に追加的な前進をもたらすのに役に立ち、必要事項を実施した人たちにおいては、20%かそれ以上の免疫比率の上昇をみなし、遵守比率は90%の高率範囲にあった[18]。

米国はまた、新しい治療術、より多くよりよいテスト、病気へのより大きな理解、そして、改善された公衆衛生上の監視システムを伴って、2021年において、COVID-19 へのたたかいで主

図 2−3　SARS-CoV-2 変異株の比率、2021 年

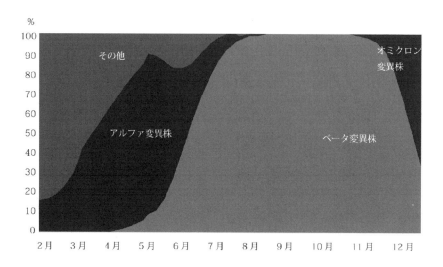

出所：GISAID data via Nextrain.com, assembled by Hatfield et al., showing results of all sequence analyses in the United States, without regard for regional weighting.

要な前進を勝ち取った。免疫のより高いレベル、テストと利用可能な治療のより多くのツールとともに、パンデミックは、より低い死亡率のものへと進行するようである。このことがいっていることは、ウイルスの継続する進化は、追加的な病気に対する警戒と未来の変種への準備としての投資を必要としているということのようである（Box 2-1 をみよ）。この章の残りの部分では、COVID-19 リセッションと財政政策、金融政策、

不確実性の上昇、サプライチェーンの混乱、そして、GDP の支出構成要素のレンズを通して、現れつつある回復について検討する。それから、労働市場へのパンデミックの影響が、供給と需要の両側面から評価される。大統領の 2023 年会計年度の予算を基礎づける COVID-19 後の経済予測が提示される。最後にこの章では、過去 2 年の動乱を振り返ることでまとめ、将来の予測を行うこととする。

2021 年の財政政策

　2020 年の COVID-19 への財政対応は、迅速かつ大量であった。超党派によるコロナウイルス援助・救済・経済安定化法（CARES）法は、その年の 3 月に法律として成立した。2021 年になっても、さらに財政支援は強化された。パンデミック中に立法化された主要な財政プログラムは、表2-1 に示してある。

　パンデミックの財政拡大を歴史的な文脈に置く

1 つの方法は、過去の財政支援を眺めることである。表 2-2 によって財政支援の時期を確認できるが、──それは、基礎的（利子を除く）赤字の対 GDP 比の拡張の年である。それは、拡張の前の最後の年に対して、どれだけ、それらの各年において、基礎的赤字がより大きいかの平均である。例えば、1941 年から 43 年の会計年度の基礎的赤字は、1940 年会計年度よりも、各年におい

表 2 - 1　2020 ～ 2023 会計年度におけるコロナウイルス救済法による財政支援

日付		会計年度の対名目 GDP 比（%）			
		2020 年	2021 年	2022 年	2023 年
2020 年 3 月 4 日	コロナウイルス対策・対応補正歳出予算法、H.R.6074	0.0	0.0	0.0	0.0
	連邦財政赤字への影響				
2020 年 3 月 18 日	家族最優先コロナウイルス対応法、公法 116-127	0.6	0.3	0.0	0.0
	連邦財政赤字への影響				
2020 年 3 月 27 日	コロナウイルス援助・救済・経済安定化法（CARES）	7.7	2.0	-0.5	-0.6
	公法 116-136				
	連邦財政赤字への影響				
2020 年 4 月 21 日	給与保護プログラム及びヘルスケア強化法、H.R.266	2.1	0.2	0.0	0.0
	連邦財政赤字への影響				
2020 年 12 月 27 日	コロナウイルス対応・救済補正歳出予算法 a	0.0	3.3	0.3	0.1
	連邦財政赤字への影響				
2021 年 3 月 6 日	米国救済計画、H.R.1319	0.0	5.2	2.2	0.4
	連邦財政赤字への影響				
赤字増加の合計		10.4	11.0	2.0	0.0

注：会計年度の名目 GDP は政権の経済予測からのものである。
a　2021 年統合予算法、公法 116-260 のディビジョン M と N は、2020 年 12 月 27 日に制定された。

表 2—2　1941 年以降における過去の財政拡大の出来事

期間	財政拡大の出来事	平均年間支援 （対 GDP 比）
1941 ～ 43 年	第 2 次世界大戦動員	13.0
2020 ～ 21 年	COVID-19 パンデミック	9.2
2008 ～ 9 年	大リセッション	5.5
1949 ～ 50 年	1949 年リセッション／朝鮮戦争	4.9
2001 ～ 4 年	2001 年リセッションとその余波	4.7

注：この表は、財政拡大（新規及びプログラム拡大の両方を含む）以前の最後の年と比較した、基礎的財政収支の対
　GDP 比の平均年間増加を示している。

て GDP の 13％平均で、より高かったことになる。パンデミック会計年度となった 2 年間における支援は、2019 年よりも各年において GDP の 9.2％平均であり、より高かったことになり、第 2 次世界大戦終了以来で最も大きな支援の時期である。

2021 年の財政支援は早いうちに始まった。2021 年 1 月の最初のいくつかの週において、多くの家計は、2021 年統合予算歳出法（Consolidated Appropriations Act of 2021）によって、各成人当たり 600㌦の経済インパクト支払いを受領したが、それは、2020 年 12 月末に立法化されたものである。COVID-19 救済の立法に基づく 9000 億㌦はまた、補足的パンデミック失業手当週 300㌦を再制度化したが、それは、1 月に失業がみえ始め、労働市場が回復した時、彼らの家族を無事に無傷にしておくカギとなるものであった。1 月はまた、中小企業が給与支払い保護プログラムの延長と拡大を獲得したが、それは、彼ら

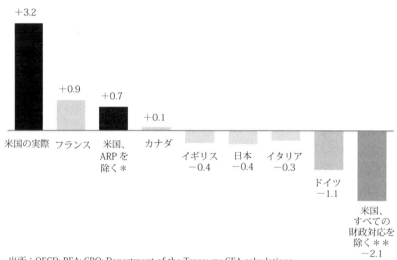

図2-4　実質 GDP の水準、2021 年第 4 四半期とパンデミック以前の比較

対 2019 年第 4 四半期水準比

出所：OECD; BEA; CBO; Department of the Treasury; CEA calculations.
* CEA calculations using actual ARP spendout CBO pandemic multipliers.
** CEA ARP calculations plus CBO calculations of GDP effects of 2020 fiscal policy response and Federal Reserve credit facilities.

の多くに給与支払いの維持と経営を広げる追加的資金へのアクセスを与えた。

　3 月になると、アメリカ人は、1 兆 9000 億ドルのアメリカ救済計画（ARP: American Rescue Plan）による追加の財政的パンデミック・サポートを受領した。ARP は、ワクチン接種が隅々まで行き渡るように資金援助し、COVID-19 への対応に資金を与え続けたが、それは直接的か、あるいは州を援助するか、その両方によって対応した。家計は、経済インパクト支払いが立法化するとすぐ（子供も含めて）1 人 1400 ドルを受け取った。子供を持つ家族は、7 月には、拡大された子供税額控除（Child Tax Credit）から、毎月支払いを受け取り始めた。これらは、最初の払い戻し可能な税額控除であり、自動的にこの方法でなされ、支払いは、6 歳から 17 歳までの子供が 1 人当たり月 250 ドルを上限として、6 歳未満の子供が 1 人当たり月 300 ドルとした。この控除は、完全に払い戻し可能であるから、低所得家族は、初めて全額が適格となった。補正的パンデミック失業手当は 9 月初めまで延長されたが、いくつかの州では、これら手当を 7 月初めで打ち切ることを選択し

た。州の教育努力への援助は、学校閉鎖はスタッフ問題などのパンデミック中に起こった教育上の課題に対処することを目的に作られた。また、緊急レンタル援助プログラムは、家賃や公益代金を支払うことのできない家計を援助した。

　その結果、連邦財政対応は、2021 年の経済回復に大きな効果をもたらした。米国経済は、パンデミック前よりもインフレ調整済みで、3.1％より大きく、2021 年を終えたのであり、それは、G7 諸国中、最も速い回復であった（図 2-4 をみよ）。CEA は、ARP がこの成長へ少なくとも 2 と2 分の 1 ポイント貢献したようだというが、それは、議会予算局（CBO）からの需要乗数・産出乗数はもちろん、ARP の支出についてのさまざまなデータを使用したものである[19]。以前公表された CBOによる 2020 年財政救済パッケージの分析は、緊急連邦準備信用装置を含むもので、ARP 以前のこれらパッケージとともに、もう 1 つ、パンデミック中の実質 GDP 成長の 2.8％ポイントを説明した[20]。

　この拡張された財政救済と金融的刺激は、多くの重要な目的を成し遂げた──ワクチンの拡大、雇用の回復、回復の前進、そして貧困の削

Box 2─2　2021年の金融政策

20年3月のCOVID-19パンデミックの急激な変動に対応して、連邦準備と世界中のその他中央銀行は、金利を引き下げ、最後の貸し手の役割に踏み込んだ。伝統的な銀行経路を通して借用コストを引き下げることに付け加えて、連邦準備は、金融市場の特定のセグメントをサポートするため連邦準備法の第13項（3）の下で、「緊急貸付手段」を創設した。2008年、連邦準備は、6つの緊急貸付手段を9カ月の期間にわたって設立した。2020年、対照的に、連邦準備は、ちょうど2カ月にわたって13の緊急貸付手段を立ち上げた。そのうちのいくつかは、金融セクターをサポートするプログラムだけではなく、実体経済を直接サポートするために向けられた。

2021年初め、CARES法によって資金づけされた金融貸付手段が閉鎖された。しかしながら、パンデミックの経済インパクトの深刻さを前提にすると、連邦準備は、米国財務省証券とモーゲージ担保証券の資産買取をやめることはできなかった。連邦準備のバランス・シートは、2020年2月で、4兆1000億㌦であった（図2-ⅰ）。3カ月もたたないうちに、それは、7兆1000億㌦に膨れ上がり、急速な速さで上昇を続けた。2020年末から2021年末を通して、連邦準備の米国財務省証券保有は、4兆6900億㌦から、5兆6500億㌦に増加し、そのモーゲージ担保証券保有額は、2兆400億㌦から2兆6200億㌦へ増加した。連邦準備の全体のバランス・シートは、2021年末には、8兆7000億㌦に成長した。

注目すべきは、2021年11月、連邦公開市場委員会（FOMC: Federal Open Market Committee）は、財務省証券とモーゲージ担保証券の進行する買い取りを徐々に削減し、「次第に減じる」と票決した。FOMCは、11月遅く始まり、買い取りがゼロ㌦になるまで、月150億㌦の買い取り削減をすることによって、月1200億㌦の純資産買い取りペースを削減することを計画し、しかし、

図2-ⅰ　連邦準備制度のバランス・シートの構成、2006～2021年

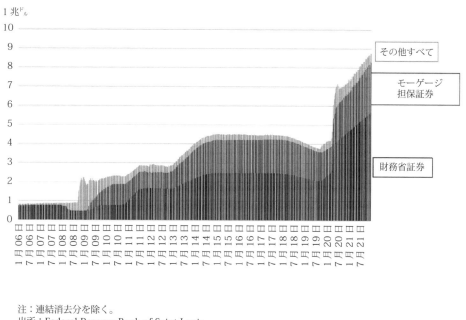

注：連結消去分を除く。
出所：Federal Reserve Bank of Saint Louis.

FOMC はまた、連邦準備は、「もし経済見通しの変化によって、保証されるならば、買い取りのペースを調整する用意がある」と述べた。2021 年末

の時点において、フェデラル・ファンド・レート目標値は、0 から 4 分の 1％とした。

減である。完全雇用の達成とともに、そして、より詳細に以下議論されるインフレーションとともに、連邦準備は、資産買取りを削減し、2022 年

には金利を引き上げることを開始する意図を示した（Box 2-2）。

経済的不確実性の上昇

この節では、COVID-19 パンデミックの状況下での経済的不確実性の上昇を検討する。それは、金融市場と消費者心理を順番に探求する。

金融市場

金融市場は、強力な財政・金融政策の介入によって、COVID-19 パンデミック開始以来完全に回復した。証券に関していえば、スタンダード＆プアー

ズ 500 指数は、2020 年末と比較して、2021 年末には 26.9％より高かったし、それは、パンデミック前の 2019 年末と比較すると 2021 年末で47.5％も高かった（図 2-5）。

信用市場は、同様に回復した。例えば、米国企業信用スプレッド、企業の借入コストの代理を考察しよう。2020 年 3 月、このスプレッドは、400 ベーシス・弊を超えてピークとなった（スプレッドが高ければ、米国企業の借入状況がより悪

図 2−5　スタンダード＆プアーズ 500 指数、2006〜2021 年

指数水準：2017 年 1 月＝100

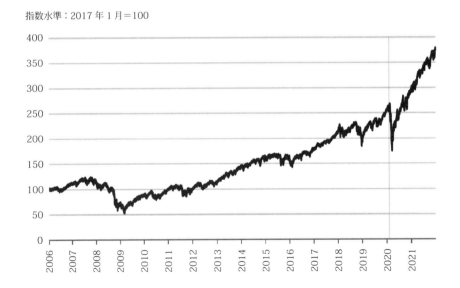

注：赤線はパンデミックの始まりを示す。
出所：Haver Analytics.

図 2−6　米国の企業スプレッド、2006〜2021 年

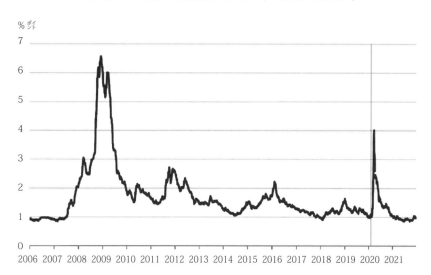

注：この統計は、ICE BofA 米国企業指数オプション調整済みスプレッドにより計測された、企
　　業の借入コストの近似値である。その指数は、米国国内市場で公募発行されたドル建て投資
　　適格社債の実績を追跡するものである。赤線はパンデミックの始まりを示す。
出所：Federal Reserve Economic Data from the Federal Reserve Bank of Saint Louis.

図 2−7　CBOE の VIX 指数、2006〜2021 年

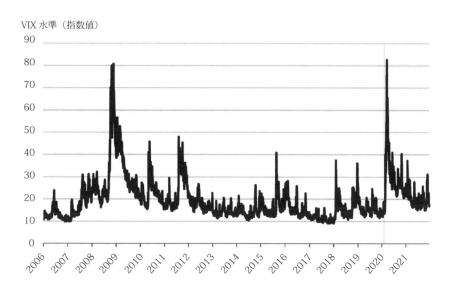

注：この統計は、シカゴ・オプション取引所のボラティリティ指数（CBOE VIX）であり、株
　　式指数オプション価格が伝える短期的ボラティリティの市場期待を計測するものである。赤
　　線はパンデミックの始まりを示す。
出所：Haver Analytics.

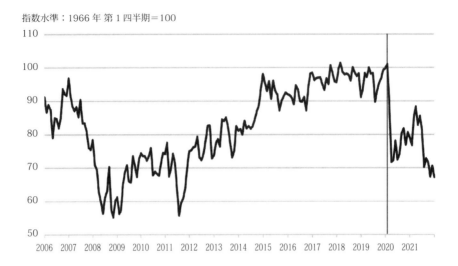

図2−8　ミシガン大学消費者信頼感指数、2006〜2021年

指数水準：1966年 第1四半期＝100

注：赤線はパンデミックの始まりを示す。
出所：Haver Analytics; CEA calculations.

い）（図2-6）。急速な政府と中央銀行の介入の後、スプレッドは劇的に低下し2021年中落ち続けた。スプレッドは、平均して2021年には94ベーシス・㌽であり、2020年には156ベーシス・㌽、2019年では124ベーシス・㌽であった。

　しかしながら、金融市場の浮動性は、COVID-19前のレベルを超えて、そのままであった。図2-7はVIXの時系列を示したものであるが、それは、オプション市場の価値のような、それ自身のリスクの市場認識を図るものである。2020年3月、VIXは、2008年のグローバル金融危機以来、みたことのないようなレベルに突出した。それから21カ月、2021年の12カ月を含めて、測定は一般に下降軌道に乗ってきた。しかしながら、2021年末はなお、パンデミック前よりより高くとどまっていた──2021年12月で平均約21であり、それに対して2019年では平均15であった。しかし、それは、パンデミックの未来軌道への警戒を伴う不確実性によるものといえよう。

消費者信頼感

　米国経済における消費者信頼感は、COVID-19到来時高度に悲観的となった。ミシガン大学消費者信頼感指数によれば、信頼感は、2011年以来、最も低いレベルに落ちた[21]。2020年末と2021年初めに信頼感を取り戻した後、消費者信頼感は、2021年第2四半期にピークを打ったが、その後年の後半は下落した（図2-8）。この消費者信頼感の下落は、デルタ株とオミクロン株の流行開始と一致し、測定されたインフレーションの上昇とともに起こった。

リセッションと回復における経済
このリセッションと回復は、そのほかのそれといかに異なるのか？

2020 年米国のリセッションは、過去のものより、より短かった。そして、いくつかの指標を基礎にみれば、回復はより強力であった。2020 年、2 月から 4 月にかけて、消費支出は、第 2 次世界大戦後いかなるリセッションよりも速く、かつ深く下落した。しかしながら、回復は、そのほかのいかなるものより速く、それは、図 2-9 から図 2-19 に示されているように、進み方においてすこぶる異なるものである。例えば、財の消費セクターは敏速かつ完全に 2020 年において回復した一方で、サービス消費セクターはその喪失のたった一部が回復しただけであり、いくつかのサブセクターではパンデミック前のピークを下回ったままであった。

2021 年末時点において、実質財消費は、ほぼ 2019 年末のパンデミック前のピークを 14％上回り、第 2 次世界大戦後のリセッションのいかなるものより速い財の回復であったことは、図 2-9 にみられるとおりである（この「蝶」のような図と、これに続く同じような 10 個の図についの説明は Box 2-3 をみよ）[22]。

それと比較して、サービス支出は、第 2 次世界大戦後のどのリセッションよりもゆっくりと回復したが、それは図 2-10 に示されているとおりである。ピークから底へ、サービス支出はかつてなく鋭く落ち込み、財の購入よりもピークから底へより深く落ち込んだ。そして、サービス支出は、すばやくリバウンドしたが、ピーク後の 8 四半期の支出レベルは、以前のどの景気循環が経験したより低いままであった。サービスの低い支出は、ソーシャル・ディスタンスと劇場、医療、そして個人サービスのような対面業務や状況を避けると

図 2-9　財への総支出──循環の比較

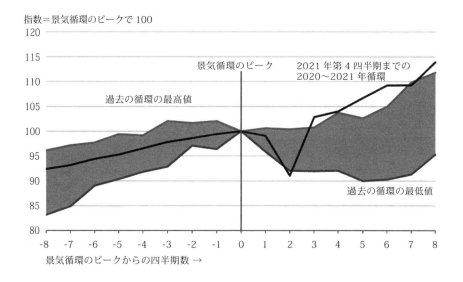

出所：BEA, NIPA table 1, 2, 6, "Real GDP by Major Type of Product."

　図2-9から図2-19までの蝶の形をした図は、財（あるいはサービス、あるいは建設）への支出が、かつての景気循環のその支出といかに比較されるのかを示したものである。12の戦後景気循環の各ピークを100に指数化し、これら図のオレンジ色の線は、11の以前の景気循環の最大値であり、ブルー色の線は、これら景気循環の最小値であり、グレー・ゾーンは、過去の変化の範囲を示す。GDPの財のコンセプトは、国民所得・産出物勘定（NIPA: National Income and Product Accounts）、表1、2、6とすべてのGDP構成要因（消費、投資、政府支出、輸出、輸入）内の財の総支出からのものである。NIPA表1.2.3の財のGDPの支出は、産業別GDP勘定の財生産セクターからのものとは異なる。例えば、自動車の小売りからの付加価値は、NIPA表1.2.6の財の一部だが、産業別GDP勘定では、サービス生産セクターの一部である。

いう消費者心理が反映されていたようである。

　　消費支出

　2021年において、財の消費支出は急速に増加したが、一方で、サービスの消費支出が、そのピークをまだ取り戻せなかったのは、表2-3に示されているとおりである。実質消費支出データは月次統計が利用可能なので、表は、2020年2月の（パンデミック前）景気循環ピークから2021年12月を通して、22カ月の実質成長率を示している。全体として、実質消費支出は22カ月のパンデミック中に年率1.6％で成長し、それは、GDP成長の年率トレンドのほぼ2％より少々低かった。

　財の実質消費は、これら22カ月中、年率6.5％で成長し、それは、長期で維持されるべき消費支出のペースをはるかに超えていた。この急速な成長は、世界的なチップ不足によって自動車販売が抑えられたにもかかわらず起こったことで、自動車販売成長率は2.2％に落ち込んだのである。自動車を除くと、耐久消費財の支出は、急速に年率10.1％で成長し、一方で、非耐久消費財は5.8％の成長であった。

　対照的に、これら22カ月間で、表2-3が示しているように、サービス消費支出は年率0.5％に落ち込んだ。顕著な下落を示した消費支出分野は、ヘルスケア（－0.7％）、輸送（－5.3％）、レクリエーション（－7.2％）、そして、宿泊サービス（－4.4％）である。下落はまた、「他のサービス分野」のかなりの分野においても顕著であった（これは、表2-3には示されていない）が、教育サービス（－2.4％）、専門的サービス（－1.8％）、そして、個人的ケアと衣料サービス（－16.0％）である。パンデミック前のレベルを下回ってとどまる支出分野は、対面交流を必要とする分野であった。

　所得は消費者が2020～21年に支出した額を上回ったが、それは、抑制されたサービス・セクターによる（支出サイド）超過に、ある程度よるものであり、そして、CARES法とアメリカ救済計画法（ARPA: American Rescue Plan Act）の下での所得サポート（所得サイド）に、ある程度よるものである。図2-11は、もし、貯蓄率が2008～19景気循環中の平均（6.8％）で水平に維持していれば引き起こされたであろう貯蓄に対して、現実の四半期別貯蓄（兆ドル）を示したものである。この図の青〔本書では黒〕の網掛けは、平均四半期別貯蓄からの偏差を示している。パンデミック期間の2021年末までに、「過剰」貯蓄のストックは2兆7000億ドルに蓄積され、それは、1.9カ月の家計の支出を支えるのに十分な金額である。

図 2−10　サービスへの総支出──景気循環の比較

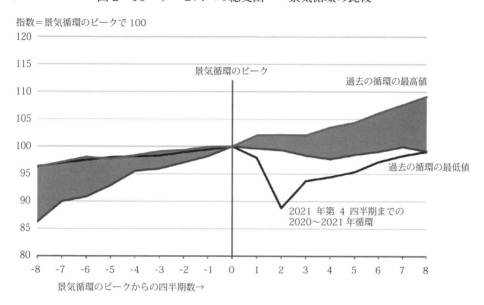

指数＝景気循環のピークで 100

景気循環のピーク

過去の循環の最高値

過去の循環の最低値

2021 年第 4 四半期までの
2020〜2021 年循環

景気循環のピークからの四半期数→

出所：BEA, NIPA table 1.2.6, "Real GDP by Major Type of Product."

図 2−11　平均ペースと比較したパンデミック中の個人貯蓄、2008〜2021 年

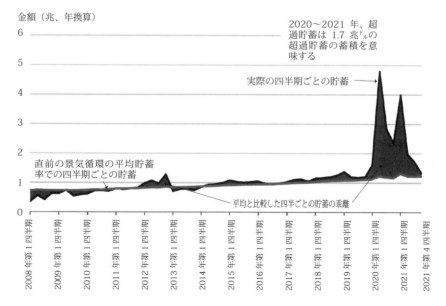

金額（兆、年換算）

2020〜2021 年、超
過貯蓄は 1.7 兆ﾄﾞﾙの
超過貯蓄の蓄積を意
味する

実際の四半期ごとの貯蓄

直前の景気循環の平均貯蓄
率での四半期ごとの貯蓄

平均と比較した四半ごとの貯蓄の乖離

注：直前の景気循環の平均貯蓄率での四半期ごとの貯蓄は、可処分個人所得に、2008 年から
　　2019 年までの平均貯蓄率（6.8%）を掛け合わせたものである。
出所：Data from Haver Anaytics; CEA calculations.

表 2―3　パンデミックが始まってからの消費支出の伸び

財またはサービスのタイプ	2020 年 2 月～ 2021 年 12 月	
	変化率（%）、年換算 (1)	寄与度 ^a (2)
合計	1.6	1.6
財	6.5	2.10
自動車及び部品	2.2	0.09
耐久財、例えば自動車など	10.1	0.76
非耐久財	5.8	1.22
サービス	-0.5	-0.36
住宅及び公益事業	1.2	0.21
ヘルスケア	-0.7	-0.11
輸送	-5.3	-0.17
娯楽	-7.2	-0.27
飲食サービス	0.9	0.06
宿泊	-4.4	-0.05
金融	3.0	0.24
その他 ^b	-2.0	-0.16
NPISH ^c	-3.2	-0.10

a　実質消費支出の年換算成長率への寄与度。これらの寄与度は、国民所得生産勘定で使われているフィッシャー指数方程式への近似のため、合計及び小計に正確に一致しない可能性がある。

b　その他サービスには、通信、教育、専門及びその他サービス、パーソナル・ケア及び被服サービス、社会サービス及び宗教活動、家事、純外国旅行が含まれる。

c　NPISH ＝家計を支援する非営利機関の純消費。

出所：Bureau of Economic Analysis, NIPA tables 2.3.5U and 2.3.6U.

表 2—4 固定投資構成要素、2019 年第 4 四半期～ 2021 年第 4 四半期

投資構成要素	年成長率
非住宅	1.3
非住宅設備	3.0
情報処理設備	12.8
産業設備	7.7
交通設備	-15.7
その他の設備	2.3
非住宅構築物	-11.9
オフィス	-11.9
ヘルスケア	-6.3
複合ショッピング・センター	-20.4
飲食店	-19.5
倉庫	3.2
その他商業施設	-14
製造業構築物	-7.3
電力・通信施設	-16.1
採掘／シャフト／井戸	-9.0
その他非住宅構築物	-16.5
知的財産	7.1
ソフトウェア	10.2
研究開発	5.4
娯楽・文学・芸術作品の原本	2.0
住宅	6.7

出所：Bureau of Economic Analysis, NIPA tables 1.5.6, 5.4.6U, and 5.5.6U.

図 2−12　企業固定投資──景気循環の比較

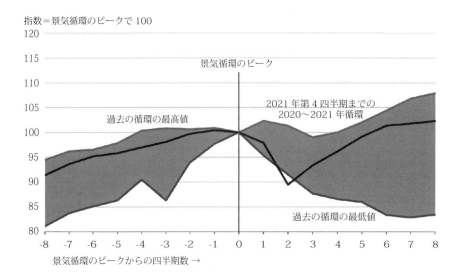

指数＝景気循環のピークで 100

出所：BEA, NIPA table 1.1.6.

企業と住宅投資

　実質企業固定資本投資（非住宅）は、2019 年第 4 四半期から 2021 年第 4 四半期まで、年率 1.3％でじりじり上がった（表 2-4）。第 2 次世界大戦後、過ぎ去った 11 回の景気循環と比べると、全体の企業投資は、循環の平均より、より強力であったが、図 2-12 に示されているように、なお以前の範囲を超えてはいない。

非住宅構築物投資

　非住宅構築物投資──それは、2019 年において、GDP の 3.1％を構成したが──2020 ～ 21 年の 2 年の間に年率 11.9％で下落した（表 2-4）が、図 2-13 に示されているように、2021 年末には、以前の循環より、より低い最低値近くを後追いした。大規模な下落がオフィス・ビルの建設で起こった（それには、おそらくリモート・ワークへの移行が反映されている）。ヘルスケア施設、ショッピング・センター、食品と飲料関係施設、つまり、対面取引に従事することが一般的に忌避されることによって痛手を蒙ってきたそれらの分野においても建設は下落した。製造業、電力、鉱業構築物も下落した。これらの構築物投資は、2020 年の 4 つの四半期中に起こったが、2021 年を通しても、全体の構築物投資はゆっくりと下落し続け、石油と天然ガスの掘削井戸は主要な例外であり、それらは、その年のより早い時期のすごい落ち込みから回復し、40％の成長を遂げた。

設備投資

　構築物投資と対照的に、（2019 年では GDP の 5.8％までを占める）設備投資は、2021 年第 4 四半期を通して、8 つの四半期において 3.0％の成長であったが、それは、以前のいかなる循環中と同じように速く、この 2 年間で、2 けたの成長が情報処理設備において起こったものの一方で、工業設備投資は年率 7.7％の成長であった。対照的に、輸送設備投資は急速に落ち込み、それは、2021 年の自動車製造業を痛めつけたチップ不足によるようである。

図2−13　構築物投資──景気循環の比較

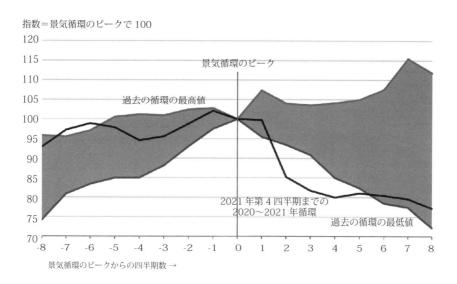

指数＝景気循環のピークで100

出所：BEA, NIPA table 1.1.6.

②

図2−14　設備投資──景気循環の比較

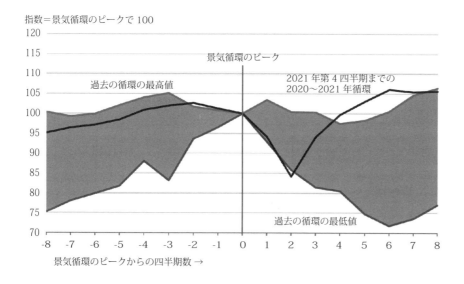

指数＝景気循環のピークで100

出所：BEA, NIPA table 1.1.6.

図2−15　知的財産投資──景気循環の比較

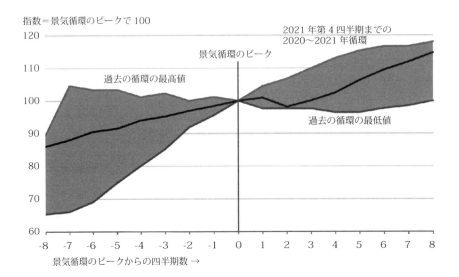

出所：BEA, NIPA table 1.1.6.

知的財産

知的財産への投資は、2019年にはGDPの6.3%を構成したが、2019年第4四半期から2021年第4四半期までには7.1%に成長し、以前の景気循環の経験した上半分の範囲に位置する（図2-15）。知的財産のサブセクターはかなり大きく別れ、ソフトウエア投資は年率10.2%の急成長をみせ、研究開発は5.4%で上昇し、「エンタテイメント、文芸、そして芸術的独創」分野では、その初期の喪失を回復させてじりじり上昇した。

住宅投資

住宅投資は、2019年ではGDPの3.8%を構成したが、2019年第4四半期から2021年第4四半期までは年率6.7%で成長し、それは、この浮動的な分野の歴史的な記録の上半分の範囲に位置する（図2 16）。成長は、2020年の4つの四半期では強力であり（15.9%）、しかしながら、核家族と複数家族の住宅着工と建設は2021年の供給抑制によって抑えられてきたように思われ、これら建設構成要素の成長ペースをより緩慢な上昇に制限した。プレハブ住宅は両年において成長したが、寮建設は両年において急速に落ちた。

州と地方の購買

州と地方の購買（実質ドルでの）は、2019年第4四半期から2021年第4四半期まで（図2-17）、わずかに上昇し（年率0.4%）、歴史的回復経験の平均値より年率で約3%ポイほど低かったが、しかし、2019年第4四半期までの、その8つの四半期におけるものよりほんの少し低かった。税収が名目GDPよりもより速く上昇し、表2-1に記載されているパンデミック期において認可された連邦補助金のゆえに、全体の州と地方の受け取りの増加は支出（これには、購買だけではなく、移転支出、補助金が含まれ）を超えた。その結果、全体の州地方の財政状況は、2020年において（31億ドルのネットでの貸し付けとともに）黒字であり、（最初の3つの四半期をベースにすると）2021年も再び黒字となるであろう[23]。これは、州と

図 2－16　住宅投資——景気循環の比較

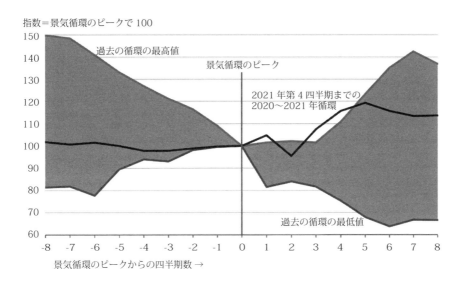

指数＝景気循環のピークで 100

過去の循環の最高値

景気循環のピーク

2021 年第 4 四半期までの
2020〜2021 年循環

過去の循環の最低値

景気循環のピークからの四半期数 →

出所：BEA, NIPA table 1.1.6.

②

図 2－17　州・地方政府の購入——景気循環の比較

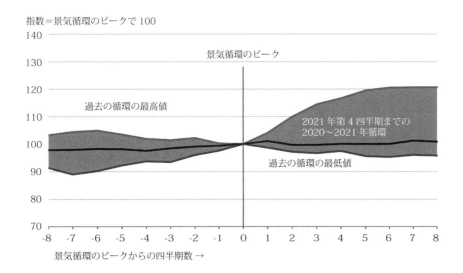

指数＝景気循環のピークで 100

景気循環のピーク

過去の循環の最高値

2021 年第 4 四半期までの
2020〜2021 年循環

過去の循環の最低値

景気循環のピークからの四半期数 →

出所：BEA, NIPA table 1.1.6.

図 2−18　輸出──景気循環の比較

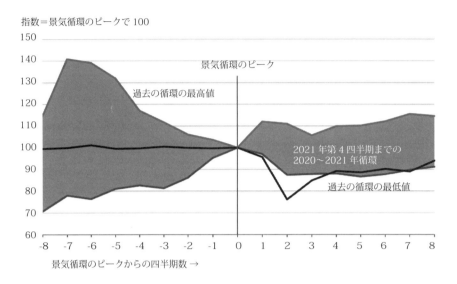

指数＝景気循環のピークで 100

景気循環のピーク

過去の循環の最高値

2021 年第 4 四半期までの
2020～2021 年循環

過去の循環の最低値

景気循環のピークからの四半期数 →

出所：BEA, NIPA table 1.1.6.

図 2−19　輸入──景気循環の比較

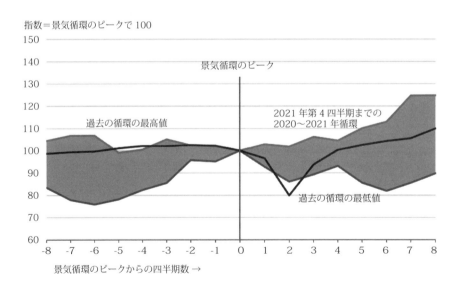

指数＝景気循環のピークで 100

景気循環のピーク

過去の循環の最高値

2021 年第 4 四半期までの
2020～2021 年循環

過去の循環の最低値

景気循環のピークからの四半期数 →

出所：BEA, NIPA table 1.1.6.

地方セクターにとって、1946年以来初めての黒字ということになるであろう。この財政状況は、かなりのARP資金が、2021年第3四半期時点で、いまだ完全には配分されてはいなかったことの示唆と整合する。

輸出と輸入

輸出は、8つのパンデミック四半期において、年率3%で落ち込んだが、このことは、第2次世界大戦後における景気循環の経験で最低位置にパンデミック後の米国輸出を置くことを意味する（図2-18）。この『報告』の第3章で議論するように、米国輸出は、パンデミックの深刻な経済的影響による海外からの脆弱な需要と、米国の主要貿易相手国のより遅い回復に直面したのであり、輸出すべき財への国内需要の急上昇にもよるものであった。

輸入は、景気循環の経験の平均あるいは中央値に対して、測定した景気循環記録のより上の半分に固く成長した（図2-19）。産出の回復が財への例外的な強力な内需によって駆り立てられ、かなりのセクターでは、輸入がこの需要にこたえるべく貢献したのであって、それは、供給抑制によって国内生産ができない時であったからである。国内のより速い成長がより多く輸入を引きつけ、輸出に対して輸入の強さは、われわれの貿易相手国より、米国のより速い成長率を反映した。これはまた、ネットの輸出が著しく赤字となり、実質GDP成長から差し引かれることになる。

グローバル・サプライチェーンの混乱

COVID-19パンデミックは、グローバル・サプライチェーンを混乱に陥れた。多くの問題が表面化したが、その根っこは、米国がグローバルに組み立て輸送する製品に依存することを増大させていることにあり、このサプライチェーン問題については第6章で議論する。ロサンゼルス港で荷下ろしを待つ船の遅れが、2021年の後半になってもひどくなっている。トラックから空輸になり、運送料金はサプライチェーンにおいて非常に上昇したが、これについては図2-20、図2-21、図2-22に示されている。サプライチェーンの隘路が自動車にあることは明らかである。なぜなら、コンピュータ・チップの不足によって、需要に合わせて自動車メーカーが生産を増加させことができないからである。

データはまた語るが、そのほかのインプットの不足も、2021年のそのほかのセクターの企業活動を後退させた。例えば、全国住宅建設業者協会によって調査され、住宅建設業者が報告していることであるが、枠組み用木材、壁材、屋根材のような重要材料の不足である[24]。住宅建設業者は、これらの不足にある程度新しい建設を遅らすことで対応した。これは、2021年の4つの四半期を通して、2020年の16%増加から4.0%増加へ永住型住宅投資の鈍化が起こっていることに反映された。

在庫投資

このサプライチェーン問題は、財に対する消費需要の増加とともに、2021年第4四半期にかなりの在庫ストックの構築が行われる前、2021年の最初の3つの四半期においては、その減少へと導いた。在庫ストックは2021年には低いレベルで始まったが、それは、2020年の最初の2つの四半期に、在庫の整理が急速に進んだからである。実質最終販売のリバウンドとともに、在庫・販売比率（実質販売に対する実質在庫）は、2019年第4四半期の2.56から2021年第3四半期には2.41月次在庫供給という記録的最小値に落ちたが、それは、図2-23に示されているとおりである。この在庫投資の再構築は、2021年第4四半期に開始され、2021年第3四半期のマイナス在庫投資から変化し、2021年第4四半期の実質GDP成長の年率に4.9%ポイント貢献した。2021年第4四半期の在庫蓄積は、その前の、パンデミックの7つの四半期中に引き出されたストックのほぼ3分の1を再構築した。

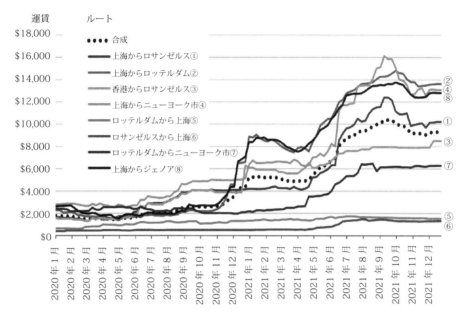

図2−20　ルート別の海上40フィート・コンテナの基準運賃

運賃　　ルート
$18,000
$16,000
$14,000
$12,000
$10,000
$8,000
$6,000
$4,000
$2,000
$0

●●●● 合成
上海からロサンゼルス①
上海からロッテルダム②
香港からロサンゼルス③
上海からニューヨーク市④
ロッテルダムから上海⑤
ロサンゼルスから上海⑥
ロッテルダムからニューヨーク市⑦
上海からジェノア⑧

注：「運賃」は、40フィート・コンテナの所与の大洋航路に関する基準貨物運賃を指す。
出所：Data from Bloomberg.

図2−21　ケース・トラック輸送指数

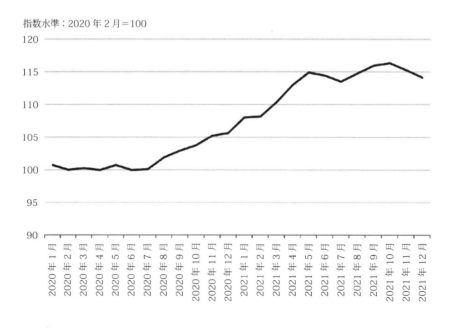

指数水準：2020年2月＝100

出所：Data from Bloomberg.

図2-22　ルート別航空貨物運賃

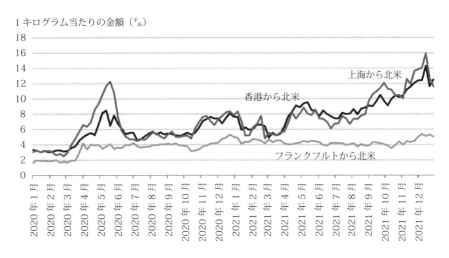

1キログラム当たりの金額（ドル）

出所：Data from Bloomberg.

図2-23　在庫・売上高比率（民間在庫・最終売上高）、1997〜2021年

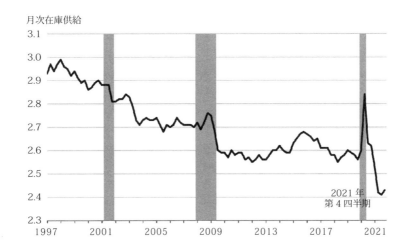

月次在庫供給

出所：Bureau of Economic Analysis (NIPA table 5.8.6); National Bureau of　Economic
Research.

図2-24　消費者物価指数（CPI）インフレ率、2007～2021年

12カ月間インフレ率

出所：Bureau of Labor Statistics; National Bureau of Economic Research.

消費者価格インフレーション

　集中された財需要とこれら財の限定された供給は、サプライチェーンの遅れとともに、消費者物価インフレを引き起こした。大見出しで論じられるインフレーションは、消費者物価指数（CPI）によれば、パンデミック前2019年の12カ月における2.3％から2021年の12カ月で7.0％に上昇した（図2-24）。この上昇のかなりは、浮動性の高い食品とエネルギー分野によって起こされたものであるが、しかし、食品とエネルギーを除いたコアCPIも2021年中において、パンデミック前の2.3％から5.5％へかなり上昇した。

　コア・インフレの中でパンデミックが開始されて以来、最も上昇したのはコアの財であり、2019年パンデミック前の0.1％から2021年12カ月で10.7％に上昇した（図2-25）。対照的に、コアのサービスは、3.0％のレートから2021年12カ月でたった3.7％へ上昇したにすぎない。

　サプライチェーンの混乱はまた、消費財価格に重大な影響を与えたのであり、とりわけ、自動車セクターにおいてそれは顕著であった。自動車価格（新車、中古車、リース、レンタル）は、2021年の12カ月で21％上昇し、そして、この上昇は2021年のコアCPIインフレ5.5％の36％に当たるもので、また、その年間上昇の40％を説明する。インフレ上昇が財に集中したということが意味するのは、2021年において、財の経済が、その産出能力いっぱい近く動いていたということである。

インフレ期待

　将来のインフレについての期待がマクロ経済的理論にとって重要である、というのは、それらが、「自己達成的」な結果を創り出す可能性があるからである。つまり、家計と企業が、将来インフレになるであろうと信じれば、彼らは、今日よりも、より高い賃金を要求するか、より高い価格に引き上げるかもしれない。

　インフレ期待は2021年において増加したが、その増加の大きさは、だれの期待が追跡された

図2−25　コアCPIインフレ率の構成要素、商品とサービス、2007〜2021年

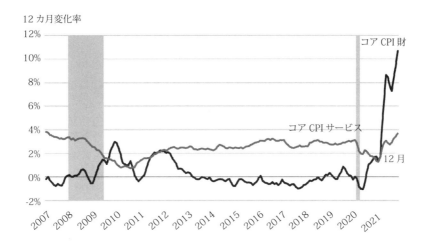

注：CPI＝消費者物価指数
出所：Bureau of Labor Statistics; CEA calculations.

表2−5　消費者物価指数インフレ期待

期待	期間	調査日		上昇
		2019年平均	2021年11月〜12月	
短期（1年後）				
1　消費者（中央値）	1年	2.6	4.8	2.2
2　SPF	1年	2.0	2.6	0.6
長期（5〜10年、初年度を含む）				
3　消費者（中央値）	次の5〜10年	2.4	3.1	0.7
4　SPF	次の10年	2.2	2.6	0.4
初年度を除く長期（4〜9年）				
5　消費者[a]	1年後以降の4〜9年	2.4	2.8	0.4
6　SPF[b]	1年後以降の9年	2.2	2.5	0.3
7　TIPS 5/5	5年、5年先	1.8	2.4	0.6

a　第1行と第3行から算出。
b　第2行と第4行から算出。SPF＝専門予測家調査。
出所：University of Michigan Surveys of Consumers; Philadelphia Federal Reserve Bank; Survey of Professional
　　Forecasters; Treasury Inflation-Protected Securities（TIPS）are from Haver Analytics.

のか、そして、検討される期待についての範囲によっても異なる。短期のインフレ期待の増加は、消費者にとってかなりのものであった（2.2%ポイントで、4.8%、中央値で測定、表2-5の1段目をみよ）。しかし、専門的予測家は、（第2段目）で、より緩やかな（0.6%ポイント）である。最初の年の後に、消費者と専門的予測家のインフレ期待がいかにして動くかを理解するには、最初の年の結果が長期の平均的期待から引き抜かなければならない。この方法で測定すると、消費者の間で測定されようが（第5段目）、専門的予測家での測定であろうが（第6段目）、はたまた、財務インフレ測定証券（Treasury Inflation Projected Securities）市場の機関による測定であろうが、内在する長期のインフレ期待の増加は、2021年において比較的小さかった。長期のインフレ期待の比較的小さな増大——それは、消費者においてもそうなのであるが、近時のインフレは長期化しないとみる機関の考えとおおむね一致する。CPIインフレの2021年末期待は、同じ価格指数（個人消費支出価格指数）による連邦準備の2%目標と一致するものを少々上回り、それは、大体、年で0.3%ポイントほどCPIインフレより下回る。

労働市場

　2021年の労働市場の状況は、複雑であり、しばしば、矛盾しているようにみえる。画期的成功と同時に継続する課題も多い。かなりのデータが、示唆していることであるが、労働市場は、途方もなくタイトである一方で、かなりぐずぐずしているとするデータもある。

　米国経済は2021年を通して600万以上の雇用を付け加えたが、なお、労働力は危機前の傾向を幾百万か下回る。壮年（25〜54歳）労働者の労働参加率（LFPR: labor force participation rate）は、1979年以来、12月から12月にかけて、その最も速いペースで上昇したが、しかし、55歳とそれ以上の労働者のLFPRは、あまり変わらなかった（労働統計局〔BLS〕による統計的調整によって、2022年1月にそれは増大したが）。いくつかの測定基準は、パンデミック前より、2021年において、労働市場はよりタイトであったことを教え、それは、求職数、離職数、そして賃金上昇の高い率に示された。他の測定基準だと、それははっきりせず、失業率は2021年に顕著に落ちたが、しかしなお、パンデミック前のレベルに対してはいく分上であったし、壮年雇用率とLFPRは2020年2月よりなお低かった。もっともそれは、2021年末までに急速に上昇した。

　その年を通して継続したいくつか前からの構造的傾向——その顕著なものは、米国人口の高齢化である——を取り除けば、COVID-19が労働市場を決定的に動かすものであった。労働者の関心となる形態において、特定のサービス需要の弱体化、学校閉鎖、病気による労働者の欠勤や労働力からの脱落、長引くCOVID、あるいは限定された子供ケアの選択肢のようなメカニズムのどれであろうと、このウイルスが2020年2月に始まる労働力の弱体化の多くに責任がある。

　2021年に労働市場がタイトに出現した事情

　2021年に労働市場がいかにして分岐したのかを示すために、簡単な（そして、少々無理なこと以上のものとも思えるが）考察実験を考えてみよう。1人の労働エコノミストが、2019年に凍りつき、2022年初めに融け出したと思ってみたまえ。そして、そのエコノミストが、その前に提出された一握りの経済地図に基づいて労働市場の状況を評価することを、すぐ尋ねられたということを想起してみよう。疑いもなく、介入年の出来事にキャッチアップした後、そのエコノミストは、2020年初めに起こった下落の大きさに驚嘆することであろう。しかし、そのエコノミストは、そこで、2021年遅くと2022年初めの経済状況に注視し、どのように結論を出すのであろうか？少なくとも、このエコノミストは非常にタイトな労働市場を示唆するいくつかの測定値に気がつくであろう——それは、労働需要が労働供給に対して

図2−26 失業労働者1人当たりの求人、2000〜2021年

注：恒久的失業者は、失業者から、一時的失業者を差し引き、仕事を欲している労働
非参加者を加えてものと定義されている。
出所：BLS; CEA calculations.

高いということなのである。

　求人と*離職*　その2つの計量は、求人と労働離職率調査（JOLTS: Job Openings and Labor Turnover Survey）からの——求人と離職についてのものである。2021年12月、米国には、1140万人の求人があり、それは、2000年末へさかのぼって歴史上最高の数であったし、2018年11月のパンデミック前の記録的な760万人の求人より、約50％も多かった[25]。

　エコノミストは、一般に求人について、企業からの満たされない労働需要の1つの指標と考えるが、求人についての均衡は、求人募集の限界費用と労働者の交渉力の変化というようなたくさんの異なるファクターによって時間がたつにつれ変化しうるにもかかわらず、しばしば、雇用主間のより高い需要を示唆するものである[26]。

　職を積極的に求める労働者の数に相対して、求人は上昇した。平均すると、2021年12月においては失業者1人当たり1.81の求人数であり、それは、JOLTSデータの記録上最高の値であり、2020年2月のパンデミッ直前より、約48％高かった（図2-26）。長期失業についてのより定まっ

た概念は、まずその基準（失業者）から一時帰休の労働者を取り除くことによって捉えられ——一般的にいうと、会社はJOLTSにおける求人として、一時帰休の労働者の職を勘定に入れないと思われ——そして、さらに労働力からは外れているが、職を求めている労働者を付け加えることによって理解される。この変更によって、長期失業者1人当たりの求人は1.02になるが、なお、それは、2020年2月より45％も上なのである。

　2021年12月において、自発的失業は、440万人にのぼり、それは雇用の約3％に当たり、JOLTSデータが2000年末に集められ始めてから、2021年11月に次ぐ2番目の高さであった。エコノミストは、一般的に自発的離職を労働市場の確信の証とみるが、それは、他のセンサス・データが示しているように、仕事を自発的にやめる人が、他の職をすでにみつけているからそうするのであり、あるいは、他の職を早急にみつけることができると確信しているからなのである[27]。

　賃金　名目賃金の上昇は、労働需要が労働供給を超える兆候とみることができる。いくつかの異なる賃金測定値は、2021年に加速した。平均

図2−27　教育別の１時間当たり賃金の伸びの中央値、1998〜2021年

注：数値はカルマン平滑化した月次値である。HS＝高卒、AA/AS＝準学士、BA/BS＝学士。
出所：CPS; CEA calculations.

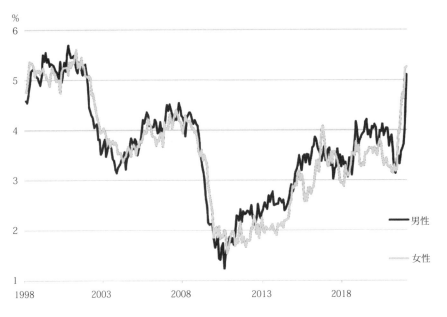

図2−28　性別の１時間当たり賃金の伸びの中央値、1998〜2021年

注：数値はカルマン平滑化した月次値である。
出所：CPS; CEA calculations.

図2−29　産業または職業を変えた労働者についての1時間当たり賃金の伸びの中央値、2004〜2021年

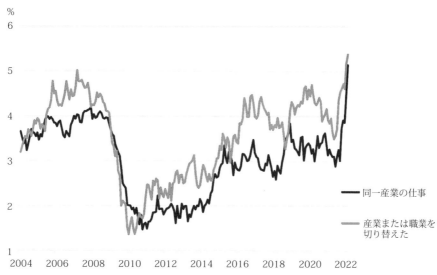

注：数値はカルマン平滑化した月次値である。教育別の1時間当たり賃金の伸びの中
　　央値、1998〜2021年。
出所：CPS; CEA calculations.

時給、それは、民間セクターの非農業給与労働者すべての平均賃金の測定値であり、2021年12月に終わる12カ月間で、名目（インフレ調整なしで）4.9％上昇した[28]。それは、2006年に集計され始めたすべての民間セクター労働者についての今日までのデータにおいて、すべての12月から12月までの上昇中、最も大きい名目賃金の上昇であった。管理者を除く、生産ならびに非監督労働者——彼らは、すべての労働者の80％を構成し、その賃金データは、1964年までさかのぼることができるが、——その賃金は、同じ12カ月間において、6.4％の上昇であった[29]。パンデミック前では、賃金上昇が、そのように高い1年を探すのに、私たちは、1981年までわざわざ戻ってみなければならなかった。これらやその他のデータが示しているのであるが、生産及び非監督労働者たちが、管理者たちよりも全く低い賃金を獲得していることを前提にすると、パンデミックは、とりわけ賃金のより低い労働者への強力な賃金上昇を作り出したのである。しかしながら、以下に示すように、名目賃金の全体的上昇は、インフレに追いついてはいないのである。

平均名目賃金の上昇を考察する時、3つの考えるべきことがある。それは、構成効果、分配の異なり、そして、インフレーションである。構成効果は、平均賃金にゆがみを与える雇用をだれが持っているかについて変更がある時、平均賃金測定に起こる事態のことである。例えば、パンデミックのさなか、——ほぼ100年において、最も鋭いマクロ経済の収縮——が起こった時に、平均時給が増加したのである。しかし、この増加は、労働市場がタイトになって引き起こされたものでも、経済的健全性によって引き起こされたものでもない。それは、パンデミックによって全く不均衡的に、低賃金労働者が解雇されたから起こったのである。その結果、残った労働力は、高賃金労働者に偏ったので、その結果平均賃金が自動的に上昇したというわけである。

雇用コスト指数（ECI: Employment Cost Index）、それは、BLSから発表されるもので、数多くのそのような構成による影響が反映される[30]。それが示すように、民間セクター名目賃金は2020年12月から2021年12月まで5％上昇したが、同じ時期、平均時給によって含意さ

図 2-30　性別の 1 時間当たり賃金の伸びの中央値、1998〜2021 年

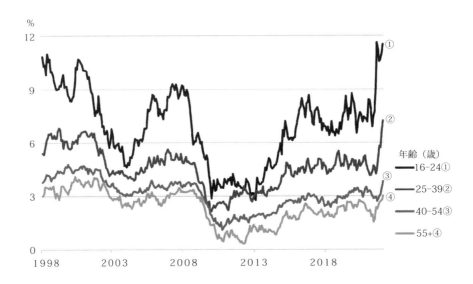

注：数値はカルマン平滑化した月次値である。
出所：CPS; CEA calculations.

れたものよりも少々高かったのである。これは、1984 年以降最も大きな名目 ECI 上昇を示すものである。

　平均賃金はまた、例えば、教育、人種、そして年齢のようなものによる重要な分配上の違いを隠すことができる。平均時給と ECI データは、人口動態的な分類を提供することはできないが、しかし、現況人口調査（CPS: Current Population Survey）は、異なるグループが彼らの賃金をどのように導き出すかについてかなり明らかにする月次データを提供する。

　CPS が示していることであるが、各年比較の賃金上昇はパンデミック中、異なるグループを通して一様ではなく、労働力の典型的に限界に位置するいくつかのグループが最も大きな賃金上昇をみたのである。特に、低賃金労働者がパンデミック中では最も速い中央値のかなりの賃金上昇を経験したのであり（図 2-32）、賃金上昇は大学の学位を持つ人よりも高等学校の教育を受けた程度の労働者においてより速かった（図 2-27）[31]。女性は、パンデミック中には男性より、とりわけ、2021 年の遅くに、より速く成長した（図 2-28）。

25 歳より下の若手労働者は、より年かさの労働者よりも、とりわけより強く賃金の成長をみた。これは、パンデミック前においてさえそうであり、ある程度それは、より低くスタートした賃金の自動的なパーセンテージ効果によるものである（図 2-30）。しかし、パンデミック中は、若者の賃金上昇は、その他の年齢のグループを超えてそのリードをさらに拡大した。最後に、賃金上昇は、最近の各月では異なる人種・エスニシティ間を通じて加速化した（図 2-31）。

　また、労働市場が攪拌されたかなりの証拠があり——労働者が離職し、また職に就く——というように、それは、より強い賃金上昇と関連していた。CPS データでは、自発的にだれが離職したかを特定することを完全に行うことは不可能であるが、職にとどまってはいるものの産業や職業を転々とする労働者をみつけることは可能であり、それは、多くの自発的離職と同時に、非自発的に離職し、異なる仕事の新たな職をみつけたかなりの労働者を捉えている（図 2-29）。

　インフレ調整は、考えるべき最後のファクターである。名目時間賃金は、2021 年に上昇したが、

図 2−31　人種／エスニシティ別の 1 時間当たり賃金の伸びの中央値、1998〜2021 年

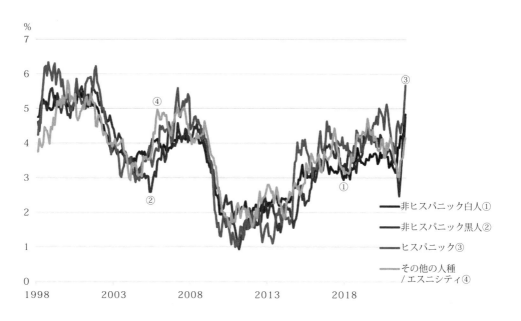

注：数値はカルマン平滑化した月次値である。
出所：CPS; CEA calculations.

図 2−32　賃金五分位別の 1 時間当たり賃金の中央値の伸び、2020〜2021 年

注：数値はカルマン平滑化した月次値である。
出所：CPS; CEA calculations.

図 2−33　実質市場所得の伸び、2020〜2021 年

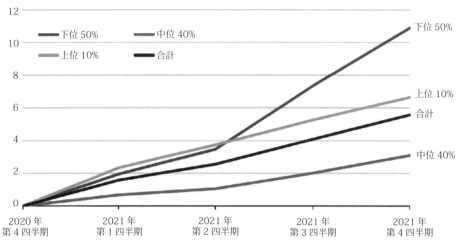

2020 年第 4 四半期以降における 1 人当たり
平均インフレ調整済市場所得の変化率

出所：Preliminary estimates by Blanchet, Saez, and Zucman (2022), via realtimeinequality.org.

図 2−34　実質可処分所得の伸び、2019〜2021 年

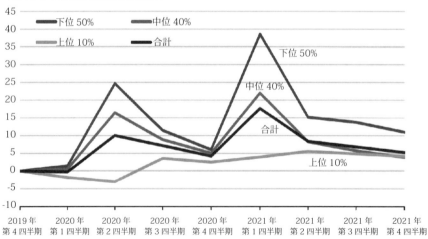

2019 年第 4 四半期以降における 1 人当たり
平均インフレ調整済可処分所得の変化率

出所：Preliminary estimates by Blanchet, Saez, and Zucman (2022), via realtimeinequality.org.

インフレも上昇した。実質（インフレ調整後）平均時給は、パンデミックにおいても初期には上昇したが、2021年末にかけて各年比較の総計では下落した[32]。

そのほか2つの記録すべき重要なトレンドがある。第1は、レジャーや病院のような特定のいくつかの産業では、名目賃金上昇が全体の消費者インフレを越えたことである。第2に、平均時間賃金上昇が2021年のインフレには追いつかなかったものの、成人1人当たり平均実質所得がすべての所得源を通して、その年はなおしばしばプラスであったことである。ブランチェット、サエズ、ズックマン（Blanchet, Saez, and Zucman 2022）による最近の分析からの未確定データによれば、平均実質市場所得——税引きならびに政府による援助前の労働ならびに資本からの所得のこと——は2021年全体で5.6％上昇、そして、それは全家計の下半分においてほぼ11％上昇した（図2-33）。実質可処分所得——それは、最近の財政対応を含む、税金と財政援助を含むもの——は、2021年末においてパンデミック前より5％上であり、成人の下半分では11％上であった（図2-34）。

2021年において労働市場が緩んだようにみえた事情

凍ってはいないとみるわがエコノミストは、2021年において、タイトな労働市場を示唆する多くの指標をみることであろう。しかしながら、そのエコノミストは、また急速にいくつか重要な測定値をみて、さらなる成長の意味ある余地を示唆するであろう。

雇用　第1に、2020年12月から2021年12月にかけて、わが経済は670万の雇用を付け加えたが、雇用は、まだパンデミック前のレベルから330万下回っていた（図2-35）。パンデミック前のトレンドに対して、測定するとなおさらに離れるのであって、それは、パンデミックがなく事が運んだ場合の雇用上昇のペースを推定することを試みるからである。2020年1月、パンデミック前の最終の経済予測において、議会予算局（CBO）は、2020年から2021年にかけて、月、約97000の平均ペースでの給与雇用の上昇を想定した[33]。これが意味するのは、2021年末において、約540万分トレンドを下回って維持され

図2-35　有給雇用、2020〜2022年

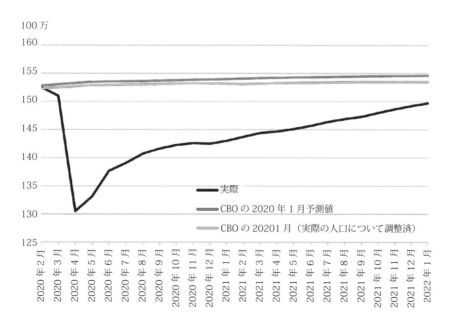

出所：BLS; CBO.

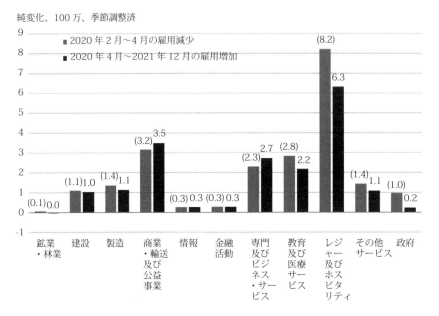

図 2-36 産業セクター別の雇用の変化、2020 年と 2021 年

純変化、100 万、季節調整済

■ 2020 年 2 月〜4 月の雇用減少
■ 2020 年 4 月〜2021 年 12 月の雇用増加

注：丸カッコはマイナスの値を示す。
出所：Bureau of Labor Statistics; CEA calculations.

ている雇用である。仮に、CBO によるパンデミック前の死亡率とパンデミック中にみられた低い移民数で調整するとしても、それは、2020 年 1 月の上昇が月 53000 だけ増えるだけであり、現在の雇用が約 450 万だけ推定されたトレンドを下回るにすぎない。

パンデミックの苦しみは、産業を通して均等に広がったわけではない（図 2-36）。レジャーとホスピタリティというサブセクターは、例えば、2020 年 2 月から 4 月にかけて、その半分近くの雇用を失い、2021 年 12 月には、その雇用はパンデミック前よりも、11％も低くなった。しかしながら、情報、専門的ビジネス・サービス、そして、運送業、倉庫業は 2021 年末までにパンデミック前の雇用レベルを超えて完全に復活した。

労働供給と労働参加率

2020 年初め、米国経済が COVID-19 によって「閉鎖」された時、雇用は鋭く落ち、失業が急上昇しただけではなく、わが国の労働力——働いているか、仕事を探している人の数——もまた鋭く

落ちた。図 2-37 が示しているように、16 歳かそれより年を重ねた人々に占める労働力のシェア——それは、上述のように労働参加率、あるいは LFPR と呼ばれるものであるが ——ちょうどその 2 カ月かつてなく 3.2％ポイントほど下落した。それ以来、LFPR は、ある程度回復し、2021 年だけの経過で 0.4％ポイントだけ上昇した。2022 年 1 月において、LFPR は、この章の初めに述べたことであるが、BLS による新しい人口統計によれば 0.3％ポイント上昇した。なお、2022 年 1 月の時点で、それは、パンデミック前のレベルより 1.1％ポイント下回っている[34]。

パンデミックの前においてさえ、米国労働力の高齢化が、LFPR へ下方圧力を掛けていたことを記録するのは重要である。異なる年齢の人々が労働市場へ異なるかかわり方を持つゆえに、人口の年齢構成は、LFPR の 1 つの決定要因である。パンデミックに至るまでの何年かにおいて、ベビー・ブームの大きな集団が高齢化して退職したため、各年で約 25 〜 30 ベーシス・ポイント（1 ベーシス・ポイントは、1％の 100 分の 1）だけ LFPR を積年で削減した[35]。その他の LFPR には、多くの決定要因が（そして

図2-37　労働参加率、2020～2022年

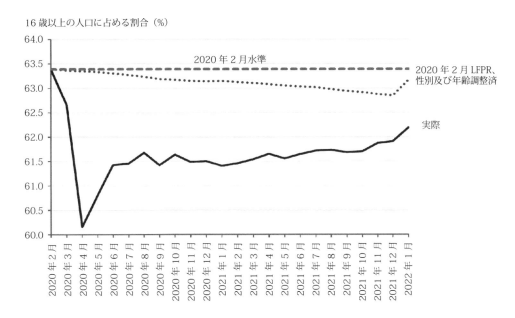

16歳以上の人口に占める割合（%）

注：LFPR＝労働参加率
出所：BLS; CEA calculations.

なお）働いており、それには労働需要の強さ、移民のトレンド、教育レベル（より高い学歴を持つ人は、より高いLFPRを持つ傾向にある）、継続する労働市場への参入障壁、不十分なケアの選択、そして、人種・エスニシティによる差別が含まれる。

しかし、高年齢の労働者の多くが退職した（それが、同じ数の若手労働者によって穴埋めされない）ので、一時的な要因を除いたとしても、全体のLFPRがパンデミック前のピーク（63.4%）に戻ることはあり得ないであろう（図2-37の性別・年齢別線の調整を示している青い破線をみよ）。これを考えるに、もし、すべての年齢グループが2020年2月の参加率に戻るとしても、より高齢化が進む米国人口の今日の姿を眺めれば、全体のLFPRは、パンデミック前の63.4%よりは2021年12月の62.9%になることであろう。

年齢を調整する1つの異なるやり方は、年寄と若者を除き、働き盛りの人々だけの参加率をみることである。図2-38が示しているように、働き盛り年齢のLFPRは、2021年を通して段々と上昇したが、直近の2つの循環における同じ時点での、働き盛りLFPRは、しかし、なお下落してい

る（図2-39）。

2020年2月から2022年初めまでのLFPRの変化を説明する唯一の重要なファクターがあるわけではない。むしろ、さまざまな説明要因が働いているのである。2022年1月において、もしLFPRが、そのパンデミック前のレベルに留まっていたとすれば、労働力規模に対する働く労働力は320万人少ない労働者であったろう。CPSへの応答者によって提供された情報は、この320万人の労働者が、なぜ仕事を求めていなかったのかについての要因を分類するのに使用されうる（図2-40）。

・人口の高齢化──88万人は、現実のLFPR下落の28%を説明する（調整なしの下落）。上述のように、人口の高齢化とベビー・ブーマーたちの退職は、LFPRに下方圧力を掛ける進行中の力だ（例えば、Cooper et al. 2021をみよ）。その他の人口変化は、パンデミック中に起こり、その要因として、COVID-19による移民の少なさとより高い死亡率によることが含まれる。もし、米国人口の年齢構成が2020年2月と同じであったとすれば、

図 2−38　米国働き盛り世代（25〜54 歳）の労働参加率（LFPR）、2020〜2022 年

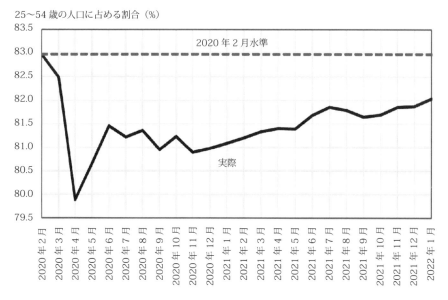

25〜54 歳の人口に占める割合（%）

注：LFPR＝労働参加率。
出所：BLS; CEA calculations.

図 2−39　過去のリセッション及び回復期における働き盛り世代の労働参加率（LFPRs）

指数 100＝景気循環のピーク

注：日付は月次景気循環ピーク（指数水準＝100）から 1 カ月後を示す。
出所：Data from Haver Analytics.

図2−40　米国における労働力非参加率の変化、2020年2月〜2022年1月

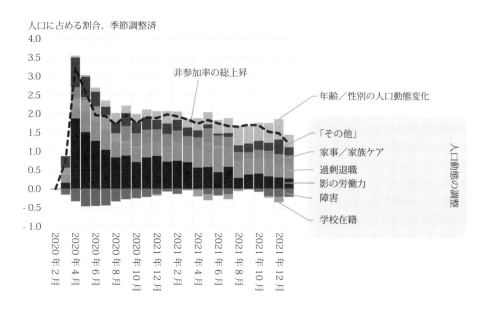

出所：CPS; CEA calculations.

2022年1月において、LFPRは35ベーシス・ポイントほどより高かったであろう。このカテゴリーに計算される大多数の人々は永遠に退職した人たちであるが、一部分の人たちは結局のところ労働力として再参加するかもしれない。

・*「過剰な」退職*——100万人は、現実のLFPR下落の33％（調整された下落の46％）を説明する。これらは、高齢化を考えると予想以上の退職である（図2-41）。CEAがみつけたところだと、この増加は、退職する年老いた労働者の見込みが増加したためではなく、労働力として再参加する退職を離れる見込みが減少することによるものである（図2-42）。それは、退職フローのパンデミック前の過程において、各年において約9％の退職者の平均シェアが退職している状況から離れ、労働力に再参加するか、その他の活動に参加したかである。このシェアが2020年2月から2021年初めにかけて減少したが、それから回復し始めているのである。もしこの退職から抜け出すことの上昇が継続すれば、

全体として退職率は減少することになる。

・*労働力として存在しないが、しかし、仕事につきたいといっている人々*——73万人は、現実の減少の23％（調整減少の32％）を説明する。そのような労働者は、時々「影の労働力」として言及されるが、仕事を活動的に探しているわけではなく、したがって、定義的には失業者ではない。歴史的にいうと、彼らは、他の非参加者よりも労働再参加率がより高い。2021年を通してパンデミック中、影の労働力の増加は、大雑把にいうと性的に均等であり、最もヒスパニックに急激に表れている[36]。

・*家族や家庭のケア*——60万人は、現実の減少の19％（調整減少の26％）を説明する。下記の通り、この章では、さらに検討し、子供のケアと年寄りのケアの責任がこれらケアを行う人々の労働供給を削減したことを明らかにするが、彼らは、不均衡的に女性と母親である。

・*入学と身体障碍*——-58万人は、現実の減少の-18％（調整済み減少の-25％）を説明

図2−41　定年退職者率、2010〜2022年

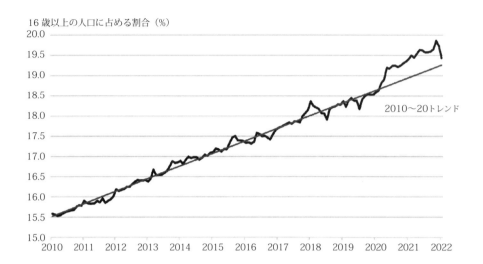

16歳以上の人口に占める割合（%）

2010〜20トレンド

注：季節調整済で、CEA算出。
出所：Data from the Integrated Public Use Microdata Series and CPS; CEA.

する。学校への入学や身体障碍がゆえに非参加となることは2020年2月以降少々減少したが、それは、仕事につかず、あるいはこの引用された身体障碍もなく、労働力ではないことを理由に学校にいる人がほぼいないということを意味する。仕事を望んでいない応答者が、自身の身体障碍が仕事を探すことを阻止しているのかどうかがCPSにおいて測定され、ここで、「身体障碍」と記録されたものに注意したい。ここでいう身体障碍とは、社会保障身体障碍保険や補助的保障所得におけるような、身体障碍者援助プログラムに参加することからくるコンセプトとは全く切り離されたコンセプトなのである――しかし、CPSの身体障碍は、これらのプログラムへの参加と強力に関連しているものの、これらのプログラムへの参加もまた、パンデミック中そして昨年中に下落した[37]。

・その他の何か―― 56万人は、減少の18%（調整済み減少の25%）を説明する。このカテゴリーは、CPSにおいて計算される明示的ではない非参加の上昇を捉える。

要約すると、2022年1月を通してLFPRの1.2%ポイントの下落の約61%は高齢化か過剰退職によるものであり、残りについては、大雑把にいって、影の労働力と家族や家庭のケアの義務による労働力から脱落する労働者によるものである。

その他のファクターがあって、それは、LFPRに対してよりも全体の人口への影響による労働力の減少を引き起こすものである。そのようなファクターは、特定の産業への削減された労働供給をさらに悪化させることができるのである。その2つの例をあげよう。それは、COVID-19による死亡と移民である。CEAが推定するに、――今日までの年齢、性別、そして、COVID-19による死亡をベースに――労働力は、COVID-19による死亡の直接影響によって2021年末には約25万人少なくなった。2021年の人口はまた、2019年前のトレンドである移民の減少によってより少なくなったが、この落ち込みは、パンデミック前の政策とともにパンデミックとの相乗効果の帰結である。CEAが推測するに、もし、移民がその2019年より前のトレンドで推移したとすれば、2022年1月には約55万人より多くなった

図2−42　定年退職者流出入率、1998〜2022年

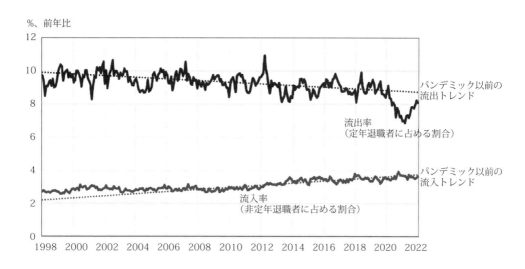

注：トレンドは、時間トレンド、人口に占める割合について流出入を線形回帰して算出された。
出所：Data from the Integrated Public Use Microdata Series and CPS; CEA calculations.

であろう。

米国におけるLFPR回復のこれまでにない停滞

　これまた、ここで記録するには値打ちのあること
であるが、ここ数十年、LFPRは、リセッション
後の失業よりも、よりゆっくりと回復してきたよ
うに思われる。ホベジンとサーイン（Hobijn and
Sahin 2021）が、このパターンに光を当て、雇用・
人口比率の上昇を失業の減少によって説明される
部分とLFPRの上昇によって説明される部分に分
解した。少なくとも直近の3つの景気循環にお
いては、とりわけ多くの年にみられたが、上昇す
るLFPRは下落する失業率の後を追った。例えば、
この分析を直近の時期に当てはめると、働き盛り
の年齢の労働者の雇用・人口比率は、2020年5
月に雇用の回復が開始されてから9%ﾎﾟｲ上昇した。
この上昇の約5分の1はLFPRの上昇によるもの
で、残りは、失業率の低下によるものである。こ
れは実際、近年の景気循環と比較するとかなり大
きなLFPRの貢献である。例えば、2008年のグ
ローバル金融危機と大リセッション後の比較でき

る時期を調査すると、雇用・人口比率は、かろう
じて変化したにすぎなかったし、LFPRによるも
のなのか、失業率によるものなのか、これらにつ
いてもかろうじて変化したにすぎなかった。
　CEAはまた、性別、人種別に、同じパンデミッ
ク循環の分析を試みたが、それによれば、上昇す
るLFPRは男性では上昇する雇用率の19%、女
性では22%を説明した。黒人、アジア系、ヒス
パニックの雇用率は、それぞれ9、10、12%ﾎﾟｲ
上昇し、LFPRの上昇は、黒人の上昇の37%、ア
ジア系の30%、ヒスパニックの20%を説明した。
再び、大リセッション後の比較できる時期におい
て、LFPRはいずれもこの時期のどのサブグルー
プにおいても再び上昇を示してはいないし、すべ
てのグループで雇用率は後退した。
　ある意味で、パンデミックと大リセッション後
の回復におけるこの相違は、全く驚くべきことで
はない。GDPならびに雇用──そして、ある程
度の雇用成長──すべてにわたって、より遅く、
最初は、全く「雇用なき」回復であった、最近の
景気下落後の回復とは異なり、2021年における
回復は速かったのである。

図 2−43　育児 LFPR と 2019 年の同じ月の比較

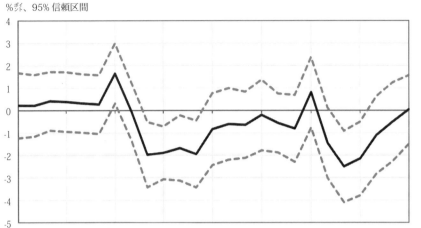

%ポイント、95% 信頼区間

注：LFPR＝労働参加率。グラフは、若年の学齢期のども（3〜 13 歳）を持つ母親と、他の点
　　では同等であるが子供のいない女性とを比較したものである。データには、年齢、性別、人
　　種／エスニシティ、学歴、婚姻状態、外国生まれかどうか、州、そして都市圏規模が含まれ
　　ている。
出所：BLS; CEA calculations.

家族メンバーのケア

　家族メンバーのケアへの責任、これは、子供で
あろうと年老いた両親であろうと、これまた、労
働市場への参入と再参入への障害となり得るもの
であるが、パンデミックは、かなりのケア提供者
に対して、この障壁の役割を、時期を問わず悪化
させた。パンデミック中のこの障害のこの役割を
検討する 1 つの方法は、父母と非父母の労働参加
率を比較することであり、あるいは、女性が偏っ
てこのケアを提供していることから、母と子供を
持たない女性間の労働参加率を比較することであ
る。CEA とその他が行った調査では、パンデミッ
ク中の時期、母は、子供を持たない同様の女性
と比較すると、かなり深刻な労働参加の減少を
みたが、とりわけ、2020 年と 2021 年の学年歴
の初めにおいては減少した。CEA が発見したこ
とであるが、2019 年に支配的であったパターン
と比較して、2021 年 10 月の母の LFPR は、子
供をもたない他の同様の女性よりも 2.1％ポイント低
かったが、この差は縮小し、2021 年 11 月、12

月には重要ではなくなった（図 2-43）。この反
転は、学校と子供ケアのセンターが再開したこ
とによるものであるというかなりの証拠が存在
する。

失業率

　パンデミックの直前、失業率は 3.5％であった。
その後、2020 年 4 月に公式統計は 14.7％のピー
クを打ったが、それは安定した下落の始まりで
あった。2021 年の 12 カ月を通して、失業率は、
2.8％ポイント下落し、12 月から 12 月にかけては記録
的な落ち込みとなった。
　しかし、公式失業率はなお、パンデミック前の
レベルよりもいくらか高く、それは、労働市場に
かなりのたるみがあることを示唆している。さら
に、パンデミックの過程の中で LFPR の低下は測
定された失業率へ機械的な下方圧力をかけており、
雇用が一定であれば、より低い LFPR は測定され
た失業率をより低くすることになる。公式失業率
がゆるみを過小評価する度合いは、想定された背
景にある参加率のトレンドに決定的に依存してい

図2-44　米国の失業率、2020～2022年

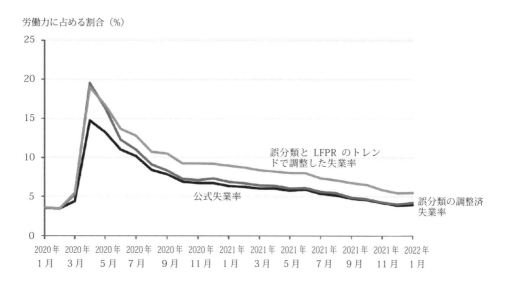

労働力に占める割合（％）

注：LFPR＝労働参加率。
出所：BLS; CEA calculations.

る。一時、説明として、LFPR が、調整済みター
ムで 2020 年 2 月のレベルに整合的に回復した
と仮定してみよう。このことが意味するのは、失
業率が 2022 年 1 月には 4.0％ではなく 5.5％に
なるということを意味しており、失業率の空間に
1.5％ポイントの余分な緩みが存在するということであ
る（図 2-44）。しかしながら、もし他の極論を
仮定するとすれば、――それは、LFPR が現在の
レベルよりさらに上昇はしないということである
が、その時は、公式失業率は少なくとも参加率に
よって労働市場のゆるみを過小評価することはな
いであろう。

パラドックスを解く

さて、この章の初めに想定した解凍派のエコノ
ミストは、これら事実をどのように解決するので
あろうか？　500 万人以上の職が、パンデミッ
ク前のトレンドより少なく存在する一方で、労
働市場はいかにして完全に回復したとみえたの
であろうか？　パンデミックのその他多くの経
済的ダイナミズムと同じように、答えの多くは、

COVID-19 パンデミックが米国労働市場に途方
もない環境の一連の事情を創り出したという
ことである。

　労働供給―― 職とともにあり、また職を求め
る労働者の数――、そして、労働需要――雇用主
が満たすことを望む職の数――は、なおパンデ
ミック前に対するレベルというタームでいうと、
2021 年末にはなお落ち込んでいた（図 2-45）。
労働参加率は、全体として 1.5％ポイント低かったし、
もし、年齢で調整するとすれば、それは 1％ポイント
――260 万人に相当する。労働需要は、それに
対して、2021 年末にはほぼパンデミック前のレ
ベルに回復していたし、2022 年 1 月には少々そ
れを超えていた。

　疑問の余地なく、労働需要は労働供給に対して
より急速に回復を示していた。これは驚くべきこ
とではない。上述したように、LFPR は、米国景
気循環における回復期に失業率の動きに典型的に
遅れるのである。そして、労働需要は、このパン
デミック中、一時的に明確に抑制的かつ制限的要
因であったが、供給は 2021 年末まで、それ以上
により抑制的要因であった。これは、2 つの方向

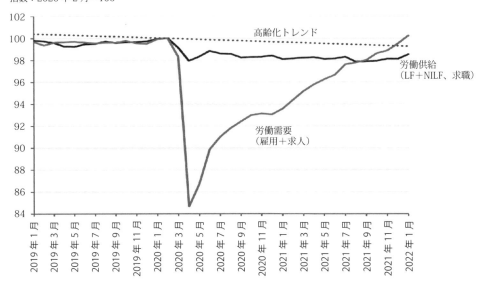

図2−45　労働の需給、2019〜2021年

16歳以上の人口に占める割合（%）
指数：2020年2月＝100

注：「LF＋NILF」は、労働力にいる人々と、労働力にいない人々を意味する。
出所：BLS; CEA calculations.

で、ぴんと張った状況を創り出している。第1が、その張り具合の高さのレベルである。需要は、総量において、また多くの産業において供給を上回っている。第2に、その動きが速いことである。

2021年末において、需要がなお供給に遅れた諸産業においても、昨年を通して、需要がしばしば急速に上昇し、これが労働市場に摩擦を創り出しているのである。

予　測

　バイデン‐ハリス政権は、2021年11月10日、大統領予算を固める経済予測を完結させた。2021年第3四半期まで、実質GDPは、パンデミック前のレベルを1.4%超えた。第3四半期のレベルは、しかしながらなお、年率2%成長というもっともらしい仮想の経路に1.5%ほど不足した。仮想の経路からの不足と調和させ、専門的経済予測家のコンセンサスと整合性をもたせ、わが政権は、経済は次の2年間で追加的な成長の余地ありと信じている。なぜなら、総需要がこれを起こさせる勢いを十分持っているからである。

　わが政権の2021年11月における見通しでは、2021年の4つの四半期で実質GDP5.1%に成長

すること、そして、2022年には、それが3.8%に鈍化することと予測した。対照的に、民間の専門予測家たちのコンセンサスは、――2021年10月に公表された、その時期に利用できる最新なものであるが――2021年の4つの四半期で実質GDP成長5.5%であり、それは、2022年には鈍化して3.5%になるというものであった。

　　2022年のマクロ経済的諸力

　この章で強調したように、進行中のパンデミックは、尋常ではない高い予測の不確実性を生み出しており、それは、2022年2月に起こったロシ

アによるウクライナ侵略によって悪化されている。それにもかかわらず、わが政権は、なお中心的な予測を提出せねばならない。供給サイドの高まりの予想される11月の予算予測の時期においては、サプライチェーン問題の予想される解決、サービス産業での広範な人員の配置に喜んで応えようとする労働者の増加、そして、LFPRのリバウンドが期待される。

　直近の需要増加の見通しは、大きくかつ競争的な諸力に依存する。積極的な面では、過剰な貯蓄供給が——それは、巨大な連邦政府の移転支出の時期に、それら基金の支出機会が限定され蓄積されたものであるが——、おそらく、消費者支出の継続する成長をサポートするであろう。顧客が、消費者が対面するビジネスに戻ることが期待され、これらビジネスにはバー、レストラン、劇場などのようなものなどが含まれる。否定的な側面では、財政政策が現在急速にマイナスの方向に向かっており、それには十分な連邦の補助金や緊急のパンデミックプログラムでの移転支出が反映される（Box 2-4の図2- ⅱをみよ）。わが政権は、2022年ならびに2023年の4つの四半期における上昇傾向の成長を予測する（表2-6に示されているように、それぞれ、3.8％と2.5％である）が、それは、2021年11月のCEAの見解を反映するものであり、その見解によれば、COVID-19で抑えられた経済を脱出して現われるこれら供給と需要は、一時的な財政サポートが終了することによって削減されるネガティブな財政刺激への揺れを上回るのである（Box 2-4をみよ）。

　わが政権のインフレ予測は、米国統計機関によってつくられた多くの価格指数から2つに焦点を当てる。CPIとGDP価格指数である。CPIが重要であるというのは、それが、消費者の直面する価格を測定するからであり、その報告がソーシャル・セキュリティ給付金、連邦年金、そして、連邦税制の税率を上げるのに使われるからである。11月の予測に基づくと、CPIは、2022年の4つの四半期で2.9％の上昇が期待され、2021年の4つの四半期の6.7％（実際の）ペースから下落した（それは、表2-6に示されているように、直近の予測では6.6％とされていた）。この2022年の予測された率は、わが政権の直近予測の時期において利用可能であった予測のコンセンサスよ

りも高かった。その予測に基づくと、2023年に始まり、CPIインフレは2.3％に下落することが予測されており、それは、異なる（しかし、密接に関連している）価格指数と個人消費支出価格指数による連邦準備のインフレ・ターゲット2.0％と一致する。

　GDP価格指数は、米国で生産されたすべての価格を測定し、そのインフレ測定はCPIとは異なる。なぜなら——それは、消費者価格に付け加えて——、投資価格、政府調達、そして輸出を含み、一方で輸入価格は除外されるからである。長期を通して平均すると、GDP価格指数インフレは、CPIより幾分低くなる傾向にあるが、それはある程度異なる指数算定方式によるからである。予測では、インフレは——それは、GDP価格指数によって測定されたものであるが——2022年の4つの四半期においては2.4％に下落すると予測されるが、それは、2021年では4.8％に予測されていたものである。

　予測が最終決着された時、10月の失業率4.6％が最新のデータであった。わが政権は、それがさらに下落することを予測し、2022年に平均3.9％、2022年末までには3.7％に下落し、そして2023年には平均3.6％になるであろうと予想した。その後、失業率は、11月に鋭く落ち（4.2％）、そして、12月には3.9％に下落した。それにしても、2022年の平均3.9％という予測は、妥当なものである。

長期の予測

　上述のように、実質GDPは2021年から2024年（2％）にかけて年ごとにじりじり下がると予測されるが、その理由は、大体が2021年末までにGDPがほぼ完全にリセッションから回復し、成長の余地が少なくなっているからである。この経路に沿って、失業率は2023年第4四半期までに3.6％に下落するとみるが、それは安定的インフレ（3.8％）と一致するとする予測を少々オーバーシュートしたものである。しかし、失業率は、2024年末までに3.8％までじりじり戻るであろう。

　中期の潜在実質GDP成長のコンセンサス推計（最終予測時の最新の利用可能な2021年10月

需要へのプラスの効果は、連邦政府の購入か移転支出、あるいは、一時的な減税によってもたらされる。しかし、支出プログラムが終了、あるいは一時的な減税が期限切れになると、引き続く四半期では、マイナスの需要効果が示されるであろう。2021年末において、2020、21年会計年度において立法化された巨額な財政支援（上の表2-1をみよ）は、多くが終了した。そして、この終了は、2022年中に経済的需要を抑えることになるであろう。この刺激の成長効果、そして、これらの終了によるマイナスの効果を推計するために、CEAは、ブルッキングス研究所によって維持されてきたものに依拠し、モデル化した推計システムを構築したが、それは、それ自身、連邦準備のスタッフによって示唆されたものに基づいてモデル化したものである（Kovalski et al. 2021; Brookings Institution 2019; Cohen, et al. 2017）。四半期ごとの成長効果──プラスとマイナス──は、図2-ii に示される。ここでみられるように、2022年では、成長への財政政策の効果は、マイナスである。これらマイナスの財政政策効果は、ウクライナ侵略と COVUD-19 の未来のありうる変異株によって引き起こされる不確実性があるにもかかわらず、パンデミックによって抑えられた経済から出現する積極的なサプライ・サイド・ショックによって相殺されるかもしれない。

図 2－ii　四半期別の連邦財政刺激

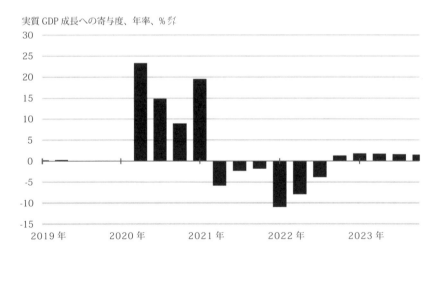

実質 GDP 成長への寄与度、年率、％ポイント

出所：CEA calculations.

のもの）によれば年率約2％となる。これは、ブルーチップ・コンセンサス・パネル予測の2024年から27年の4年間の平均年率成長である2.0％と一致し、失業率をほぼ一定とした場合である。

わが政権は、長期の潜在実質GDP成長は控えめにみてより高くなるとみるが、それは2021年超党派インフラストラクチャー法（BIL: Bipartisan Infrastructure Law）と大統領が提案するその他の経済諸政策によってサポートされる一連の諸政策によるからである。これらには、

表 2 - 6　経済予測、2020 ～ 2032 年

年	変化率（第4四半期比）					水準（暦年）	
	名目 GDP	実質 GDP	GDP 物価指数	消費者 物価指数	失業率（%）	金利、91 日物 財務省証券（%）	金利、10 年物 財務省証券（%）
2020（実際）	-1.0	-2.3	1.5	1.2	8.1	0.4	0.9
2021	10.1	5.1	4.8	6.6	5.4	0.0	1.5
2022	6.3	3.8	2.4	2.9	3.9	0.2	2.1
2023	4.6	2.5	2.0	2.3	3.6	0.9	2.5
2024	4.1	2.1	2.0	2.3	3.7	1.6	2.7
2025	4.0	2.0	2.0	2.3	3.8	1.9	2.8
2026	4.0	2.0	2.0	2.3	3.8	2.1	3.0
2027	4.0	2.0	2.0	2.3	3.8	2.2	3.1
2028	4.1	2.1	2.0	2.3	3.8	2.3	3.1
2029	4.3	2.2	2.0	2.3	3.8	2.3	3.2
2030	4.4	2.3	2.0	2.3	3.8	2.3	3.2
2031	4.3	2.3	2.0	2.3	3.8	2.3	3.2

注：予測は、2020 年 11 月 10 日時点で入手可能なデータに基づいている。91 日物財務省証券は、流通市場割引率で計測される。GDP ＝国内総生産。

出所：Bureau of Economic Analysis; Bureau of Labor Statistics; Department of the Treasury; Office of Management and Budget; Council of Economic Advisers.

BIL によるインフラ建設の増加と人的資本の形成と労働参加率増大の一連のプログラムが含まれる。合わせてこれらの政策は、10 年間の予算見通し（2022 ～ 32 年）において、年 0.3 ～ 0.45％ポイント実質 GDP を押し上げることであろう。

　加えて、実質 GDP 成長は、予測期間 2029 ～ 32 年の最後の 4 年間で増大すると期待されているのであるが、それは LFPR がその時点になるとマイナスではなくなるからである。ベビー・ブーム世代（1946 年から 62 年までに生まれた人）の退職が、現在は LFPR の上昇率を 0.4％ポイント、毎年差し引いており、この下方圧力は引き続き数年継続するとみられる。しかしながら、2028 年以後となると、ベビー・ブーマーの最後の人たち（1962 年生まれ）が 65 歳から 66 歳の標準的退職年齢に到達し、これらの人たちの退職がなくなるからである。ベビー・ブーマーの退職による実質 GDP へのマイナスの貢献は、2027 年を通して年間約 0.4％ポイント、2028 年から 30 年にかけて 0.3％ポイント、そして 2031 年から 32 年にかけて 0.2％ポイントだけ緩和されるであろう。

　予測の最後の 6 年間において（2027 ～ 32 年）、

わが政権による予測は、ブルー・チップ・コンセンサスのそれ（年 1.9％）よりもより速くなるとみる。というのは、可能となる 2 つのファクターの働きがあるからである。ブルー・チップ・コンセンサスは、大統領による提案の成長促進的側面を完全に取り入れていないし、ベビー・ブーマーの退職の消滅を計算に入れていないようである。

　利子率は予測期間 11 年において徐々に上昇すると予測され、引き続く経路はブルー・チップ・コンセンサス・パネルの 2021 年 10 月に行った長期利子率見通しの予測と同様であるが（少々高く）なっている。わが政権は、2 つの利子率に注目する。1 つは、91 日物財務省証券（Treasury Bills）の利率（レート）、そして 10 年物財務省証券（Treasury notes）の利回りである。これら金利の予測は、連邦負債の償還コストを予測するカギである。TB レートは、2021 年の平均 0.0％から 2023 年の平均 0.9％、そしてわれわれの予測期間最後の 5 年間（2028 ～ 32 年）では、結局は 2.3％に徐々に這い上がることが予測される。それに対して、ブルー・チップ・コンセンサス・パネルの 2021 年 10 月予測では、2028 ～

32年TBレートは2.1％で平準化するという。わが政権の利率予測は、そのコンセンサス予測より少々高いが、それは、わが政権がまたこれらの時期に、より高い実質GDP成長を予測し、より高い成長は、利率を押し上げると予測するからである。

長期予測の供給サイド

　実質GDPは、2032年までのわが政権の予算見通しを通じた13年間で、年率平均2.2％で成長するとみる。この成長を説明する6つの供給サイド固有の構成要素は表2-7に示されているが、それは、予測期間のみならず、それに関連する過去の期間の両面にわたって記載されている。これら供給サイドの構成要素の短期間の成長は一定はせず、循環的なパターンを持つので、景気循環のピーク間の成長率が示されている。この理由から、この表は、最後の景気循環のピークである2019年第4四半期から出発するこれら供給サイドの成長率を示している。

　わが政権の労働年齢（16歳より上）の人口成長率の予測は、最新のソーシャル・セキュリティ受託者報告によっている。0.7％成長の予測成長率（表2-7の1行、5列）は、2019年を通した66年間の平均成長率の下をいき（1行、1列）、また、3つのそれ以前の景気循環のそれぞれの成長率の下である（2、3、4列）。

　LFPRは、予測期間においてさらなる低下が予測されており（表2-7の2行、5列）それはベビー・ブーム世代の継続する退職によるものである。しかしながら、予測期間の最後の5年間では、この低下は、このベビー・ブーム世代の退職が終わりに近づくにつれ、その傾きは急にはならないであろう。加えて、大統領の提案した政策は、それがなかった場合に比べて、より高い労働参加率を促進することが期待できる。

　労働力の雇用シェア（表2-7の3行、5列、1マイナス失業率に等しい）は、通常GDP成長に貢献することは少ない。というのは、雇用シェアは、景気循環のピーク間では同じだからである。非農業企業セクターのワークウィーク（1週間の労働日数）（4行、5列）は、変わらないと予測されている。1列に示されているように、66年

間を通して年率0.2％の下落があって、後のワークウィークはその66年間で短くなったが、それは一般的に製造業での雇用が下落したことによるものであり（製造業ではワークウィークは長い）、女性の労働参加率が上昇したことによるものでもある（一般に女性は、男性よりより短いワークウィークをもって労働参加する）。将来をみれば、ワークウィークは、2019年レベルで安定すると予測されている。それは女性の参加が頭打ちとなり、一方で女性のワークウィークが長くなると予想されるからである。

　労働生産性（非農業企業セクターの1時間当たりの産出）は年率平均1.8％で上昇すると予測されるが、それは前循環の平均年率1.4％を上回るものであるが、2019年を通した66年間の年率平均2％を下回っている。しかし、ここで再び、生産性成長は、わが大統領の提案する政策の人的資本構築と同時に、BILによって押し上げられると予測する。

　ワークウィークと生産性の2つは、非農業企業セクターにおいて測定されている、しかし、つまるところ供給サイド固有の構成要素が、GDPになるのである（それには、農場、政府、そして、家計セクターが、非農業セクターに付け加えられなければならない）。そして、経済全体としては、雇用率は（家計調査から）測定される。その結果、非農業企業セクターの雇用から総雇用への変換ファクターが必要とされ（表2-7の8行）、そしてまた、非農業企業からGDPへの変換ファクターも必要とされる（8行）。これら2つの行の総計（6行）が、全体としての経済の1人当たり産出の成長率と非農業企業セクターの1人当たり産出の成長率の間の差である。国民所得・産出計算は、生産性は政府と家計セクターでは成長しないと仮定するから、非農業企業だけが生産性が成長するセクターである。その結果、6行では、いかなる長期にわたっても、それはマイナスとなる。

表2－7　実際的・潜在的実質産出成長の供給サイド構成要素 1953 ～ 2032 年

構成要素	成長率（%ポイント）				
	1953年第2四半期～2019年第4四半期 (1)	1990年第3四半期～2001年第1四半期 (2)	2001年第1四半期～2007年第4四半期 (3)	2007年第4四半期～2019年第4四半期 (4)	2019年第4四半期～2032年第4四半期 (5)
1　非軍事非収監人口、16歳以上	1.4	1.2	1.1	1.0	0.7
2　労働参加率	0.1	0.1	-0.3	-0.4	-0.2
3　労働力のうち雇用されている割合	0.0	0.1	0.1	0.1	0.0
4　平均週労働時間（非農業）	-0.2	-0.1	-0.2	-0.1	0.0
5　1時間当たり産出（生産性、非農業）	2.0	2.4	2.4	1.4	1.8
6　労働者1人当たり産出の差：GDOと非農業[a]	-0.3	-0.3	-0.6	-0.4	-0.1
7　合計：10歳の実質GDO[b]	3.0	3.5	2.4	1.7	2.2
メモ：					
8　非農業雇用・世帯雇用比率	0.0	0.3	0.4	0.1	0.3
9　実質GDO・非農業産出比率	-0.3	-0.6	-0.2	-0.3	-0.4

a 労働者1人当たり産出の差（第6行）は、経済全体の労働者1人当たり産出と非農業セクターの労働者1人当たり産出の差であり、第8行＋第9行にも等しい。

b 実質GDOと実質非農業産出は、所得サイドと生産サイドの計測値の平均として計算されている。

注：すべての寄与度は年率換算された%ポイントである。その予測は、2021年10月10日に入手可能なデータから行われたものである。合計は四捨五入のため一致しない場合がある。1953年第2四半期、1990年第3四半期、2001年第1四半期、2007年第4四半期、2019年第4四半期の四半期はすべて景気循環のピークである。国内総産出（GDO）は、GDPと国内総所得の平均である。人口、労働力、世帯雇用は、人口統計における不連続に対し調整を施してある。

出所：Bureau of Labor Statistics; Bureau of Economic Analysis; Department of the Treasury; Office of Management and Budget; CEA calculations.

結　論

2021年の米国経済についての報告には、COVID-19が依然としてその運転席に居座っている姿があった。しかし、また米国には、その年を通して、回復と正常化に途方もない前進を勝ち取った姿もあったが、それは多くが並外れた財政・金融政策サポートならびに研究とワクチン配給へのこれまでにない歴史的なキャンペーンによるものであった。

パンデミックによってもたらされた混乱は、2021年末の時点でも経済の至るところに明確に存在する。オミクロン変異株は、その発症・入院・死亡を急上昇させる要因となった。消費者は、なおパンデミック前よりも、さらに財への好みを強め、サービスへは損失をもたらしている。強力な財への需要は、サプライチェーンを痛めつけ、価格へ上昇圧力を掛けた。そして、労働市場は、完全に回復したとはいえず、失業率、働き盛りの人々の雇用、そして、その労働力は2019年よりなお弱体化している。

しかし、2021年を通じての前進は相当なものであった。米国は、パンデミックの直前よりも、実質タームでいうと、3%より大きい経済とともにその年を終えた――が、それはG7諸国の中で最速のパンデミックからの回復であった。失業率

は、12月から12月にかけて、最速で下落したが、それは第2次世界大戦後に集計され始めたデータでは初めての出来事であり、経済は670万人の雇用を付け加えた。2020年初めのパンデミックによってもたらされたこれまでにないダメージを前提にすると、そのような前進は、あらかじめ決められたものではなかった。この回復のペースは、将来のCOVID-19変異株のリスクの管理、地政学上の激変があるにもかかわらず、希望をもたらしており、米国は、ただ正常化するだけではなく、より強力な、より健康な、より包括的な経済とともに身を起こすことであろう。

注

1　歴史的な四半期別米国の産出データについては、Gordon（1986）をみよ。

2　91-DIVOC（2022）をみよ。

3　David J. Spencer CDC Museum（2022）.

4　White House（2021a）.

5　Department of Veterans Affairs（2021）.

6　CDC（2022a）.

7　American Journal of Managed Care（2021）.

8　White House（2021a）.

9　White House（2021b）.

10　Treisman（2021）.

11　91-DIVOC（2022）をみよ。

12　Naylor（2021）.

13　91-DIVOC（2022）をみよ。

14　これは、CDCデータからCEAが分析して出したものである。CDC 2022bをみよ。

15　U. S. Food and Drug Administration（2021a, 2021b）をみよ。

16　White House（2021c）.

17　U.S. Department of Labor（2021）をみよ。

18　White House（2021d）.

19　OMB、財務省、BEA、その他からのデータをもとに、CEAは、ARPの利用可能な資金のおよそ半分は、2021暦年の進行とともに使われたと推計する。CEAは、Seliski et al.（2020）による産出乗数をこれらの支出推定値に適用した。CEAは、ソーシャル・ディスタンス仮説のもとで、CBO乗数の中間値を使用することを選択したが、それは、ソーシャル・ディスタンスなしの乗数より低いものであり、ARPによって、実質GDP成長

は、2021年4つの四半期を通して、その他の場合よりも2と2分の1％ﾎﾟｲﾝﾄより速かったという結論に導いた。もし、財政政策が、実際には、CEA推定よりより効果的であったなら、――というのは、ソーシャル・ディスタンスは、2020年よりも2021年においては、より強制的ではなかったから、――ARPは、ここで算出されたものよりより大きな2021年GDPのシェアを説明することになるであろう。

20　ARP前の財政インパクトの推定は、Seliski et al.（2020）とCBO（2021）からである。この章の仕上げの時期において、2021年第4四半期GDPの第2の推計が、最新、利用可能になった。

21　もう1つのしばしば引用される調査は、コンファランス・ボード消費者信頼指数である。消費者信頼は、同様にCOVID-19パンデミック到来で下落を示したが、2020年末と2021年初めに取り戻した。

22　全米経済研究所（NBER）の景気循環クロノロジーは、2020年リセッションの月次のピークと底として、それぞれ2020年2月と2020年4月をあげているが、四半期別クロノロジーにおいて、ピークは、2019年第4四半期、底は、2020年第2四半期をあげている。詳しくは、National Bureau of Economic Research（2022）をみよ。

23　この章の仕上げどきの、州と地方の収入についてのNIPAデータは、2021年第3四半期までのもの。

24　NAHB（2021）.

25　BLS（2022）.

26　例えば、Figura and Ratner（2015）をみよ。

27　直接的雇用異動についての分析は、U. S. Bureau of the Census（2022b）とFujita, Moscarini, and Postel-Vinay（2021）をみよ。

28　BLS（2022）.

29　BLS（2022）.

30　ECIは、時給の変化を測定するが、その基本となる期間において、そのサンプルの産業上かつ職業上の構成を固定する、それは、結果に影響を与える構成上の変化を取り除くためである。

31　賃金中央値の上昇は、CPSにおいて、同じ労働者の雇用12カ月を個別に比較し、各労働者のその年の時間賃金の50分位の変化を記録することによって計算される。この方法は、構成上の影

響をある程度反映する、というのは、同じ労働者
12 カ月を個別に計算するからである。しかしな
がら、CPS の労働者のサンプルは、各月に変化す
るから、それは、時間を超えて構成上の影響をよ
く反映する、伝統的な労働者の標本ではない。

32　BLS（2022）.

33　CBO（2020）.

34　この節の統計は、センサス局の 2022 年人口統
　計からの調整の大きさゆえに、2021 年 12 月よ
　りは 2022 年 1 月を通してのものを使っている。

35　CEA による計算。

36　CPS マイクロデータを使って、CEA が計算。

37　SSA（2022）.

第3章
米国経済とグローバル・パンデミック

COVID-19 パンデミックは、世界中の経済に影響を及ぼしている。2020 年に米国経済は歴史上最も急激な収縮を経験したが、他の多くの国では経済的打撃はさらに大きかった。早期かつ迅速なワクチン接種と強力な財政支援により、米国の回復は堅調で、2021 年には主要貿易相手国のほとんどを上回った。インフレは、米国とほぼすべての主要貿易相手国に課題として浮上した。というのは、力強い需要はサービスではなく財に偏り、本『報告』第 6 章で詳述したサプライチェーンの圧迫とそれが相互作用したためである。

　他国と比較して米国が急速に回復した結果、米国の貿易赤字は拡大した。米国の回復の強さは、企業や消費者の復活した需要を満たすように海外から財が流入したため、輸入の増加につながった。輸出は過去最高を記録したが、米国製品を購入する国の多くはそれほど急速には回復しなかったために、米国の輸出は輸入よりも増加のペースが緩やかであった。同時に、感染の新たな波は、海外旅行を低迷させ、観光など米国の輸出にとって重要なかなりのサービス輸出の回復に重くのしかかった。

　パンデミックは、グローバル経済統合に起因するものを含め、長年の経済問題に取り組む必要性を浮き彫りにした。過去に公共政策の支援が欠如していたため、アメリカ人労働者とコミュニティは、世界中への生産移転のコストを負担してきたが、一方その恩恵に十分あずかれなかったため、不平等が拡大することになった。これらの不備に対処するには、不公正貿易慣行に対抗し、より公平な国際税制を導入することで国際経済の競争条件を公平にする一方、貿易から生じる利益を拡大する政策が必要である。不確実性を減らし、米国の貿易及び商業パートナーと協力して、このような政策変更を実施することで、アメリカ人消費者、労働者、企業、投資家が確実にグローバル貿易の恩恵に浴することができる。

　本章の第 1 節では、パンデミック時の米国の経済的経験を、私たちの主要な貿易相手、すなわちユーロ圏、イギリス、中国、カナダ、メキシコと比較することにより、グローバルな文脈に位置づける。次の節では、国際貿易がパンデミックの急激な落ち込みからどのように回復したのかを検証し、米国の貿易赤字拡大の原因や、自動車部品や資本財など、貿易される投入物に関するサプライチェーンの国際的なボトルネックの影響について論じる。最後の節では、バイデン - ハリス政権が、経済的不平等を悪化させず、むしろ緩和させ、国際経済の競争条件を公平にするために、米国の国際経済政策をどのように方向転換させているのかについて論じる。

③

グローバルな経済困難の最中の回復

COVID-19 パンデミックからの米国の回復を世界的な文脈に位置づけると、われわれの強力な財政支援が強い経済への復帰をいかに早めたかが浮き彫りになる。しかし、この需要主導の回復の背景には、悲劇的な人命の損失とインフレ率の上昇があった。

グローバル・パンデミック

この 1 年のグローバル・エコノミーの経路は、コロナウイルスの大流行という文脈で理解するのが最適である。パンデミックの影響を最も鮮やかに表している計測値は、COVID-19 に起因する死亡者数である。2021 年末までに報告されたコロナウイルスによる死亡者数は、米国の 82 万 7000 人以上を含め、世界で 500 万人を超えた（OWID 2021）。米国以外ではデータ収集に問題があるため、他の多くの国では死亡者数が相当過小報告されている可能性があり、世界的な真の犠牲者数はおそらくはるかに多い。例えば、インドだけでも本当の死者数は 400 万人を超えるという推計もある（Anand, Sandefur, and Subramanian 2021）。死亡者を人口比で計測すると、最も被害が大きかった国の多くは、ラテン・アメリカや東欧の中所得国であった（Johns Hopkins 2022）

総死亡者数をみると、異なる国が異なる時期に異なる深刻さの波に見舞われているという事実があいまいになる。どの国がどの時点で最悪の事態に陥ったのかについては、大きな違いがある。公式データによると、米国、イギリス、ユーロ圏はみな、ある時点で 1 人当たりの患者数が最も多く記録されている（図 3-1）。パンデミックの初期には、米国が 1 人当たりの患者数でリードする一方、イギリスが死者数でリードしていた。2021 年後半には、その逆となった。そして、ユー

図 3−1　各国の COVID 感染率

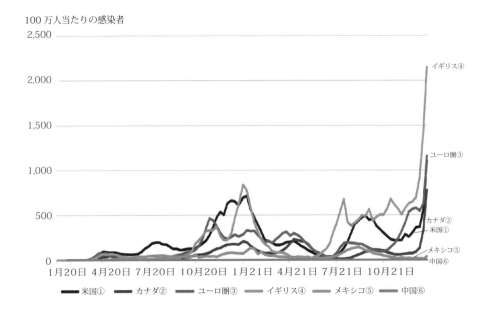

出所：Our World in Data.

図3−2　各国のCOVIDワクチン接種率

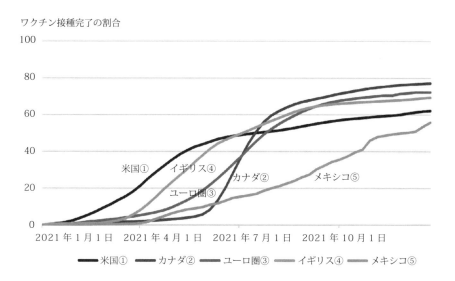

ロ圏は2021年春に1人当たりの感染者数が最も多かったと報告されている。この変動は、ほぼすべての主要経済圏がパンデミック中のある時点でいかに深刻な影響を受けたのかを例示している。

ワクチン接種済み人口の推移とタイムラインも、国によって異なっている。米国とイギリスはともに迅速なワクチン接種を行い、ワクチン接種を受けた人口の割合で早期にリードしていた（図3-2）。カナダとユーロ圏では、2021年夏にワクチン接種が劇的に加速し、両地域の接種率はその後、米国の他の主要貿易相手国よりも高い水準に達した。2021年後半には、メキシコなど多くの中所得国で接種率は米国のそれに近づいたが、低所得の途上国（示されていない）の接種率は依然として相当低位である（OWID 2021）。

　　グローバルな文脈における米国の経済回復

COVID-19パンデミックが始まってからの実質国内総生産（GDP）の推移は、ウイルスの経済的影響の最も基本的な計測値である。パンデミックは、ほぼすべての主要国経済で産出の歴史的な下落を伴った。米国のGDPは2020年第2四半期に8.9％減少したが（図3-3）、単一四半期の縮小としては70年以上ぶりの大きさであった（BEA 2021c）。他のほとんどの主要国経済はいっそう悪かった。イギリスのGDPは、2020年第2四半期に、2019年の平均を21.4％下回った（ONS 2022）。ユーロ圏では、産出は12.4％以上減少した（Eurostat 2022c）。わが国により近いところでは、カナダのGDPは12.4％減少し、メキシコのGDPは19％減少した（Statistics Canada 2022; INEGI 2022）。

米国の回復は、中国を除くすべての主要貿易相手国の回復を上回っている。2021年第2四半期までに、米国の実質GDPは、他のほとんどの主要国に先駆けて、パンデミック以前の水準を上回った。2021年第3四半期にはユーロ圏とカナダで産出の伸びが上向いた。しかし、2021年末時点で、米国のほとんどの主要貿易相手国の産出はパンデミック以前の水準にかろうじて達しただけであり、米国の産出はパンデミック以前より3％高かった（図3-3を参照のこと）。パンデミックの影響の多くは、この最も基本的な指標である

図 3−3　国別の実質 GDP

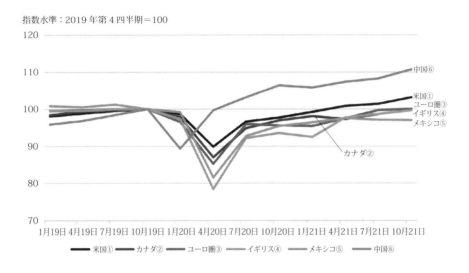

指数水準：2019 年第 4 四半期＝100

注：データは季節調整済である。
出所：National data organizations.

GDP では把握できないが、米国の回復は、ほぼすべての貿易相手国の回復に依然として先んじている。

中国の実質産出の当初の落ち込みは、米国の落ち込みとよく似た規模であったが（図 3-3 を参照のこと）、当初の回復は米国よりも早かった。2020 年第 3 四半期までに、中国の実質 GDP はパンデミック以前の水準を超えただけでなく、パンデミック以前のトレンドから予想される水準も上回った。中国政府は、主としてインフラ支出を通じて、かなりの支援を行った。しかし、輸出が中国の回復の主要な原動力であり、2021 年第 4 四半期には、パンデミック以前の水準を 40％以上上回るほど上昇した（GACC 2021）。その結果、中国の実質 GDP 成長率に対する純輸出の寄与度は 2020 年に 30％近くに達し、20 年以上ぶりの高水準となった（CNBS 2021a）。このように、財の多くは中国で生産されているので、パンデミックによってグローバル消費の軸足がサービスから財へシフトしたことから中国は恩恵を受けている。強い輸出需要に支え続けられてきたにもかかわらず、2021 年後半には政府の経済支援が

打ち切られたので、中国の産出の伸びは減速した（CNBS 2021b）。

経済学者による今後の研究は、なぜ一部の経済がパンデミック・ショックをよりうまく乗り越えたのか、あるいはより素早く立ち直ることができたのかを十分に評価するであろう。現在分かっていることに基づくと、米国の対応が際立っていた 2 つの領域の政策がある。第一は、前述のようにワクチン接種のスピードである。2021 年 5 月までに、米国人口の 40％以上が完全に接種を受けたという事実は、私たちの経済回復に重大な有利性をもたらした。その時点で、ヨーロッパ諸国の多くでは、ワクチン接種率がまだその半分にも満たなかった。

米国が突出しているもう 1 つの領域は財政政策であり、これも貿易相手国以上に経済回復を加速させる役割を果たしたことを示している。企業や労働者を直接支援するための連邦政府や州・地方政府からの支出は、他の主要国経済の相応の取り組みよりもかなり大きかった（図 3-4）。2021 年第 3 四半期時点で、米国の裁量的財政対応（追加支出だけでなく、裁量的減税による歳入放棄

図 3−4　裁量的財政対応、2020 年第 1 四半期〜2021 年第 3 四半期

対 2020 年 GDP 比

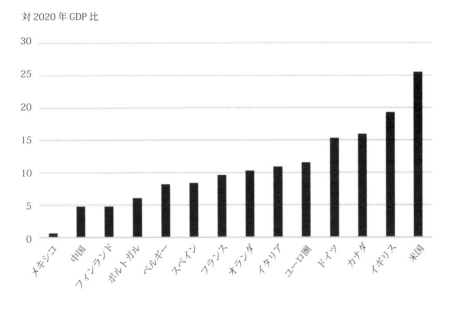

出所：International Monetary Fund.

③

も含む）の累積額は、対 GDP 比の 25％を超え
た。これに対し、イギリスは対 GDP 比 20％以下、
ユーロ圏諸国の平均支出は対 GDP 比 12％であっ
た。この規模は、2021 年末までに、米国の消費
が危機以前の水準に確実に復帰するのを助けた一
方、ユーロ圏では、例えば、消費は依然として危
機以前の水準にとどまった（Boone 2021）。

インフレという課題

　インフレは、回復期にある多くの国々にとって
深刻な課題であることが明らかになった。図 3-5
にみられるように、2021 年 12 月までの 12 カ
月間に、ユーロ圏の総合消費者物価インフレ率
は 5.0％で、パンデミック以前の 5 年間の平均で
ある約 1％を大きく上回った（Eurostat 2022a）。
カナダとイギリスも、2020 年以前のケースと比
べてインフレ率が大幅に上昇した。インフレ率は
ここでも上昇している。実際、米国のインフレ率
は、2021 年後半に差は縮小したものの、主要貿
易相手国のほとんどよりも高い水準で推移した。
　非常に多くの国でインフレが加速しているとい

う事実は、その共通の要因を強調している。パン
デミックがもたらした行動様式の変化によって、
サービスよりも財に対する需要が相対的に高まっ
た。多くの国では、2021 年を通じて消費のバラ
ンスが財に極度に傾いたままであったため、財需
要は通常の回復の場合よりもかなり成長が速かっ
た（Bruce 2021; Boone 2022）。その結果、世界
経済の回復は、本『報告』第 6 章でさらに論じ
るように、すでに脆弱な消費財のグローバル・サ
プライチェーンに圧迫を与えた。財需要の回復と
供給制約が相互に作用するこの現象は、景気回復
が相対的に強い米国でインフレ率が相対的に高い
ことを説明するのに役立つであろう。また、各国
をみると、インフレ率は、実質 GDP とそのパン
デミック以前の水準のギャップが小さかったとこ
ろほど高かった。それは、景気回復に向けての進
捗度合いの主な計測値である（図 3-6）。
　自動車価格の上昇が米国のインフレの主要
因であり、2021 年末の新車価格は対前年比で
約 12％上昇した。中古車の価格は、1 年間に約
40％跳ね上がった（BLS 2022b）。他の国でも自
動車価格は上昇したが、その上昇幅はそれほど

図 3−5　消費者物価水準

指数水準：2019 年 12 月＝100

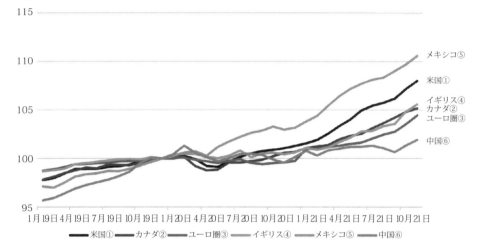

注：データは季節調整済である。
出所：National data organizations.

図 3−6　産出の回復とインフレ率

CPI 年換算上昇率、2020 年 2 月−2021 年 9 月

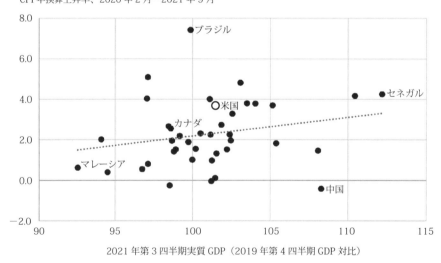

注：CPI＝消費者物価指数。セネガルの CPI を除き、データは季節調整済である。
出所：National data organizations.

Box 3―1　労働市場政策についての外国からの教訓

いくつかの計測値によると、米国の労働市場は急速に回復しているようにみえる。米国の失業率はパンデミック発生時に急上昇したが、その後着実に低下し、2021年第4四半期には、再びユーロ圏、カナダ、イギリスよりも低い水準になった（図3－i）。しかし、2021年末の就業者の水準は、貿易相手国のほとんどでパンデミック以前の水準を上回っていたにもかかわらず、米国ではそうならなかった（図3－ii）。その理由は、労働参加率はこの1年を通じて大幅に上昇したが、他の多くの国よりもパンデミック時に早期に労働力から離脱した人が相対的に多かったことにある。

　パンデミックの過程で成立した3つの主要な財政法案を考慮すると、米国の裁量的財政対応はほとんどの貿易相手国よりも大きく、その財政対応に伴う政府支援は個人と家計に全く異なる形で届けられた。第2章で論じたように、米国では、パンデミックの支援支払いは、一般に失業保険の形で、あるいは直接支払いとして受け取られた。対照的に、ユーロ圏諸国とイギリスの政府は、既存の雇用維持プログラムを採用または強化し、それが雇用労働者の所得を補助したのである（OECD 2020）。

　これらのプログラムには2つの形態がある。1つは、政府が働いていない時間分の賃金を雇用者に支払う短時間労働プログラムである。もう1つは、雇用者が実際に労働した時間分の賃金を政府が補助するか、労働時間に関係なく雇用者の賃金を最低水準まで引き上げる賃金補助金である。これらのプログラムは、ユーロ圏とイギリスの失業率が、絶対値でも、米国の失業率の変化との比較でも、顕著には上昇しなかった理由の一端を説明する。雇用維持プログラムは、設計上、ほとんどあるいは全く働いていない多くの人々が給与支払対象者にとどまり、ほぼ全額が政府の資金で雇用主から給与を受け取ることを保証した（OECD 2020）。

図 3―i　失業率

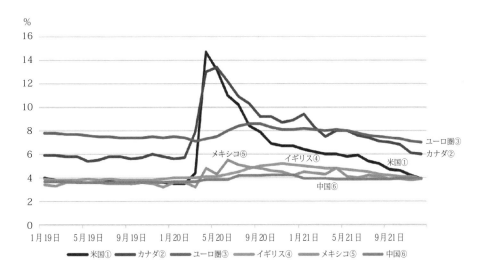

注：中国を除き、データは季節調整済である。米国は16歳以上を計測している。カナダは15
　　歳以上を計測し、中国は都市圏失業を計測している。他の計測指標は総失業である。
出所：National data organizations; OECD.

米国のアプローチとこれらの雇用維持プログラムの違いは、意味論にみえるかもしれない。2020年の春と夏には、専門用語上、雇用されているかどうかにかかわらず、仕事をしている労働者は劇的に減少し、その落ち込みの大きさは米国と他の主要国経済で同程度であった。ただし、米国では、労働者は正式に離職し、失業者となった（Boissay et al. 2021）。失業した労働者が労働力を離脱する（職探しをやめるという意味）割合は、雇用されている労働者の約10倍高い。雇用されている労働者は、離職し、新たな職を探そうとしない場合に労働力から退出するのである（労働力の構成要件については、BLS 2014を参照のこと）。一度労働力を離れると、労働者は離脱したままの傾向がある（Hobijn and Şahin 2021）。米国経済が回復すると、失業した労働者は職をみつけ、失業率は急速に低下した。しかし、雇用維持プログラムを導入している国とは異なり、米国では、もはや労働力ではない労働者も多い――彼らは、働いておらず、積極的に職探しをしようとしていないことを意味する。そして、これにより、

就業者数の回復が遅れている（BLS 2022a; CRS 2021）。

2012年以降、米国では、雇用維持プログラム――短期補償プログラム――が実施されており、それはパンデミックの期間中に他国で採用された取り組みと同様のものである。米国の労働人口の70%を占める26州では、短期補償プログラムが実施されている。しかし、これらの地域プログラムへの参加は、関連する事務負担を1つの理由として、非常に低位である（Von Wachter 2020）。前述の労働力の移行に関するデータに照らしてみると、2021年における米国の雇用の軌跡は、このプログラムへの参加を拡大することを目的とした改革により、将来の不況後に労働市場の迅速な回復を保証できることを示唆している。しかし、この政策オプションを考える上で、非常に重要な未解決の問題は、ヨーロッパ型の雇用維持プログラムが、経済回復期に労働者の職種間再配分にいかなる影響を及ぼしているのか、ということである。

図3−ii　各国の雇用

指数水準：2019年第4四半期＝100

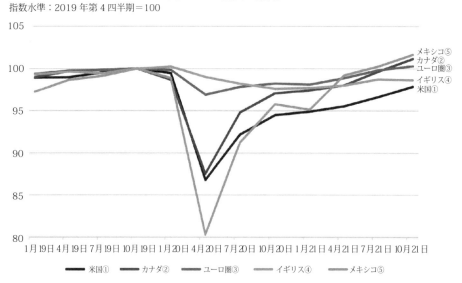

注：雇用指標は出所により多少異なる。米国は16歳以上、カナダは15歳以上、英国は16歳以上雇用の3カ月移動平均を計測している。ユーロ圏とメキシコは総雇用者数を計測している。メキシコを除き、すべてのデータは季節調整済である。
出所：National data organizations.

劇的ではなかった。実際、CEA の計算によると、新車と中古車を除いた消費者物価は、例えばユーロ圏（4.7%）でも米国（5.1%）と同じくらいの上昇率であった。

世界的には、自動車価格の押し上げ要因となったのは、需要の回復と半導体の不足であった（Gross, Miller, and Inagaki 2021）。米国の内外の自動車メーカーは、半導体不足によって生産面の問題に直面したが、2021 年には、米国の自動車生産台数は多くの国を凌駕していた。2021年末、米国の自動車生産台数は、パンデミック以前の水準を 5% しか下回っておらず、ドイツ、フランス、日本の生産台数の回復に先んじている（Federal Reserve Board 2022; Eurostat 2022b;

METI 2021）。このように、生産台数の回復が早かったにもかかわらず、米国の自動車価格はより高くなった。自動車価格の上昇が海外より大きいのは、1 つには、米国の回復によって生み出されたとりわけ強靭な需要が自動車セクターに波及したからである——新車に対する実質消費支出は 2021 年に 16% 増加し、パンデミック以前の水準を 18% 上回る水準に達したのである（BEA 2022b）。自動車価格の上昇は米国の家計や企業に課題をもたらしているが、他の主な自動車生産国と比較して米国の自動車セクターの回復が強いことは、米国の需要主導の回復が労働者や企業にもたらす重要な利益を浮き彫りにしている（Box 3-1 を参照のこと）。

国際貿易、経済回復、そして長引く COVID-19 の課題

③

2021 年、国際貿易は COVID-19 パンデミックが始まってからの急激な落ち込みから概して回復し、米国の財の輸出入はパンデミック以前の記録を上回った。輸入の伸びが輸出の伸びを上回り、米国の貿易赤字を拡大させた。財貿易は 2021 年に概ね回復したものの、供給のボトルネックにより、自動車や資本財など、パンデミック関連の課題によって破壊されたグローバル・バリュー・チェーンの中心となる財の輸出入はともに回復が遅れている。

対照的に、COVID-19 の感染の波は、国境を越えたサービス貿易の回復の重石となった。人的接触にあまり依存しないサービスの貿易は、財の貿易と同様の回復パターンをたどったが、その他のサービス、とくに旅行と輸送サービス[1] の貿易については、ウイルスの持続によって引き続き損なわれている。旅行サービスの貿易の急減は、2021 年の米国の貿易収支の足を引っ張った。外国人観光客、学生、ビジネス旅行客の形をとるこれらのサービスの輸出は、通常時であれば、米国のサービス貿易収支の黒字に顕著な寄与をもたらすものである。

米国貿易収支

2021 年の経済回復を特徴づける堅調な内需は、米国の貿易収支——米国居住者が海外から購入する財・サービスの総額と、海外で販売される米国のすべての財・サービスの総額の差として定義される——の赤字の深刻化に反映されている（BEA 2022a）。2021 年の貿易赤字は、対 GDP 比 4%で、（対 GDP 比で計測すると）2008 年以降で最大である（図 3-7）。過去 20 年にわたる米国貿易赤字の深刻化は、堅調な需要を反映していたため、経済成長と相関がある。2021 年も例外ではなかった（BEA 2022b）。

過去 20 年間、米国は通常、財貿易の赤字を計上しており、それはサービス貿易の黒字で部分的に相殺されてきた。2021 年の全体的な貿易赤字拡大は、近年の傾向と比較して、大幅な財貿易赤字と小幅なサービス貿易黒字を反映している。とくに、財・サービス貿易赤字が 2019 年の対GDP 比 2.8%から 2021 年には 4.0%に拡大したことは、サービス貿易黒字が 0.5%ポイント減少し、財貿易赤字が 0.7%ポイント増加したことを反映している（図 3-7）。両者の動向は COVID-19 に起因する課題によるものであるが、こうした結果の理由は異

米国は世界最大の石油産出国であり、石油製品の重要な輸出国であり、同時に主要な輸入国でもある（EIA 2021a）。これらの製品は、米国の輸出の 10％以上、輸入の約 7％を占めている。石油とガスの価格は 2021 年の最初の 10カ月間に顕著に上昇し、ウェスト・テキサス・インターミディエイト原油価格は、2020 年末の水準を 55％以上上回って 1 年を終え（EIA 2022）、世界の天然ガス価格は 2019 年 11 月から 2021年 11 月までに約 6 倍となった（IMF 2021）。価格上昇は輸出入量の増加に伴い、米国の石油製品輸出のドル換算額は 2020 年水準を約 50％上回り、輸入は 75％以上上回った（図 3 ― iii）。

国の内外の要因が 2021 年にエネルギー価格を上昇させた。中国では、石炭の燃焼を抑制する政府の意欲的な取り組みによって、全面的に供給が制約される一方で、生産の急増に応じて、製造拠点のエネルギー需要が跳ね上がった（Riordan 2021 年）。その結果、石炭の代替物である天然ガスに対する中国の需要が増加したことにより、ヨーロッパとアジアで天然ガス価格が跳ね上がった。また世界のエネルギー価格を押し上げたのは、OPEC ＋（石油輸出国機構プラス、OPEC ＋：Organization for Petroleum Exporting Countries Plus）・グループの産油国が、石油生産を急激に拡大するのをためらったことである。OPEC ＋は、パンデミックによる需要減に対応して、2020 年に日産 1000 万㌾（世界生産の約 10％）を削減していた（Lawler, Ghaddar, and Astakhova 2021）。米国では、2020 年中の新エネルギー源への投資の低迷が、2021 年に経済が回復したので、エネルギー供給の重しとなった（IEA 2021）。さらに、テキサス州の異常な冬の寒さや、メキシコ湾のハリケーン・アイダとハリケーン・ニコラスなどの悪天候も、米国の石油生産に影響を与えた（EIA 2021b, 2021c）。

需要面では、2021 年春に始まったワクチンが普及したことで、旅行と一部の通勤が再開され

図 3 ― iii　石油製品の貿易

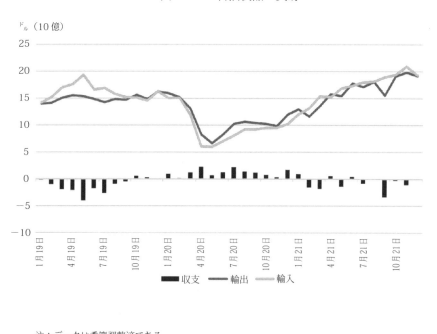

注：データは季節調整済である。
出所：Census Bureau.

たため、ガソリン需要が増加した（EIA 2021d）。パンデミックによって、旅行や通勤に使われる交通手段が変化したことが、さらにガソリン需要を押し上げた。多くの人が大量輸送交通や航空機旅行ではなく自動車を選んだからである（Bair, Guerra Luz, and Bradham 2021）。

なっている。

2021 年の堅調な経済成長を推進した消費と投資支出の増加は、国産及び輸入両方の財・サービスに対する支出を増加させた。米国の財生産企業は、パンデミックがもたらした労働力と投入物の供給障害に直面し、急増する国内財需要についていくように全力を尽くしたので、輸出のための供給が減った（Furman and Powell 2021）。米国の財輸出の伸びが挫かれたことは、米国の財政対応が他のほとんどの主要国経済よりも大きかったという事実により説明される（図 3-4 を参照のこと）。内需はパンデミック以前のトレンドを超過したが、外需は遅れた。その結果、米国の企業や消費者は、外国の消費者よりも大幅に輸入財の購入を増やしたので、米国の財貿易赤字は拡大した（Milesi-Ferretti 2021）。他にも財貿易赤字の拡大に寄与したのは、石油・石油製品の貿易収支が黒字から赤字に転じたことであった。そのことは Box 3-2 で説明されている。さらに、外国籍の人の米国への入国制限や、主に外資系企業によって提供されている海上貨物輸送のコスト上昇がサービス貿易の黒字を抑圧した（BEA 2022a）。

国の内外のマクロ経済動向は、別の経路、すなわち為替レートの変動を通じても貿易赤字を拡大させた。COVID-19 ウイルスが 2020 年初めに蔓延すると、安全資産としての地位を反映して、1 月から 3 月下旬までに 9.7% のドル高となった（図 3-8）。経済の不確実性が高まる時、世界中の投資家がドル資産を購入するが、彼らはドルを信頼できる価値貯蔵手段であるとみなしている（Jiang, Krishnamurthy, and Lustig 2021）。2020 年 3 月末から 2020 年末まで、世界の金融環境が

図 3－7　米国の貿易収支、2001～2021 年

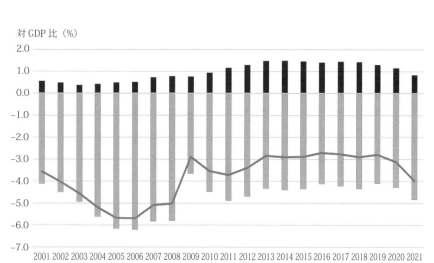

出所：Bureau of Economic Analysis.

図3-8　名目総合ドル指数

指数水準：2020年1月2日＝100

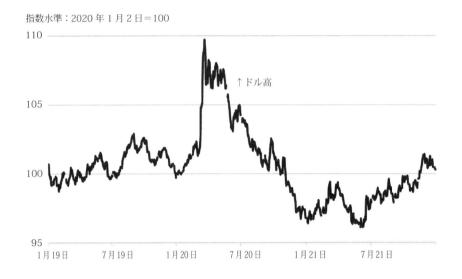

出所：Federal Reserve Board.

正常化し始め、それまでの安全資産への逃避が反転したので、ドル安となった。そのドル安は、連邦準備制度理事会が低金利を維持することで米国経済を支援するために非常に果敢な行動をとったことも反映している（*Economist* 2021）。これは、設備や住宅を購入するために借入をする米国の企業や家計に恩恵をもたらしたが、世界の投資家に対しては米国金融資産の魅力を低下させた。図3-8にみられるように、外国からの米国資産需要の低下は、今度は、2020年4月から12月にかけてのドル安を招いた。

2021年には、通貨はドル高が再開し、連邦準備制度理事会の指数（図3-8）で計測されたように、主要貿易相手国の通貨に対して3.6％上昇して1年を終えた。期待は、連邦準備が他の中央銀行よりも早く引き締め政策を開始し、それが引き続きドル価値の上昇をもたらすというものであった（Rovnick, Rennison, and Platt 2021）。このような期待は、貿易相手国に比べた時、米国のマクロ経済のパフォーマンスの2つの面に反映されている。1つは、米国の産出がより急速に回復していること、もう1つは、インフレ率が相対的に大きく上昇していること、この2つの側面を反映していた。ドル高は、米国の消費者に対し輸入品を安くして輸入を増加させ、外国の購入者に対し米国の輸出品を高くして輸出を抑制することにより、貿易赤字を拡大する傾向がある（Gruber, McCallum, and Vigfusson 2016）。

財の国際貿易

米国の財貿易は、2020年のCOVID-19パンデミック発生時に急落してから比較的早く回復し、2021年まで上昇し続けた。財の輸出と輸入はともに、2018年に記録した名目記録を更新した。財輸入は、実質ベースでも過去最高を更新した。この迅速で堅固な回復は、2008年に始まった大リセッション後の貿易の停滞とは好対照である（図3-9）。大リセッションの発生から、財輸出は2年以上、財輸入は約10年、危機以前のピークを体系的に上回ることはできなかった。

前節で述べたように、2021年の輸入の伸びは一般的に輸出の伸びを上回った。これは経済回復期を通じて当てはまる。財輸入は、2020年11

図 3-9 米国の財貿易

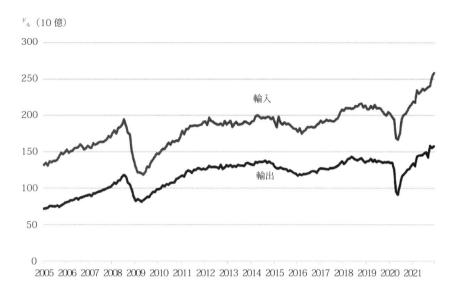

月までに実質タームでパンデミック以前の水準に完全に回復したとしても、米国の輸出がその実績を達成したのは 1 年以上後のことであり、2021年 10 月である（Census Bureau 2022b）。輸出に比べて輸入の回復が早いのは、本章で先に述べたより幅広いマクロ経済的文脈の直接的な結果である。しかし、パンデミックに関連する混乱の影響により、一部の製品では他の製品よりも輸出回復が妨げられた。

実質タームでは、米国の食品、飼料及び飲料の輸出はほとんど影響を受けず、同年後半の大半で 2020 年 2 月の水準を上回った。米国の消費財輸出は 2020 年 11 月にパンデミック以前の水準を上回った（図 3-10）[2]。対照的に、資本財輸出は 2021 年 4 月までパンデミック以前の値を超えず、その後はだいたいその水準にとどまった。自動車と自動車部品の輸出は、2021 年のほとんどで、パンデミック以前の水準を 10％以上下回った。

消費財の輸出が相対的に迅速に回復したことは、パンデミックがもたらしたサービス消費から財消費への転換という世界的な性質を浮き彫りにしている。資本財と自動車の輸出が軟調であったことは、経済回復がもたらした堅調な需要の裏返しである。決定的に重要な投入財の供給難は、自動車産業やその他の資本財産業の生産を特徴づけるグローバル・バリュー・チェーンを混乱させ、急増する国内外の需要に対応する能力を損なった（サプライチェーンの課題に関する詳細は、第 6 章を参照のこと）。これらの産業で米国企業によって生産され、輸出される最終財は複雑なものである。自動車の輸出は、しばしば半導体に依存し、その世界的供給は 2021 年に顕著な圧迫を受けた（McKinsey & Company 2021; Ewing and Boudette 2021）。民間航空機、エンジン、部品は、2019 年と比較した資本財輸出減少の中で最大の割合を占めており、COVID-19 が航空交通量を劇的に減少させた後、航空会社からの需要が消えたことを反映している（Census Bureau 2022a; Kuzmanovic and Rassineux n.d.）。

2021 年における米国の輸入の伸びの構成は、米国の需要回復の強さと、世界各国が引き続き直面している課題を浮き彫りにしている。米国の財輸入は、パンデミックの最初の数カ月間は全面的

図 3−10　実質輸出、特定の最終用途分類

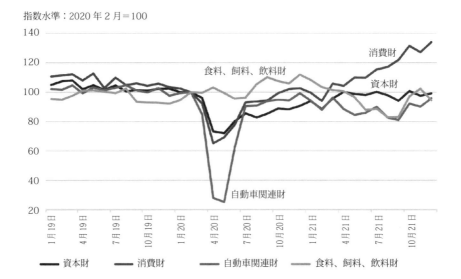

指数水準：2020 年 2 月＝100

注：データは季節調整済である。
出所：Census Bureau.

図 3−11　実質輸入、特定の最終用途分類

指数水準：2020 年 2 月＝100

注：データは季節調整済である。
出所：Census Bureau.

に落ち込んだが、その程度は輸出より小さく、その後急速に COVID-19 以前の水準を超えた（図3-11）。サービスよりも財の消費が増加したことと整合的に、消費財の輸入は 2021 年に顕著な増加を示し、その 2019 年の水準を 16.6% 上回った。工場で使用される機械など、資本財の輸入も、活況を呈した米国の需要を満たすために米国内企業が拡大したため、2021 年には 2019 年の水準を実質タームで 11.3% 上回るほど、顕著に上昇した。

　自動車輸入の軌跡は、2021 年に浮上したサプライチェーン圧迫のグローバルな性質を例証している。自動車輸入は当初は回復したが、その後、グローバル・サプライチェーンが混乱したため、減少した（Ewing and Boudette 2021）。このカテゴリーの輸入は、2021 年には 2019 年の水準を 9.6% 下回った。このカテゴリーには自動車と部品の両方が含まれるが、部品は 2019 年の水準をわずかに上回ったが、その減少の原因はすべて完成車の輸入減少にある（Census Bureau 2022a）。本章で前述したように、米国の自動車セクターの回復は、2021 年に、他の主要自動車製造国のそれを凌駕した。

サービスの国際貿易

　財貿易が相対的に迅速に回復したのとは対照的に、COVID-19 蔓延の封じ込めを要する緊急事態のため、世界のサービス需要は引き続き抑制されている。パンデミック発生時のサービス輸出入両方の全面的減少（図3-12）は、主に旅行サービス貿易の急減（図3-13）による。旅行・輸送サービス以外のサービス——金融、保険、保守保全、建設、情報、対人・政府サービス、知的財産、その他サービスをカバーする——の輸出入総額は、2021 年に 2019 年の値を上回った。

　図 3-13 が例証するところによると、旅行サービスの輸入も輸出もともに、パンデミック以前の水準に近づいていない。しかし、旅行サービスの輸入はパンデミックが米国を最初に襲ってから、比較的着実に増加してきたが、輸出は、2021 年 11 月まで最小限度の増加にとどまった。2021 年 11 月、バイデン－ハリス政権は、多くの外国人観光客、学生、ビジネス旅行客の米国への入国を妨げていた旅行制限を緩和し、旅行輸出から

③

図 3-12　サービス貿易

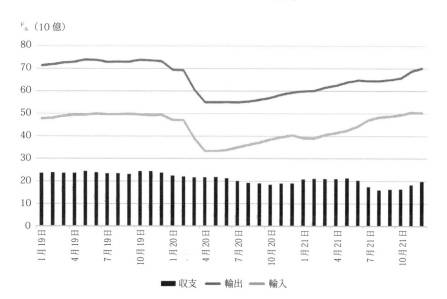

注：データは季節調整済である。
出所：Bureau of Economic Analysis.

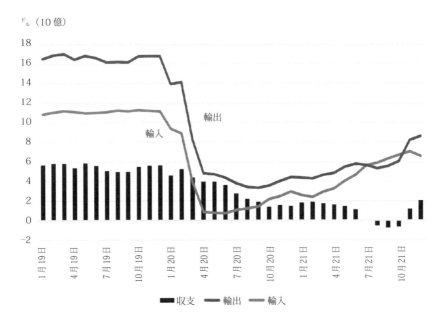

図3−13　旅行サービス貿易

注：データは季節調整済である。
出所：Bureau of Economic Analysis.

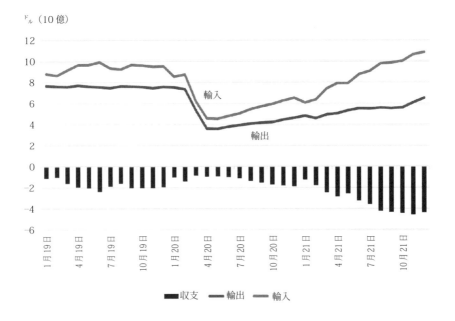

図3−14　輸送サービス貿易

注：データは季節調整済である。
出所：Bureau of Economic Analysis.

の収入が再び生じるようになった（White House 2021c）[3]。対照的に、他のほとんどの国は2021年のほとんどを通じて、米国からの旅行者の入国を認めていた（Schengen Visa Info 2021; Ponczuk 2021）。

　輸送サービスの貿易も同様に、パンデミックという緊急事態と経済回復によって形づくられてきた。図3-14に描かれた輸送サービス収支の赤字の劇的拡大は、2021年に荷主が直面した課題を直接反映している。海上貨物サービスの輸入額増加は、輸入された輸送サービスの価格を大幅に上昇させた（BEA 2022a）。海外から米国への財の運搬コストの高騰は、米国の輸入企業が海運会社に支払う金額が劇的に増加したことを意味する（Harper Petersen 2022）。ほぼすべての大海運

会社が外資系であるため（Marine Digital 2021）、これらのコストは米国のサービス輸入として計上される。対照的に、米国の輸送サービス輸出は旅客航空輸送が支配的であり、旅行サービスと同様、2021年末まで米国への外国人旅行の制限によって抑制されていた（BEA 2022a）。

　堅固な回復をみせたサービス・カテゴリーには、金融・保険の貿易や、その他のビジネス・サービスの輸入が含まれる。それらは対面での接触にそれほど依存しないため、パンデミックと回復の期間を通じて、輸出入ともに2019年の水準と比較して対前年比で増加した。同様に、知的財産、テレコム、その他のビジネス・サービスの貿易も急速に回復し、現在は2019年水準を上回っている。

公平な国際貿易を構築する諸政策

　米国のグローバル・エコノミーへの参画は、消費者に対する価格低下、米国の製造投入物のコスト低下、より多様な生産物へのアクセス、また米国産の財・サービスの市場拡大など、重要な利益をもたらしてきた。しかし、グローバル経済統合は、米国企業やその労働力に輸入競争をもたらすので、かなりのアメリカ人労働者の生活基盤が失われ、この『報告』第1章で説明された不平等の厄介な拡大の一因となっている（Clausing 2019; Autor, Dorn, and Hanson 2013, 2016, 2021）。他の要因も、税制の累進性の後退（Antràs, de Gortari, and Itskhoki 2017）から製造業生産におけるオートメーションの進展（Moll, Rachel, and Restrepo 2021）に至るまで、不平等を促進した。それでも、米国の国際貿易・投資政策がアメリカ人労働者やコミュニティに及ぼす影響、ひいては経済的不平等に及ぼす影響も一定の役割を果たしてきた。

　COVID-19パンデミックは、グローバル・エコノミーへの参画がアメリカ人労働者に与えた混乱を緩和させ、それが提供できる機会を増やすため、国内政策と国際政策に再び集中する機会を提供した。これは、一方では米国企業のコストを減らし、消費財の価格を下げること、他方ではグローバル

競争に脅かされている労働者の生計がきわめて大きな被害を受けないようにすること、この間のより良いバランスを追求することを意味する。米国のグローバル・エコノミーへの参画が、国内におけるより公平な経済というバイデン‐ハリス政権の目標を確実にするには、海外の労働基準を改善し、貿易相手国の不公正な慣行と対決し、国際税制をより公平にすることによって、国際経済の競争条件を公平にする政策が必要とされる。貿易政策は、もう1つの基本的な政策目標、すなわち温室効果ガス排出の削減も支援できる。Box 3-3は、これがいかにして達成されるのかについて説明している。

貿易から生じる利益を広げる

　COVID-19パンデミックの不均質な影響は、米国社会における不平等を例証し、マイナスの経済的ショックが経済的に脆弱な人々にいかに偏るのかを示している[4]。同様に、輸入競争の激化に伴う雇用及び所得の喪失は、低技能労働者に偏ることが多く、不平等を悪化させている（Clausing 2019）。大量の調査が、2000年代初頭の中国との輸入競争の急速な激化、いわゆるチャイナ・

貿易政策がいかにより幅広い目標を支援できるかを示す例として、温室効果ガス排出削減にインセンティブを与えることを指向した国際貿易政策を考えてみよう。気候変動に効果的に対処するには、温室効果ガスの排出を削減し、すでに生じている気候変動に対する回復力を高める政策が必要である。しかし、まさにそうした政策によって、気候変動緩和政策が厳格ではない国の生産と比較して、国内生産が競争劣位に置かれることがある（Dechezlepretre and Sato 2017）。さらに、一国の生産者による排出を削減する局地的政策は、その主な効果が排出を他の場所に移転させることである場合、――グローバルな観点からすると――効果がない。

　強力な気候政策によって国内市場に公平な競争条件を創出し、その政策から脱炭素化を最大化するため、学者や政策立案者は、取引される財・サービスの炭素含有量に基づく貿易ルールの導入を提案している。例えば、そのような政策では、意欲的な気候政策を行っていない国から輸入された財に炭素税を課し、生産者が国内市場で直面する気候規制コストを相殺することができる。研究によると、こうした政策は世界的に脱炭素化を加速させ、炭素税を導入した国の国内産業を保護するのに役立つ（Campbell, McDarris, and Pizer 2021）。例えば、米国と欧州連合は2021年末に、鉄鋼とアルミニウムの貿易に関し、これらの産業の炭素強度を考慮し、世界中で産業の脱炭素化を推進することを目指した世界的取り決めについて交渉することに合意した（White House 2021b）。

　こうした排出量に基づく貿易政策は、脱炭素化にインセンティブを与える特定のメカニズムを優先する必要はない。国内気候変動緩和政策は、多くの形態を取ることができる――規制から税優遇措置、炭素価格に至る。そうではなく、これらの貿易ツールは、排出量が減少する限り、各国が広範囲に及ぶ気候政策ツールを制定する柔軟性を保持することができる。この『報告』の第7章で論じられるように、国内産業がクリーン・エネルギーに向けて移行するのを奨励するには、例えば、規制、税優遇措置、その他の同様の規定という形態を取ることができる。

ショックの影響を集中的に研究した。それらが実証したところによると、国際貿易から生じる利益は相当なものではあるが、そのコストは米国の一部のコミュニティにとってはこれらの利益を超過した。中国からの輸入競争の激化は、中国との競争によりさらされている労働市場において雇用及び所得に悪影響を及ぼしたのであり、こうした悪影響は当初のショックのずっと後まで持続したのである（Autor, Dorn, and Hanson 2013, 2016, 2021）。

　将来、米国に不平等をもたらす輸入競争によりさらされる悪い影響を緩和し、さらには逆転させることを、目指すべきである。それには、悪影響を受けた個人とコミュニティに対する影響をより重視するため、貿易政策の諸目標のバランスを見直す必要がある。これらの利益を効果的に組み込むため、政策立案はより包括的でなくてはならず、さらには、国際貿易に直接従事している米国企業や輸入品と競争している労働者の見解だけでなく、影響を受けているコミュニティやその他の利害関係者の見解も知らなくてはならない。

　さらに、経済学界は一貫して、米国の労働者の競争力を高め、マイナスの貿易ショックによって影響を受けている人々が経験する混乱に対処するため、補完的な国内政策を要請してきた。労働者に焦点を合わせた基本的経済政策は、国際貿易を通じて伝播するものも含め、経済の変化への適応に彼らがよりうまく備えられるようにするであろう（Clausing 2019; Rodrik 1996; Hanson 2021; Dixit and Norman 1986）。超党派インフラ法によって実現した交通インフラへの投資により、米国の財輸出を海外市場に届けるのが容易になるであろう。輸出の拡大は、巡りめぐって経済成長を促進し、ブルーカラー労働者に対してはとくに、高賃金雇用を支えることになる（Riker 2015）。この『報告』第6章で論じられた米国のサプラ

イチェーンを強化するための他の政策提案とともに、これらの投資は、国の内外における米国の競争力を強化し、グローバル・エコノミーへの参画から得られる利益をより幅広く分配することになる。今後、この『報告』第4章で概説される人的資本への投資は、米国の労働者にスキルと教育を与え、国際貿易・投資の利益に占める彼らのシェアをより広げるであろう。

　国際経済の競争条件を公平にする

　貿易から生じる利益を拡大する鍵は、米国の労働者が公平な競争条件で競争できることを確保することである。あまりにも頻繁に、米国の労働者と企業は他国の不十分な労働基準や不公正な貿易政策及び慣行により、また国際的な課税競争により侵害されている[5]。これらの慣行の悪影響を無視した経済分析は、貿易から得られる利益とそれが国内外にどのように配分されるかについて、狭く、誤った可能性のある見解しか提供しない。

　労働基準。諸国間の現代貿易協定の重要な要素は、労働条件を改善するための条項である。これらは、労働者が仕事をしている間に適切な報酬を受け、保護されることを確保し、また、相対的競争力が諸国間の労働基準の差により決定されないことを確保することを企図している。2021年に2度、米国は米国・メキシコ・カナダ協定に含まれている迅速対応メカニズムを発動し、メキシコ労働者が団結の自由と団体交渉権を否定されているとの申し立てに対応した。1回目は、自動車工場で労働者の団体交渉協定の投票中に発覚した不正に対応したものであった。その結果、米国とメキシコは違反に対処し、自由かつ公正な投票を提供する同協定の計画について交渉した（USTR 2021b）。2回目は、自動車部品会社での組合組織化運動中の違反について、アメリカ労働総同盟・産業別組合会議（AFL-CIO）などが提出した申し立てに対応したものである（USTR 2021a）。その結果、問題の企業と結ばれた協定により、悪影響を受けた労働者への補償が確保されただけでなく、労働者の権利を保護するメカニズムが導入された。

　不公正なだけでなく、強制労働に依存するという非人道的な慣行にかなりの生産者が関与する時

も、労働基準はきわめて重要である。国際労働機関（ILO）の推計によると、ある1日に2500万人が強制労働の対象になっており（ILO 2017）、この強制労働は関与した企業に多額の利益を生み出している（ILO 2014）。市場原理それ自体が、強制的な雇用主を労働市場から駆逐すると主張する者もいるが、最近の理論モデルではこの結果は疑問視されている（Acemoglu and Wolitzky 2011）。事実、悲劇的にも強制労働が存続していることは、この慣行を阻止するためには政策措置が必要であることを示している。この目的のため、米国を含む先進7カ国（G7）首脳は、2021年6月の会合から、強制労働の撲滅を優先課題としている（Group of Seven 2021）。中国の新疆ウイグル自治区の状況について討議した後（White House 2021a）、G7は、グローバル・サプライチェーンにおけるあらゆる形態の強制労働の使用を根絶するため、協調と一致した取り組みを強化することを要請した。

　不公正な貿易政策及び慣行に対応する。貿易利益の幅広い分配を実現する米国の能力に対する最も重大な課題の1つは、米国を含めて他の生産者を犠牲にして自国の生産者を後押しするため、一部の外国政府がターゲット産業に与える直接、間接の支援である。外国政府は、課税、補助金、国内企業に対する規制優遇措置、国有企業やその他の国家関連組織への幅広い支援、国内市場における外国企業の競争力に対する公式、非公式の制限など、さまざまな手段を用いてそのような政策を実施する。少なくとも、これらの介入は、国内市場、そしてしばしば第三国市場でも、外国生産者を不利にする経済的な歪みを生じさせ、多国間及び特恵貿易協定の下でなされた公約の利益を失わせる。言語道断な状況では、市場支配力をその国に集中させ、それを用いてグローバルな競争を阻害し、イノベーションを抑圧し、経済的強制の機会を生み出す（Sykes 2003; Hart 2020; Autor et al. 2020; Bown 2022）。

　鉄鋼、アルミニウム、ソーラーパネルなどの産業のグローバル市場には、市場支配力を確保することを企図された政府政策の痕跡がある。専門家の主張によれば、時間の経過の中で、中国の一連の政府支援と政策指令は相当額の補助金に上り、これらの産業それぞれで、支配的なグローバ

ル・サプライヤーとなった（Bown and Hillman 2019）。政策に関する公式声明が示すところによると、貿易相手国を犠牲にして優位性を促進することを狙い、特定のハイテク製造産業に継続的かつ重点的な政府支援を中国は行っている（CRS 2020; Creemers et al. 2021）。抑制されなければ、これらの産業に対する中国の支配の影響力は、中国企業に相当の市場支配力を与え、米国の競合財の生産者を犠牲にして、世界の製造業の決定的に重要な側面をたった一国にさらに集中させると思われる（Bown and Hillman 2019）。また、市場支配を促進する補助金は可能な限り最善の技術に必ずしも向けられるわけではないため、そのような政策は決定的に重要なイノベーションの採用を妨げる可能性がある（Hart 2020）。重要なのは、重点産業政策という中国の制度に関連した負担は、米国だけでなく、グローバル市場で中国と競合する生産者を持つすべての国に降りかかることである（McBride and Chatzky 2019）。そのため、これらの政策の使用に対抗する取り組みは、米国の同盟国やパートナーと協力、協調して追求する時に最も効果的である（Mattoo and Staiger 2020）。

国際的法人税制の改革。 米国の労働者と企業に対し競争条件を公平にするためには、法人税における底辺への競争を抑制するため、国際的法人税制の改革が必要である。底辺への競争によって、各国は税率を引き下げて、移動しやすい多国籍企業拠点を誘致するのである（Azemar et al. 2020）。この慣行は、生産意思決定を含む企業の意思決定を歪め、他方、各国が互いに協力して従事した場合に得られるものよりも少ない税収しか生まない（Cobham and Jansky 2018）。巨大多国籍企業は、税負担を最小化するため、利潤や経済活動を移転させることにより、諸国間のこの課税競争につけ込んできた（Guvenen et al. 2019）。

2021年、世界の首脳は、これらの課題に対処し、国際的税制を安定させる歴史的合意に達した。国際的税制を改革する計画は、世界の国の圧倒的多数——世界GDPの90%以上に相当する——によって合意された。その合意には、15%の国際的最低法人税率が含まれており、全世界で7億5000万ユーロ（約8億2200万ドル）以上の売上高を持つ多国籍企業の利益に適用される。また、多国籍企業の特定の残余利益に対する一定の課税権を、これらの企業が、製品が消費される市場に物理的拠点を有するかどうかによらず、これらの市場に再配分する条項も含まれている（OECD 2021）。

これらの改革は、企業が特定の管轄区域の利益から価値を生み出しながら、そこで最低限の税金しか支払っていないという懸念に応えるものである。そのように、その合意は、米国に本社を置く多国籍企業に過分に課されるデジタル・サービス税を撤回するという数カ国の公約を組み込むことにより、既存の国際的課税の緊張に対処する（Giles 2021年）。その改革は、不平等拡大を含め、各国が直面する無数の課題に対処するのに役立つ歳入増を生み出すであろう。

協力的で透明な政策形成過程

米国のグローバル・エコノミーへの参画が不平等拡大を助長させないように政策を転換するには重大な変化を要するが、経験上、そうした政策転換の利益は、貿易相手国と協議し、影響を受ける人々に対して透明なプロセスを通じて行われる場合、いっそう大きくなることが分かっている。米国は貿易協定を通じて、また世界貿易機関（WTO）などの組織を通じて、グローバルな貿易ルールを確立、執行するため、貿易相手国と長らく協力してきた（Bagwell, Bown, and Staiger 2016）。米国の輸出企業に対し信頼に足る市場アクセスを提供することに加えて、そのような機関は近隣窮乏化政策の使用を制限する。近隣窮乏化政策とは、他国の経済的結果を犠牲にして、ある国が目標を定めた経済的結果を達成することである（Ossa 2014）。現在米国の貿易政策や国際貿易ルールに内在する欠陥に対処するためのアプローチは、米国が行った公約を無視すれば、こうした制度を弱体化させ、米国の企業や労働者にもたらす利益は失われるであろうということである。このことは、2018年と2019年に行われた米国の貿易政策措置に反応して、多くの貿易相手国により講じられた報復措置により例証されている。それらの貿易相手国は、世界貿易機関のルールの下で米国が行った公約を破っていると判断したのである（Mattoo and Staiger 2020）。これらの報復措置は、その発動直後に、米国の製造業雇用（Flaaen and Pierce 2019）、輸出（Morgan et al.

2022)、所得とより幅広い経済的厚生を犠牲にした（Amiti, Redding, and Weinstein 2019; Cavallo et al. 2021）。

　根本的には、貿易ルールのグローバル・システムは、輸入者や輸出者として国際貿易に直接関与している国内生産者だけでなく、グローバル市場によって価格が影響される財・サービスの買い手にも利益をもたらす。大量の研究により、不確実性が経済的結果に悪影響を及ぼすことが立証されており（Bloom 2014）、より最近の研究では、このことが貿易政策の不確実性にも当てはまることが明らかになった（Caldara et al. 2020; Heise et al. 2021）。グローバルな貿易ルールは、将来の関税の変更や他の貿易制限の導入に関する不確実性を限定し、巡りめぐって、投資と雇用を促進することができる。米国の貿易政策に変更は必要であるが、貿易政策がグローバル・バリュー・チェーンにおける価格と入手の可能性をいかに変えるかについての不確実性が高まっているので、COVID-19 パンデミックでサプライチェーンが混乱をしている中ではとりわけ困難な課題となっている（Miroudot 2020）。

　貿易から生じる利益がより幅広く分配されるよ

うに、また公平な競争条件で競争が行われるようにするために、米国の国際経済政策に必要な変更を加えることは、国際経済関係を統治する既存のルールと規範の一部を再考することを要する。既存の制度の範囲内で変更を加えることの現実的な困難は、持続可能な国際経済政策の発展を目指す政府にとって複雑な課題を生み出す。しかし、協力を得ることなく変更を実施しても、貿易相手国が自らの約束を尊重するという拘束を感じなくなった場合、結局、米国はより不利な状況になる可能性がある（Mattoo and Staiger 2020; Bown and Hillman 2019）。闘争的なレトリックに長け、貿易相手国の利益に無関心であるが、実質と一貫性に欠ける貿易政策は、米国の企業を不利な立場に置く。それは、共通の課題に取り組むため、貿易相手国や同盟国が米国と協力することを妨げる。重要なことに、それにより雇用を創出し、不平等を是正し、より全般的な経済成長を促進することについては、期待に沿えない。2021 年以降、バイデン‐ハリス政権は、貿易相手国との強い関係を更新し、未解決の貿易問題を解決して、浮上する課題に取り組むための協力的枠組みを確立するために取り組んでいる。

③

結　論

　2021 年の米国経済のパフォーマンスを貿易相手国のそれと比較すると、大変厳しい課題の時期におけるわが国の強靭さが例証される。強力な財政対応と迅速なワクチン接種に支えられ、米国のGDP は、他の主要先進国より前にパンデミック以前の水準を上回った。しかし、回復が進むにつれて、需要はサービスから財へと傾き続けた。このグローバルな消費パターンのシフトは、サプライチェーンの圧迫と相まって、米国とその主要貿易相手国のほとんどでインフレを引き起こした。もっとも、この影響は、回復が相対的に堅調であったため、米国ではとくに甚大であった。米国の経済回復のスピードが速かったことはまた、貿易赤字を拡大させた。

　国際商業に対する開放性は、米国経済に大きな利益をもたらす。しかし、これらの利益は時どき、

国内の不平等を拡大させるという犠牲が伴う。グローバルなルールが国内の目的や価値観と一致し、これらのルールが厳格に執行されることを確保することにより、私たちは貿易相手国や同盟国と協力し、国際経済への関与をすべてのアメリカ人のために機能させるのである。

　注

1　サービス貿易に関する米国の公式データでは、このカテゴリーは、"transportation" ではなく "transport" と呼ばれている。

2　経済分析局（BEA）の最終用途分類である「食品・飼料・飲料」は農産物で構成されており、それらには飼料用を含む農産物、魚介類、調理食品、アルコール飲料及び非アルコール飲料が含まれる。

3　旅行サービスの輸出には、外国人留学生を含む

外国人旅行者が、米国訪問中に入手した財・サービスが含まれる。同様に、旅行サービスの輸入は、外国を訪問する米国居住者が取得した財・サービスが含まれる。

4　例えば、Mongey et al. 2021; Chetty et al. 2020; Liu and May 2020; and Hardy and Logan 2020 を参照のこと。

5　この『報告』第 5 章では、国内市場における公正な競争の重要性について論じている。

第4章
人々への投資——教育、労働力開発、健康

生産性と成長を高めるため、私たちは米国の人々に投資しなくてはならない。米国は20世紀初頭に普通初等・中等教育への投資を行い、それは、ワクチンや抗生剤などの医学の進歩と相まって、20世紀の大半を通じて堅調な成長に貢献した（Goldin and Katz 2008; Goldin 2016）。米国では出生時平均余命が1900年から2000年の間に30年近く伸び（CDC 2017）、高技能労働者を育成した（Goldin and Katz 2008）。これらの成果は、全米の経済成長と生活水準の向上に寄与した。しかし、教育達成度や平均余命の上昇はここ2、30年で鈍化し、米国は今、他の同等の国に遅れをとっている。

社会が人々に投資すると、経済はより大きく成長できるようになる。例えば、20世紀前半、米国は高校進学率で世界をリードし（Goldin and Katz 2008）、平均余命ではトップ10に入っていた[1]。対照的に、2017年には、経済協力開発機構（OECD）加盟国とそのパートナー諸国の中で、米国は、25〜34歳でなんらかの中等後教育を修了した者の割合が12位に、出生時平均余命が29位に滑り落ちた[2]。これらの順位の低下は、たんに他国が追いついてきたという問題ではなく、むしろ米国がずっと遅れていることを意味する[3]。このことは、米国の人々への投資が過少であり、経済進歩を阻害する可能性があることを示唆する。さらに、米国では、人的資本への投資と蓄積の計測値において、人種、エスニシティ、性別による格差が、広範囲に、かつ長年にわたって存在する。例えば、2019年に、アジア系の若年成人の82％が高校卒業後すぐに大学に入学し

たのに対し、黒人の高校を卒業したばかりの者は58％が高校卒業後すぐに大学に入学したにすぎなかった（de Brey et al. 2021, table 302.20）。2018年、ヒスパニックの乳児の出生時平均余命は、非ヒスパニック黒人の乳児より7年長かった（Arias and Xu 2020）。適切な資源へのアクセスが不平等なことにより、これらの問題が持続している。そのような人種間及び性別間の格差の構造的な性質の詳細については、第5章を参照のこと。

経済学者は、人々への投資を、彼らが生み出す「人的資本」——知識、スキル、健康、その他その人に具現化された貴重な資源を把握する概念——という観点から分析している。物的資本や金融資本への投資が利益を生み出すように、人々へのタイミングの良い投資も、個人、雇用主、そして社会に利益をもたらすことができる。教育や職業訓練は、人的資本への投入の古典的事例である。他の決定的に重要な投資には、心と体の健康、職歴がある。これらの人々への投資が経済的福利や成長に寄与するかどうかは、それらが生み出す人的資本が効果的に開発され、展開される方法次第である[4]。

本章では、人的資本へのカギとなる投資——教育、労働力開発、健康——について、また、個人、社会、経済がこれらの投資から十分な利益を確保するための政策について、分かっていることに焦点を合わせる。第1節では、なぜ人的資本が経済成長に重要な役割を果たすのかを説明する。第2節では、教育、労働力開発、健康への追加的投資が、人的資本開発を改善し、過去20年のコー

④

スを反転させられることについて論じる。そして、第３節、最終節では、いくつかの分野をとりあげ政府の政策や制度、社会の慣行の変革により、人々をして人的資本をより生産的に展開させうることを明らかにする。

人的資本は経済成長と個人の福利に決定的に重要である

人的資本が個人や経済にいかに影響するかを考える際、研究者はマクロ経済学的観点にもミクロ経済学的観点にも焦点を合わせる。マクロ経済学的観点からは、人的資本の改善は経済成長を生じさせるうえでカギとなる要素であり、最終的には長期経済成長によって生活水準が決定される一因となる。一般に、経済学者は、生活水準を維持するには少なくとも人口増加と同じ速さの産出増加、そして生活水準を向上させるには人口増加以上に速い産出増加を求める。したがって、彼らは、総産出を１人当たり産出のタームに書き直すことが多い。

図4-1は、米国の１人当たり国内総生産（GDP）──経済生産の最も一般的な計測値──の時系列を、1870年から2021年まで比例尺度で示したものである。比例尺度とは、適合した線（オレンジの点線）の傾きが、その期間の年平均成長率を表すことを意味する。図4-1にみられるように、大恐慌の期間とその後に大きく乖離したものの、この間、成長率は著しく安定していた。およそこの150年間、米国の１人当たりGDPは年平均1.8%で成長した。

経済の単純なモデルでは、１人当たり産出は、４つの要素──（物的）資本・産出比率、１人当たり人的資本、研究強度（アイデアの創出）、経済における人々の数──で書くことができる。フェルナルドとジョーンズ（Fernald and Jones 2014）によれば、1950年から2007年について、１人当たりGDPの伸びをこれら４つの要素から生じる成長に分解すると、成長の20%は人的資本の増加、60%近くは研究強度の上昇に起因し、残りの約20%は人口増加によるものと推計される[5]。

ミクロ経済学的観点からは、人的資本の蓄積は、個人、その家族、コミュニティへのさまざまな利益と関連している。人的資本投資の多くの利益は、購買力や人生を楽しめる余裕といった形で個人に直接もたらされるが、本章では主に、経済における労働者としての個人に焦点を合わせ、そして人的資本投資が米国の生産性や成長にいかに寄与しているかを重視する。

教育年数の増加と所得の関係は、経済学で最も広く研究されているものである。図4-2はこの関係を示しており、平均して学歴が高い者ほど、より高い賃金とより高い雇用率を享受していることを表している。研究者は、初等・中等教育レベルでも、中等後教育レベルでも追加的な教育にプラスのリターンを発見している（Angrist and Krueger 1991; Card 1995; Kane and Rouse 1995; Ashenfelter and Rouse 1998; Card 1999; Zimmerman 2014）。平均すると、教育年数の増加が賃金を上昇させるのは、教育が労働市場における労働者の生産性を高め、そのことが産出の伸びを高めるからである。同様に、職歴も稼ぎの増加と関連しているが、それは労働者が職業訓練を通じて貴重なスキルを開発するからである。

研究者が明らかにしたところによると、教育の向上が成人死亡率（Buckles et al. 2016）や投獄率（Lochner and Moretti 2004）を低下させ、市民参加を向上させる（Milligan, Moretti, and Oreopolous 2004）。また、研究によると、母親教育が乳幼児の健康にプラスの影響を与えるという（Currie and Moretti 2003）。このように、教育への投資は次世代の人的資本を高めることさえできる。

シュルツ（Schultz 1962）による人的資本のオリジナルな定式化において、健康は（教育、移住、労働市場情報、職業訓練とともに）、人的資本のカギとなる要素の１つとして顕著なものであるが、この枠組みで健康について検討した研究は少ない。ワクチンや治安対策は、死亡や労働に支障が出る障害を削減することで、労働力の規模と生産性

人々への投資──教育、労働力開発、健康

図4-1 米国の1人当たり国内総生産、1870〜2021年

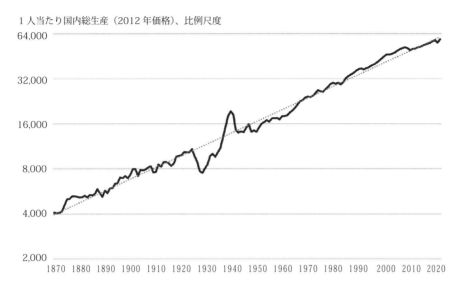

1人当たり国内総生産（2012年価格）、比例尺度

注：オレンジの点線は適合する線を表す。
出所：Updated and reproduced from Fernald and Jones (2014). Data for 1870 to 1929
are from Madison (2008). Data for 1929 to 2021 are from the Bureau of Economic
Analysis.

④

図4-2 学校教育の期間に伴う稼ぎの増加

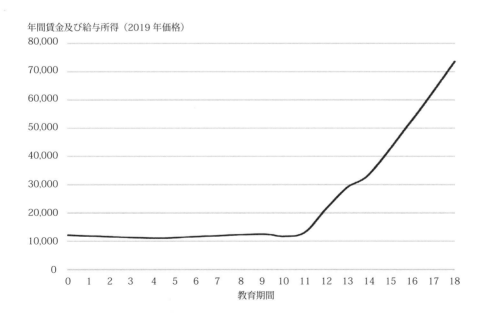

年間賃金及び給与所得（2019年価格）

教育期間

注：サンプルは、25歳以上の人に限定されている。
出所：2015-19, American Community Survey, 5-year sample.

を高めることができる（Bleakley 2010; Hamory et al. 2021）。その他の健康投資は、労働者の精神衛生や日常生活の質を向上させることにより生産性を高める。マクロ経済レベルでは、クロス・カントリー・データによる回帰分析が示すところによると、健康は経済成長の堅牢な予測因子であり、平均余命が1年延びると1人当たりGDPが約2%から4%増加することが予測されるという（Sharma 2018; Bloom and Canning 2003）。

人的資本のストックを計測する

研究者は、理想的にはあらゆる形態の人的資本を研究したく思うものだが、容易に、あるいは一貫して計測できる側面は依然として限定されている。例えば、各国における人的資本ストックに関する世界銀行の指標は、質調整済みの教育達成度に加えて、乳児生存率と健康の計測値を用いて構築されており、これらの側面が生産性にどのように影響するかの推計値と結びつけられている（Kraay 2018）。米国の潜在的GDP成長率を推計するために用いられる人的資本の計測値は、教育達成度、職歴、その両者が生産性にいかに影響を及ぼすかの推計値に大部分依拠している。教育達成度や就労経験年数は、人的資本の近似値にすぎない。とくに、教育修了年数は、質の違いを調整しておらず、また、見習制度などの学校教育以外で行われる職業訓練プログラムも反映していない。さらに、教育の質の向上や健康状態の悪化など、計測されない人的資本の体系的変化も、人的資本や潜在的産出の推計値にバイアスを与える可能性がある。

米国の教育達成度の向上は、20世紀後半を通じて計測された人的資本の成長の主な推進要因であった（Aaronson and Sullivan 2001）。しかし、アメリカ人の最近の年齢層はかつてないほど教育水準が高いけれども、その平均教育修了年数は前の世代が達成した年数をわずかに上回っただけである。図4-3は、25〜34歳と55〜64歳の人々に関する時間を通じての平均教育年数を示している。1960年には、55〜64歳の層は平均9.2年の教育を修了しており、他方、25〜34歳の層は平均11.3年で、その差は2年ちょっとであった。1990年にはこの差は1年強に縮まり、2019年にはその差はわずか半年であった。教育修了年数で若い世代が年長者を大きく上回ると、労働力の平均教育水準は急速に上昇する。しかし、その差が縮まると、定年退職者は、ほぼ同水準の学歴を持つ新入社員に入れ替わることになる。この教育達成度の伸びの鈍化は、他のすべての条件が等しければ、労働者1人当たり人的資本の伸びの鈍化に一致する。

健康を人的資本への寄与度として計測する場合、米国や他の先進国では出生時平均余命がよく用いられる指標である。図4-4は、1900年から2019年までの男女の出生時平均余命と45歳時平均余命を示したものである。この期間に、出生時平均余命は男女ともに約30年伸びた。その伸びのほとんどは1900年から1955年までに生じたもので、主に乳幼児と子供の死亡率の低下によるところが大きい（Crimmins, Preston, and Cohen 2011）。その結果、45歳時平均余命は、女性で13年、男性で10年というより穏やかな伸びとなった。COVID-19パンデミック以前の10年間に、出生時平均余命は半年以下しか伸びず、他方、1900年から1950年には10年ごとに平均約4年、1950年から2010年には10年ごとに1.7年伸びた。

COVID-19パンデミックは、死を通じて人的資本を直接破壊した。そのウイルスはまた、教育、経験、健康への投資を減らし、遅らせた。たとえ2020年に生まれた子供たちが、推計された低下につながるような同じ状況を成長してから経験する可能性は乏しいとしても、注目すべきは、COVID-19が2019年から2020年における平均余命の暫定的推計値の大幅な低下を説明することである（Arias et al. 2021）。これは、平均余命の変化がなぜ、病気の蔓延、仕事を限定する障害、あるいは日常生活の動作指標などの代替指標のようなものと比較すると健康人的資本の反映として、

人々への投資——教育、労働力開発、健康

図4−3　年齢集団別の平均教育年数

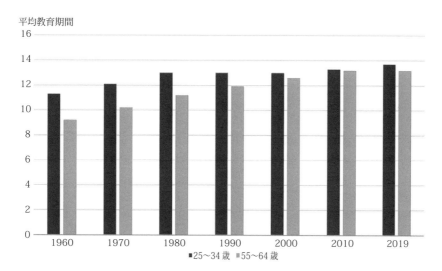

注：教育達成度が保育園から 4 学年までの場合、その観測値は教育年数 4 年としてコード化される。教育達成度が 5、6、7、8 学年の場合、その観測値は 教育期間 8 年としてコード化される。5 年以上の大学教育の観測値は、教育年数 17 年としてコード化される。
出所：Census Bureau; CEA calculations. Data for 1960 and 1970 are from the 1 percent sample; data for 1980, 1990, and 2000 are from the 5 percent sample; and data for 2010 and 2019 are from the American Community Survey.

図4−4　平均余命、1900〜2019 年

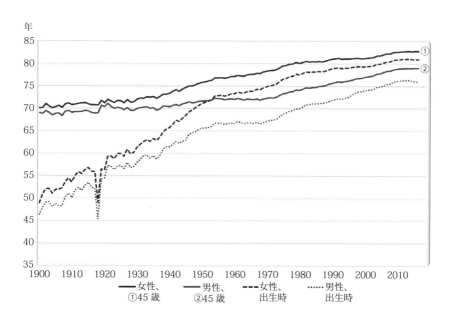

出所：Our World in Data 1900-2014, Social Security Administration 1915-2019.

図4−5　健康状態を「普通」または「悪い」と報告した比率、1997〜2018年

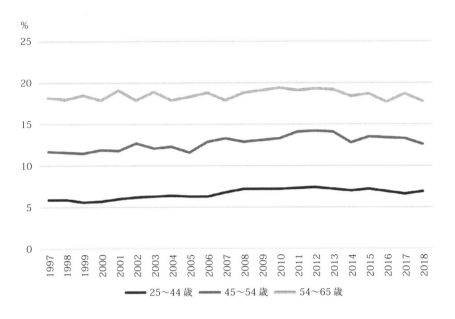

出所：National Health Interview Survey.

そう意味のあるものではないのかを示す一例である（COVID-19 パンデミックが人的資本に及ぼした影響についての詳細は、Box 4-1 を参照のこと）。

　そうはいうものの、パンデミック以前に平均余命の伸びが頭打ちになったことは、より最近のものについて入手できるようになったにすぎない健康に関するその他の計測値からの証拠と整合的である。例えば、自己申告による健康状態は、社会経済的地位や併存疾患を調整した後でさえ、のちの死亡率の予測因子となりうる（McGee et al. 1999）。図 4-5 は、国民健康インタビュー調査からのデータを示している。それは、1997 年から 2018 年の間に、自己評価による健康状態を「普通」か「悪い」と報告した年齢層別の回答者の比率に関してのものである。3 つの年齢層すべての成人について、自分の健康状態を「普通」か「悪い」と評価した比率は、この期間を通じて一定であるか、増加傾向にある。これらの事実発見が示唆するところによると、生産年齢にある成人の健康人的資本ストックの伸びは減速している。

　ベビーブーム世代の現在及び将来の退職に推進され、人口動態の変化も、1 人当たり人的資本の伸びに影響する。ベビー・ブーマー世代が最初に労働市場に参入し始めた 1960 年代後半、労働力の平均年齢（したがって、期待される就労経験の年数）は低下した。この低下は、1980 年代半ばにベビー・ブーム世代の最後の人々が労働市場に参入するまで続き（Aaronson and Sullivan 2001）、その時点で労働力の平均年齢は上昇し始め、平均人的資本にプラスの影響を与えた。ベビー・ブーム世代が退職するにつれて、米国の労働力は高度な経験を有する人々を大量に失っている。

　教育達成度の伸びと健康状態の改善が鈍化したことは、ベビーブーム世代の退職と相まって、労働者 1 人当たり人的資本の伸びを全体的に鈍化させている。これらの要因は、潜在的成長率の低下という経済予測に反映されている（例えば、Woodward 2013; Fernald 2016; and Fernald and Li 2019 を参照のこと）。対象を定めた投資によって人的資本を増加させる余地があり、また、個人が人的資源をより効率的に展開するのに役立つ政策を通じて、効果的な人的

Box 4—1　COVID と健康

20 21年末までに、米国では82万人以上がCOVID-19により死亡したと報告されている（CDC 2022）。過剰な死亡には、報告されていないパンデミックによる死亡とパンデミック関連の死亡が含まれるが、その計測値の1つは、COVID-19による真の死亡数が2021年までに報告よりも15%多かった可能性があることを示している（Giattino et al. 2020）。COVID-19による死亡報告の約75%は65歳以上で発生している（CDC 2021a）。図4-iに示されているように、COVID-19による死亡は高齢者、とくに85歳以上の高齢者に集中している。

しかし、死亡数はすべてを物語っているわけではない。有色人種のコミュニティでは2019年から2020年にかけて、主にCOVID-19の影響のため、入院率が上昇し、平均余命が大幅に低下した（CDC 2021c; Arias et al. 2021）。さらに、2021年末までのCOVID-19感染報告数は5400万人以上で、2021年の典型的な1週間には数万人の患者が新型コロナウイルスで入院した（CDC 2022; Johns Hopkins University 2022）。パンデミックのこれらの結果は、人的資本の観点から懸念が生じる原因である。COVID-19は、死亡は別にして多くの健康上の合併症を引き起こす可能性があり、それらの合併症は健康よりも就労生活を優先している人々に生じている。

しかし、COVID-19が健康に与える影響は、感染者だけに限定されない。パンデミックの二次的な影響により、一連の健康上の問題が生み出されている。その中でも一番は、メンタル・ヘルスの全体的な悪化である。半数以上の女性と3分の1以上の男性がパンデミックが始まってからメンタル・ヘルスの悪化を報告しており、約5分の1はパンデミックが大きく影響したと答えている（Frederiksen et al. 2021）。ある研究の推計によると、2020年春における大学生のうつ病のリスクは、パンデミック以前より50%高まった（Giuntella et al. 2021）。別の研究によると、不

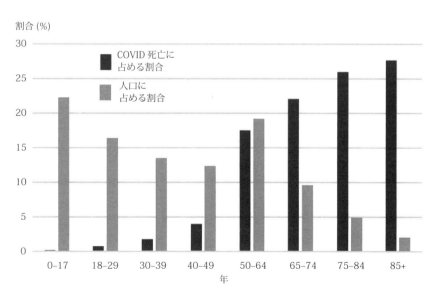

図4−i　年齢別のCOVID死亡に占める割合と人口に占める割合

割合 (%)

■ COVID死亡に占める割合
■ 人口に占める割合

注：データは2022年1月18日時点のものである。
出所：Centers for Disease Control and Prevention.

安障害またはうつ病性障害の症状を報告する人の平均シェアは、2021年1月に約4倍になった（Panchal et al. 2021）。その問題はまた、すでに社会的に疎外されている集団ではより悪化している。子供を持つ女性、ヒスパニックや黒人、失業者、エッセンシャル・ワーカーは、パンデミック中にメンタル・ヘルスの問題を訴える傾向が強かった（Panchal et al. 2021）。

　パンデミック期間中のメンタル・ヘルスの悪化は、他のマイナスの結果を悪化させた。2020年後半の調査によると、米国の成人の15％がパンデミックに対処する方法として薬物使用を始めたり増やしたりしたと報告した（Czeisler et al. 2021）。2021年11月、米国疾病予防管理センター（CDC）の推計によると、2021年4月までの12カ月間に、薬物過剰摂取による死亡者数は10万306人で、それ以前の12カ月間から約30％増加し、史上最高を記録した（CDC 2021b）。また、家庭内でのパートナーからの暴力も、世界的にみると2019年と比較して2020年には約3分の1増加した（Newman 2021）。

　パンデミックは、他の症状のための医療を受ける際にも困難を生じさせた。パンデミックの初期段階には、COVID-19に感染することを恐れたため、29％の成人が医療を受けること控え、さらに7%はCOVID関連の経済的懸念から医療を受けられなかったと報告している（Anderson et al. 2021）。この数字は2021年4月でも依然として約10％で、黒人やヒスパニックの成人、低所得者、慢性疾患を持つ人が医療を受けられない可能性が最も高い（Gonzalez, Karpman, and Haley 2021）。別の研究によると、パンデミックのために医療を受けられなかったり、受けるのが遅れたりしたと報告した成人のうち3分の1は、そうすることで健康、就労能力、他の活動を行う能力に悪影響があったと報告している（Gonzalez et al. 2021）。減少は、精神医療サービス、薬物使用治療、一次診療、子供の予防接種や歯科受診の利用でとくに急激であった（CMS 2021）．多くの種類のケアの利用は、2021年半ばの時点ではまだ完全には回復していない。入院許可は4月にパンデミック以前のトレンドを依然として約20％下回っており、医療費は6月にトレンドを依然として7％下回っていた（Gallagher et al. 2021）。こうした変化の一部は、医療関係者のパンデミックへの対応が長引いたせいである可能性がある。ある調査では、医師の2％がCOVID-19のために診療所を閉鎖し、32％がスタッフの削減を行ったと報告した（Physicians Foundation 2021）。

資本を増加させる余地もある。そのような投資は、将来の経済成長を加速させるのに役立つ。

教育とスキル開発への投資

　長期的なトレンドでは、将来の労働者は現在の労働者と同程度の学歴を持つが、現在の労働者以上の学歴を持つことがないと指摘されている。ここで問題が提起される。すなわち、私たちには教育に専心する典型的な人生の時間を通じてより多くの人的資本を開発すること以外に方法はないのか？1つの見込みのある戦略は、幼児期からの介入を通じて、異なる環境——人種またはエスニック集団、都市と農村のコミュニティ、経済的に恵まれた境遇と恵まれていない境遇——の子供たちの間に存在する不平等を解消することを働きかけることである。

幼児期教育とケア

　子供の年齢によって使用される用語は異なるかもしれないが、幼児期におけるあらゆる形態のケアは、重要な認知的、社会的、感情的発達の機会

を提供する。実際、全米科学アカデミーの研究によると、「脳の回路の発達から子供の共感能力まで、早期の人間の発達のほぼすべての側面は、出生前の早い時期から幼児期を通じて、累積的に遭遇する環境と経験に影響を受ける」(Shonkoff and Phillips 2000, 6)のである。

　理論モデルも実証的証拠もともに、質の高い幼児期の保育及び教育へのアクセスが人的資本を向上させることを示している。クーニャとヘックマン(Cunha and Heckman 2007)は、人的資本への早期投資が人生でのちに行われる投資を補完するような人的資本生産モデルを構築している。このモデルでは、早期投資はのちの投資をより生産的にする。逆に、早期投資はのちの投資によって補強されなければ、限られた生産性しか持たない。この理論は動的補完と呼ばれ、子供の質の高い保育及び教育への投資を支持する重要な根拠をなしている。

　低所得家庭出身の子供たちはしばしば、学業上不利な状況で幼稚園に入園する。幼稚園入園時の格差は人種やエスニシティによっても異なるが、これらの差は家族所得による格差よりも小さい。2010年秋に幼稚園に入園した子供の全国代表サンプルに基づけば、最低所得五分位の家庭の子供は、数学と読解のスキルは、最高所得五分位の家庭の子供よりも平均して1標準偏差以上低かった[6]。5年生の春まで、こうしたギャップの大半は変化しなかった[7]。こうした早期におけるスキルの大幅な差は、教育達成度はもちろん、逮捕率に至るまで将来の悪い結果の予測因子である(Duncan and Magnuson 2011)。その結果、質の高い早期保育及び教育へのアクセスを拡大することは低所得家庭出身の子供たちの成果を改善する可能性を有する、と長い間考えられてきた。

　短期的には、多くの幼児教育プログラムが子供たちの学力向上に、とくに低所得家庭の子供たちの学力向上につながることが示されている(Cascio 2015, forthcoming; Yoshikawa, Christina, and Brooks-Gunn 2016)。こうした早期の試験点数の優位性は、中期的にはだんだん消えてしまうことが多い(例えば、Puma et al. 2012; Durkin et al. 2022を参照のこと)。対照的に、質の高い幼児教育プログラムは、教育達成度、稼ぎから犯罪行為に至るまで、非常に広範囲にわたる長期

的な成果を改善するという長い実績がある。例えば、第2次世界大戦中のランハム法(Lanham Act)の結果、多額の補助金を受けたユニバーサル保育の恩恵を受けた子供たちの年齢層に関する研究により、彼らは、ランハム法の資金援助を受けた人々の直後に生まれた子供たちの年齢層と比較して、成人になって雇用される可能性が高く、稼ぎが増え、現金給付を受け取ることが少ないことが分かった(Herbst 2017)。同様に、別の研究が明らかにしたところによると、1970年代半ばのノルウェーにおける補助金付き保育の大拡大は、子供の教育達成度と成人後の労働参加に大きなプラスの効果をもたらし、福祉依存度を引き下げたという(Havnes and Mogstad 2011)。さらに、低所得家庭の子供とその家族へのサービスを強化するため、リンドン・B・ジョンソン大統領の「貧困との戦い」の一環として確立されたプログラムであるヘッド・スタートに関する諸研究は、これらの投資がいくつかの人的資本と労働市場の成果に対し長期的便益があることを明らかにした(Ludwig and Miller 2007; Deming 2009; Bailey, Sun, and Timpe 2021)。直近では、ボストンにおける就学前教育の枠にランダムに選ばれた児童は、就学前教育へのアクセスからランダムに外れた児童よりも、大学進学適性試験(SAT)を受け、高校を卒業し、大学に入学する可能性が高かった(Gray-Lobe, Pathak, and Walters 2021)。

　質の高い早期教育及び保育プログラムが高校卒業や大学入学などの成果に対して長期的な効果をもたらすという事実は、それらが子供の人的資本を長期的に改善できることを示唆している。認識しにくいスキル(ソフト・スキルや社会的スキルとも呼ばれることもある)の育成は、現在の労働市場においてそれが重要であるため、とりわけ適切である。このコンピュータ時代において、自動化が難しいことが判明したタスクは、対人的相互作用に依存するものである(Autor 2015)。デミング(Deming 2017)が明らかにしたところによると、1980年から2010年の間に、社会的スキルが必要な職業は約12%ポイント増加した。賃金もそうしたタイプの仕事ではより急速に上昇した。この証拠は、幼児教育が人的資本を増やし、現代経済に必要なスキルを提供するうえで果たす役割を強化するものである。

しかし、質の高い早期保育と教育へのアクセスは、家庭の収入、人種またはエスニシティによって異なる。例えば、ヒスパニックや、アメリカン・インディアンまたはアラスカ先住民の集団は、最低所得層地区に暮らす家庭と同様に、十分な保育が受けられない地区に住んでいることがよくある（Malik et al. 2018）。ジョージア州は、質の高い早期教育及び保育で国の先頭に立っていると考えられているにもかかわらず、バソックとガルド（Bassok and Galdo 2016）が明らかにしたところによると、低所得コミュニティ及びマイノリティが多いコミュニティの州立就学前教室は、質が顕著に低いと評価されている。

低所得家庭の子供は、幼稚園に入園する確率も低くなっている。2019 年、貧困基準以下の世帯に暮らす 3 歳児と 4 歳児は 42％しか就学前教育に在籍していないのに対し、貧困基準の 185％以上の世帯に暮らす子供は 54％であった（de Brey et al. 2021, table 202. 20）。かくして、公立就学前教育プログラムへのアクセス拡大は、低所得層と高所得層の子供たちの間の幼稚園入園準備の格差を縮めるのに役立つかもしれない。しかし、普遍的就学前教育プログラムはすべての子供に提供されるものであり、低所得という適格性をもった家族だけの資力検査型就学前教育プログラムとでは結果が異なる。カシオ（Cascio forthcoming）によると、州が資金提供する普遍的就学前教育プログラムは、とくに低所得家庭の子供に対して、試験成績の大幅な上昇を生み出す。事実、カシオは、普遍的就学前教育プログラムの費用・便益比を 3.52ドルと推計している。すべての 3 歳児、4 歳児を対象とした普遍的就学前教育は、保育施設への投資と組み合わせて、すべての子供たちが質の高い早期教育及び保育に対し公平なアクセスを得るのに役立つであろう。

幼稚園から高校 3 年までの（K-12）教育

学校支出の増加が生徒の成果を改善するかどうかという疑問については長年にわたる論争があるが、そのトピックに関する現代の準実験的研究が示すには、学校支出の増加は生徒の将来の教育及び労働市場の成果に対してプラスの因果効果がある（Card and Payne 2002; Jackson, Johnson, and Persico 2016; Hyman 2017; Lafortune, Rothstein, and Schanzenbach 2018）。

しかし、幼児教育及び保育と同様に、質の高い幼稚園から高校 3 年までの（K-12）学校へのアクセスは、家族所得や人種またはエスニシティによって異なる。ラウズとバロー（Rouse and Barrow 2006）とバローとシャンゼンバック（Barrow and Schanzenbach 2012）によると、一部の出所の計測値では、恵まれない子供の割合が高い地区でほぼ同じかいくぶん高いかもしれないが、より恵まれた境遇の子供たちは間違いなく、より質の高い公立小中学校に通うことができるという。例えば、社会経済的地位の低い家庭の生徒は、教師の経験年数が 3 年未満で、施設が不十分であったり仮設校舎であったりする学校に通う可能性が高い。同様に、貧困率の高い学校は、教える分野の資格や専攻を持っていない教師を採用する可能性が高い。さらに、人種やエスニシティによる学力の差は幼稚園入園から 5 年生までの間に拡大するので、小学校の質には生徒の人種やエスニシティによる体系的な差があることが示されている[8]。そのように、恵まれない家庭や有色人種のコミュニティの子供たちのため、学校の質の改善を狙った政策介入は、人的資本の成長を高めるのに重要である可能性が高い。

効果的な教育政策についてコンセンサスはほとんどないが、資源が重要であるという基本的な知見を超えた文献から、いくつかのテーマが浮上している。バローとラウズ（Barrow and Rouse 2007）は、学級規模、教師の質、学校にいる時間、テクノロジーなど、K-12 教育におけるいくつかのインプットに関する証拠を点検している。いくつかの研究によれば、低学年の児童にとってはとりわけ、学級規模が重要である（Angrist and Lavy 1999; Krueger 1999; Krueger and Whitmore 2001）。もっとも学級規模の縮小には費用がかかり、大規模に実施するのは困難である（Bohrnstedt and Stecher 2002）。驚くべきことではないが、研究者は教師が重要だという強い証拠もみつけており（Aaronson, Barrow, and Sander 2007; Rivkin, Hanushek, and Kain 2005; Chetty, Friedman, and Rockoff 2014）、2010 年代初めの多くの学校改革の取り組みは、学業成績への教師の影響の計測値（付加価値）と授業見学

Box 4—2　COVID と教育

COVID-19 パンデミックは、米国におけるあらゆるレベルの正規教育を混乱させ、教育の機会と成果における既存の格差を悪化させた（U.S. Department of Education 2021a）。2020 年 3 月末までに、48 の州、4 つの準州、コロンビア特別区のリーダーは、残りの学年度の間、幼稚園から高校まで建物閉鎖を命令または勧告し、5000 万人以上の公立学校の生徒に影響を及ぼした（Decker et al. 2020）。多くの学区、生徒、家族は、とくに農村コミュニティ（Hampton et al. 2020）、低所得者コミュニティ、有色人種コミュニティにおいて、オンライン学習の準備が整っていなかった。2019 年、所得四分位の最下位家庭における学齢期の子供の 10% 以上が、自宅にインターネット接続を有しておらず、さらに 14% はスマートフォンからしか接続できなかった（Irwin 2021）。パンデミック以前には、黒人とヒスパニックの子供たちでコンピュータを保有する家庭はわずか 75% にすぎなかった。それに対して、白人とアジア系の子供は、それぞれ 91% と 96% であった（KewalRamani et al. 2018）。オンライン・スクールは、とくにコンピュータのない家庭に暮らす子供たちにとって、良い教育機会や成果に対する障壁を悪化させた。

遠隔教育への切り替えという課題は、多くの生徒が教育に関わるのを妨げた。学区では出席率が低下し、教育関係者は生徒が十分に関与しているかについて懸念を表明した（Carminucci, Rickles, and Garet 2021; Chambers, Scala, and English 2020）。その結果は慢性的欠席率の上昇であり（Dorn et al. 2021）、それは、欠席した生徒の成績、卒業率、大学進学に悪影響を及ぼすことが示されている（Allensworth and Evans 2016）。

COVID-19 は、子供たちの非認知的、社会的及び感情的スキルの発達にも影響を与える形で教育を変えた。生徒はクラスメートや教師と同じように交流できず、多くの場合、身体的、精神的な健康サービスや、ソーシャル・ワーカーからの支援など、学校で受けられたサービスから切り離さ

れた。さらに、多くの課外活動が中止されたり、オンラインに変更されたりして、仲間との社会的交流が限られた。これらの活動が制限されたので、COVID-19 は、生徒の社会的、感情的スキルの発達を妨げた可能性があるが、それは将来の学業成績に関連がある（Blake et al. 2014）。

学区は、遠隔学習への移行にほとんど対応できず、人的資本の蓄積に影響を及ぼしそうな変更を余儀なくされた。一部の教員、学校、学区は、最終的には効果的な遠隔学習への移行を果たしたが、他は、とくに短期的には、最も効果的な形態で教室活動を届けるための計画を立てられなかった。パンデミック以前（2011 〜 12 年）は、授業にコンピュータを使用する研修を受けたと報告した教員は、約 3 分の 1 にすぎなかった（Garcia and Weiss 2020）。学区に関する全国代表調査によると、2020 年の春、85％の学区は、パンデミック中に生徒が授業に費やす時間は毎日 4 時間未満であると予想した（Rickles et al. 2020）。パンデミック以前には 1 日の授業時間平均は 5 時間であった（U.S. Department of Education 2021a）。

このような幼稚園から高校までの正規の学校の変化は、学習損失をもたらしている。ある研究によると、2020 〜 21 学年度末までに、生徒は平均して数学で 5 カ月、読解で 4 カ月遅れたという（Dorn et al. 2021）。別の研究の推計によると、2021 年秋には、生徒は過去のトレンドに基づいて予想された成績水準を、数学で 9 〜 11%ポ、読解で 7%ポ下回る点数であった（Lewis et al. 2021）。どちらの研究でも、推計された学習損失は、歴史的に疎外されてきた生徒や、貧困度の高い学校に在籍する生徒でより大きかった。

COVID-19 パンデミックは、高等教育にも影響を与えている。中等後教育機関の秋季入学者数は 2010 年にピークを打ち、年平均 0.8％減少してきた。これはバカロレア以下の教育機

関とすべてのレベルの営利教育機関の入学者数の減少に主に起因する（de Brey et al. 2021, table 303.25 に基づき CEA 算出）。しかし、とくにバカロレア以下レベルで、入学者数はパンデミックに伴いより急激に減少した。全米学生クリアリングハウス（National Student Clearinghouse 2021）のデータによると、2019 年秋から 2021 年秋までに学部の入学者数は約 8%（毎年約 4%）減少し、コミュニティ・カレッジではその 2 年に 14.8% の学生を失った。しかし、大学院や専門職の修了証及び学位プログラムの入学者数は増加しており、高等教育の最初の一歩を踏み出す学生は減少しているが、追加の資格取得のために戻ってくる学位保有者は増えていることが示されている。

パンデミック中に高等教育を受けていた多くの学生に対しては授業形態に混乱が生じ、それが学習や最終的な修了に影響を与える可能性がある。パンデミック以前の研究によると、学生が対面ではなくオンラインで授業を履修すると、その授業での成功率が下がり、大学での進歩が滞ることが分かった（Bettinger et al. 2017）。パンデミック中に米陸軍士官学校で行われた研究も、オンライン授業に無作為に割り当てられた学生は、同じ内容を含む対面授業に無作為に割り当てられた学生よりも成績が悪かったことを発見した（Kofoed et al. 2021）。オンライン授業の悪影響は、学業が危うい学生で最も大きかった。

パンデミックに関連した学習損失は、大学教育を受けた成人の割合を減らすことにより、将来の労働力の教育達成度を低下させるであろう（Blagg 2021; Fuchs-Schündeln et al. 2020）。フュークス・

シャンデルンら（Fuchs-Schündeln and others 2020）の将来の教育達成度の低下に関する推計値を用い、フェルナンドとリーら（Fernald, Li, and Ochse 2021）は、パンデミックの学習混乱が今後 70 年間にわたって年平均産出を 0.23% 減少させ、2045 年から 2050 年に 0.5% のギャップ（インフレ調整後に 1500 億ドル弱）でピークに達すると推計している。ミクロ経済レベルの同様の推計値は、学習損失を生涯所得損失に換算するものである。ゴールドハーバーとケインら（Goldhaber, Kane, and McEachin 2021）は、ルイスら（Lewis et al. 2021）が明らかにした数学の学力低下を用い、これらの損失は、恒久的な場合、各生徒の生涯所得で 4 万 3800 ドル、現在幼稚園から高校 3 年生に在籍している公立学校の生徒 5000 万人全体で 2 兆ドル以上に相当すると推計した。

教育の公平性を支援し、これらの学習損失に対処するため、2021 年アメリカ救済計画法には、学校が安全に再開し、生徒の学業的、社会的、感情的、そしてメンタル・ヘルス上のニーズに対処するため、初等・中等学校緊急救済基金の 1220 億ドルが含まれている（White House 2021a）。同法はさらに、失われた授業時間とコロナウイルスが恵まれない境遇の生徒に与えた影響に対処するため、証拠に基づく実践に資金総額の最低 24% を支出することを州及び地区に求めた。その資金は、夏季学習やプログラム充実を実施し、看護師やカウンセラーを雇用するといった活動に使われている（U.S. Department of Education 2021b）。

を組み合わせた教師の業績評価制度の採用を含んでいた（National Council on Teacher Quality 2017）。研究者は、この種の改革は、最も業績の悪い教師が高い割合で教師を辞めることにつながるので、平均的な教師の質を改善できることを明らかにしている（Sartain and Steinberg 2016; Dee, James, and Wycoff 2021）。また、教師の業

績評価が教師の実践の改善につながるといういくらかの証拠もある（Taylor and Tyler 2012）。

授業日を長くするのと同様に（Figlio, Holden, and Ozek 2018; Atteberry, Bassok, and Wong 2019）、学年度を長くすることで生徒の成果を改善することができるという証拠により（Pischke 2007）、授業時間も学業成績にプラスの影響を持

つことが明らかにされている。説明責任方針とテクノロジーに関する証拠は、より雑多である。説明責任方針により、学校は有意義な方法で授業実践を変更し、試験成績実績の上昇につながることが示されているが（Rouse et al. 2013）、他の環境では、試験成績の改善は、すべての生徒に利益をもたらす教育実践の改善が生み出すというよりも、制度の抜け穴を利用することから生じることが明らかにされている（例えば、Neal and Schanzenbach 2010; Booher-Jennings 2005; and Hout and Elliott 2011 を参照のこと）。最後に、教室でのテクノロジーの使用に関する研究は、自分に合ったペースで学習できるようにするコンピュータ支援授業の可能性を秘めているとはいえ（Barrow, Markman, and Rouse 2009）、結果はまちまちのままである（Bulman and Fairlie 2016）。

COVID-19 パンデミックは、すべてのレベルの教育で授業を混乱させ、学生に深刻な結果をもたらす可能性がある。この問題についてのさらなる議論は、Box 4-2 を参照のこと。

中等後教育の人的資本開発

20 世紀に米国では普遍的かつ義務教育の初等・中等教育が発展したことにより、2019 年には 25 歳以上の成人の 90％以上が少なくとも高校を修了した（de Brey et al. 2021, table 104.10）。高校卒業後、アメリカ人には人的資本をさらに開発するために多くの経路がある。ある者は直接労働力に入り、実地職業訓練や経験を通じてスキルを身につける。他の者は、見習制度の機会、兵役、あるいはギャップ・イヤー・プログラムに進む。しかし、大多数（2019 年時点で 66％）は、大学——修了証プログラムを含む——でさらなる学術的訓練や職業的訓練を受ける（de Brey et al. 2021, table 302.20）。そして生涯を通じて、多くの労働者が、キャリアを磨いたり完全に進路を変えたりするため、学校に戻ったり、労働力訓練プログラムに参加する必要性や欲求を見出す。

中等後教育へのアクセスは時間の経過とともに拡大したので、2019 年には高校新卒者の 3 人に 2 人が 2 年制または 4 年制大学に入学しているが、1965 年には 2 人に 1 人しか進学しなかった（de Brey et al. 2021, table 302.10）。コミュニティ・カレッジは、2 年制公立大学としても知られており、自由入学方式で、公立及び私立非営利 4 年制大学や私立営利教育機関のプログラムよりも費用がかからない傾向がある。コミュニティ・カレッジは、働いている社会人が大学に通えるような柔軟性も備えている。その結果、コミュニティ・カレッジには、初めて学位や修了証取得を目指す生徒の約 3 人に 1 人が入学している[9]。重要なことに、研究はコミュニティ・カレッジが学生の稼ぎを増加させることを示している（Kane and Rouse 1995; Marcotte 2010; Jepsen, Troske, and Coomes 2014; Bahr et al. 2015; Minaya and Scott-Clayton 2022）。

しかし、大学進学率は、家族所得や人種・エスニシティによって異なる（冒頭で述べた通り）。例えば、2016 年に、最上位所得五分位の家庭出身の高卒者の 83％が高校卒業後すぐに大学に入学したのに対し、最下位所得五分位の家庭の高卒者は 67％しか高校卒業後すぐに大学に入学しなかった（Snyder, de Brey, and Dillow 2017, table 302.30）。このような入学率の差は、大学への進学において、一部の学生は他の学生よりも高い障壁に直面しているかもしれないことを示している。

大学で教育を継続すると決心した学生は、複雑な出願、入学、学資援助手続きをまず乗り越えなくてはならない。このようなハードルは、正規の教育を通じてスキルを向上させることを躊躇させる。しかも、恵まれた家庭出身の学生は、恵まれない家庭出身の学生よりも、いかに高等教育に進むかについてより良い情報を得られる可能性が高い。例えば、両親が大学に通っていた学生は、大学入学手続きを乗り越える助言や、大学生として何をすべきかという情報を直に受けられる状況にある。

さらに、多くの学生とその家族は連邦学資援助無料申請書（FAFSA: Free Application for Federal Student Aid）の記入に苦戦している。それは、ペル奨学金やダイレクト・ローンなど、連邦政府の中等後教育学資援助を利用するのに必要な学資援助申請書である（Bettinger et al. 2012）。選抜的な 4 年制教育機関への進学費用の予測が不明または不正確であることは、低所得の生徒が援助を受ける資格がある学校に出願及び通学す

④

図4−6　公立2年制教育機関に初めて入学した学生の学位または修了証修了率

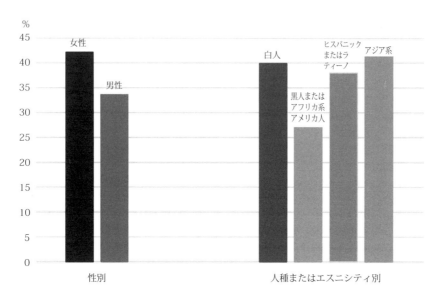

出所：U.S. Department of Education (2019).

ることを思い止まらせるかもしれない（Hoxby and Turner 2015; Dynarski et al. 2018）。2021年 FAFSA 簡素化法（FAFSA Simplification Act of 2021）は、援助申請をより簡単にし、生徒に対し支給額をより透明で予測可能にすることを目指している（Congressional Research Service 2022b）。これらの変更は、学生が直面する（全体的な「定価」ではなく）正味価格に関するより入手しやすい情報とともに、大学進学への障壁を減らすのに役立つことができる。

コミュニティ・カレッジの無償化は、中等後教育へのアクセス向上を狙ったもう1つの提案である。入学者数増加の一部は、さもなければ4年制大学や2年制私立短大に入学していた学生によるものかもしれないが、コミュニティ・カレッジの授業料を無料にすれば、さもなければ全く進学しなかった人々の入学者数も増加するという強い証拠がある（Carruthers and Fox 2016; Mountjoy 2019; Nguyen 2020）。コミュニティ・カレッジの授業料は、連邦ペル奨学金や他の州・地方政府の助成金が利用できることから、多くの低所得の学生にとって実質的に無料であるにもかかわら

ず（Ma and Pender 2021）、ミシガン州で行われた最近の研究によれば、学生は明確で率直な授業料無料の提示にとくに敏感である（Dynarski et al. 2018）。この研究では、ミシガン大学アナーバー校に出願し入学許可を得た場合、授業料及び諸経費を無料にするという約束を果たすため、低所得で成績優秀な生徒が無作為に抽出された[10]。注目すべきは、その介入は生徒にかかる費用を変えなかったが、生徒がおそらくすでに受給資格のある助成金を保証したことである[11]。大学に出願する可能性は2倍以上になり、研究者が明らかにしたところによると、介入群の学生は対照群の学生よりも、いずれかの高等教育機関に進学する可能性が4%ポイント高かった。

しかし、大学に入学しても多くの学生が、学位や修了証プログラムを修了できず（Chen et al. 2019）、2年制公立大学の修了率はとりわけ低い。入学から5年後、4年制学士号を取得することを目指し、2011〜12年に公立2年制教育機関に入学した初回大学生のうち、学位または修了証を取得したのはわずか39%であり、それに対して、公立4年制教育機関にその年に通い始めた学生

人々への投資——教育、労働力開発、健康

は 68％ であった[12]。さらに、図 4-6 に示されているように、この修了率は、性別や、人種・エスニシティによって異なり、男性は 34％、女性は 42％、黒人またはアフリカ系アメリカ人は 27％、アジア系は 41％ であった。

学業成績の改善に向けて根拠に基づく戦略を、高等教育機関——とくにコミュニティ・カレッジ——が採用するよう奨励することを狙った投資は、高等教育において歴史的に疎外されてきた境遇出身の学生にとってはとくに、人的資本蓄積を高めるのに重要である。このような支援には、保育、メンタル・ヘルス・サービスから教員の指導に至るまで、包括的なサービスが含まれる。コミュニティ・カレッジの学生は複雑な人生を送っていることが多い。それが、修了率が相対的に低い理由の 1 つかもしれない。準学士課程加速化研究などの取り組みに関する調査研究が示すところによると、学生サービスの充実を財政支援拡大と組み合わせることで、卒業率を 2 倍にすることができる（Scrivener et al. 2015）。

労働力開発プログラムは、離職者、新規参入者、より高収入で充実した仕事を求める現職の労働者に機会を創出するのに役立つ。労働者に適切なスキルを備えることで労働生産性を高めることができ、それがひいては経済成長を高めることになる。ホルツァー（Holzer 2021, 4）が主張するように、「労働力開発の政策、プログラム、実践は、米国の労働者に経済的生産性、所得流動性、公平性を改善するあらゆる取り組みにとって決定的に重要である」。そのようなプログラムは、高校卒業後に正規の教育を求めない人々にとって重要な選択肢となる。例えば、登録見習制度——雇用主と労働団体によって協力して運営される多くのプログラムを含む——は、実地有給研修と座学を組み合わせて、業界が認めた資格を人々が取得する機会を提供する。これらのプログラムは、労働者の稼ぐ力を高めるのに効果的であることが示されている。10 州における見習制度の研究によると、研修を修了した者は非参加者に比べて、一生涯を通じて平均 24 万 37 ㌦多く稼ぐという[13]。さらに、正味の社会的便益に関するこの研究の控えめな推計値は、見習制度の経歴を 4 万 9000 ㌦以上としている（Reed et al. 2012）。

そうはいっても、見習制度は依然として比較的まれである。「職業体験」プログラム——インターンシップ、エクスターンシップ、コーオプ、プラクティカム、見習制度など——への参加に焦点を合わせた 2016 年の成人調査では、20％強がいずれかの職業体験プログラムを修了したと回答したが、見習制度を修了したことがあると回答したのはわずか 3％ であった[14]。見習制度は多くの者が大学課程以外の職業経験であるとみなしており、その中でも参加率は学士号以上の学位取得者で最も高く（5.4％）、中等後教育に進学をしなかった者で最も低かった（1.0％）。

恵まれない労働者に需要の高い職業に就く準備をさせること狙ったセクター別研修制度も成功していることが示されている、有望なセクター別研修制度の事例には、ウィスコンシン地域研修パートナーシップ（Wisconsin Regional Training Partnership）がある。それは、建設、製造、ヘルスケア分野における 2 週間から 8 週間の研修制度に注力している、ミルウォーキーの労働組合と雇用主の団体である（Maguire et al. 2010）。イヤー・アップ（Year Up）は、若年成人（18 〜 24 歳）向けの 1 年間の研修制度で、情報技術、ビジネス・サービス、金融サービス分野の雇用に力を入れている。プロジェクト・クエスト（Project Quest）は、ヘルスケア分野の雇用を対象とした初期から中期のキャリアの成人（主にヒスパニック女性）向けの 1 年間から 3 年間のプログラムである。MDRC のワークアドバンス（WorkAdvance）・プログラムの下で評価されているプログラムは、情報技術、ヘルスケア、製造、輸送分野の雇用を対象としている（Katz et al. 2020）。カッツら（Katz and others 2020）は、これらやその他のプログラムを点検し、プログラムが参加者の成果に影響を与えるメカニズムを調査している。それらの事実発見が示すところによると、セクター別研修制度は、たんに雇用を増やすというよりも、参加者をより高賃金の仕事や高収入の職業に就かせることにより、稼ぎを増やしている。それらはまた、最も大きく最も持続的な稼ぎの増加を生むプログラムは、基礎的スキルやモチベーションに関する事前スクリーニング、参加者への包括的支援サービス、雇用主との強力な結びつきを組み合わせたものであることを明らかにしている[15]。

健康への投資

多くの研究が幼少期の生活環境を人的資本の蓄積に結びつけている。しかし、多くのものが、これらの関連を推進するメカニズムについての明確な説明を欠いている（Almond and Currie 2011）。ムシュキン（Mushkin1962）が明らかにしているように、健康と教育は多くの点で相互に関連している。彼女は、健康状態が悪いために子供が学校に通えず、学べない場合、正規の教育は不可能であると指摘している。健康を増進することで平均余命を延ばせば、教育からの見返りが増える。

健康と、学校への出席を通じた人的資本の発達との関係については、よく知られている。ある初期の重要な研究が明らかにしたところによると、20世紀初めに米国南部の州で十二指腸虫病を撲滅したことが、学校への出席、入学、識字率を高めた。このような変化は、約30年後に所得上昇をもたらすことになった（Bleakley 2007）。鉛の削減への投資は、今日でも同様の可能性を秘めている。他の研究は、子供の健康状態の悪さや栄養失調を、教育達成度の低さに関連づけている（Alderman, Hoddinott, and Kinsey 2006; Case, Fertig, and Paxson 2005; Haas, Glymour, and Berkman 2011）（人的資本を改善する潜在力のある最近の連邦インフラ投資については、Box 4-3を参照のこと）。

子供たちが学校に通えたとしても、身体的及び精神的な健康問題が教育の進展を妨げることがある。例えば、米国とカナダでは、注意欠陥多動性障害（ADHD）——幼児に最もよくみられる慢性神経発達障害である——の症状を持つ子供は、ADHDの症状を持たない兄弟姉妹と比べて、試験点数や成績向上といった学校関連の成果で劣っており、ADHDの症状を持つ子供は人的資本の蓄積が少ないかもしれない（Currie and Stabile 2006）。

教室だけではなく、健康と認識できるスキル及び認識できないスキルの発達の間にも関係があると考えられる。最近の研究によると、子供の頃の病気が後の人生における財務管理の拙さにつなが

る（Luik 2016）。他の研究も同様の結果を示しており、低所得——またそれに伴う幼児期の健康状態の悪さ——が、その後の小児期後期における社会情緒的スキルの低さと関連しているという（Fletcher and Wolfe 2016）。認識できないスキルの開発の不十分さが成人後の就業確率の低さと関連していることは、人的資本の蓄積との関連を示唆している（Carneiro, Crawford, and Goodman 2007）。

健康、平均余命、意思決定の相互作用も人的資本の開発に影響を及ぼす。図4-7にみられるように、平均余命は地域によって大きく異なる。2010〜15年に、ミシシッピ州で生まれた人の出生時平均余命は74.9歳（一部の地域では70歳未満）であったが、ハワイ州で生まれた人は82年生きると期待される（Tejada-Vera et al. 2020）。同様に、2018年の全米の出生時平均余命は、ヒスパニックで81.8歳であったが、非ヒスパニック黒人ではわずか74.7歳にすぎなかった（Arias and Xu 2020）。そして、最富裕層1%と最貧困層の1%の人々の平均余命の差は14.6年であった（Chetty et al. 2016）。これらの差の一部は、乳幼児死亡率の差によってもたらされている。図4-8に示されるように、非ヒスパニック黒人の乳児の死亡率は、ヒスパニック、白人、アジア系の乳児の死亡率の2倍以上である（Ely and Driscoll 2021）。このような地理的、人種的、社会経済的な差を縮小すれば、科学や医学の進歩を要せず平均余命を改善できる。

医療へのアクセスと公平性を改善する政策に注力することは、人的資本の開発を改善する1つの道となりうる。ベッカー（Becker 2007）は、個人が生きられる年数が少ないと予想した場合、運動や中毒の回避など、健康的な意思決定に投資することのリターンが低くなると主張する。いい換えると、非喫煙者や運動や食事をよくする人がより健康であるというよりも、因果連関が逆になっているかもしれない、と彼は論じている。つまり、健康であることが、より健康的な習慣を選択させ

Box 4—3 鉛削減と農村部ブロードバンドへの連邦投資

超党派インフラ法（BIL: Bipartisan Infra-structure Law）を含む最近の連邦立法では、鉛削減や農村部ブロードバンド整備に資金が提供されており、いずれも人的資本の開発にプラスの効果が期待できるであろう。とくに、BIL は清潔な飲料水に 550 億㌦を投資している（White House 2021b）。これは、清浄水州回転基金（CWSRF: Clean Water State Revolving Fund）と飲料水州回転基金（DWSRF: Drinking Water State Revolving Fund）の規模を以前の割当額の約 6 倍にし、150 億㌦を鉛製水道管の交換に充当するとともに、50 億㌦を新たに懸念される汚染物質への対処に充てている（Congressional Research Service 2022a）。

軽減法による鉛露出の削減は、BIL のカギとなる条項の 1 つである（White House 2021b）。米疾病予防管理センターの認識では、子供には血中鉛濃度の安全基準は存在せず、鉛製水道管は子供が身の回りで鉛を摂取する原因となりうる（CDC n.d.）。ミシガン州フリントの水危機のような状況は、安全な飲料水がない家庭が約 1000 万世帯に上る有力な例である。1950 年代以前の住宅に住んでいるなどのリスク因子を調整しても、黒人の子供たちは、白人やヒスパニックの子供たちよりも血中鉛濃度が高いリスクが大きい（Yeter, Banks, and Aschner, 2020）。血中鉛濃度の削減は、健康、教育、経済的成果の改善と関連している。出生前の鉛露出は、妊娠期間の短縮、出生体重の減少、胎児死亡の可能性と関連しており（Schwartz 1992a; National Research Council 1993）、子供への鉛露出は、思春期の衝動性、不安、うつ、肥満度を高めることが明らかにされている（Winter and Sampson 2017）。教育上は、平均血中鉛濃度を削減することで、男子の停学や留置の確率が下がり（Aizer and Currie 2019）、試験成績が上がる（Aizer et al. 2018）。血中鉛濃度の上昇は長期的性質を有する可能性があるにもかかわらず、鉛軽減介入は、幼児期の鉛露出によるマイナスの結果の多くを反転させる望みを示しており、

やや年齢の高い子供に対しても BIL 鉛軽減資金には潜在的利益があることを示している（Billings and Schnepel 2017）。

さらに、COVID-19 パンデミックが始まってから、農村部ブロードバンド接続への投資が、統合予算歳出法（CAA: Consolidated Appropriations Act）、米国救済計画（ARP: American Rescue Plan）、BIL に含まれている。BIL は全州に向けてブロードバンド投資に 650 億㌦を拠出しているが（White House 2021b）、他の法案にはデジタル公平性を狙いにしたプログラムが含まれている。緊急ブロードバンド給付金（32 億㌦、CAA）、緊急接続基金（72 億㌦、ARP）、資本プロジェクト基金（100 億㌦、ARP）はすべて、教育と健康格差に対処するため、ブロードバンドの拡大と値下げのための専用資金を提供する。ARP には、フレキシブルな資金提供で 3881 億㌦に上るさらに 9 つの条項が含まれており、農村部ブロードバンドにも適用することができる（Tomer and George 2021）。

ブロードバンドへの投資は、デジタル公平性とインターネット接続の地理的格差に対処する手助けとなる。連邦通信委員会（FCC）の試算によると、ユビキタス・ブロードバンド接続には約 800 億㌦の投資が必要である（FCC 2017）。人口密度がサービス提供においても価格引き下げにおいても主たる決定要因であることを考えると（Ribiero Pereira 2016）、これらの投資はおそらく農村部に大きく集中するであろう。ブロードバンド接続の経済的便益は、よく知られている。ブロードバンドの普及率が 10%㌽上昇すると、1 人当たり経済成長率は 0.9 ～ 1.5%㌽上昇することが判明している（Czernich et al. 2011）。2000 年代初めにブロードバンド接続を得た郡は、雇用率が 1.8%㌽上昇したことが分かっている（Atasoy 2013）。ブロードバンド接続の利点は、おそらく健康や教育への利点にも及んでいる。地域密着型医療センターに関するパンデミック以前の調査では、遠隔医療を利用していない人のうち、農村部

④

の人は遠隔医療採用の障壁としてブロードバンドをあげる傾向がかなり高いことが分かった（Lin et al. 2018）。また、調査データによると、自宅に高速インターネットがある農村部の学区の生徒は、アクセスがない同等の生徒よりも成績や標準化テストのスコアが高かった（Hampton et al. 2020）。農村部の地域コミュニティへのブロードバンド投資は、経済成長に拍車をかける手助けとなり、デジタル格差によってこれまで取り残されていた人々により公平なサービスを提供する手助けとなる。

るのである。

公的医療保険の適用拡大は、人的資本の開発を促進する可能性がある。子供時代の健康保険加入に関する研究は、学業成績の改善など、多くのプラスの効果を見出した。例えば、メディケイドの受給資格があると、子供がその年齢に相当する成績を修められない確率が低下することが、ある研究により判明した（Qureshi and Gangopadhyaya 2021）。このような早期の人的資本の効果は永続的になりうる。子供時代にメディケイドの受給資格を得た年数が長い子供は、大学進学率が高く、出産が遅くなり、賃金が上がり、成人後の死亡率が低くなる（Brown, Kowalski, and Lurie 2019）。

妊娠前及び産後ケアにも適用を拡大することで母親の健康を重視した政策も、人的資本の開発における不平等を軽減することができる。医療費適正化法の下で産後のメディケイドの適用が拡大されたことにより、母親の外来受診が増え、健康結果が改善されたことであろう（Gordon et al. 2020）。十分な妊娠前ケアも母親に良い健康習慣を身につけさせる。ある研究では、妊娠第1期のケアにより、親の喫煙が減り、産後の小児科検診が増えたことが分かった（Reichman et al. 2010）。

図4-7 米国の郡についての出生時平均余命、2010～2019年

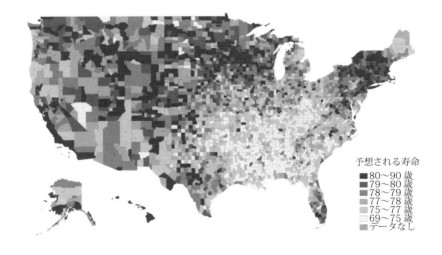

出所：Centers for Disease Control and Prevention, National Center for Health Statistics; CEA calculations.

図 4−8　人種またはエスニシティ別の乳児死亡率、2018 年

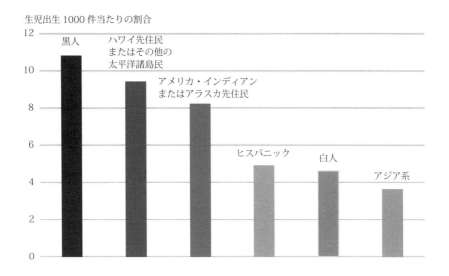

生児出生 1000 件当たりの割合

黒人
ハワイ先住民
またはその他の
太平洋諸島民

アメリカ・インディアン
またはアラスカ先住民

ヒスパニック

白人

アジア系

出所：Centers for Disease Control and Prevention.

④

人的資本の活用

　人的資本を有効に活用すること——労働者のスキルをより生産的に用いること——は、経済産出の重要な構成要素である。しかし、人的資本の活用は直接的であることが多いが、現実世界では、身につけたスキルを最大限活用するのに障害が生じることがある。自分自身の——あるいは子供や親、愛する人の——健康問題は、人的資本を働かせる妨げになりうる。労働者の集団全体が働くことを法的に禁じられたり、選択肢が大幅に制限されたりすることもある。また、第 5 章で示されるように、労働市場における違法な差別により、対象となった労働者が潜在能力を十分に発揮できないこともある。また、労働者の転職を制限する反競争的慣行もそれと同様である。こうした障害は、経済を小さく、不公平なものにし、国の繁栄を妨げる。

　健康

　良好な健康状態によって、人々は既存の人的資本をより効果的に活用することができる。マイケル・グロスマン（Michael Grossman 1972）は、他の人的資本モデルと並ぶ「健康」モデルを構築している。彼は、食事、運動、医療費などのインプットが健康ストックを生み出し、それが人々に「健康な日々」の時間配分をもたらすと仮定している。健康な日々が多い人は、労働や余暇活動に参加しやすくなる。しかし、病気の人はより制限される。グロスマンのモデルは、人的資本の活用において健康が決定的に重要であることを示す研究に、暗黙の基盤を提供している。

　健康状態が良好な人は、労働力として参入し、とどまる可能性がより高い。クルーガー（Krueger

図4-9　米国で雇用されている米国生まれの人々の割合、年齢別

注：この図は、米国で生まれたすべての人々のうち、米国で雇用されている人々の割合を、年齢別に示している。この図の割合の分母には、米国内に居住する人の他に、死亡した人、米国から移住した人が含まれる。各年齢、各年の総出生数を推計するため、出生率の推計値にその年の人口推計値を乗じ、必要ならば内挿を行った。

出所：CEA calculations from the Decennial Census; Bureau of Labor Statistics, American Community Survey; Statista data.

2017）は、労働市場に参入していない男性のうち40%が、痛みのためにその他の点では資格がある仕事をできなかったと報告していることを明らかにした。さらに、深刻な精神疾患を持つ成人は、精神疾患を持たない成人に比べて労働力から退出する可能性が2倍高く、フルタイムで雇用されている可能性が低い（Luciano and Meara 2014）。労働人口に含まれる人でも、健康状態が悪い人はしばしば、日数や時間をフルに使って働くことができない。複数の研究が示すところによると、精神的及び身体的な健康問題による欠勤は、かなりの給与損失をもたらし、毎年欠勤理由の上位を占めている（Dewa et al. 2004; Luciano and Meara 2014; Currie 2008）。最後に、健康状態が良好であることにより、労働者は出勤した日はより集中して働くことができ、人的資本をより十分に用いることができる（Goldin 2016）。

また、健康は、平均余命の延長を通じて人的資本の活用を促進する。長生きで健康な人は、より多くの年数の間働くことができる。ある分析によると、ヨーロッパ全域で健康寿命と平均余命が延びたので、「労働余命」が伸びている（Loichinger

and Weber 2016）。このことが米国でどのように変化したかを例証するために、図4-9は、1940年から2019年について、米国生まれの人が生きていて働いている可能性を年齢別に示したものである。60歳未満のすべての成人年齢で、この可能性は1940年以降、大幅に上昇してきた。この年齢幅での増加は、1940年から1980年の間にとくに大きかった。

家族支援政策

家族の責任は、時として人的資源の活用にとって妨げとなる――COVID-19パンデミック中に明々白々となった現実である。子供や高齢の親族の世話など、家族の短期的な優先事項は、一家を支えるために必要な仕事やキャリアを維持するなど、長期的な優先事項と対立することがある。外部からの助けがなければ、人々は自らの人的資本を十分に活用できないような決断を迫られるかもしれない。リセッションや大量レイオフ（Jacobson, LaLonde, and Sullivan 1993; Sullivan and Von Wachter 2009; Oreopoulos, Wachter, and Heisz 2012; Yagan 2019; Stuart 2022; Rinz, forthcoming）から、子供の誕生（Bertrand, Goldin, and Katz 2010; Angelov, Johansson, and Lindahl 2016; Goldin and Mitchell 2017; Kleven et al. 2019）、さらには日常的な離職（Fallick et al. 2021）に至るまでの状況から得られた事実が示すところによると、仕事をしないで時を費やすことは、稼ぎに、ひいては人的資本蓄積に持続的な悪影響を及ぼすことがある。

家族関連のニーズに対応する一方、仕事とのつながりを維持するための経済的支援を提供することは、彼らの職場への復帰を促進することができる。有給の家族・医療休暇を提供する州のプログラムに関する研究は、子供が生まれた後に母親の長期的な労働供給を増やす可能性を示している（Baum and Ruhm 2016; Byker 2016; Jones and Wilcher 2020; Saad-Lessler 2020）。また、休暇は、母親が出産後に以前の使用者の元に戻る可能性を高め（Baum and Ruhm 2016）、彼女の仕事が自身の人的資本を十分に活用するものであった場合には、復帰はとくに有益となる。事実によれば、有給休暇は、仕事が制限される障害や慢性的な健康状態にある配偶者の介護など、他の目的のために用いられる場合、労働供給上の利益を生み出すかもしれない（Anand, Dague, and Wagner 2021）。今日までの事実では、米国のプログラムにおける父親の有給休暇の利用は限られており（Baum and Ruhm 2016）、子供の誕生や養子縁組後に浮上する性別収入格差を緩和するうえで有給父親休暇の役割はほとんどないけれども（Andresen and Nix 2019）、入手できる研究はまた、こうした収入格差は、生物学的というよりもむしろ介護責任の配分に関するジェンダー規範や選好によるものであることを示唆している（Andresen and Nix, forthcoming; Kleven, Landais, and Sogaard 2019）。有給休暇とジェンダー規範についてのさらなる議論は、第5章を参照のこと。

有給休暇は、家族が新しい子供や病気の家族の世話をしながらも、仕事を続けたい状況を手助けするものである。ほかにも、家族の誰かが仕事に復帰したいが、子供や障害者、病気の家族のケアを必要とする場合もある。育児も高齢者や障害者のケアも、法外な費用がかかることがある。しかし、研究が示すところによると、公的保育・就学前教育プログラムは、幼児の両親、とくに母親が労働力に留まるのに役立つ。この事実は、州のプログラム（Cascio and Schanzenbach 2013）、ヘッドスタート（Wikle and Wilson 2021）、少し年齢の高い子供への幼稚園アクセスの拡大（Gelbach 2002; Cascio 2009）、ランハム法に基づいて1943年から1946年まで米国で提供された保育に関する歴史的経験（Herbst 2017）、また他国のさまざまなプログラム（Bauernschuster and Schlotter 2015; Finseraas, Hardoy, and Schøne 2017）に基づいている。同様に、高齢者や障害者に介護を提供するプログラムも、その親族の労働能力を高められる。最近のある研究により、一部の州でメディケイドがそのサービスを適用範囲に含めた結果、親が正式な在宅介護を受けられるようになった女性2.4人から3人につき、さらに1人の娘がフルタイムで働いていることが分かった（Shen 2021）。

雇用慣行

労働条件も、いかに効果的に人的資本が活用されるかに影響を及ぼす。時どき、「正道」ともいわれる特定の雇用慣行は、労働組合が長い間重要な支持者であったもので、雇用者の生活上のニーズを満たすことにより、雇用者の仕事上の成功を支援するものである。また、それらは、労働者の生産性を高め、離職率を低下させ、労働者と企業の双方に利益をもたらすことができる。高報酬は、これらの慣行の重要な要素である。大手オンライン小売企業の一般的報酬政策に基づく最近のある研究は、倉庫やコール・センターの労働者の賃金の引き上げが、1ドルの賃金引き上げにつき1ドル以上生産性を高めたことを示している（Emanuel and Harrington 2020）。別の研究によると、最低賃金の引き上げによって、百貨店販売員の生産性が上昇し、解雇率が低下した（Coviello, Deserranno, and Persico 2021）。他の研究が明らかにしたところによると、最低賃金の変化によって引き起こされた報酬の増加は、一般的に離職率を低下させる（Reich, Hall, and Jacobs 2004; Dube, Lester, and Reich 2016; Bassier, Dube, and Naidu, forthcoming）。有給病気休暇や遠隔勤務が可能といった給付の形態での報酬は、雇用者の健康を改

④

善し、職場感染を削減することができる（DeRigne, Stoddard-Dare, and Quinn 2016; Pichler and Ziebarth 2017; Stearns and White 2018; Zhai et al. 2018）。あるいは、彼らが最も成功しやすいと思う状況で働くことができる（Bloom et al. 2015; Choudhury, Foroughi, and Larson 2021）。

　安全で尊重された職場を維持することも、労働者が人的資本を最大限に活用できるようにする。職場での怪我や病気は、仕事に費やす時間の量または有効性を低下させることにより、生産性を低下させる。カリフォルニア州職業安全衛生局（California's Division of Occupational Safety and Health）による無作為抽出検査の研究によると、労働災害の多い業種の安全性に注意を払えば、雇用、売上、事業の生存率を低下させることなく、労働災害率と関連コストを引き下げられる（Levine, Toffel, and Johnson 2012）。労働者を公正かつ敬意を持って扱うことも、生産性上昇につながる。例えば、ある研究によると、平均的な労働者は、雇用主が急にスケジュールを設定するのを避けるため、賃金のかなりの割合をすすんで放棄する（Mas and Pallais 2017）。この慣行を避けることは、労働者の福利を向上させ（Harknett, Schnieder, and Irwin 2021）、生産性を向上させることができる。例えば、ギャップ社が、サンフランシスコとシカゴの店舗で、一貫した予測可能なスケジュール設定方法を実験的に実施したところ、生産性が約5％改善したのである（Kesavan et al. 2021）。

　復元力と成長を促進するように、変わりつつある経済状況に企業が対応するのを手助けするため、スキルがあり経験豊富な労働者を活用することができる。労働者が自分の仕事に専念し、退職する可能性が低い場合、雇用者からより多くを得るため、経営者は、ビジネス・プロセスを方向転換し、仕事の内容を適合させることができる。例えば、労働者が種々の仕事の研修を受けたり、特定タイプの意思決定を行うことを許されたりする場合、多種多様な仕事はより満足度の高い業務を取り入れることができる。ミスを減らし、無駄を省くためのプロセスを構築することも、雇用者の生産性を最大限に高めることができる。ケース・スタディによれば、こうした正道のアプローチは、慎重に実施されれば、製造業（Helper 2009）から小売業（Ton 2012）に至るセクターで成功することができる。調整は広範囲に及び、労働者から望ましい反応を引き出せるかに大きく依存するため、特定の慣行を単発で変えようとするよりも、正道の雇用及び経営慣行の包括的な実施の方が効果的かもしれない。

職業免許

　職業免許政策〔業務独占資格〕はしばしば、歯科医や電気技師など、その安全性と品質を消費者が自ら確認することが困難な専門家による安全で質の高いサービスを確保するために導入される。これらの政策は、――特定の資格を取得したり、継続教育を受けることを義務づけたりすることなど――労働者の人的資本投資に最低基準を設定することが多い。クライナーとソルタス（Kleiner and Soltas 2019）が明らかにしたところによると、こうした基準は、とくに職業準学士や修士号といった職業固有の形態の人的資本に、他の場合よりも多く投資することをこれらの職業に参入する労働者に促している。

　しかし、職業免許は、免許取得にかかる費用や、必須訓練や他の免許要件を満たすための時間などの点で、移動性のコストを高めることにより、人的資本がより生産的な分野に参入したりそうした場所に移動したりすることを困難にすることがある。研究により、免許取得の要件が雇用と一職業内の転職を減少させることが分かった（Blair and Chung 2019; Kleiner and Soltas 2019; Kleiner and Xu 2020）。プラスの面では、免許は免許を受けた職業内で賃金と賃金上昇率を増加させる（Kleiner and Krueger 2010, 2013; Gittleman, Klee, and Kleiner 2017; Kleiner and Soltas 2019; Kleiner and Xu 2020）。ある分析が示すところによると、免許賃金プレミアムの大きさは、労働組合員に関連するプレミアムに匹敵する（Kleiner and Krueger 2010）。免許取得者は高賃金から恩恵を受けるかもしれないが、免許取得の資金を持たない他の同等のスキルを持つ労働者は、より生産的になり、より良い賃金が得られる仕事への転職を妨げられるかもしれない。職業免許が州をまたぐ移住を減少させ（Johnson and Kleiner 2020）、労働者が移住して最も役立つところで人

的資本を活用することをより困難にしているという事実もある。これは、軍人の配偶者のような移動の多い人々にとりわけ影響する。軍人の配偶者は民間人よりも、過去1年間に州境を越えて移動した可能性が10倍高く、転勤のために持続的に高い失業率を経験している（U.S. Department of the Treasury and U.S. Department of Defense 2012）。

多くの職業は一部の管轄区域で免許を必要とするが、すべての管轄区域で免許を必要とするものはあまりなく（Council of Economic Advisers et al. 2015）、そのことは質、安全及び効果的な人的資本活用における利益のバランスを取るため、職業免許を調整する余地がかなりあることを示している。2019年、人口動態調査データによると、カリフォルニア州の労働力の20％弱が専門資格や州か業界の免許を保有していたが、これはどの州と比べても低い水準である。もう一方の端にはワイオミング州があり、そこでは、この割合は30％強であった。その年、平均的な州では、免許を持つ労働者の約84％が仕事をするのに免許が必要であった[16]。一部の場合、特定の職業の免許付与に関する互恵協定や州際契約など、職業免許に関連した障壁を削減するため、州は措置を講じている（National Conference of State Legislatures 2020）。例えば、COVID-19パンデミック中、一部の州は、遠隔医療に関連した要件を免除したり修正したりし、他州で免許を受けたサービス提供者がその州の居住者にサービスを提供できるようにした（Federation of State Medical Boards 2022）。より多くの職業免許が遠隔勤務に適しているとみなされるにつれて、追加免許をさらに採用することは、労働者がその人的資本を効果的に活用するための障壁を削減するのに役立つであろう。

移民

米国には約1100万人の非登録移民がいるが、彼らは合法的な就労許可がないか、一時的にしか就労を認められていないため、人的資本を十分に活用できていない人々である。研究が示すところによると、これらの移民に恒久的な合法的地位を与えると、彼らの人的資本の生産性が向上するという。労働力として働く無許可移民は、教育達成度を調整した後でも、アメリカ生まれや認可された移民労働者の稼ぎと比較して、賃金ペナルティを被っている。その賃金格差は、主に、無許可移民と他の労働者の雇用の産業及び職業構成の違いによって説明される。これは、これらの労働者が自分のスキルをよりよく活用できる別の仕事に移れば、彼らの生産性と賃金を上昇させられることを示している（Rouse et al. 2021）。合法的地位は仕事の移動可能性を拡大するが、それは、労働者がそのキャリアにおいてより生産的な仕事の適性をみつける重要な経路である（Engbom 2022）。また、研究によれば、非登録移民が恒久的な合法的地位を獲得できると、さらなる人的資本の開発が促進されるという。なぜなら、研究が明らかにしたところによると、合法的地位は労働力定着、教育達成度、その他のタイプのスキル開発を高めるからである（Gathmann and Keller 2018; Liscow and Woolston 2017; Cortes 2013）。

認可された移民を増やすことも、米国でより多くの人的資本が活用されることにつながり、新世代の労働者が教育をすべて修了するのを待たずに成長を加速させることができる。移民は、農産物から医療サービスに至るまで、幅広い財・サービスを生産する労働を供給する。移民はまた、幅広い財・サービスを消費し、この需要は他の労働者が人的資本を生産的に活用する機会を生み出す。これに加えて、研究は、移民に関連するイノベーションと起業家精神を特定しており、それは、イノベーターや起業家である移民と、そのベンチャー企業に雇用される米国労働者の両方の人的資本を活用しているのである（Hunt and Gauthier-Loiselle 2010; Fairlie and Lofstrom 2015）。

収監

米国のように収監されることの多い刑事司法制度は、相当の人的資本を無力化する。投獄されている間、人々はその能力を十分に発揮して働くことができない。服役後も、元収監者は、十分な資格がある仕事で雇用されないという障害に直面する。2019年末時点で、約140万人が連邦刑務所または州刑務所に収監されており、この集団は男性、非白人に偏っている。約3分の1が黒人

で、約4分の1がヒスパニックであった（Carson 2020）。地方自治体の刑務所に収監されている人々は、たいてい収監期間が短いが、そうした人々を含めると、総数は200万人に近づくであろう[17]。収監されている人々は、一般的に労働市場に参加できず、人的資本を活用する機会も非常に限られている。この事実は見過ごされることがある。なぜなら、雇用・人口比率や労働参加率など、よく用いられる労働市場の指標は、収監されている人々を除いているからである。

収監者を含めた雇用・人口比率の計測値を作成すると、とくに黒人男性について人的資本の活用度が低く、人種間の格差も大きくなることが分かる。2019年12月、白人の雇用・人口比率は61.2%で、他方、黒人の雇用・人口比率は59.3%であった。この推計値に連邦及び州刑務所に収監されている人を含めると、黒人についての比率は約0.8%ポイント低下して58.5%、白人についての比率は約0.1%ポイントしか低下せずに61.0%にとどまる——2つの人種の差は2.5%ポイントに拡大する。地方自治体の刑務所に収監されている人々をこの計算に含めると、この差はさらに拡大するであろう。

服役後の雇用機会を制限する法律は、以前収監されていた人々の人的資本を効果的に活用するうえで長期的な障害を生み出す。収監されると、労働者は、適格性にかかわらず、一定タイプの雇用、免許、あるいは資格の取得ができない。連邦、州、準州政府は、犯罪で有罪となった人々に対して、合わせて4万以上の制限や要件を適用しており、そのうち72%は、彼らが利用できる雇用機会に影響を及ぼす（Umez and Gaines 2021）。例えば、近年、カリフォルニア州において山火事の消火活動に協力した収監者のなかには、緊急医療技師としての認定を受けられないので、出所後に消防士として雇用される資格がないことが判明した者もいる（Romo 2020）。その後、カリフォルニア州はこの問題を解決しようとする法律を制定したが、同法は、かつて収監された人々が前科の抹消を申請することを義務づけており、その手続きは厄介なものである（Smith 2021）。収監と服役後の雇用制限を軽減することは、刑事司法制度が人的資本の活用を制限する程度を緩和できる。元収監者の職場復帰を支援するよう設計されたプログラム

を改善し、それへのアクセスを増やすことも、同様にそれを緩和できる。

政府職員政策

特定分野において、人的資本がいかに管理されるか、または報いられるかを決定するうえで、政府は重要な役割を果たしている。例えば、さまざまな医療行為にメディケア及びメディケイドがいくら支払うかという決定は、医師の稼ぎに直接的影響を及ぼす（Gottlieb et al. 2020）。政府の役割は、在宅医療サービスなど、健康以外の分野にも及んでいる。

老人ホームは、政府の支払い政策がとくに重要性を持つ分野の1つである。2019年、メディケイドは高齢者介護施設と継続的介護退職者コミュニティへの全支出の約29%を占め、メディケアは22%をカバーした（MACPAC 2021）。事実が示すところだと、老人ホームにおける賃金引き上げを意図した州のメディケイド政策の導入は、認定看護師の増員と関連しているという（Feng et al. 2010）。老人ホームの賃金に関する別の事実も、高賃金が労働者をこの業界に引き止めることを示している。ルフィニ（Ruffini 2021）が明らかにしたところによると、最低賃金の引き上げが老人ホームで働く低賃金労働者の定着率を高めた。彼女はまた、賃金の引き上げは、検査違反、予防可能な健康状態の悪化、死亡率の減少に反映されているように、老人ホームによって提供されるサービスの質を改善したことを明らかにしている。これは、報酬の引き上げは、必要とされる業界に人的資本を向けるだけでなく、労働者にその人的資本をより生産的に活用させるようにすることを示している。

結 論

人的資本の蓄積の増加は、経済成長を高め、生活水準の向上に寄与する。しかし、人的資本の蓄積は、過去20年にわたって減速してきており、米国は、教育達成度においても平均余命においても、他の多くの国の後塵を拝している。さらに、所得、人種、エスニシティによって人々の間に人的資本の蓄積と活用に長年にわたる大きな開きが残されている。したがって、わが国は、教育、労働力開発、健康への投資を増やすことから、また、人々が既存の人的資本をより効果的に活用できるようにする政策を探求することから利益を得ることができる。これらの政策は、子供たちが人生の力強いスタートを切れるようにする幼児教育や保育を改善することから、無許可移民や元収監者が最も効果的に人的資本を活用できるように障壁を取り除くことに至るまで幅広いものである。人々への投資は、米国経済の生産能力を拡大し、生活水準を押し上げ、わが国の労働力がこのダイナミックな世界で競争するのに必要なスキルと教育を確実に身につけられるようにするのである。

注

1　ローザーとオーリッツ‐オスピナら（Roser, Ortiz-Ospina, and Ritchie 2013）の平均余命データに基づきCEAが算出。

2　OECD（2022a）からの第3期の教育データ、OECD（2022b）からの平均余命データに基づいてCEAが算出。第3期の教育データは、2017年のインド、中国については利用できない。

3　1992年、米国は中等後教育を有する若年成人の割合で第2位につけており、カナダより3%ポイント低いだけであった。2019年には、わずか50%強の米国の若年成人がなんらかの形態の中等後教育を修了したにすぎず、カナダよりも約13%ポイント低く、第1位の韓国よりも19%ポイント以上も低かった。さらに、1975年、米国の出生時平均余命は、最上位のOECD加盟国（アイスランド）と3年以内の差であったが、2019年には、米国の出生時平均余命は、アイスランドを4年下回り、最上位の日本を5年半下回った。

4　同様の枠組みを用いた不平等と世代間流動性についての議論は、ジェイコブズとヒップル（Jacobs and Hipple 2018）を参照のこと。

5　資本と産出はだいたい同じ速さで成長したので、資本・産出比率がこの期間に1人当たりGDPに付け加えたのは0%であった。

6　研究者はしばしば、卒業率や試験点数などさまざまな成果を比較可能にするため、標準偏差の単位で成果の格差を計測する。正規分布では、観測値の68%が平均から1標準偏差以内にあるので、平均より1標準偏差以上平均を下回っているのは、全観測値のわずか16%にすぎないことを意味する。したがって、低所得家庭の生徒が平均して高所得家庭の子供よりも1標準偏差以上点数が低いのは大幅な差である。

7　ブレイら（Brey et al. 2021, tables 220.40 and 220.41）に基づきCEAが算出。

8　ブレイら（Brey et al. 2021, tables 220.40 and 220.41）に基づきCEAが算出。

9　ブレイら（de Brey et al. 2019, table 305.10.）に基づきCEAが算出。

10　ランダム化は学校レベルであり、両親と校長にも通知された。

11　その提示は無条件であり、例えば、学生は連邦学資援助無料申請書（FAFSA）に記入する必要がなく、また4年間保証されるものであった。これは、郵便物に大きく書かれていたが、さらに多くの援助を受給する資格があるかもしれないため、学生はまたFAFSAを記入するように奨励された。

12　この計算は、米教育省（U.S. Department of Education 2019）のデータを用い、全米教育統計センター（National Center for Educational Statistics）のPowerStatsによって行われた。

13　この事実発見は、入学時の人口動態的格差を調整したものである。

14　この計算は、米教育省（U.S. Department of Education 2016）のデータを用い、全米教育統計センターのPowerStatsによって行われた。

15　最低限のスキル要件は、介入のためのランダム
　　割当の前に、すべての参加者に適用された。カッ
　　ツら（Katz et al. 2020）により主張されている
　　ように、これらのプログラムが最低限のスキル
　　要件——高校卒業証書または高校卒業認定証明書
　　（GED: General Educational Development）、6 年
　　生から 10 年生レベルの数学と読解の試験——を
　　満たしていない人々に成功するキャリア・パスを
　　提供できるかどうかは、依然として未解決の問題
　　である。

16　人口動態調査データに基づき CEA が算出。

17　合計 73 万 4500 人が 2019 年に地方自治体の
　　刑務所に収監され、54 万 9000 人が 2020 年に
　　地方自治体の刑務所に収監されていた（Minton
　　and Zeng 2021, table 2）。2019 年に州または連
　　邦の矯正施設に収監されたのは合計 137 万 9786
　　人、2020 年には 118 万 2166 人であり（Minton
　　and Zeng 2021, table 3）、収監者総数は 2019 年
　　に 210 万人、2020 年に 170 万であった。

第5章
経済的平等への障壁
——買い手独占、独占、差別の役割

企業が雇用者や顧客をめぐって競争しなければならない時、市場はうまく機能する。競争的な生産物市場では、需要を満たすために正しい量の財が生産され、価格は価値を正確に反映する。うまく機能している労働市場では、労働者は仕事を変えることができ、賃金は生産性を反映し、稼ぎの差は能力、努力、教育、経験、偶然などの要素を反映するだけである。

しかし、実証的経済研究により、この理想が現実を反映していない多くの点が明らかにされている。例えば、完全競争は多くの労働市場を説明しないし、必ずしもすべての労働者がより満足度の高い報酬を得るために労働力を容易に移動させることはできない。具体的な2つの例としては次のものがある。(1) 雇用主の市場支配力。それによって不公正な雇用及び報酬慣行が可能になっている。(2) 差別。それによって人種、性別を通じた持続的形態の稼ぎの不平等を悪化させる。米国の労働者の約20%が競業避止義務契約に拘束されていると報告しているが、それは雇用者が競合企業に加わったりそれを立ち上げたりする能力を制限するものである（Starr, Prescott, and Bishara 2021）。また、一般的に、雇用主の市場支配力は、完全競争市場の場合よりも少なくとも15%低い賃金の一因となっている（U.S. Department of the Treasury 2022）。さらに、連邦政府の統計が示すところによると、ヒスパニックと黒人の雇用者は、白人の雇用者の稼ぎの80%未満である（BLS 2021）。女性は平均して、男性の稼ぎの約83%しか稼いでおらず、その格差は非白人女性の大部分ではさらに大きい（Department of Labor 2022a）。こうした稼ぎの差は、教育達成度や経験といった要素を調整した後でも残って

いる（Blau and Kahn 2017; Borowczyk-Martins, Bradley, and Tarasonis 2017）。障害者、レズビアン、ゲイ、バイセクシャル、トランスジェンダー、クィア（LGBTQ+）の人々、宗教的少数派のメンバーなど、多くの集団がこのような差別の対象となりうるが、本章では、人種、エスニシティ、性別による差別に焦点を合わせている。

非競争的労働市場は、競争の力が全く働かないわけではない。もっとも非競争的労働市場は、一般に仕事の選択肢が少なく、労働者の福利が低下し、差別的障壁があるため、有能な労働者の配分を誤る結果となる。経済全体に対する幅広いコストには、生産性の低下と経済成長の鈍化がある。ニューディール労働改革法は、団体交渉権の確立、賃金下限の設定、超過労働からの保護によって労働者を保護することを求め、他方、公民権法は、労働市場を含め、あらゆる経済活動を通じて差別的な障壁を打破することを求めた（Boon 2015）。これらの法律の成功を象徴するように、シェー他（Hsieh and others 2019）の推計によれば、女性や有色人種に対する高収入の職業への障壁の撤廃は、1960年から2010年までの産出の伸びの20%から40%を占めているという。これは経済内において有能な労働者の配分を改善したことによりもたらされたのである。

このような進歩にもかかわらず、少なからず雇用主の市場支配力があるため、職場における平等への障壁が今日残されている。本章の冒頭では、賃金、所得、資産における現行水準の不平等について要約する。次の節では、雇用主による過度の賃金決定権や人種及び性別による差別など、労働市場で労働者がそのスキルに十分に報われることを阻害する要因を説明し、いかにしてこれらの要

因が経済成長を阻害しているかについて論じる。最終節では、労働者や不利な立場にある集団の成員を保護するために設計された法的措置、競争が欠如していることで生じる悪影響を打ち消す可能性を秘めているより一般的な経済政策など、いくつかの政策について議論する——それにより、不平等を縮小し、また、経済成長を加速させる。本章では最後に、健全な競争に対する障壁が撤廃された後でも残るかもしれない不平等を相殺するのに役立つことができる税制改革について論じる。

労働市場の不平等

研究により、米国において——賃金、所得、資産の——経済的不平等の程度が大きいことが明らかにされている（Gould 2019; Congressional Budget Office 2021; Piketty 2014; Wolff 2021）。人口動態グループ間のこれらの不平等は、その生産性の指標となる教育や経験などの特性の違いだけでは完全には説明できないので、人々がその経済的貢献に対して公平に報われていないことを示している。本節では、人種、エスニシティ、性別による賃金不平等に主たる焦点を合わせながら、現在の不平等パターンを概観する。ほとんどの世帯では、勤労所得がその所得の大部分を占めてい

る。したがって、賃金の不平等は所得の不平等に転化する。資産の不平等は、勤労所得と所得の不平等を反映する——それに加え、資本へのアクセス、資産からの収益、世代を超えた資産の相続における不平等を反映している（Box 5-1を参照のこと）。

図5-1は、過去40年間に純生産性が約62％上昇したのに対し、典型的な労働者の平均時給はわずか18％弱しか上昇していないことを示している（Economic Policy Institute 2021）。この2つのトレンドの乖離は、生産性に比して労働者への支払いを抑制する力が働いていることを示している。

図 5−1　生産性と労働報酬のギャップ、1948〜2020 年

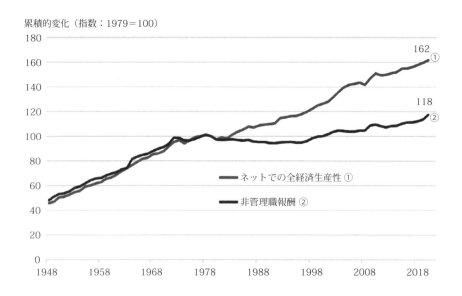

出所：Economic Policy Institute, analysis of data from the Bureau of Labor Statistics and the Bureau of Economic Analysis.

Box 5—1　人種及びエスニシティによる資産格差

集団間の所得の差はたいてい年単位での資源の不平等を説明するが、資産格差は、これらの所得の流れがより長期にわたって、また複数の世代にわたって蓄積された資源の乖離をいかにもたらしたのかについて追跡する。家計の純資産は、資産と負債の差額として計測されるもので、多くの構成要素がある。ほとんどの米国の家族にとって、最大の資産項目はその住宅である。したがって、純資産の最も大きな部分はしばしば、自宅の価値から、住宅ローンやその他の負債を差し引いたものである。純資産には、貯蓄や退職勘定、株式や他の財産、家族からの相続や贈与も含まれる。負債の原因には、クレジットカードの未払残高、教育、自動車、耐久消費財のローンが含まれる。

　図5-ⅰに示されるように、米国では人種間の資産格差がかなり大きい。2019年、白人家族の純資産の中央値は19万9498ドルであり、黒人家族の中央値の約8倍、ヒスパニック家族の中央値の5倍である（Bhutta et al. 2020）。各集団内の平均純資産は中央値よりも高い。なぜなら、平均値は、超富裕層の情報を組み込んでいるからであり、超富裕層は資産全体の中で大きな部分を占めているからである。平均的な白人家族は、平均的な黒人家族の約7倍、平均的なヒスパニック家族の約6倍もの資産を持っている。

　現在の資産不平等の原因は複雑である。今日の純資産は、人種集団の過去の所得の差、同等の所得を有する世帯に関する貯蓄率の差、同等の貯蓄率を有する世帯に関する貯蓄へのリターンの差、世代間の資産の相続の差、これらの諸段階のいずれかにおける個人レベルまたは構造的な差別の可能性の蓄積を反映しているからである。この点では、市民権や法的権利が重要な役割を果たす。例えば、奴隷解放後、南部の自由黒人に対する土地付与の約束は実現しなかった。それは、自由黒人は、耕作して子供たちに引き継ぐことのできる土地を持たずに奴隷制から抜け出したことを意味する。この土地所有権の欠如は、資産の蓄積に影

⑤

図5-ⅰ　人種及びエスニシティ別の資産の中央値及び平均値、2019年

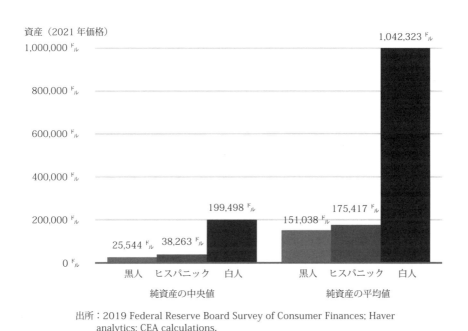

出所：2019 Federal Reserve Board Survey of Consumer Finances; Haver analytics; CEA calculations.

響を及ぼしたことが明らかにされている（Miller 2020）。

　ジム・クロウ政策と慣行が黒人のアクセスと移動性を制限したので、資産へのアクセスの欠如は、20世紀の大半を通じて続いた。さらに、黒人地区における体系的な投資引き上げと連邦政府助成の住宅所有機会からの排除は、「レッドライニング」と総称されるものであり、数十年後における低水準の資産価値と関連していた（Aaronson, Hartley, and Mazumder 2021; Fishback et al.

2021）。さらに、デレノンコート（Derenoncourt 2022）が明らかにしたところによると、黒人がより機会の多い地区に移住しようとする試みは、しばしば「白人の逃避」や投資引き上げに遭遇し、隔離された経済的運命から逃れる可能性を制限したのである。現代のバランス・シートにおいて持ち家が果たす大きな役割を考えると、この歴史は、いかに人種間の資産格差が時間を通じて持続するかを示す一例にすぎないのである。

人種、エスニシティ、ジェンダーによる賃金格差

　白人女性、それから男女を問わず黒人、ヒスパニック、アメリカ・インディアン及びアラスカ先住民の労働者の賃金は、白人男性と比べてかなりの差があり、教育、職業、経験の差を考慮してもまだいくらかの差が残されている。図5-2に示されているように、教育水準の差だけに注目すると、基本的なパターンが判明する。2021年、黒人労働者は白人労働者よりも、平均してどの教育水準でも賃金が低く、黒人・白人賃金比率は76%から91%であった。ヒスパニック、アメリカ・インディアン、アラスカ先住民の労働者は、最低教育水準（高卒未満）を除くすべての教育水準で白人労働者よりも賃金が低かった。そのパターンは、これらの集団間の勤労所得の違いが、たんに教育達成度や経験などの違いだけでなく、それ以上のものによることを示している。

　アジア系アメリカ人・ハワイ先住民・太平洋諸島民（AANHPI: Asian American, Native Hawaiian, and Pacific Islander、略して「アジア系」）の賃金プロファイルは、他の非白人集団のそれとは異なっている。アジア系労働者は、ほとんどの教育水準において、平均して白人労働者よりも多く稼いでいる。しかし、集団全体の平均は、アジア系内賃金格差が他の集団内よりもかなり大きいことを隠している。これは、給与所得者の勤労所得を含め、勤労所得の第90百分位の労働者の賃金と、第10百分位の労働者の賃金を比較

することで把握できる。2021年、アジア系では、第90百分位の労働者は1時間当たり81ﾄﾞﾙ稼ぎ、第10百分位の労働者は1時間当たり約13ﾄﾞﾙしか稼げないので、前者は後者の6.4倍多く稼いだ。一方、他の人種やエスニシティでは、第90百分位の労働者の賃金は、第10百分位の労働者の賃金の3.5倍から4.8倍にすぎなかった。アジア系労働者の経験の多様性は、より大きな集団内の異なるエスニック下位集団間の比較によってさらに説明される（Box 5-2を参照のこと）。

　また、性別による稼ぎの差もある。平均すると女性は男性よりも報酬が少ない。賃金は男女ともに学歴に応じて上がるが、図5-3が明らかにしたところによると、男女の賃金格差は学歴が高い者ほどいっそう大きくなる。修士号、専門職修士号、博士号等を持つ者では、女性の平均賃金は男性の70%である。

　クレンシャー（Crenshaw 1989）によって展開されたように、一度に1つのアイデンティティの次元に沿って不平等を検証することは、人種とジェンダーのアイデンティティが交差するところにある特定の経験をあいまいにするかもしれない。そこで図5-4は、賃金を人種と性別ごとに別々に示している。平均すると、黒人女性の賃金は白人男性の62%であり、他方、ヒスパニックとアメリカ・インディアン／アラスカ先住民の女性の賃金は、それぞれ白人男性の59%と62%であ

経済的平等への障壁——買い手独占、独占、差別の役割

図5−2　教育、人種及びエスニシティ別の賃金格差、2021年

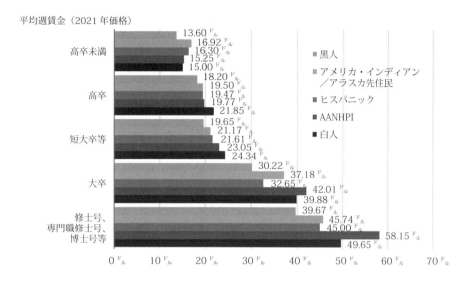

平均週賃金（2021年価格）

注：AANHPI＝アジア系アメリカ人、ハワイ先住民及び太平洋諸島民。
出所：Economic Policy Institute; Current Population Survey extracts; CEA calculations.

る。アジア系女性の平均賃金は、他の人種及びエスニック集団の女性よりも高いが、それでも白人男性の賃金よりも低い。さらに、アジア系女性は、他のどの人種及びエスニック集団の女性よりも人種内男女格差が大きく、アジア系男性の平均賃金の73％しか稼いでいない。図5-4にみられるように、黒人、ヒスパニック、アメリカ・インディアン、アラスカ先住民の労働者の男女賃金格差が小さいのは、これらの集団の男性が稼ぐ賃金が比較的低いことが一因であることに注意することが重要である。

　これらの賃金格差は、女性——とくに非白人女性——と大部分の非白人男性が、低賃金労働者に多すぎることを反映している。例えば、2021年、非白人男性は労働力の全男性の39％しか占めていないが、労働力の低賃金男性の半数以上（51％）を占めた。同様に、非白人女性は、労働力の全女性の39％しか占めていないが、労働力の低賃金女性の45％を占めた。

　男女間の賃金格差は時間の経過の中で縮小してきた。1つには、女性が教育達成度を通じたスキルを上昇させたことと、労働市場の経験を積んだ

結果のためである。現在、女性は男性よりも高学歴である——大学を卒業し、大学院の学位を取得することが男性よりも多い（National Center for Education Statistics 2022）。労働力（働いているか、積極的に仕事を探している）にある女性の割合は、1950年から2000年までに33.8％から59.9％へと約2倍になった（BLS 2022a）。ブースタンとコリンズ（Boustan and Collins 2014）は、これらの過去のトレンドは人種によって異なることを示している。例えば、黒人女性の労働参加率は1950年には白人女性よりも14％高く、両者は1990年頃になって初めて収束した。

　しかし、女性の労働参加率の上昇は2000年以降止まり、労働力にある男性と女性の割合の差は、米国ではそのころからほぼ一定のままであるが、経済協力開発機構（OECD）加盟の他の多くの国では、その差は引き続き縮小している（Blau and Kahn 2013）。COVID-19パンデミック以前の2019年、女性の58％、男性の69％が米国の労働力であった。その一般的な要因の1つは親としての役割である。図5-5に示されているように、平均すると、子供を持つ働き盛り（25歳か

⑤

Box 5—2　公平性分析のためのデータ・インフラの改善

本章で論じた不平等の根底にあるメカニズムを理解することは、量的、質的両方の証拠を集めることに関わっている。研究は、こうしたパターンを明らかにするうえで重要な役割を果たすが、異なる集団間の公平性に関連する問題に光を当てるには、個人のアイデンティティの多くの側面に関する十分な情報とデータが必要である。しかし、そのような公平性分析のために必要な情報を集めるには、多くの障壁が残されている。

第一に、世帯調査でたいてい尋ねられる既存の一連の質問は、特定の重要な下位集団を把握するのに十分なほどは詳細ではないかもしれない。これは、重要な下位集団に固有の結果を発見することを妨げ、選べるカテゴリーに自分が含まれないとみなす回答者の自己同定率を低下させることにより、公平性分析の精度を低下させる場合がある（Census Bureau 2021）。例えば、アジア系アメリカ人、ハワイ先住民、太平洋諸島民の人種／エスニック・コミュニティのメンバーは、よく一緒にグループ化されており、より幅広いカテゴリー内の一部の下位集団が直面するより大きな経済的課題が覆い隠されている。これは、図5－iiに示されている。それは、この母集団の下位集団間における平均所得の大きなばらつきを示している。さらに、中東及び北アフリカ出身の調査回答者は、一般的に、人種及びエスニシティ分類の標準的リストに満足いく選択肢がないため、これらの質問に回答しない率が高くなる結果となる。同様に、生物学的性別とジェンダーの概念はしばしば、多くのジェンダー・アイデンティティや表現を排除する二元的なカテゴリーに分類される。

さらに、アイデンティティのカギとなる側面を把握する質問が調査にある場合でも、調査サンプル規模が母集団の特定グループを代表するには小さすぎ、プライバシー上の懸念から、特定の回答者まで情報をさかのぼれてしまうことを防ぐため、それらの集団について統計を抑制する必要がある。例えば、2022年2月以前、アメリカ・インディアン及びアラスカ先住民の回答者について、人口動態調査からの労働力統計は、サンプル数が少ないため、個別分類が明らかにされていなかった。同様に、消費者金融調査からの資産と純資産に関する統計は、黒人、白人、ヒスパニックの回答者については別々に公表されているが、アジア系、ハワイ先住民、太平洋諸島民、アメリカ・インディアン、アラスカ先住民の回答者については別々に公表されていない（Bhutta et al. 2020）。

第2の懸念は、多くのカギとなる経済指標が行政データを用いて計測されていることである。つまり、データはプログラムを実施する目的で収集されており、必ずしも一般的な研究分析を促進することを主目的としているわけではない。こうした場合、人口統計情報を収集する必要がないかもしれず、収集が逆効果になったり違法になったりするかもしれない。例えば、行政上の税務データは、超富裕層の所得を組み込むことにより所得不平等の分析に有用なことが証明されているが、内国歳入庁はIRSフォーム［米国個人所得税申告］において多くの人口動態的特性を収集していない（Huang and Taylor 2019）。また、異なる州にまたがる失業保険（Kuka and Stuart 2021）プログラムや、補足的栄養補助プログラム（Prell 2016）など、経済的結果を追跡するのに有益なデータを生むその他のカギとなるプログラムについても、人口動態的データは普通収集されていない。

前述の問題に対して解決策を考えることはでき、公平性分析を促進するための取り組みも進行中である。バイデン－ハリス政権の「連邦政府を通じた人種的公平と恵まれないコミュニティへの支援の推進に関する大統領令」（Executive Order on Advancing Racial Equity and Support for Underserved Communities Through the Federal Government）は、省庁間委員会である「公平データ作業部会」を設置し、人種、エスニシティ、ジェンダー、その他のカギとなる人口動態変数に分解されたデータを利用できるようにする方法を検討している（Nelson and Wardell 2021; White

House 2021a）。これには、連邦政府の調査における人種、エスニシティ、ジェンダーに関連する質問の包括的な点検や、連邦政府のデータセットを統合して人口動態情報を行政データに追加する可能性を模索することが含まれる。分析が可能なタイプの一例は、米国財務省と米国国勢調査局の進行中の協働であり、人種及びエスニシティに関する個人レベルのデータを税務データと統合し、2020年新型コロナウイルス援助・救済・経済安定化法（CARES Act: Coronavirus Aid, Relief, and Economic Security Act）の一部として経済的影響給付金（Economic Impact Payment）をさまざまな人種集団のメンバーがいつ受け取ったのかを研究していることである（Adeyemo and Batchelder 2021; U.S. Congress 2020）。

わが政権の「男女同権及び平等に関する国家戦略」（National Strategy on Gender Equity and Equality）は、労働市場や起業における男女格差の結果、世帯内を含む経済的結果、ジェンダーに基づく暴力の追跡を改善するため、男女に分解されたデータの収集を要請している（White House 2021b）。別の事例では、米国国勢調査局の世帯状況調査（Household Pulse Survey）は、COVID-19パンデミック中の結果をリアルタイムで追跡できるよう設計されたものであるが、2021年7月の国勢調査局調査で、性的嗜好と性自認に関する別個の質問を初めて導入した（File and Lee 2021）。

所得階層別のデータに関しては、2022年グリーン・ブックには、財務省と経済分析局（BEA）の間でデータを共有するための資金提案が含まれており、それは、さまざまな所得百分位間の所得の伸びの分布の推計を支援するであろう（U.S Department of the Treasury 2021a, 101）。BEAは、個人所得分布のプロトタイプ推計値を模索しているが、それは過去2年分の結果しかカバーしていない。リアルタイム不平等プロジェクト（Blanchet, Saez, and Zucman 2022）など、最近の展開は、BEAデータからより頻繁かつタイムリーに推計できる可能性を示している（U.S. Bureau of Economic Analysis 2021）。

図 5−ii　アジア系アメリカ人、ハワイ先住民、太平洋諸島民の下位集団の平均世帯所得

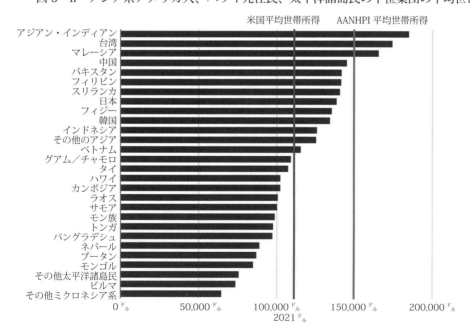

注：AANHPI＝アジア系アメリカ人、ハワイ先住民及び太平洋諸島民。
出所：American Community Survey, 2017−19; Haver analytics; CEA calculations.

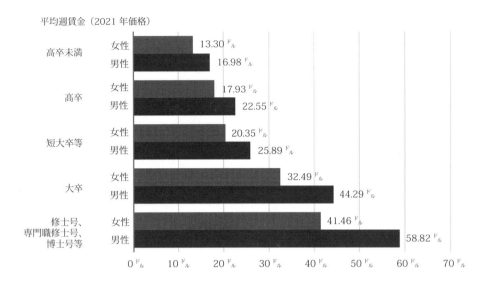

図 5－3　教育水準別のジェンダー別賃金格差、2021 年

平均週賃金（2021 年価格）

出所：Economic Policy Institute, Current Population Survey extracts.

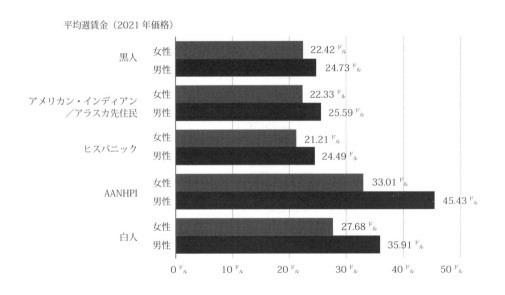

図 5－4　男女、人種、エスニシティ別の賃金格差、2021 年

平均週賃金（2021 年価格）

注：AANHPI＝アジア系アメリカ人、ハワイ先住民及び太平洋諸島民。
出所：Economic Policy Institute, Current Population Survey extracts; CEA calculations.

図5−5　母親及び非母親の労働参加率、2021年

労働参加率（％）、働き盛り世代の助成

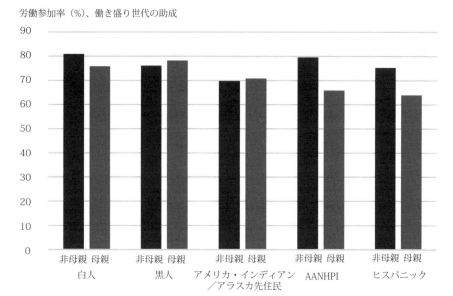

注：AANHPI＝アジア系アメリカ人、ハワイ先住民及び太平洋諸島民。
出所：2021 Current Population Survey; CEA calculations.

ら54歳）の女性は、子供のいない女性よりも労働参加率が低い。しかし、異なる人種やエスニックの背景の女性の間で、参加パターンには違いがあり、黒人とアメリカ・インディアン、アラスカ先住民の女性には、親としての役割と労働参加率の関係は当てはまらず、その労働参加率は母親かどうかによってもあまり違いがない。この異なるパターンは、これらの集団の女性が家計の稼ぎ手である割合が高く（Institute for Women's Policy Research 2016）、したがって労働力から退出する余裕がないことが一因かもしれない。

　また、多くの研究が、富裕層世帯に所得が集中していることを明らかにしてきた。これは、経営者の報酬額が相対的に高い（Mishel and Kandra 2021）など、前述の賃金不平等や、資産及び貯蓄から稼ぐ資本所得の過度に高い割合を受け取っているという事実の結果である。最新の推計が示すところによると、2021年に、上位1％が税引前所得の19.5％を受け取ったのに対し、下位50％の人々は11.4％しか受け取らなかった（Blanchet, Saez, and Zucman 2022）。データや方法の違いのため、そのような推計値にはいくら

かばらつきがあるが、さまざまな研究により、近年、所得の14%から20%が上位1%の世帯に生じることが判明した（Piketty, Saez, and Zucman 2018; Auten and Splinter 2020; Internal Revenue Service 2021; Congressional Budget Office 2021）。また、上位1%未満の世帯の間にもかなりの所得不平等がある。例えば、2018年、米国の所得分布第90百分位の世帯は、第10百分位の世帯の12.6倍の所得を稼いでおり（Horowitz, Igielnik, and Kochhar 2020）、その比率はOECD諸国の中で最高水準にある（OECD 2022）。

勤労所得不平等の諸原因

本節では、勤労所得不平等が非競争的な市場原理と差別的障壁からいかにして生じるのかについて追究する。経済的不平等のうち一定程度は競争市場と不整合な諸力から生じている、という確実な証拠が数を増している。非競争的市場では、一部の人々が自らの生産性の向上から利益を得るのを妨げる障壁が出現する。本章では、非競争市場の2つの具体的側面に焦点を合わせる。すなわち、雇用主の市場支配力と差別である。新しい実証研究は、多くの企業が賃金を決定するなんらかの力を持ち、競争的労働市場の中核をなす教義に反しており（Card 2022）、人種及びジェンダーによる結果の持続的な差を生じさせているという証拠を提供している。

これらが勤労所得不平等の唯一の原因ではない。不平等の存在は、必ずしも労働市場が競争的でないことを意味するものではない。例えば、重病のような偶然の出来事も、個人の潜在的な勤労所得に影響することがある。勤労所得不平等はまた、労働者の生産性の差によって、競争市場でも生じることもある。労働者のスキルと経験——つまり、彼らの人的資本——は、第4章で詳述したように、その限界生産力に影響を及ぼす。多くの研究は、不平等について生産性に関連した説明に焦点を絞っており、技術変化、イノベーション、貿易の果たす役割を検証してきた。それらは、一部の労働者の生産性を高めるが、仕事が外注されたり自動化されたりする他の労働者に取って代わる（Autor, Levy, and Murnane 2003; Autor, Katz, and Kearney 2006; Acemoglu and Autor 2012; Autor 2010）。最近の研究により、中国や他の先進国からの輸入競争が、とくに大卒未満の労働者に対し、より貿易にさらされている労働市場において、米国の製造業雇用と1人当たり所得に悪影響を及ぼしてきたという事実が明らかになった（Autor, Dorn, and Hanson 2013, 2016; Hakobyan and McLaren 2016）。さらに、これらの悪影響は、経済全体の雇用に波及し、製造業雇用の当初の深刻な喪失後も長く持続する。

労働市場及び生産物市場における競争の欠如

非競争市場は、合併が支配的企業をもたらし、それが統合された市場支配力を用いて価格を引き上げ、品質を低下させ、潜在的な競争相手が市場に参入するのを阻む時など、多くの条件下で出現することがある（Boushey and Knudsen 2021）。非競争市場の際立った特徴は、「経済的レント」の存在であり、それは投資と財の生産コストをカバーするのに必要なもの以上の価格に由来する利潤である。完全競争市場では、労働者も企業も長期的には経済的レントを得ることはない。例えば、生産物市場で超過経済レントが存在する場合、これは新企業が市場に参入するインセンティブを生み出し、それが巡りめぐって価格とレントを押し下げるであろう。非競争市場において決定的に重要な問題は、経済的レントが雇用主利潤と雇用者賃金にいかに分配されるかということである。企業がその市場支配力を行使しより大きなシェアの経済的レントを手にしようとする場合、その結果は「最適でない」ものになる。つまり、社会的観点からすると、労働者の賃金は少なすぎ、企業がその生産物につける価格は高すぎるのである。非競争市場のもう1つの意味するところは、より多くではなく、より少なくするインセンティブを企業にもたらすことである。企業が労働市場の支配力を持つ場合、理論的には、より多くの雇用者を加えることは新たな応募者を惹きつけるためより多くの賃金を支払うことを意味するので、低賃金を維持するために雇用を抑制するであろう。同様に、生産物市場の支配力を持つ企業は、競争相手がいる場合よりも高い価格をつけるため、生産を抑制するであろう。本節では、いかにして競争の欠如が効率性に影響するだけでなく、労働市場の不平等を悪化させるかについて説明する。

労働市場の買い手独占。　非競争的労働市場の古典的形態は買い手独占である。ジョーン・ロビンソン（Joan Robinson 1933）が初めて考案

経済的平等への障壁——買い手独占、独占、差別の役割

した概念である、純粋な買い手独占のケースでは、雇用主がたった1人であり、市場支配力を用いて競争賃金率を下回る賃金率を設定する。単一雇用主というロビンソンの理論モデルは拡張され、一雇用主の買い手独占力が労働市場において大きなシェアを占めることから生じ、それが競争賃金を目指す雇用者の選択肢を限定するという概念を組み込んだ。雇用主は、通勤距離や勤務予定の柔軟性という問題のために労働者が転職するのが困難であるという状況から、買い手独占力を発揮し、それによって雇用主が賃金を決定する力を強めている（Manning 2020a）。シュテルツナーとバーン（Stelzner and Bahn 2021）の主張によると、女性と非白人労働者はこのような困難により遭いやすいので、買い手独占力はジェンダー及び人種不平等の拡大につながることがある。

多くの研究は、競争市場が要求する市場賃金を提供するのとは反対に、企業が提供する賃金を調整できる力を推計することにより、買い手独占力の直接的計測に焦点を合わせている。アザールとベリーら（Azar, Berry, and Marinescu 2019）が、求人応募データを用い、多くの市場においてこの買い手独占力の強力な証拠をみつけ、彼らは、労働者の生産性は彼らが受け取る賃金よりも17%高いと結論づけた。オンラインのオンデマンド型労働市場でさえ、買い手独占力が存在するという同様の証拠がある（Dube et al. 2020）。そこでは、求職、転職のコストは相対的に低いはずである。53の研究に関するメタ分析の結論では、全体として、研究は多くの雇用主に買い手独占力があるという強力な証拠を提供し、賃金が大幅に引き下げられていることを示唆していると結論づけている（Sokolova and Sorenson 2020）。重要なことなのであるが、2つの研究は、買い手独占力の程度は、低賃金労働市場の方が相当大きいことを明らかにしている（Bassier, Dube, and Naidu 2021; Webber 2015）。さらに、ウェッバー（Webber 2015, 2016）は、賃金に対する企業の市場支配力のマイナスの影響は、勤労所得分布の下半分、女性労働者で最も強いことを明らかにしており、そのことは、買い手独占力は全体でも男女間でも賃金不平等を増幅していることを示している。

企業が買い手独占力を発揮する方法の1つは、局地的労働市場で手にできる雇用において大きなシェアを提供することである。経済研究は、労働市場集中度が高いほど賃金が低いという関係を明らかにしている（Azar, Marinescu, and Steinbaum 2019; Benmelech, Bergman, and Kim 2020, CEA 2016; Philippon 2019; Qiu and Sojourner 2019; Rinz 2020）。最近の2つの研究は、合併・買収により局地的労働市場の集中度が上昇する時、賃金が低下することを明らかにしている（Arnold 2019; Benmelech, Bergman, and Kim 2020）。3番目の研究は、病院の合併に着目し、スキルがその業界に特殊な労働者の賃金上昇率を病院合併が低下させることを明らかにしている（Prager and Schmitt 2021）。最近の研究は、反トラスト法に抵触する可能性のある行動によって、雇用主が労働市場における高いシェアを獲得したり維持したりできるかどうかという疑問を提起している（Naidu, Posner, and Weyl 2018; Posner 2021）。

買い手独占力はまた、労働者の外部機会を低減させる慣行から生じることもある（Manning 2020b）。そのような慣行の1つは、競業避止義務の利用であり、それは、たいてい一定の期間内や地理的範囲内で、競合する事業に参加したり起業したりすることを雇用者に禁じるものである。スターとプレスコットら（Starr, Prescott, and Bishara 2021）は、米国労働者の約20%が2014年に競業避止義務を負っており、12%の労働者は年収2万ドル未満であった。競業避止義務は、ファスト・フード・チェーンや在宅医療機関など、低賃金産業の雇用主によってますます利用されるようになっている（Quinton 2017）。最近の研究が明らかにしたところによると、オレゴン州が競業避止義務の禁止を導入したところ、賃金が2%から3%上昇し、競業避止義務がより一般的な業種において効果がより大きかった（Lipsitz and Starr 2021）。ジョンソンとラベッティら（Johnson, Lavetti, and Lipsitz 2021）は、この関係を全国的文脈で検証し、競業避止義務のより強い執行は勤労所得を低下させ、女性と非白人労働者の勤労所得にマイナスの影響がより強く出ることを明らかにした。

一部の雇用主は、期待される報酬や労働条件など、潜在的な雇用の重要な特性について、労働者が情報を得る能力を阻害することにより、そ

⑤

の移動を妨げる。例えば、秘密保持契約（NDAs: nondisclosure agreements）は、雇用契約で競業避止義務としばしばセットとなっており、雇用者または元雇用者が雇用主に関する情報を開示することを禁止する。NDA は、機密情報を保護するために利用できるが、一部はもっと幅広く適用され、労働者が労働環境に関する情報を共有する能力を低下させることがある。研究は、過度に広い NDA は職場のハラスメント報告件数を減らすことがあることを示している（Sockin, Sojourner, and Starr 2021）。労働者はまた、1 つには賃金の秘密を促進する雇用主の慣行があるせいで、他の仕事で提供される賃金に関する情報を得られないかもしれない。研究が明らかにしたところによると、労働者、なかでも低所得労働者は、より高賃金の仕事の選択肢がある可能性に気づいておらず（Jäger et al. 2021）、賃金の秘密を減らすことで男女賃金格差を縮小させることができる（Baker et al. 2021）。

　労働者の流動性を低減させる別の慣行は、引き抜き禁止協定であり、それは、一定期間お互いの労働者を雇用しないことに合意する雇用主間で結ばれる契約である。労働者は、引き抜き禁止協定が有効であることに気づきもしない可能性があり、別々の雇用主間で結ばれた引き抜き禁止協定は反トラスト法の下でそれ自体違法で、気づくのが困難なため、それらがいかに一般的か知るのは難しい。少し異なる文脈であるが、クルーガーとアッシェンフェルター（Krueger and Ashenfelter 2021）は、2016 年に、いくつかの大手ファスト・フード・チェーンを含むフランチャイズ契約の約 60% が、引き抜き禁止条項を含んでいたことを明らかにした。その研究はまた、引き抜き禁止条項が低賃金で離職率の高い業界のフランチャイズでより一般的であることを明らかにした。もっとも、多くのファスト・フード・フランチャイズはすでに、世論の圧力と法的問題に対応してフランチャイズ契約からそれらの条項を削除している（Abrams 2018）。

　生産物市場の独占。　純粋な買い手独占は買い手がたった 1 人しかいない市場を指すのに対して、純粋な独占は売り手がたった 1 人しかいない市場を指す。したがって、企業は、ほんの一握りの売り手で生産物を販売する市場の集中度がよ

り高い時——しばしば寡占市場と呼ばれるものの時——より大きな独占力を得る。これによって企業は、より激しい競争状態にある時よりも、より高い価格を課し、より少なく生産をするようになる。さらにボーシーとクヌーセン（Boushey and Knudsen 2021）は、市場集中が米国においてイノベーションと経済全体の投資を減らしているという証拠が増えていると指摘している。

　生産物市場の集中は、経済的不平等ももたらすかもしれない。市場支配力を有する企業が競争市場で設定されるよりも高い価格を設定できる時、これが生じるのである。最近の研究で探究されているように（Gans et al. 2018、Philippon 2019）、この価格決定力は、消費者に害を及ぼすが、株主への見返りを高める。この現象は不平等を悪化させる可能性がある。というのは、消費者は所得分布全体に散らばっているのに対して、株主は所得分布の最上位近くにいる可能性が高いからである。研究もまた、市場集中度の上昇は、経済産出によって生み出された所得のうち、労働者が受け取るシェアが少なくなることと関連していることを明らかにしている（Barkai 2020; Autor et al. 2020; Eggertsson, Robbins, and Wold 2021）。

　チョウとソジャーナ（Qiu and Sojourner 2019）は、市場集中に関する研究の 2 つの要素を合わせ、生産物市場と労働市場の集中がいかに相互作用するかに注目している。彼らは、2 つの老人ホームを持つ町の例を用いている。その町は局地的市場において看護士の唯一の雇用主であり、介護の唯一の提供者であり、労働市場と生産物市場の両方で町に力を及ぼしている。彼らは、労働市場集中が賃金に及ぼすマイナスの影響は、生産物市場の集中度が高いほど強いことを明らかにした。第 6 章では、労働市場の不平等の文脈において本章で論じたのと同じく、サプライチェーンに沿って、さまざまな地点における異なるレベルの競争と市場支配力が、同様のダイナミクスを生み出すことを検討する。

人種及びジェンダー差別

　人種やジェンダーの不平等は、個人レベルでも、また、より幅広くより構造的な条件下で発生する差別からも生じることがある。本節では、いかに

経済的平等への障壁──買い手独占、独占、差別の役割

差別が不平等を悪化させたのか、またそのような不平等が雇用主の市場支配力によっていかに持続し悪化しうるかに関する広範囲に及ぶ証拠を探究する。

人種、エスニシティ、ジェンダーによる勤労所得の差のすべてが、競争の欠如や差別の結果であるというわけではない。なぜなら、個人の仕事の生産性を高める教育達成度などの特性の差によって、競争的労働市場においても勤労所得の差は出現しうるからである。人種及びエスニシティにより教育達成度には顕著な差がある。例えば、非ヒスパニック白人の35.8%は学士号の学位を得ているが、黒人（21.6%）、ヒスパニック（16.4%）、ハワイ先住民及び太平洋諸島民（17.8%）、アメリカ・インディアン及びアラスカ先住民（15.0%）については、この割合は低い（McElrath and Martin 2021）。アジア系アメリカ人は、教育達成度が最も高く、54.3%が学士号かそれ以上の学位を得ている。「人的資本」と呼ばれる、生産性に関連した特性の違いの程度については多くの研究があり、それは人種及び性別による勤労所得格差を説明することができる。

人種、エスニシティ、ジェンダーによる賃金及び勤労所得の残差は、教育達成度と幅広いその他の生産性を高める特性を考慮した後でも残る（Burnette 2017; Kamara 2015; Borowczyk-Martins, Bradley, and Tarasonis 2017）。例えば、最近の研究が明らかにしたところによると、学歴、職業、職歴、組合加入状況などの要因を考慮した後でも、40%から60%の男女賃金格差が説明されないままである（Blau and Kahn 2017; Foster et al. 2020）。実際、女性の教育達成度は平均すると今日では男性のそれよりも高いことを考えると、男女賃金格差のうち説明できない部分が増加する。この説明できない部分は、黒人及びヒスパニック女性についてはいっそう大きくなり、彼女らは男女賃金格差と人種賃金格差の合計以上の賃金格差に直面しているのである（Paul et al. 2018; Bahn and McGrew 2018）。さらに、教育格差は、人種及びエスニック集団を通じた経済的帰結の差の一部を説明できる一方、これらの格差は、個人が職場に入る前に生じる差別からくるものともいえる。

個人レベルの差別。「残差」の不平等に関する有力な説明の1つは、人種またはジェンダーに基づく個人レベルの差別である。経済学の分野では、労働市場における差別の2つの主要なモデルに、多くの研究が基づいている。(1)いわゆる嗜好型差別（Becker 1971）。かなりの雇用主が個人的に特定集団の労働者を雇用するのに嫌悪感を持つことである。(2)統計的差別（Phelps 1972; Arrow 1973）。潜在的労働者のスキルについて十分な情報を持たない雇用主が、賃金提示を行うためにその人種またはジェンダー集団の平均的特性を用いる時に差別が生じる（理論と実証研究のレビューとしては、グリアンとチャールズ〔Guryan and Charles 2013〕を参照のこと）。意図にかかわらず、両方の形態の差別は、差別が行われる集団に対して全く異なる悪影響を及ぼす。

労働市場におけるこれらの形態の差別は、労働者と雇用主の間の個別取引で生じるものであり、理論的には十全に機能する市場において持続するとは考えにくい。嗜好型差別のケースでは、差別的な雇用主は、労働者の生産能力だけを反映して雇用の意思決定を行う雇用主により競争市場から駆逐されるので、差別的扱いは減少するはずである。一方、統計的差別は、雇用主が労働者に関するより正確な情報を収集するので、時間の経過の中で減少していく可能性がある（Altonji and Pierret 2001）。しかし、サーソンズ（Sarsons 2019）はこれが当てはまらないことを示し、患者の死亡後、女性外科医は男性外科医よりも主治医からの紹介が大幅に減少することを明らかにした。それは、同様の情報が男性医師と比較して女性医師に不利だと解釈される可能性を示唆している。

人種または性別による個人レベルの差別に関する証拠は、同一の資格を持つが、人種またはジェンダーの異なる履歴書を雇用主に送る履歴書調査など、実験的方法を用いて発見されている。バートランドとムッライナタン（Bertrand and Mullainathan 2004）は、白人風の名前の履歴書は黒人風の名前の履歴書よりも50%高い確率で応答があることを明らかにした。クイリアンら（Quillian and others 2017）は、人種及びエスニシティ差別のそのような実験的研究すべてのメタ分析を実施し、白人応募者は応答を受ける確率が黒人応募者よりも36%、ラティーノ応募者より

も 24% 高いことを明らかにした。その研究によると、1990 年から 2015 年まで、黒人応募者に対する差別の水準に何ら変化はみられなかったが、ラティーノ応募者に対する差別は緩やかに減少した。住宅市場におけるヒスパニック／ラティーノ労働者に対する差別は、労働市場全体の流動性を低減させる可能性があるが、それに焦点を合わせた関連研究は、移民と同化が重要な役割を果たしていることを明らかにした。ハンソンとサンタス（Hanson and Santas 2014）による e メール応答を用いた実験的研究は、家主の 6.9% が最近来たらしいヒスパニック移民に対し差別するが、同化しているようにみえる応募者に対してはほとんど、または全く差別をしていないことを明らかにした。それは、疎外されたヒスパニック／ラティーノの人々の顕著な移動障壁を示している。

　実験的研究はまた、女性に対する個人レベルの労働市場差別も明らかにしている。資格を持つ女性は、男性と比較して採用や昇進の可能性が低く（交響楽団のケーススタディについては、ゴールディンとラウズ（Goldin and Rouse 2000）を参照のこと）、採用の差異は期待所得が高い職種でとくに強い（Neumark et al. 1996）。もっと新しい履歴書研究は、いかにジェンダー差別が特定企業に集中し、特定産業でより強いのかに光を当てたもので（Kline, Rose, and Walters 2021）、男性優位の職業の雇用主（Hangartner, Kopp, and Siegenthaler 2021）や、科学、技術、工学または数学の専攻を要する求職者（Kessler, Low, and Sullivan 2019）で、それがとくに激しい証拠を明らかにした。

　*個人レベルの差別を超えて——構造的人種差別。*個人レベルの差別という理論は米国における差別の歴史的形態の遺産を十分に組み込んでいないので、人種集団間の結果の持続的格差を説明するうえでとくに、その理論がいかに不完全であるかを示す研究が増えている。例えば、経済結果における現在の黒人・白人格差は、黒人を動産とする奴隷制度の時代から、人種隔離のジム・クロウ制度、現代の大量投獄時代に至る米国史の時代まで部分的には説明できる（Cook and Logan 2020）。

　これらの持続的格差を説明できる理論を確立するため、ウィリアム・ダリティ・ジュニアは、「階層化経済学」という下位領域を開発し（Darity 2005; Darity, forthcoming; Chelwa, Hamilton, and Stewart, forthcoming）、その中で、異なる集団アイデンティティを維持する物質的インセンティブがあるため、経済的格差は持続すると主張した。このような集団アイデンティティが階層内に生じ定着するので、アセモグルとウォリッツキー（Acemoglu and Wolitzky 2011）の強制モデルのような理論が、人種差別の構造的形態がいかにして労働市場に定着するのかを示すのに用いられる[1]。この理論の下では、雇用主は、利潤を最大化するために望ましくない低賃金労働契約を結ぶことを労働者に強制する経済的インセンティブを有し、極端な場合には強制力や暴力を用い、よりソフトな場合には流動性と外部機会を制限することにより労働者の交渉力を弱める。ナイドゥ（Naidu 2010）はこの証拠を提供し、南北戦争後の米国南部において雇用主がすでに雇用されている農業労働者を採用することを妨げる引き抜き料が、黒人分益小作農の労働市場の流動性と賃金を抑制したことを示している。

　構造的人種差別に関する第 2 のカギとなる洞察は、一部の行為者による差別が同じ環境や市場、もしくは経済の別の部分の他者に波及し、より広範囲に及ぶ格差を生じさせるというものである。例えば、法執行と法制度における差別は、人種集団間で偏った投獄率を悪化させる。米国白人人口 10 万人当たり州・連邦刑務所服役囚は 233 人であるが、ヒスパニック人口は投獄率が 50% 高く、10 万人当たり 351 人であり、アメリカ・インディアンとアラスカ先住民人口は投獄率が 2 倍以上で、10 万人当たり 565 人、黒人人口は投獄率が約 5 倍で、10 万人当たり 1160 人である。アジア系アメリカ人と自認する人たちだけは投獄率がはるかに低く、10 万人当たり 39 人であるが、ハワイ先住民及び太平洋諸島民と自認する人々は投獄率がその 12 倍にもなっており、10 万人当たり 497 人である（Carson 2021）。さらに、再犯や職歴の差に関する懸念のためや、生産性関連要因以上に一般的な烙印のため、元服役囚に対する労働力差別に関するかなりの証拠がある（Agan and Starr 2018）。この差別は時に、彼らを特定セクターで働けないようにする制限として法制化されることもある。多くの州は、逮捕歴や前科のある者への職業免許の付与を拒否している

経済的平等への障壁——買い手独占、独占、差別の役割

（Sibilla 2020）。第4章は、元服役囚の雇用機会を制限するいくつかの障害についてさらに詳しく説明している。元服役囚が直面する障壁が意図的に人種を標的にしていなかったとしても、特定人種集団の投獄率が高いことは、これらの雇用障壁がこうした集団のメンバーを不当に邪魔し、構造的形態の人種差別をもたらしていることを意味する。

　場合によっては、歴史的な人種差別の長期的影響は、差別が克服されたと素朴に解釈される経済的指標をもたらす。鈴木（Suzuki 1995）は、1920年から1930年の間における日系移民の経済結果の改善を、この期間に「専門的」及び高給の職業に就いた人々の割合の増加によって計測することで検証した[2]。これらのパターンは、アジア系アメリカ人の例外主義の一例として引き合いに出されることがある。アジア系アメリカ人は、さまざまな人種及びエスニック集団の中で最も高水準の勤労所得を持ち続けている。鈴木（Suzuki 1995）は、この通説に異議を唱え、1920～30年の期間に、9つの州が日系移民による農地の購入を禁止する法律を成立させ白人でもアフリカ系でもないとして最高裁判所は日系人を帰化不能と定め、米国政府は日系移民を排斥する法律を成立させたと指摘している。著者はまた、日系移民排斥法が移民の日本への大々的な帰国と関連していることを明らかにし、また、この流出が低賃金職の人たちに偏って構成されていたことを明らかにした。したがって、日系移民の見かけ上の経済的サクセス・ストーリーは、非常に差別的な政策によって実際には推進され、米国にとどまった人々に選択バイアスをもたらした可能性がある。

　歴史的な経済的階層化の最も顕著な例の1つは、1700年代後半に始まった米国領土の拡張期において、先住民やその部族を土地から大々的に追い立てたことである。カルロスとフェアら（Carlos, Feir, and Redish 2021）の主張によると、歴史家は米国の経済発展における豊富な土地、財産権、法の支配の死活的役割を強調するが、これらの議論は、存在している先住民集団や部族のメンバーにとっては、まさに同じ投入物や制度が同時に侵食されたことを消し去っている。移住と地理的制限というしばしば暴力的な過程によって引き起こされた直接的な被害に加えて、その数世紀にわた

る過程は、今日のアメリカ・インディアンとアラスカ先住民にマイナスの経済的結果をもたらす一因となった。アキー（Akee 2020）は、一例として、1889年ネルソン法（Nelson Act of 1889）を研究した。同法は、ミネソタ州のアニシナベ居留地の集団保有された財産を接収し、区画を個々の所有者に割り当て、彼らにインディアン以外の買い手に土地を売却することを認めた（U.S. Congress 1889）。土地の私的所有の増加は土地のより生産的な利用を支援すると期待されるかもしれないが、アキー（Akee 2020）が明らかにしたところによると、割り当ての影響を受けていない居留地と比較して、土地所有、住宅所有、自営農業が急速に減少し、木材産業における賃借と賃労働の増加が伴った。土地と資本の所有権のこうした減少は、のちのアニシナベ族の世代に、より低い資産水準とより貧しい経済的結果をもたらしたと考えられる。

　ジェンダーに基づく職業分離と職業的偏見。 採用や昇進における雇用主の差別以外に、経済学者は、職業分離や家庭内分業に関する雇用主の仮定など、労働市場におけるジェンダー不平等の幅広い原因も考察してきた。職業分離は、男女賃金格差において大きな役割を果たしている。研究が明らかにしたところによると、男女が働く職業と産業のタイプの相違が賃金格差をもたらす大きな要因のかなりのものであり、その格差の3分の1から2分の1を占めている（Blau and Kahn 2017; Foster et al. 2020）。ジェンダーによる職業分離は時間の経過の中で減少してきたが、その過程は過去2、30年間停滞している（del Río and Alonso-Villar 2015）。2011～15年の期間に、40%以上の労働者が、労働者の4分の3以上が一方のジェンダーの職業に就いており、女性の方が低賃金の職業に就く可能性が高かった（Gould, Schieder, and Geier 2016）。

　女性は、他者の介護を伴う職業に参入する可能性がより高い。例えば、保育セクターの労働者の94%、在宅ヘルス・ケアの労働者の89%は女性である。その中で、黒人、ヒスパニック、アジア系アメリカ人／太平洋諸島民の女性は、全労働者に占めるその割合に比べて過剰に存在している（Gould, Sawo, and Banerjee 2021）。これらのセクターの平均賃金は、労働者全体の平均賃金の

約半分である。さらに、研究によって明らかにされているところでは、特定の介護職に関連した賃金ペナルティがあり、これらの仕事に必要な教育とスキルを調整した後でも残る（England, Budig, and Folbre 2002; Barron and West 2011; Pietry-kowski 2017; Budig, Hodges, and England 2019; Folbre and Smith 2017）。この「介護ペナルティ」は、熟練した介護労働者でさえ、同等の資格を必要とするが介護に関係しない仕事よりも賃金が低くなることを意味する。介護ペナルティの推計値は研究によりばらつきがあるが、最も包括的な最近の研究は、女性の保育労働者、看護助手、保健助手の賃金ペナルティは 15% であることを明らかにした（Budig, Hodges, and England 2019）。その研究はまた、この分野の男性に 6% の賃金ペナルティをみつけており、これらの介護職の賃金ペナルティは女性に限られたものではないという他の研究と一致している。最近の研究は、性別特有のスキルと性別特有の役割に関する固定観念が、この職業分離の少なくとも一部を説明できるという証拠を明らかにしている（Bertrand 2020; Levanon, England, and Allison 2009; Pan 2015）。比較的低賃金の職業で女性が圧倒的だということは、男女賃金格差を拡大させることになる。

　ジェンダー不平等の別の原因は、家庭内分業と、それに関する雇用主の思いこみに関連している。女性労働参加率の上昇は家事労働（家事や育児を含む）に費やす平均時間の減少が伴っているが、研究が明らかにしたところによると、女性は無給の家事に費やす時間の割合が高く、男性は有給の仕事に費やす時間の割合が高い（Bianchi et al. 2012）。2019 年、母親は、家庭内における子供の世話に父親の約 2 倍の時間を費やした（BLS 2020）。シミンスキーとイェツェンガ（Siminski and Yetsenga 2021）が、――女性の賃金が配偶者の 2 倍であるという――極端な場合でさえ、女性が家事労働を 44% 多く行っているということを明らかにしたように、これは、配偶者の賃金と比較した女性の賃金に関係なく当てはまる。家庭内の不均衡の結果として考えられるのは、子供が世帯に加わった時に生じる労働供給の削減と職歴の喪失に関連した長期的賃金ペナルティを、母親が経験することである（Kleven et al. 2019）。

　この労働力退出期間が母親の長期的勤労所得に及ぼす直接的影響に加え、実験的事実が示すところによると、女性の育児責任が増大するという雇用主の予想が、女性の労働市場での結果に影響を及ぼすことがある。バートランドとムッライナタン（Bertrand and Mullainathan 2004）の研究をモデルとした履歴書研究が明らかにしたところによると、求人先が子供のいない女性に応答する可能性は子供を持つ女性に応答する可能性の約 2 倍であり、他方、男性への応答は父親かどうかに影響を受けなかった（Correll, Benard, and Paik 2007）。プティ（Petit 2007）も同様に履歴書研究を用い、フランスの金融業界で高スキルのポジションで若い女性に対し顕著な採用差別があることを明らかにしているが、そこでは扶養家族のケアのための休暇がとくに不利となる。

不平等は経済効率と成長にいかに影響を及ぼすのか

　労働市場における不完全競争と差別に対処するモチベーションの一部は公正と正義の精神に根差しているけれども、そのような措置が経済全体の産出と成長に貢献しうることも、なされるべき重要な主張である。不平等を是正する政策もコストのかかるレントを求める行動を削減するのに役立ち、経済効率と生産性は改善するであろう。同様に、かなりの者が経済に完全には参画できないようにする障壁から不平等が生じる場合、こうした障壁の撤廃は経済成長を支える。

買い手独占力が非効率的な労働市場という結果を生む

　前述のように、労働市場における買い手独占力を持つ企業は、より競争的な状態よりも賃金を低く設定し、雇用する労働者を少なくし、賃金不平等をもたらす。こうした非効率的な低水準の雇用も、経済産出を直接損なう[3]。最近の研究の推計

経済的平等への障壁——買い手独占、独占、差別の役割

では、米国経済の買い手独占力は、経済全体の産出を13%減少させている（Naidu, Posner, and Weyl 2018）。さらに、競業避止義務、引き抜き禁止協定、また秘密保持契約や報酬守秘義務は、賃金分布全体を通じて労働者に害を及ぼす可能性がある。雇用主間の競争を減らし、労働者の流動性を限定することで、これらの制限的雇用慣行は、かなりの労働者がその資格に最も相応しい仕事をみつけることを妨げることにより、経済効率を低下させる。

差別は人材の配分を誤り、イノベーションを抑制する

多くの実証研究が論じるところによると、さまざまな形態の人種差別及び性差別が優秀な労働者を遠ざけ、経済成長を遅らせることがある。例えば、バックマンら（Buckman and others 2021）による最近の研究の推計は、雇用、教育及び勤労所得が1990年から2019年までの期間を通じて人種及びエスニック集団間で平等化していた場合、国内総生産は22兆9000億㌦増加していたという。これらの増加分は、既存の労働者がその潜在力をフルに発揮できるようにすることによっても、また、存在が過小な人種集団におけるスキルへの投資に対するリターンをより確実なものにし、それが将来の成長をもたらすことによっても、生じるのである。同様に、シェーほか（Hsieh and others 2019）が明らかにしたところによると、1960年から2021年までの期間において、存在が過小な集団の高所得職へのアクセス増加が、総産出の伸びの20%から40%を占めたことを示している。バックナーとバーバー（Bucknor and Barber 2016）の推計によると、元服役囚の雇用水準が低いことで、国内総生産に800億㌦のコストがかかるとしており、その一因は差別にあり、黒人、ヒスパニック、アメリカ・インディアン、アラスカ先住民コミュニティに非常に重い影響を及ぼす。クック（Cook 2014）では、人種差別的暴力により19世紀末から20世紀初めにかけてアフリカ系アメリカ人による特許は数百件減少したことが明らかにされ、クックとガーソン（Cook and Gerson 2019）では、女性や存在が過小なマイノリティの特許取得の格差を縮小することによりいかに経済成長を高められるかが示されている。

具体例として、研究により、南部に定着した人種差別主義を緩和することが、その地域の経済成長の上昇と関連していることが示されている。南北戦争後の再建期の南部において黒人の政治力が増大した短期間には、課税と、公教育への支出の増加がみられた（Logan 2020）。同様に、1927年のミシシッピ大洪水は、黒人労働者に工業都市への移住を強制し、南部地主の強制力を削いだので、資本投資と技術採用への依存度を上昇させることになった（Hornbeck and Naidu 2014）。その後のこの地域における経済成長は、強制的な労働慣行による私益が、より社会的に貴重な投資と効率的生産を犠牲にして成り立っていたことを示している。とくに顕著なことに、ライト（Wright 2013）が論じるところによると、公民権運動によってもたらされた革命的変革は、雇用、教育、ヘルスケアへのアクセスの改善をもたらし、それらは南部の黒人だけではなく、南部経済全体にも恩恵をもたらし、数十年にわたる低開発を部分的に解消するのに役立った。全体として、南部に定着した人種差別が部分的に解消された歴史上の瞬間は、南部がより工業化した北部経済に最も追いつくことができた時代であった傾向がある。

差別は人的資本投資のインセンティブを減じる

差別と買い手独占力はまた、影響を受けた人々が自分たちの教育とスキル開発に投資する程度を低下させた場合、大幅かつ長期的なマイナスの影響を経済成長に及ぼすことがある。自らの生産性よりも低い賃金しか支払われないと考える労働者は、差別のためにしろ、雇用主の買い手独占力のためにしろ、その生産性を高める研修のような諸活動に従事するインセンティブが低下し、そのような研修に対してすでにある障壁がいっそうに強化されるであろう。例えば、ある研究では、移民であるために将来のキャリアで生じる障壁を予想しているラティーノの高校生は、4年制大学よりも2年制大学に進学する計画を立てる傾向があることが分かった（McWhirter, Ramos, and Medina 2013）。人的資本開発の増加が経済成長にもたらす恩恵については、第4章で詳細に述べられている。

⑤

労働市場の不平等の諸原因に対処する政策

不平等に対処することは、人々が努力や生産性への寄与に対して公平に報われることを確保し、ひいては力強い生産性と成長を促すために重要である。これは多くの方法で生じるため、万能の解決策はない。その代わりに、より大きな構造的問題に対処するのはもちろんのこと、非競争的及び差別的な市場の結果に起因する不平等に対処することを企図した数多くの具体的政策がある。

不平等に対処するために中心となるのは、既存の労働保護と差別禁止法の強化である。1935年全国労働関係法（U.S. Congress 1935）は、全国労働関係委員会を創設した。1938年公正労働基準法（U.S. Congress 1938）は、労働省賃金・労働基準管理局を創設した。1964年公民権法（U.S. Congress 1964）は、均等雇用機会委員会を創設した。それぞれ労働者が公正に扱われることを確保するのに重要なものである。1990年障害を持つアメリカ人法（U.S. Congress 1990）や1993年家族・医療休暇法（U.S. Congress 1993）など、より最近の政策は、とくに公平に関する懸念について重点的に取り扱っている。提案されている平等法は、可決された場合、雇用の領域を超えた状況において性的嗜好やジェンダー自認に基づくものを含め、さらなる形態の差別を禁止するであろう（U.S. Congress 2021e）。

労働者に対する差別を禁止する法律の影響に関する研究では、一般的に、対象の受益者に対してプラスの効果があることが判明している（具体的集団に関する研究については、Collins 2003; Neumark and Stock 2006; and Neumark et al. 2019を参照のこと）。これらの結果もまた労働者の誤った分類に対処する必要性を強調している。雇用者として分類されるべきであり、したがって前記の法律の適用を受けるべき労働者が、誤った分類により独立請負業者として扱われている。より一般的な経済政策は、賃金不平等や、人種またはジェンダー差別の根底にある要因をいっそう削ぐ可能性を秘めている。網羅的リストとはいえないが、本節ではそのような政策のいくつかについ

て概観する。

競争の促進

健全な市場競争は、正しく機能する米国経済の基本である。基本的な経済理論が例証するように、企業が顧客をめぐって競争しなければならない場合、それは一般的に価格低下、財・サービスの質の向上、品揃えの充実、イノベーションの増加をもたらす。2021年、バイデン大統領は、米国経済競争促進大統領令に署名し、数十年にわたる競争減少を押し戻すため、複数省庁によるアプローチを確立した。その大統領令は、従来の反トラスト政府機関——司法省（DOJ）と連邦取引委員会（FTC）——に、現行法を強力に執行し、その合併ガイドラインの改定を検討するように要請しただけではない。それはまた、すべての省庁に、その詳細な知識と専門知識を活用し、その仕事が規制対象市場の競争を明白に支持するよう求めたのである（White House 2021c）。この全政府アプローチは、リソースによっても、反トラスト法の現行の司法解釈によっても、反トラスト機関が束縛されているという懸念に対処するよう設計されている。それはまた、反競争的行為を取り締まり、合併を監視する権限を、司法省と連邦取引委員会だけではなく、議会が多くの機関に委任しているという事実に依拠している。それゆえ大統領令は、約12の機関に対し、参入障壁を撤廃し競争を奨励する70以上の具体的措置に従事するように指示または奨励している。

反トラスト法執行の強化は、労働市場の買い手独占を緩和し、ひいては賃金、平等、人種及びジェンダーに基づく賃金格差に対するマイナスの影響も緩和する（Marinescu and Posner 2019）。反トラスト法は、引き抜き禁止協定、競業避止義務、労働者の流動性に対する関連の契約上の制限に対抗するために用いられてきた。それはまた、労働市場を過度に集中させる合併を阻止し、労働市場の買い手独占の獲得と維持を行う大雇用主に罰

則を与えるために用いられてきた。こうした反トラスト法の活用の一部は最近まで珍しかったが、米国経済競争促進大統領令は、政府機関に対し反トラスト法をいっそう活用し、労働市場の競争を促進するよう求めている。例えば、司法省と連邦取引委員会は、合併ガイドラインを改定する手続きを始め、労働市場への影響についてパブリック・コメントを募集している（Federal Trade Commission 2022）。

労働組合と労働市場の公正性

労働組合は、労働者が雇用主と交渉する力を高め、雇用主が賃金と労働条件を設定する権力への拮抗力として機能することができる。労働組合の交渉力が賃金を上昇させることを示した研究（Card 1996; Chava, Danis, and Hsu 2020）や労働組合の代表権も労働者の満足度と勤続年数を増加させることを示した研究（Freeman and Medoff 1984）も含め、この考え方を支持する研究が数多くある。労働組合はまた労働者に発言権を与え、生産性を向上させることがある（Cai and Wang 2020）。雇用主の買い手独占力がある場合、労働組合により達成された報酬増加は、経済的レントを雇用主から雇用者に移転させ、効率性を大きく犠牲にすることなく不平等を縮小させることがある。この見解と一致しているのであるが、組合組織率の上昇は、買い手独占が賃金に及ぼすマイナスの影響を緩和することが明らかにされており（Benmelech, Bergman, and Kim 2020; Qiu and Sojourner 2019; Prager and Schmitt 2021; Dodini, Salvanes, and Willen 2022)、歴史的に組合加入の程度と所得不平等の間には逆の関係があった（Farber et al. 2021））。

労働組合もまた、ジェンダー、人種及びエスニックの背景を異にする人々に対して、公正な支払いと労働条件を促進する可能性を秘めている。例えば、黒人労働者の組合加入率上昇は賃金増加につながり、黒人女性に対しては、白人女性と比較した賃金格差に大幅な縮小をもたらす（Rosenfeld and Kleykamp 2012）。また、団体交渉は、教師の男女賃金格差縮小と関連している（Biasi and Sarsons 2022）。これは米国史においてつねに当てはまるわけではない。一部の労働組合は、過去

において、排他的な、反アジア系移民政策を支持したことがあり（Frymer and Grumbach 2020)、主要労働組合は時おり、黒人労働者に対する差別的慣行（Hill 1959）や、執行部における女性の代表権が限られていることにより批判にさらされてきた（Ledwith 2012）。それにもかかわらず、労働組合は、1964年公民権法の重要な提唱者であり（Collier and Grumbach 2022）、米国におけるその後の組合化の波は、これらの組織における女性の代表権の拡大と関連している（Milkman 1990）。2021年、労働組合加入者は実に多様である。組織化された労働者の3分の1以上が黒人、ヒスパニック、アジア系、または別の非白人集団のメンバーであり、約半数が女性である（BLS 2022b）。フライマーとグルンバッハ（Frymer and Grumbach 2020）によると、白人労働者の中では、労働組合加入者であることにより、人種的憤慨が抑えられ、アフリカ系アメリカ人に恩恵をもたらす政策への支持が高くなる。

1960年代以降、労働組合員数は減少しているにもかかわらず、非組合員労働者の約半数は、職場に組合があるならば組合に加入することに興味があると報告しており（Hertel-Fernandez 2020)、それは労働組合組織化の権利を支援する政策取り組みには貴重な役割があることを示している。こうした取り組みを支援するため、バイデン大統領は大統領令14025号に署名し、それによって「労働者の組合組織化及び権限能力に関する作業部会」を設立した（White House 2021d）。その作業部会は、行政府がいかにして労働者の力と団体交渉を支援できるかを特定することに責任を持ち、団結権に関して情報を共有し透明性を向上させることにより、連邦政府がいかにしてモデル雇用主として働き、労働者を支援するかに注目した70の勧告を公表した（Harris and Walsh 2022）。行政府の取り組みに加えて、労働者の権限能力に関連したカギとなる法律には、「団結権保護法」（PRO Act: Protecting the Right to Organize Act）がある（U.S. Congress 2021a）。団結権保護法は、労働者の権利を踏みにじる企業に対する罰則を導入し、労働者の団体交渉権を拡張し、公正な組合選挙へのアクセスを確保することによって、労働者の組合加入権を保護することに狙いを定めている。「公共サービス交渉自由法」（Public Service Freedom to Negotiate Act）（U.S. Congress 2021b）も同様に、公共セクターの労働者に支援を提供し、他方、「全米家庭内労働者権利章典」（National Domestic Workers' Bill of Rights）（U.S. Congress 2021c）は、労働保護の適用範囲を家庭内労働者が含まれるように拡張し、女性、有色人種、移民に偏ったセクターに、労働基準の規制強化を提供することを提案するものである。

最低賃金

公正労働基準法は 80 年以上前に初めて成立し、その後の修正によって、より幅広い範囲の労働者に適用範囲を拡張してきた。さらに、30 州とコロンビア特別区は現在、連邦最低賃金よりも高い水準の最低賃金を定めており（Department of Labor 2022b）、40 の地方自治体はその州の最低賃金より高い最低賃金を採用している（Economic Policy Institute 2022）。最低賃金を義務化することは、稼ぐ力が最も乏しい人々が働いた時間について少なくとも最低水準の報酬を確実に得られるようにすることにより、不平等を縮小させる。最低賃金が低賃金労働者の暮らし向きを——正味で——良くする可能性は、雇用主が労働者をめぐって競争しなければならないかどうかなど、いくつかの要因に左右される。最低賃金は、完全に競争的な労働市場において雇用主に対し、労働者をより高い時給で採用することを控えさせることがある。しかし、競争の欠如または差別のために労働者の賃金が低い場合、雇用主は労働者の生産性よりも低く賃金を設定し、より競争的な状態よりも労働者の採用を少なくするので、最低賃金法は歪みをもたらさない可能性がある。最低賃金法が雇用に及ぼす影響に関しては論争が続いているけれども（Neumark and Shirley 2021; Dube 2019; Cengiz et al. 2019; Card and Krueger 1994）、最近の実証研究が示すところによると、最低賃金法は集中度の高い労働市場において雇用を実質的に減少させず、市場集中度の上昇に伴って雇用は増加することさえある（Azar et al. 2019）。これが示唆するところによると、最低賃金のような政策は、雇用を削減したり経済的産出を犠牲にしたりすることなく、賃金不平等を是正することができる。

最低賃金は、勤労所得の伸びを高めることにより不平等を是正することが明らかにされており、その効果は数年にわたって持続する（Rinz and Voorheis 2018）。連邦最低賃金の適用範囲をわが国で最も賃金の低いセクターの一部に拡張するため、1966 年に公正労働基準法が改正された時、賃金は増加し、人種による勤労所得格差は縮小した（Bailey, DiNardo, and Stuart 2020; Derenoncourt and Montialoux 2021）。デレノンコートとモンティエロウ（Derenoncourt and Montialoux 2021）の推計によると、最低賃金法は、公民権時代における黒人・白人勤労所得格差縮小の 20% を占めている。

連邦最低賃金を現行水準の時給 7.25ドルから引き上げるには立法が必要とされるけれども、バイデン–ハリス政権の大統領令 14026 号は、対象の連邦契約で働いている労働者、またはそれに関連して働いている労働者については、新たに最低時給を 15ドルに設定した（White House 2021e）。何十万もの契約労働者の賃金を直接引き上げることに加えて、連邦契約労働者と同じ労働市場にいる競合他社も労働者をめぐって競争しようとするため、この大統領令はより広範囲に影響を及ぼすことができる（Derenoncourt et al. 2021）。さらにバイデン大統領は、連邦最低賃金をすべての労働者に対して 15ドルに引き上げること、将来の引き上げをインフレに連動させること、チップを受け取る一部の労働者へ適用されるより低い最低賃金を段階的に廃止すること、連邦最低賃金の適用範囲を十代と障害を持つ労働者にまで拡張することなど、最低賃金政策の他のいくつかの調整を支持している。これらはすべて、提案中の 2021 年賃上げ法の特徴である（U.S. Congress 2021d）。

完全雇用と逼迫した労働市場

最低賃金の制定と組合結成の取り組みの支援は、全体的な賃金不平等を是正するのに直接役立つけれども、完全雇用状態を支援する財政・金融政策も強力な根本的役割を果たすことができる。完全雇用——インフレに拍車をかけることなく可能な限り低い失業率——は、生産性に応じた賃上げを要求できる立場に労働者を置くことができる。これは、雇用主の市場支配力を相殺し、雇用主が差

別的慣行に従事するのを制限することができる。求職者に比して求人数が多い場合、すべての労働者にとって外部機会の改善があり、それは差別を受けている人々にとってはとりわけ重要である。例えば、米国救済計画は、COVID-19パンデミックに対処し経済を支援するために作成されたものであるが、予想をはるかに上回る成長率に寄与し、2021年に600万以上の雇用を米国経済に付け加えたもので、それは暦年で1978年以来最高の成長率であった。しかし、パンデミックの期間中のように、財・サービスの供給が制約を受けた場合、拡張的財政政策が困難になることを世界は学んだ。

ダールとネッパー（Dahl and Knepper 2021）による研究は、完全雇用が差別的慣行から労働者を保護することができるという見解を支持している。彼らが明らかにしたところによると、逼迫した労働市場と手厚い失業保険給付により、求職者が職探しをする能力を高め、そうでない場合、報復を恐れて報告を避けるかもしれない労働者によるセクシャル・ハラスメントの報告を増加させる。実質的な道徳的配慮以外に、逼迫した労働市場を支援し、職場のジェンダー差別を抑える政策も、悪質な行為者を特定し責任を取らせ、良質な雇用主に報いることによって、そして雇用主と雇用者のより良いマッチングを確保することによって、経済効率も改善するかもしれない。ダールとネッパー（Dahl and Knepper 2021）は、差別的扱いを受けたという苦情から、年齢関連の差別を減らすという同様の証拠を見出した。

ビドルとハマーメッシュ（Biddle and Hamermesh 2013）によって示されたように、逼迫した労働市場は男女賃金格差を是正することができるという事実もある。しかし、対照的に、その著者らは、賃金における黒人・白人格差は労働市場逼迫時に実際には大きいことを明らかにしている。もっとも、それは、失業率が低い時に、より多くの低賃金黒人労働者が労働力に参入できるという事実が一因である（Ashenfelter 1970; Freeman et al. 1973）。事実、他の研究は、失業における黒人・白人格差は労働市場逼迫時に低下する傾向があることを明らかにしている（Rodgers 2008; Hoynes, Miller, and Schaller 2012; Cajner et al. 2017）。労働市場逼迫時における失業の黒人・白

人格差が小さくなることは、求職者への応答の人種差別の度合いが少なくなることによって、生じているわけではなさそうである。多くの履歴書研究が明らかにしてきたように、これらの集団間の応答の格差は、失業率が高い時も低い時も持続していたのである（Bertrand and Mullainathan 2004; Nunley et al. 2015; Quillian et al. 2017）。

ケア・エコノミー政策

米国における適正価格の保育と幼児教育の提供は、子供のいる家族における女性の有給労働参加を支援する一助となり、雇用主によるケア関連の差別を減らすことにより、男女賃金不平等を是正する潜在力を有している。学校や保育所の閉鎖がこれまでもあったケア不足を悪化させたので、パンデミックはケアが利用できることの重要性を浮き彫りにした（Carson and Mattingly 2020）。保育と普遍的就学前教育は、子供を持つ家族がケア責任と有給労働の間のトレードオフ関係を緩和できる。しかし、多くの家族は、民間市場の質の高い保育と幼児教育の価格には手が届かないことを理解しており、またクレジットの制約により、人生で勤労所得と貯蓄が最も少ない時期に必要な保育にアクセスできないかもしれない（U.S. Department of the Treasury 2021b）。したがって、保育に助成し普遍的公立就学前教育を提供することは、そうしなければ手が届かない選択肢に多くの家族がアクセスするのを手助けできる。さらに、保育または幼児教育を購入するかどうか判断する際に両親が完全には考慮していないプラスの経済波及効果があるかもしれない。第4章で述べたように、質の高い保育は子供たちに、とくに経済的に恵まれない子供たちに長期的な利益をもたらし（Herbst 2017）、それにより経済成長を促進することで、社会の当事者以外にも利益をもたらす。さらに、保育と就学前教育の実行可能な選択肢は、両親に有給労働力にとどまる選択肢を提供することにより、労働力退出に関連する母親であることのペナルティを緩和し、子供のいない女性にも生じる育児責任の期待に関連した雇用主差別の可能性を低下させることができる。

過去の保育及び就学前教育プログラムに関する多くの研究は、母親の労働参加と世帯所得へのプ

ラスの効果を明らかにしてきた（Blau and Kahn 2013; Davis et al. 2018; Herbst 2017; Morrissey 2017; Bauernschuster and Schlotter 2015; Wikle and Wilson 2021）。オリベッティとペトロンゴロ（Olivetti and Petrongolo 2017）は、各国間の相違を検証し、幼児教育と保育の提供は女性の雇用及び勤労所得にとりわけ有益であることを明らかにした。対照的に、クレヴェンら（Kleven and others 2021）は、オーストリアにおける育児休暇と保育助成の拡張は、労働市場におけるジェンダー不平等に何ら効果がなかったことを明らかにした。これは、労働市場における母親であることのペナルティを削減するには、手厚い家族政策の提供が必要ではあるが、必ずしも十分ではないことを示している。母親であることのペナルティを削減するのにそれらが十分であるかどうかにかかわりなく、手厚い家族政策により、親が労働に参加する選択肢を保持しながら、子供が質の高いケアを確実に受けられるようにできる。

さらに、ケア産業を支援する政策も、このセクターにおける低賃金と厳しい労働条件という「低次元」の均衡を崩す可能性を秘めている。保育労働者は、米国経済の中で最も賃金の低い職業の1つであるが、その賃金を引き上げる助成金は、彼らの勤労所得を増やし雇用を拡大することができる。さらに、ケア・セクターは女性——とくに黒人、ヒスパニック、アジア系アメリカ人、太平洋諸島民の女性——の割合が異様に高いことを前提とすると、保育助成も性別及び人種による賃金格差を直接縮小することができる。

家族がケア責任を果たすのを支援するもう1つの政策は、1993年家族・医療休暇法に基づき、全国的な有給家族・医療休暇プログラムを制定することである。1993年家族・医療休暇法は、新たな子供の世話、深刻な病気の家族の看護、労働者自身の深刻な病気からの回復のため、雇用者に12週の無給休暇を与えることを対象の雇用主に義務化している。有給家族・医療休暇プログラムは、9つの州とコロンビア特別区で制定されている（Kaiser Family Foundation 2021）。出産時に利用される有給休暇は、母親の労働力への定着を強めることが示されており（Byker 2016; Rossin-Slater, Ruhm, and Waldfogel 2013）、それは長期的な勤労所得を増やす可能性がある。彼

女らの労働参加を維持するその他の政策とともに、適度な長さの育児休暇は母親であることの賃金ペナルティを減らすことができる（Budig, Misra, and Boeckmann 2016）。有給休暇はまた、就労が制限される障害や慢性的な健康問題のある配偶者の介護など、他の目的のために利用された時も、労働供給上の便益を生むことができる（Anand, Dague, and Wagner 2021）。

米国における育児休暇の構造は、他国のものとは著しく異なっており、他国では育児休暇はしばしば子供と結びついており、家族成員の誰が休暇を取得するか選ぶことができる。対照的に、米国における育児休暇は労働者に結びついており、家族成員間で移転することはできない。これが意味するところによると、新たな子供の親は、複数の親が取得することにより育児休暇の合計を最大化することができる。この移転不能な休暇は、男性も女性も利用しようとするインセンティブを生むことにより、女性に対するケア差別を減らす可能性がある。研究が明らかにしたところによると、他国が父親の育児休暇利用を増やそうとした政策を導入した場合、効果の持続性はさまざまであったが、母親の労働供給と勤労所得は増加した（Dunatchik and Ozcan 2020; Druedahl, Ejrnaes, and Jorgensen 2019）。そのような政策はまた、家庭内分業に長期的効果を与えるとともに、母親の健康にプラスの効果ももたらしている（Patnaik 2019; Persson and Rossin-Slater 2019）。

累進的で公平な課税政策

累進的税制は、高所得世帯ほど所得の高い割合を税として納めるもので、スキルや運の差、あるいは、競争障壁に対処してもなお残るその他の要因によって生じるものも含め、不平等を是正するうえで重要な役割を果たすことができる。図5-6は、資力テスト移転と連邦所得税の組み合わせが、いかにして最低五分位の所得を68%増加させ、最高五分位の所得を24%減少させたのかを実証している。所得不平等の代替的な総括計測値を用いると、ジニ係数は2018年に税と移転により8%低下した。白人女性、ジェンダーを問わず黒人、アメリカ・インディアン、アラスカ先住民、ヒスパニックの人々が低賃金労働者に偏在してい

経済的平等への障壁──買い手独占、独占、差別の役割

図5-6　平均所得、資力テスト移転、連邦税、2018年

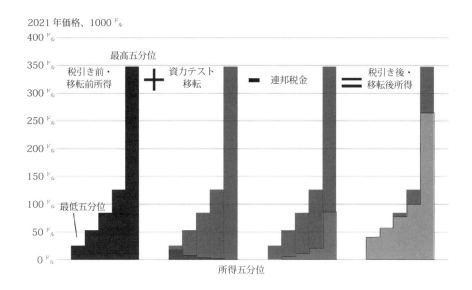

出所：Congressional Budget Office; Haver analytics; CEA calculations.

ることを前提とすると、累進課税も、人種、エスニシティ、ジェンダーの不平等を縮小することができる。

中低所得世帯への直接移転を提供する税額控除は、不平等を是正し公正性を高めるという目標を支援できる。児童税額控除は、この分野のカギとなるテコとして浮上している。この税額控除は従来から主に中間所得世帯に与えられてきたが、アメリカ救済計画法は、一時的に税額控除を増額し、2021年に全額還付可能にし、それによって所得分布の最下位にあるすべての世帯が、たとえ納税債務をもたなかったとしても、最大限税額控除を受け取れるようにした。こうした変更の最も直接的な効果は貧困削減であり、とくに受益世帯の子供を対象としており、黒人とラティーノの子供の推計貧困削減率は最高であった（Center on Poverty and Social Policy 2021）。これらの税額控除はまた、第4章で述べたように、教育達成度などの人的資本投資を支え、それに伴う雇用、勤労所得、寿命の長期的上昇を支えるのである。

累進性に対する重大な課題は、資本所得──投資から生じる配当や、株式またはその他の資産の価値の値上がりなど──に対する優遇税制である（Tax Policy Center 2020）。資本所得は一般的に、賃金及び給与所得よりも低い税率で課税されるので、株式や他の多くの資産の市場価値の上昇は、その資産が売却されて値上がりが「実現」するまで課税されない。したがって、これらのキャピタル・ゲインは発生し複利効果を何年も得てから課税されるのであり、売却されずに死亡時に引き継がれた場合、保有者の生涯にわたる資産価値の値上がりは課税を完全に免れることになるであろう。最近の研究が明らかにしたところによると、資本所得をそれが発生した年の所得として計算した場合、最富裕層400世帯はその所得の6%から12%を税金として支払うことになる（Leiserson and Yagan 2021）。これは、労働所得を通じてすべての勤労所得を受け取った世帯が支払う税率よりもはるかに低く、資本所得は高所得世帯に集中しているため、これらの要因は税引後所得の不平等を悪化させる傾向がある。

さらに、かなりの資本所得を持つ世帯は、納税回避となる可能性が高い。推計によれば、労働賃金及び給与に対する所得税の約99%は支払われ

157

ている一方、短期キャピタル・ゲインなど、高所得世帯に生じる可能性が高い所得形態で徴収される納税債務の割合ははるかに低い（U.S. Department of the Treasury 2021c; Internal Revenue Service 2019）。最近の研究が示すところによると、海外口座や導管実体［パス・スルー企業］を通じたものを含め、高度に洗練された形態の納税回避は、追跡されず、その約3分の1を占めている（Guyton et al. 2021）。さらに、内国歳入庁（IRS）による監査は、近年全般的に減少しているが、監査は高所得者ほど急速に減少しており、過少申告率が低いグループに執行が偏っている（Sarin 2021）。高所得納税者に対する監査が減少した1つの理由は、このグループの監査には費用がかかるということ——高所得納税者は高度な回避形態を利用できる——と、内国歳入庁が過去10年間資金不足に陥っていることである。

したがって、労働所得の税率に資本所得の税率を近づけ、納税者の法令遵守を高めるために内国歳入庁の資金を増やす政策は、税制の累進性を改善できる。これには、資本所得に通常の所得税率で課税すること、死亡時に譲渡された資産のキャピタル・ゲインに課税することが含まれ、いずれも、一部累進性の例外規定があるが、バイデン大統領の2022会計年度予算の歳入政策の一環として提案されたものであった（U.S. Department of the Treasury 2021a）。税制法令遵守の面では、この予算はまた、内国歳入庁の執行能力に対する多くの改善が概説されている。それには、洗練された形態の回避を撲滅するのを手助けするための追加資金、資本所得の第三者報告からの情報の改善、内国歳入庁のテクノロジーの更新、優良納税準備業者の規制の改善である。資本所得を持つ人々が直面する実効税率を引き上げることと、資本所得が最富裕世帯に集中し、端に追いやられたグループはこのカテゴリーで存在が過小であることを考えると、政策のこの組み合わせは、税制における累進性と、人種及びエスニシティの公正性を高めるのを促進するであろう。

結 論

本章では、労働市場及び財市場を真に競争的なものにするのを妨げ、また個人がその潜在力を完全に発揮するのを妨げる要因の範囲を探究し、定義した。これらには、広範囲にわたる労働者に影響を及ぼす市場における競争の欠如、より具体的には人種差別及びジェンダー差別が含まれる。これらの構造的要因を無視することのコストは、不平等を拡大させ、経済成長及び産出を減少させることである。これらの社会的及び経済的コストは、非効率的な労働市場の成果、人材配分の誤り、抑制されたイノベーション、そして人的資本投資のインセンティブの低減に起因する。政府行動は、現行の差別禁止法を執行し、経済——経済全般、またとくに労働市場——における競争を促進することにより、これらの要因を抑制できる。最低賃金を設定したり、労働組合に加入する労働者の権利を保護したりする政策は、雇用主の市場支配力に対抗する行動の事例である一方、ケア・エコノミーに対する政府支援は、そのセクターにおける賃金を押し上げ雇用を増加させることができる。これらの政策や他の政策は、不利な労働者グループに対する歴史的負担を軽減し、不平等を是正し、経済産出と成長を強化するのを手助けすることができる。

注

1 この適用に関する詳細は、アセモグルとウォリッツキー（Acemoglu and Wolitzky 2011）による構造的経済的人種差別に関する覚書を参照のこと。

2 所得それ自体がより良い計測値とみなされるかもしれないが、それはこの分析で使われた国勢調査によって捕捉されていなかった。

3 さらに、低水準の雇用と低水準の賃金は、労働者がより少ないことと、これらの労働者が使うお金が少ないことを意味し、それによって消費需要が減少する。この消費需要の減少は、今度は、全体的な経済成長の足を長期的に引っ張ることになる（Caldwell and Naidu 2020）。

第6章
弾力的なサプライチェーンの構築

20 21年は、サプライチェーン──財・サービスを開発し、提供する生産者や運送会社、流通センターのネットワーク──が、夕食の話題にのぼるようになった。この用語は1980年代から辞書に載っており、何世紀にもわたってビジネスの一部であった。しかしCOVID-19のパンデミックはサプライチェーンの脆弱性を浮き彫りにし、各紙の一面を飾るニュースとなった。サプライチェーンは、過去数十年に比べて、より複雑化し、相互接続され、グローバル化している。少なくとも2つの国境を超える世界貿易のシェアは、1970年の37％から2014年には50％近くにまで増加した（World Bank 2020a, 2020b）。

　この生産プロセスの細分化が進むことで、米国では物価が下がる一方、グローバル・サプライチェーンに不可欠な低所得国の多くでは、生産性と総所得が上昇した（World Bank 2020a）。しかし、生産のグローバル化により、サプライチェーンは途絶により脆弱になっている。これは企業が過剰生産能力（例えば、過剰在庫や、問題解決に必要な時間とスキルを備えたいつでも使える人員）を切り詰めるにつれて悪化し、サプライチェーンの弾力性を弱めている。つまり、予期せぬ事態から素早く回復する能力が低くなっているのである。したがって、現代のサプライチェーンは多くの消費者価格を引き下げたが、実は簡単に破綻しうるのである（Brede and de Vries 2009; Baldwin and Freeman 2021; Miroudot 2020; de Sá et al. 2019; White House 2021a）。

　この脆弱な構造への移行は必然的なものではなく、すでに数十年も前から起こっていた。なぜなら民間企業や政府の方針が、弾力性を確保するための対応能力に投資する企業のインセンティブを殺いできたからである。COVID-19のパンデミックは、サプライチェーンが寸断された初めての事例ではない。製品の生産と流通は、自然災害、サイバー攻撃、労働者のストライキ、供給企業の倒産、産業事故、異常気象による気象災害などによって、定期的に混乱してきた（de Sá et al. 2019）。パンデミックは、現代のサプライチェーンがいかに相互に複雑に結びついているかを端的に露呈した。このような寸断や製品不足が公にされたことで、製品が生産され、輸送され、商品棚や玄関先に届くまでに、いかに多くのステップを経ているのかを人々は痛感することとなった。

　この章の最初の節では、製造業に焦点を当てながら、現代のサプライチェーンとその発展について説明する。サプライチェーンは複雑な関係性のネットワークによって形成されている。これらの関係は、あちらからこちらへの供給品の移動に影響を及ぼしただけではない。それは主導企業と下請企業が新製品を生産し、良質な仕事を提供し、さらに弾力性の向上に対して投資するインセンティブにもなったのである。第2節では、ますます頻発する経済の混乱が、今後もサプライチェーンの脆弱性が問題であり続けることを示唆していることを説明する。第3節では、こうした課題に直面している民間企業がより弾力性を高めるためのインセンティブについて概説する。最後に第4節では、サプライチェーンの構築や市場の機能不全の克服を支援する際の、政府が果たすべき重要な役割を提示する。

21世紀のサプライチェーン

サプライチェーンとは、原材料を最終的な財・サービスへと円滑に加工する生産プロセスの一連の流れである。1つのサプライチェーンは、投入財をある段階から次の段階へと移動させる生産者と物流業者、そして卸売業者、販売会社、小売業者など、最終製品の流通経路に携わる参加者から構成されている。この章では主に原材料から製品の生産を容易にする製造業のサプライチェーンに焦点を当てる[1]。

図6-1はサプライチェーンが一般に形成される方式の一部を示している。同じ業界内であっても、企業間でサプライチェーンの形は異なっている（Kamalahmadi and Parast 2016; Lund et al. 2020）。この図はサプライチェーンの関係がどのように形成されるのか、4つの典型的な例を示している。

独立した産業の垂直統合

図6-1のパネルAは、各企業（図中の点）はそれぞれが独立し、完全に垂直統合されている3つの企業の形を示している。したがって各企業は原材料から最終製品に至る過程をすべて自社のみで行っており、この企業形態におけるサプライチェーンは完全に企業内部で完結している。その典型例が、自動車メーカーのフォードのリバールージュ工場（Ford's River Rouge Plant）である。1930年代、そこには製鉄所やガラス工場、発電所、ゴム工場、鋳造所、機械工場、プレス工場、組立ライン、セメント工場、製紙工場、皮革工場、繊維工場があった（Weber 2019）。またフォードはブラジルのゴム農園や、ケンタッキー州とウェストバージニア州の炭鉱、そして原材料

図6-1　サプライチェーンの一般的な種類

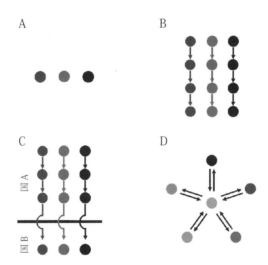

注：左から右へ：A 独立した産業との垂直統合、B：独立した産業とのアウトソーシング、C：独立した産業とのアウトソーシングとオフショアリング、D：中心ノード（星型）を持つアウトソーシング。矢印は、企業間の製品・情報及び同類のものの流れを示す。
出所：Adapted from Cavalho (2014).

を運ぶための鉄道も所有していたため、製造プロセス全体を直接的に管理することができた。しかしながらこの完全な垂直統合は、フォードにとってコスト削減を困難にする要因にもなった。なぜなら自動車需要が激減した世界大恐慌の時にも、フォードは部品生産の固定費を負担し続ける必要があったからである。それとは対照的に、この時期に垂直統合度が低かったクライスラーは、自社の下請企業にこうした固定資本と管理コストを負担させたため、クライスラーの負担はなかった（Chandler 1962, 1992）。企業が垂直統合を行うかどうかの判断は、さまざまな市場で取引するコストがそうした活動を企業内部で管理するコストを上回るかどうかに大きく依拠している（Coase 1937）。

独立した産業へのアウトソーシング

図 6-1 のパネル B は、3 つの産業を表しており、それぞれがサプライチェーンと重要な関係にある。ここでは、投入財が「川下」へと移動し、そこで組み立てられて最終製品となる。主導企業は通常、自社で設計し、多くの場所にある複数階層の下請企業に対して生産を指示するが、これらの下請企業の大部分を主導企業が所有しているわけではない。この形態をアウトソーシングという。アウトソーシングにより主導企業は、低賃金やその他の競争上の優位性を理由に、生産コストが低い企業と契約することができる（下記 Box 6-3 参照）。

このチェーンには、主導企業直属の下請企業（ティア 1 サプライヤー）や、その下請企業の下請企業（ティア 2 サプライヤー）など、商品の生産に使用される原材料に至るまでのすべての下請企業が含まれる。図 6-2 が示すように、主導企業は数百ものティア 1 サプライヤーと数千ものティア 2 サプライヤーとを併せ持つことができる（Lund et al. 2020）[2]。マッキンゼー・グローバル・インスティテュートによる、668 社におよぶ下請企業の公開情報の調査によれば、主導企業直属の下請企業の数は多く、間接的に関与する下請企業のネットワークはさらに巨大で数千社にまで及ぶ傾向があった（Lund et al. 2020）。後述するように、図 6-1 の矢印で表される企業間の連携の度合いは、独立企業間取引と協力関係とい

図 6−2　ティア 1 とティア 2 の供給関係の例

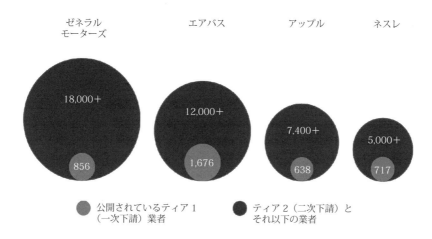

出所：Adapted from Lund et al. (2020), relying on the Bloomberg Supply Chain Database.

う両極端の間でさまざまである。

独立した産業へのオフショアリングとアウトソーシング

図 6-1 のパネル C に示すように、主導企業が国境を越えて下請企業を採用することをオフショアリングという。これによって企業は、賃金が低い地域や、天然資源、優れた技術へのアクセスなどの自国では得られない競争優位性を持つ地域に生産拠点を置くことができるようになる（Antràs 2020; World Bank 2020b）。競争優位性は、（地理的要因や天然資源など）、もともと備わっている場合もあれば、政府や民間企業の方針によって後発的に開発された場合もある（Mazzucato 2016; Lee 1995）。かつて、国際貿易財といえば、大半が綿花などの原材料か、衣服などの完成品のどちらかであった。1990 年代初頭以降、加工されていない布地などの「中間財」や部品の貿易が大きく増加した。

図 6-1 のパネル B と C では、青の産業と並列するオレンジと黒の産業との間につながりはない。この図におけるノードは、過去のエレクトロニクス産業や自動車産業など、下請企業がほとんど重複していない産業のことである。

中心ノードによるアウトソーシング

図 6-1 のパネル B と C に描かれていた独立した産業とは対照的に、下請企業は通常、パネル D に示されるように複数の主導企業や異種産業に販売する（Carvalho and Tahbaz-Salehi 2019; Carvalho 2014）。一例として、他のすべてのノードが生産を担い、それが 1 つの中央ノード（緑色のノード）へと収斂する星型構造がある。このように汎用的な産業の企業は、他の多くの産業へ供給し、また供給する産業から仕入れた投入財を用いることが多い（Carvalho 2014）[3]。このような下請企業との関係によって、企業は経済のスケール・メリットを活かすことができる。つまり生産単位数が増加するにつれて単位当たりコストは減少し、下請企業は複数の企業に販売できるようになるのである。

サプライチェーンの設計に関する企業の決定は、複雑なつながりの網を生み出す。企業間のサプライチェーン関係を集約すると、A 産業の企業が B 産業の企業から投入財を購入することで、A 産業は B 産業とサプライチェーン上でつながることになる。米国では企業間供給関係に関する包括的データは不足しているが、米国経済のネットワーク構造は産業レベルで可視化できる。この産業レベルの分析によって、どの産業が他の多くの産業に投入財を供給しているかを明らかにし、産業間のネットワークのつながりの構造を浮き彫りにすることができる。またこうしたつながりの構造は、ミクロ経済の崩壊を拡大させる可能性がある。

米国経済は複雑で相互に関連しており、いくつかの中心的なハブ産業が他のほとんどのセクターとつながっている。経済分析局（Bureau of Economic Analysis）の産業連関表という、公開情報のうち最も細分化されたセクター別データを用いれば、図 6-3 に示すように、417 もの異なる産業セクター間のサプライチェーンのつながりをみることができる。各ノードは産業を表し、ノード間のつながりはある供給セクターから別の供給セクターへの投入財の流れを表している。このネットワークはまばらにつながっており、狭義の各産業は平均して他の 11 産業としか結びついていない（Carvalho 2014）。しかし、少数のハブ産業はネットワーク内の他の多くの産業と高度な関係を維持している。それぞれの産業同士には直接的なつながりはほとんどみられないが、これらのハブ産業を媒介すれば数少ないステップで間接的につながることができる（Carvalho 2014）。2002 年に最も結びつきの強い投入財供給セクター（番号のついたノード）は、不動産、発電・配電、製鉄所、預金・信用仲介、石油精製、トラック輸送などであった（Carvalho 2014）。CEA が 2012 年の産業連関表を分析したところ、半導体も結びつきの強い産業となり、他方、トラック輸送はトップ 10 から脱落した（Carvalho 2014; Bureau of Economic Analysis 2012）。他の国においても、中心産業は異なるかもしれないが似たような中心ハブ産業のパターンがみられる（Carvalho and Tahbaz-Salehi 2019; Fadinger, Ghiglino, and Teteryatnikova 2015; McNerney, Fath, and Silverberg 2013）。

図6-3　米国の産業連関データに対応する生産ネットワーク、2002年

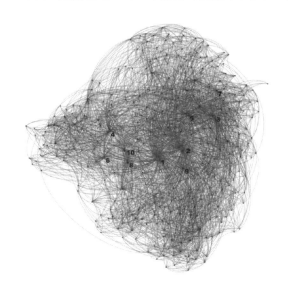

独立企業間取引と協力関係

　図6-1の矢印は、サプライチェーンにおけるノード間のつながりを表している。これらのつながりの性質は、独立企業間取引と協力関係という両極端の間でさまざまである。

　独立企業間取引では、企業は標準的な投入財を非関連企業から購入し、できる限り多くの売り手の中から選別する。この場合、売り手は買い手に既製品を提供し、買い手は代金を支払うという、つながりは非常にシンプルである。売り手に問題がある場合（例えば価格が高すぎたり、災害で生産できなくなったりしたなど）、買い手は別の売り手に簡単に乗り換えることができる。このように主導企業は、下請企業を手軽に変更できるためにこうした関係から利益を得ることができ、さらにはビジネスを勝ち取るために競争を生み出し、下請企業に価格を下げるよう要求するのである。

　協力関係では、サプライチェーン内の企業は、製品や生産プロセスについて頻繁にコミュニケーションを取る。性能要件（価格、品質、仕様、納期など）は、特定の製品用にカスタマイズされ、通常では主導企業がこれを設定する（Gereffi 2020）。主導企業の関連企業間で取引を行う場合もあれば、主導企業と独立採算制の下請企業との取引の場合もある。例えばナイキなどの企業は、自社製品の製造施設を持たない代わりに、デザイン、製品仕様、広告、流通、そして靴を製造する下請企業の複雑なネットワークの調整を行っている（Gereffi and Korzeniewicz 1994）。

　協力関係にある下請企業はこれらの高度にカスタマイズされた投入財を、通常、完備契約や容易に強制できる契約を結ばずに、繰り返し提供する（Hart and Moore 1990）。買い手も下請企業も、特定の相手にだけ役立つ資本や設備、知識に投資する（Antràs 2020）。このような取引関係固有投資では、新しい下請企業をみつけて切り替えるコストが増加するが、その一方で主導企業のニーズにより適した部品を完成させることができ、予期せぬ状況に対する迅速な対応が可能となるなど、良い結果がもたらされることが多い（Antràs 2020; Helper 1991; Gibbons and Henderson 2011）。コスト、不良率、リードタイムの削減や、

投資、対応力、イノベーション、問題解決力の向上といった、下請企業と協力関係を持つことで主導企業が得られる潜在的なメリットについては、多くの文献が指摘している（Delbufalo 2012; Gibbons and Henderson 2011; Aoki and Wilhelm 2017）。

　トヨタやホンダのような企業が長期的に利益を上げている主な理由は、下請企業との協力関係に対する投資である（Aoki and Wilhelm 2017; Liker 2004; Lieberman, Helper, and Demeester 1999）。こうした買い手と売り手との密接な関係の台頭は、近年のグローバル・バリュー・チェーンの隆盛の特徴的な側面である（World Bank 2020a）。なぜある企業は協力関係を採用し、ある企業は採用しないのか、その理由を探るために経済学、経営学、社会学など多くの分野において研究が活発に行われている（Bernstein 2015; Gil and Zanarone 2018; Schrank and Whitford 2009）。Box 6-1 は、現在ある企業が国内生産、オフシェアリング、垂直統合、及びオフショアリングを組み合わせて製品を製造している例を示している。

　しかしながら、サプライチェーンを構築する唯一の最適な方法は決して存在しない。同じ産業内でもそれぞれの企業は異なる戦略を採ることが多い。例えば米国で生産する自動車メーカーは平均して、製品カテゴリーごとに 4.7 社の下請企業を持ち、22% の取引に経済的利害関係を持ち、下請企業との関係は 2.4 年続いている。しかし、これらの慣行には自動車メーカー間で著しく違いがある。日本の自動車メーカーは米国の自動車メーカーよりも協力的なアウトソーシングに積極的で、下請企業との関係も 70%長く、部品ごとの下請企業数は米国の自動車メーカーの半分以下である。この違いは、自動車メーカーが同じ市場で同じような製品を販売している場合や、部品の数量や構成比を調整した後でさえも変わらない（Helper and Munasib 2022）。自動車メーカーのオフショアリング戦略にも違いがある。例えば、2020 年には、フォードはステランティスよりも 24% 多くオフショア生産を行っていた[4]。

サプライチェーン構造変化の推進要因

　オフショアリングを含めた、またアウトソーシングを含めることも多いグローバル・サプライチェーンは 1990 年〜 2008 年にかけて急激に拡大したものの、2008 年の世界金融危機の後、その成長速度は鈍化した（World Bank 2020a）。製造企業もまた物流や清掃、警備などのサービスをアウトソースしている。これはつまり、それらのサービスを提供する労働者はもはや製造企業から直接雇われた者ではなく、代わりに彼らは独立採算制の下請企業で働いている。例えば、食品、清掃、警備や物流サービスにおいて、米国では契約業者の下で働いている人々のシェアは 1950 年の約 5% から 2015 年には約 30% にまで上昇した（Dorn, Schmieder, and Spletzer 2018）。

　2 つの重要な変化がアウトソーシングとオフショアリングの魅力を高めた。*第 1 の変化とは、海外の下請企業からのアクセスの増加である*。これは主に IT の進歩と 1990 年代からの貿易障壁の縮小によるもので、オフショアリングの費用対効果をより高めることができる。IT の進歩は遠距離間で製品や工程の仕様についての詳細情報を伝達できるようにする。また、コンテナ輸送のような輸送手段の改善によって商品を迅速かつ安定的に移動させることが可能になる（Grossman and Rossi-Hansberg 2006）。これらの発展により、研究や開発、経営などの高度な技術を要する機能は先進国に残しつつ、部品生産や組立などの機能は低賃金国に移転して、生産プロセスを分けられるようになった（Gereffi 2020）。

　主要な貿易国は、1994 年の北米自由貿易協定に代表される貿易障壁を削減する協定を締結している。これらの貿易協定は、労働権の保護が極めて脆弱であるのに対し、企業の財産権の保護は強力である。この格差は、多国籍企業が低賃金の国々で生産をオフショアリングする魅力を高めた（Drake 2018）。その結果、米国の消費者はより安価な商品を入手できるようになった一方で、労働者の賃金と給付は大きく圧迫され、彼らは中間層から追いやられることとなった（Hakobyan and McLaren 2016）。

　最後に、製造産業への国際的な政府補助金が普

Box 6—1　ジェットバスのサプライチェーン

M9のジェットバスはユタ州のブルフロッグ・スパ社（Bullfrog Spas）で製造され、500人の従業員が7カ国、14州から運ばれた約1,850の部品を組み立てている（図6-i参照）。ジェットバス上部の骨組みは、ケンタッキー州で作られたアクリル平板に、ネバダ州の■■種類のプラスチックを結合させ、ジョージア州■■工業薬品でスプレーしたものである。ジェット■■スの枠の骨組みの一部は週に数回、アイダホ■■らトラックで運ばれる。電気モーターの多く■■国から輸入され、メキシコで給水ポンプに組■■てられ、ユタ州に運ばれる。外装キャビネ■■追加資材は、上海からロングビーチまたは■■

ランドの港を経由してコンテナ船で運ばれる。水を噴射するジェット口は中国の広州で製造され、パナマ運河と東部の港を経由してテネシー州ク■■ブランドの仕入れ先の倉庫に運ばれ、その後■■る。組み立てられたジェットバス■■車に積まれて小売店の倉■■アウトソーシングの広が■■わち1つの商品の生産に■■計で約90万マイルと推定■■距離との双方の拡大を示して■■と物流への依存を伴うことに■■

図6-i

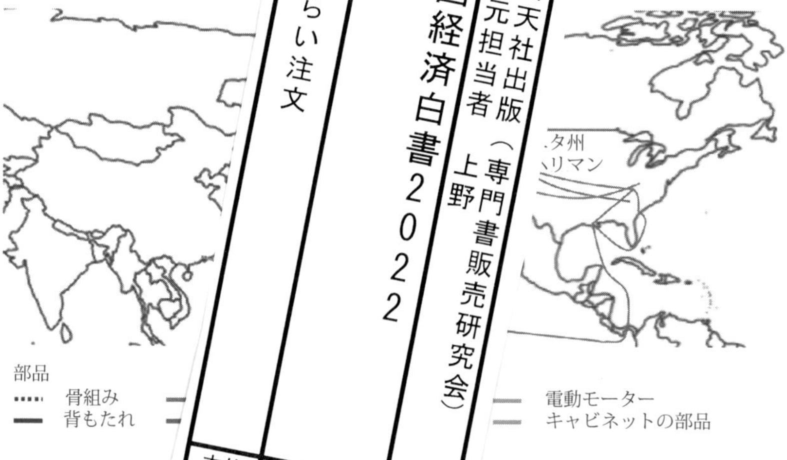

部品
・・・・・ 骨組み
―― 背もたれ
―― 電動モーター
　　キャビネットの部品

出所：Adapted fr■■ 21).

及したことにより、主導企■■格は低下し、多くの国の国内産業をクロー■■サプライチェーンに参加させた（Hauge 2020）。例えば、過去数十年間、台湾工業技術研究院は新興の国内半導体メーカーと多国籍バイヤーとの間の関係構築を促進した。また、その機関は台湾体電路製造（TSMC）と聯華電子股份有限公司■■MC）という2つの企業の組織化を援助し、知的財産を提供した。2020年までにそれらの2つの企業は世界の半導体総収入の約60％を占めるようになった（Lee 2021; Breznitz 2005）。台湾と中国はそれら半導体産業に広く補助金を与えて

［注文伝票（本文に重なる）］

60T36
68009
仏教大学書籍部

発注者名	大崎　様
発注日	年　月　日
数	1　冊
条件	見計らい注文
書名	米国経済白書2022
出版社	蒼天社出版　版元担当者（専門書販売研究会）上野
本体価格	2800円
ISBN	978-4-909560-36-0
備考	

おり、米国国防総省によると補助金は企業の総収入の30％近くにも達する（2022, 36）。「中国製造2025」とは、中国がハイテク産業で世界のリーダーになるための10年計画で、中国企業の市場占有率を拡大し、海外企業に依存せずに重要分野で世界的な競争力を築くために政策を促進している（Congressional Research Service 2020）（Box 6-2参照）。

*第2の重要な変化とは、企業の意思決定に財務基準と金融機関の役割が増大したことである。*この経済の「金融化」は、容易にコスト削減が計測できるため、アウトソーシングやオフショアリングを促進している。企業は、役員報酬を1株当たりの利益、株価、自己資本利益率などの財務指標とますます結びつけるようになった。1970年代以前は、スタンダード・アンド・プアーズの500社の最高経営責任者のうち、こうした指標に基づく報酬を受け取っていたのは16％だけであったが、1990年代までには47％に、そして2021年には大企業に雇われた大多数がそうなっている（Admati 2017）。こうしたインセンティブによって、経営者は回復力といった容易に測ることが難しい指標よりもこれらの財務諸表の数値に焦点を当てるようになった。

しかしながら、財務指標は誤解を生む可能性がある。部外者や海外の下請企業はより低い単価を提示する場合があるが、これらの節約は、リードタイムの延長や混乱に対する脆弱性の増大、言語的、地理的な距離によって革新的な考えが出にくくなるなどの、隠れたコストによって食い潰されるかもしれない（Gray, Helper, and Osborn 2020）。このような見積りが困難なコストは、アウトソーシングで得られる恩恵を打ち消す可能性があるにもかかわらず、無視されることが多い（Barthelemy 2001）。これらの見積もりにくいコストは、「ソフト」情報として特徴づけられることが多く、「ハード」情報とは対照的に収集及び理解するために環境や個人的関係の知識が必要になる場合がある。

ソフト情報には、不良率やダウンタイム等の物理的な単位を使用する運用指標、また研究開発や従業員を研修する価値などの無形資産が含まれる（Liberti and Peterson 2019; Edmans, Heinle, and Huang 2016）。ソフト情報をドルに変換するのは難しいことが多い。例えば、研修への投資がどれだけ品質を向上させるのか、そしてこの品質向上がどれだけ最終的な収益につながるのかを測定することは容易ではない。このような投資は部外者や製品を使った経験のない人に検証することが困難である。したがって、財務指標で測定される好ましい業績を追求すると、企業は長期的な業績に有害な行動をとる可能性がある。本質的に長期的な回復力と持続可能性を短期的な収益性のために犠牲にすることになりうる（Edmans, Heinle, and Huang 2016）。

短期投資家の要求に追われるようになった企業にとって、これらのコストを無視したいという誘惑はますます大きくなっている。米国の上級財務幹部を対象とした調査では、ウォール街の収益目標を達成するため、また報告収益を円滑にするために、長期的な株主価値を犠牲にすることをいとわないことが明らかになった。例えば、経営者が「収益の変動を避けるために価値の犠牲を受け入れるかどうか」と尋ねられた時、78％がはいと答え、55％は業績目標の未達を避けるために、「たとえ価値の小さな犠牲を伴うとしても、新事業の開始を遅らせるであろう」と答えた（Graham, Harvey, and Rajgopal 2019, 8）。この意欲の根底には、株式市場の投資家は長期投資を適切に評価するための情報を欠いているとの見方がある（Asker, Farre-Mensa, and Ljungqvist 2015; Poterba and Summers 1995）。

このような経済の金融化は米国の主導企業のサプライチェーン戦略の重要な推進要因である。生産におけるアウトソーシングや他の資本集約的な活動は「資産軽減」戦略を推進するコンサルティング企業によって指示されている。これらの企業は、その他の条件が等しければ、資本の額が少ないほど、一定額の収入は資本収益率の計測値を高めることができるとしたうえで、「その他の条件が等しければ」という仮定の重要度が無視されているとも指摘している（Kachaner and Whybrew 2014）。見積価格の低い下請企業へのオフショアリングもまた、魅力的である。中国の補助金と賃金抑制によって中国の下請企業の単位原価は非常に低く、しばしば、中国メーカーの完成部品の価格は米国の下請企業の原材料価格より低くなっている（U.S. Department of Defense 2022, 27）。こ

Box 6—2　米国のサプライチェーンにおける中国の役割

近年のグローバル・サプライチェーンの進歩における重要な要因は、今や米国最大の輸入先となった中国の台頭である。中国の製造業は1990年代に爆発的に拡大し始め、世界の製造業輸出に占める中国のシェアは1991年の3.1％から、2018年に14.2％に下がるものの2015年には17.6％まで上昇した（Autor, Dorn, and Hansen 2021）。

当初、中国は輸入された部品や設計図から単に製品を組み立てることに特化していた。例えば、2010年の時点でAppleのiPhone 4の付加価値のうち、中国が提供したのは2％未満であったと推計されている。設計は米国で、部品は日本や韓国のような場所で製造され、中国の供給業者が提供した部品はなかった（Linden, Kraemer, and Dedrick 2011）。しかし、中国はいち早く学び、2018年のiPhone Xにおいては組み立て加工やバッテリーパック、タッチスクリーンなどの高価値部品を含めて、付加価値の25％以上を提供するまでになった（Linden, Kraemer, and Dedrick 2007; Xing 2019）。

中国のグローバル・サプライチェーンへの参入は、交通や通信における技術進歩だけでなく制度の変更によっても促進された。特に重要であったのは、2000年に米国が中国と恒久的最恵国待遇関係（PNTR）を結んだこと、そして2001年に中国が世界貿易機関に加盟したことである。これにより、中国からの輸入品に対しても世界貿易機関の加盟国向けの、比較的低い関税率が恒久的に適用されるようになった。これらの措置は、中国に労働政策の変革を求めるものではなかった。すなわち、労働者が自主労働組合に参加することを禁じ、より高い賃金を求める労働者に対する報復措置や強制労働を変えることはなかったのである。これらの政策は中国の賃金を抑制し、中国で生産活動を行う多国籍企業を含めて、中国企業の競争力を高めることとなった。

中国の競争力は、多額の補助金や多国籍企業から中国企業への技術移転の要求によって促進されている。議会調査局の結論によれば、中国の狙いとは、産業政策を通じて最先端技術や新興技術分野で民生・軍事の世界的な主導権を握り、国家開発目標を前進させ、将来的な国際経済の地位を高めることである。中国の政策の特徴とは、航空宇宙産業、半導体、マイクロエレクトロニクス、製薬、電気自動車などの戦略産業において、外国の知識や知的財産を獲得できるよう、政府が積極的に企業を指導し資金提供することである（Congressional Research Service 2020）。これらの政策に加えて、資産を持たない米国の資産軽減戦略が追い風となって、中国はさまざまな分野の重要なサプライチェーンで市場支配力を獲得した。例えば、ソーラーパネルを作るために使われる鋳塊や導体素子の製造素材の世界市場占有率は97％である（U.S. Department of Energy 2022）。また、電気自動車の主要な動力源となるリチウムイオン電池は世界の73％を製造している（Henze 2022）。

これらの政策は、1990年から2016年（入手可能な最新のデータ）にかけて中国の極度な貧困層が90％以上減少する要因となった可能性がある（World Bank 2016; Goodman 2021）。また、米国の消費者物価にも大きな影響を与え、ある推計によれば中国との貿易によって消費財価格は、2004年から2015年にかけて毎年0.19％下落したとされる（Bai and Stumpner 2019）。

しかしこれらの政策は、米国の工場の活気を削ぎ、技術革新に対しても悪影響を及ぼした。中国からの輸入品にさらされ、輸入競争に直面した米国企業の売上高、収益、研究開発費は大幅に低下した（Autor et al. 2020）。チャイナ・ショックは労働者に対してもまた悪影響を及ぼした。2000年から2010年までの10年間で、米国製造業の労働者の3分の1が職を失い、この少なくとも4分の1は中国が世界貿易機関に加盟したことが原因であった（Autor, Dorn, and Hanson 2016）。米国が中国に対する恒久的最恵国待遇関係を承認した後、その影響を受けた産業で働く労

働者は、急速な失業を経験した（Pierce and Schott 2016）。中国からの輸入品にさらされた地域社会では、低賃金労働者の収入、住宅価格、そして税収の減少を招き、その一方で子供や成人の

貧困率、片親の割合、薬物やアルコール乱用による致死率は大きく増加し、同時に政府の移転支出の取り込みも大幅に増加した（Pierce and Schott 2016; Autor, Dorn, and Hansen 2021）。

うした購入戦略による不利益を定量化するのは難しい。多くの購買代理業者が見積価格を引き下げて独占的に利益を得ている金融化された経済の状況の中では、これら不利益は（十分な根拠もなく）過小評価されている（Gray, Helper, and Osborn 2020）。

サプライチェーン構造が意味するもの

この節では、サプライチェーンとイノベーションとの関係、景気循環におけるサプライチェーンの役割について考察する。アウトソーシングとオフショアリングはどちらもイノベーションにおいて良い方向にも悪い方向にも重大な影響を及ぼしている。

イノベーションへの影響

アウトソーシングは、高度に専門的で革新的な下請企業の育成をもたらす。半導体を例にとってみよう。この産業に特有の技術革新の過程の中には非常に大きなスケール・メリットにつながるものがある。例えば、今日において新しい製造工場を建設するには少なくとも 120 億ㇻかかる。かなりの額の間接費を必要とするため、工場が半導体チップを製造すればするほど、それぞれのチップにかかる平均費用が下がる。さらにチップの売上が伸びれば、工場の所有者は研究開発にいっそう投資することが可能となり、より複雑なチップさえも製造可能となる（White House 2021; Jie, Yang, and Fitch 2021）。これにより、専門の半導体業者から半導体を購入することが、自社製造よりも有利になった（Breznitz 2005）[5]。

この半導体の例は、製品を買うだけで買い手が下請企業のイノベーションの恩恵を受けることができることを示している。半導体の質が良くなり、値段が下がるにつれて、メーカーは冷蔵庫からコンピュータに至るまで製品の演算能力を

飛躍的に高めることができた。多くの企業は卸売業者から汎用的な半導体を購入したが、イノベーションは購入者のニーズと下請企業の生産能力との相互作用から生まれることが多い（Batra et al. 2016; von Hippel 1988）。アップルの最先端製品は、多くが半導体製造業者とデザイナー間の多大な相互作用から生まれている（Owen 2021; Jie, Yang, and Fitch 2021）。

協力関係は前述の通り多数の長所がある一方で、特に柔軟性の喪失というコストもある（Levin 2002）。下請企業を変更するコストを最小限におさえるため、主導企業は独立企業間関係を用いて、交渉力の弱い企業にアウトソーシングできるように生産プロセスを設計することができる。この柔軟性は主導企業には利点となる。一方で、製造品への需要が継続するか不確実であるため、下請企業がイノベーションと従業員への投資を減らす可能性があり、これはなぜなら投資が顧客特有の要素を持つためである（Box 6-3 を参照）（Baker, Gibbons, and Murphy 1995; Helper and Henderson 2014）。

この点は、自動車産業における半導体利用をみればよく分かる。半導体はすでに 10 年以上前に現代の自動車の運転においてカギとなっていたが、多くの自動車メーカーが半導体製造企業と直接やりとりをするようになったのは、2021 年末になってからである。それどころか、販売業者やティア 1 サプライヤーから半導体チップを間接的に購入し、数週間以上先の購入品には契約しなかっ

た。このように、自動車メーカーの生産計画には将来的に自動車への半導体の集約的な使用が見込まれていたにもかかわらず、半導体製造業者に対してこの意図を信頼できる形で伝えてこなかった。高い稼働率を維持しなければ採算が取れないため、この約束が取りつけられない限り、半導体製造企業は自動車向けチップ用の新工場建設に乗り気にならなかった。さらに、コスト削減や信頼性向上など自動車メーカーにとって重要な次元での技術革新に対してリソースを割くこともなかった。これに対してアップルは、長年、工場に対して出資し、事前に製造工場の生産能力を確保し、半導体製造企業や設計企業とともにスピードとパワーという重要な分野のイノベーションに向けて歩んできた（Burkacky, Lingemann, and Pototzky 2021; Ewing and Boudette 2021; Fogarty 2020; Lawrence and VerWey 2019）[6]。

そのうえイノベーションは、オフショアリングの影響を受ける。外国で開発された革新的な技術にアクセスできるため、外国からの購入は、米国企業のイノベーション能力を高めるケースもある。アップル、クアルコム、アドバンスト・マイクロ・デバイス（AMD）などの企業はイギリスのアームという企業に半導体設計を依存しており、インテルなどはオランダのASMLに先進的なリソグラフィ装置に依存している（Associated Press 2022a）。生産のオフショアリングは、米国企業が高付加価値の仕事に集中できるため、イノベーションを拡大すると主張する学者もいる。

しかしながら、製造とイノベーションの地理的な分離はイノベーションを阻害する、と示唆する証拠がある。生産を監視するエンジニアは、既存技術の能力や問題点にふれることで、製造工程の改善や既存技術を新しい市場に適用するための新しいアイデアを生み出すことができる。このような機会がなくなると、革新的なアイデアが発生する機会が減少する。例えば、1980年代に家電生産がアジアに移った際、米国はフラットパネル・ディスプレイ、LED照明、先進的なバッテリーといった後続製品の急発展市場で競争する可能性を失った（Pisano and Shih 2012; Berger 2015; Fuchs and Kirchain 2010）。

マクロ経済への影響

図6-1で示したように、生産ネットワークの構造はマクロ経済に重大な影響を及ぼす。消費者に対する供給の立地、企業間と産業間の相互接続性と代替性の程度、供給の地理的集中、売り手と買い手の協力と信頼の度合はすべて、企業もしくは産業へのショックが経済全体に拡大する程度に影響する。

サプライチェーン構造の構成によって表れる輪郭は異なる。例えば、オフショアリングまたは国際貿易への開放は、供給の拡大や集中的な混乱への防止策によって国内のショックを和らげることができる（Caselli et al. 2020; Miroudot 2020）。しかし、輸入投入物の移動距離が長くなると、輸送に関連するリスクも拡大する。例えば、米国におけるコンテナ輸送の輸入品のうち40%は、ロサンゼルスかロングビーチの港を経由するが、ここはCOVID-19のパンデミックによって引き起こされた物資の需要増加によって著しい遅延が起こった場所である（Karlamangla 2021）。生産に問題のないサプライチェーンでさえ、海上輸送のボトルネックに苦しんだ。さらに、サプライチェーンのリスクは世界的なつながりが強まれば増大する可能性がある。ある国の混乱が全世界の国の下請企業に影響するからである。例えばボナディオ他（Bonadio and others 2020）は、64カ国におけるパンデミック関連の国内総生産の低下の4分の1が世界的なサプライチェーンにおけるショックの伝播に関連すると推定した。2011年の東日本大震災のように、海外のサプライチェーンに災害が発生した際には、海運にかかるリードタイムが長くなるため、自国にサプライチェーンがある場合と比較して復旧には時間がかかる。

単一の下請企業もしくは単一の場所に依存することもリスクとなる。これは、たとえ下請企業が国内にあっても当てはまる。例えば、2021年のテキサス州における強烈な寒波は、石油化学工業関連企業が集中していたために、米国と世界で数カ月にわたってプラスチックの供給が途絶えた（Wiseman and Krisher 2021）。これらのリスクは、国家安全保障にとって重要な産業が外国にある場合、以下で述べるように、供給についての決

Box 6—3　アウトソーシングと仕事の質

全体的にみれば、米国労働者の 43％ がサプライチェーン産業で働いており、大手企業またはその下請企業のどちらかに雇われている（Delgado and Mils 2020）。これらの労働者の仕事の質はサプライチェーンの構造に大きな影響を受けている。

上述の通り、時としてアウトソーシングは効率的である。しかしながら大手企業は、交渉力の弱い下請業者を利用するためアウトソーシングを用いる場合がある。これはデイヴィッド・ワイル（David Weil）がいうところの「分裂」（fissuring）戦略である。この場合、下請業者は無理やり賃金を抑えることでしか競争力を持ち得ない（Weil 2017）。例えば、僅かな顧客に販売する企業は、自社に類似したより多くの顧客を有する企業よりも低い賃金しか払っていない。他社が多くの顧客を抱え込むことによって、下請企業である自社の従業員の賃金は低下している。ある推計によれば、それが 1970 年代以降に非金融企業の賃金が停滞した理由の 10％ を占めている（Wilmers 2018）。

さまざまな理由により、大手企業から下請業者へとアウトソーシングされる仕事は、多くの労働者にとって望ましくないと研究は示している（Handwerker and Spletzer 2015；Goldschmidt and Schmieder 2017；Helper 2021）。ヘルパーのまとめによればその理由とは以下のようなものである（Helper 2021）。

・*代替可能な下請企業の設計*　多くの大手企業は下請企業を簡単に取り替えられるサプライチェーンを構築している。例えば、過去に米国の自動車メーカーは自社で製品の設計や複雑な部品の組立を行うことで、下請企業に対して短期契約の下で事前設計された小さな部品の製造を競わせることが可能になった。この戦略によって下請企業の参入障壁が低くなり、これは下請企業が多くのレントを得られなかったことを意味する（Helper and Henderson 2014）。この生産スタイルによってアパレル産業における多くの大手企業は匿

名の下請業者を大量に雇うようになった。例えば、ウォルマート社はラナプラザ複合施設でひどい火事が起こった直後、自社のラベルがついた商品がみつかったことに驚いた。そこでは 1100 人以上のバングラデッシュ人従業員が、下請業者の杜撰な安全管理のため命が奪われた（White 2017）。

・*説明責任なき監視*　いくつかの大手企業は、従業員でない場合でもサプライチェーンの下で労働者が取るべき行動を詳細に規定している。すなわち、大手企業は対価を支払う責任を負わずに労働者を管理できるということである。大手企業による厳しい監視のせいで、下請業者が利益を生み出すには賃金を低く抑えることが唯一の戦略であることを意味している。時にこれらの労働者は自身の事業を運営する自立性を欠いているにも関わらず、誤って独立した請負業者として分類されることがある。大手企業がこのように誤って労働者を分類すると、「人件費とリスクを労働者自身に押しつけることになる」。──例えば労働者の組織化や組合への加入、よりよい賃金や労働条件を求める団体交渉を困難にしている（U.S. Department of the Treasury 2022, i）。

・*下請業者の低生産性*　大手企業が下請業者の作業方法を厳しく管理している場合、下請企業は価値の創造・獲得能力が低くなる。投資によって生産性が向上する可能性があったとしても、下請企業は投資を行わない場合が多い。投資を行う能力がないことや、激しい競争下では利益があまり得られないからである。その結果、下請企業は得てして倒産のリスクを抱えながら賃金を上げざるを得ない。また、財務指標を採用する大手企業の下請業者は、効果的とされている経営慣行を採ることが困難である。例えば準大手の自動車部品メーカーでは、生産部門の従業員が定期的に集まって品質向上の方法を検討する QC

サークルなどの慣行を取り入れているところは半数以下であり、3分の1は一貫して予防保全を行っていないと報告し、4分の1はエンジニアを1人も雇っていないという。それとは対照的に、顧客と協力関係を築いていると報告した下請企業は、従業員のクロス・トレーニングのような王道の施策を採用する傾向があり、生産性も高かった（Helper and Martins 2020）。

・*脆弱なエコシステム*　米国の下請業者は、大手企業からのサポートが不足しているだけでなく、他の点でも孤立している（Berger 2015）。その理由は、下請企業のイノベーション、従業員育成、資金調達を支援する機関がほとんどないからである（Ezell and Atkinson 2011）。それに対して、ドイツの中堅企業ミッテルシュタント（Mittelstand）は、コミュニティ・バンク、応用研究機関、研修機関、労働組合からの支援により、ドイツ製造業の屋台骨を支えている（Berger2015）。

定が他国の政策に影響を受けるために、より大きくなる可能性がある。

　ある産業内の企業が替えのきかない技術を持つ下請企業を共有している場合、そのような下請企業が倒産することで、他の下請企業や大企業さえも倒産する可能性がある。2008年に自動車販売が突然45%減少した際、この「連鎖的な倒産」への懸念から、フォードのCEOであるアラン・ムラーリー（Alan Mulally 2008）はフォードの下請企業90%が他の自動車メーカーと共有されていることに言及したうえで、競合企業への政府援助を要請した。自動車下請企業は、一個数ドルで販売される数百万を超える部品を高い品質基準で維持する能力を含めて、代替困難な技術を持っている。例えば、部品サイズの変化のばらつきはわずか1/1000インチであり、これは人間の髪より細い。このような企業が倒産すると、他の企業が簡単に市場に参入し、代替することはできない。共通の下請企業への依存は珍しいことではない。コンピュータ界の巨人であるデルとレノボは、それぞれの下請企業上位20位において70%以上が共通している（Lund et al. 2020）。対照的に、各々の川下の企業が垂直統合されている場合、つまり独自の投入財を生産しているならば、経済の混乱に巻き込まれる一部の企業はあっても、他の企業は生産活動を維持できるであろう。

　このような潜在的脆弱性の一部にはそれを相殺するメリットもある。例えば、下請企業が地理的に集積することは一般的であり、効率的であることが多い。それは下請企業が熟練労働者、特殊な投入財、革新的なアイデアを共有できるからである（Marshall 1919; Delgado, Porter, and Stern 2015）[7]。加えて、繰り返される取引や対面での接触は、売り手と買い手との関係に必要な信頼関係をつくる（Bernstein 2015）。すでに述べたように、サプライチェーンにおける企業間の親密な関係は、混乱からの迅速な回復を可能にするであろう（Baldwin and Freeman 2021; Alfaro and Chen 2018）。すなわち、新しい下請企業をさがす能力が低下しても、他社を助けようとする下請企業のインセンティブが高まることによって相殺されることが多い。企業が迅速に供給崩壊から回復するならば、グローバル・サプライチェーンがショックにさらされ、他の企業への依存度が高まることによるマクロ経済への影響はそれほど大きくないであろう（Carvalho and Tahbaz-Salehi 2019）。

　しかしながら、このような協力がない状態では、特にネットワークが高度に接続され（例えば星型）、代替しにくい投入財を使用すると、売り手と買い手関係へのショックはマクロ経済に持続的な影響をもたらす可能性がある（Carvalho 2014）。例えば、バロットとソヴァーニャ（Barrot and Sauvagnat 2016）の研究によると、1978年から2013年の間に下請企業が米国内の重大な自然災害の被害に見舞われた場合、売上の10%以上を占める主要顧客は、その後の1年から2年にわたって、売上の伸びを平均2〜3%低下させることになる。もし崩壊に巻き込まれた下請企業が代替困難な投入財を生産していたならば、その

⑥

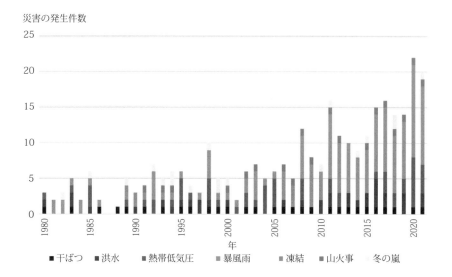

図6-4　米国における 10 億㌦規模の自然災害のタイプ別発生頻度

災害の発生件数

■干ばつ　■洪水　■熱帯低気圧　■暴風雨　■凍結　■山火事　冬の嵐

注：災害費用は、全都市の消費者物価指数を用いてインフレ調整されている。
出所：NCEI (2021, 2022).

崩壊は最初の被害にさらされていない下請企業にも伝播することになる（Barrot and Sauvagnat 2016）。ビギオとラオ（Bigio and La'O 2020）は、2008 年の世界金融危機の際、米国経済の産業連関構造が金融の歪みを 2 倍に増幅させたと推定している[8]。

コンサルティング企業のマッキンゼーが 2011 年に行った報告によると、「多くのグローバル・サプライチェーンはわれわれがこれから迎える世界に対処する準備ができていない。ほとんどは中国や人件費が安価な他の国々で得られる労働裁定取引を利用することによって、大量生産を安定し

て管理するよう設計されて、一部は見事に行っている」（Malik, Niemeyer, and Ruwadi 2011, 1）。こうした状況は現在ではなくなってきている。ネットワークがより結びつき、気候変動が悪化すれば、サプライチェーンに関連した災害の頻度と規模が増す。これらの理由により、迅速な回復を増進する方法への理解がますます重要になっている。ネットワーク化されたシステムの他の部分へ波及するため、投資に対する恩恵のすべてを収益化することが不可能な場合であっても、回復力に対する十分な投資への動機を持つことも企業にとって不可欠である。

サプライチェーンに関連する災害発生の増加

パンデミックはサプライサイドの混乱として、とりわけ劇的な例であるが、1975 年〜 1984 年の間と 2005 年〜 2014 の間で、世界での自然災害発生頻度は約 3 倍に増加しており（Vinod and López 2015）、多くは気候関連事象の増加によ

るものであった（NCEI 2021）。ルンドら（Lund and others 2020）によると、少なくとも 1 カ月を超えて世界中の生産活動に影響を与えるサプライチェーンのショックは、平均で 3.7 年ごとに発生している。

このような出来事での被害規模もまた拡大している。10億㌦を超える被害をもたらした災害の発生件数は、過去40年で年平均5件から20件へ増加している（図6-4）。国連気候変動政府間パネルによると、将来このような事象の発生頻度は増加し続ける可能性が高い（IPCC 2022）。

弾力性への民間セクターのインセンティブ

サプライチェーンが複雑になるにつれ、企業のリスク管理の必要性も高まっている（Baldwin and Freeman 2021）。もし投入財の不足によって生産ができなくなると、企業は収益を失うため、回復のために投資するインセンティブが生じる（Miroudot 2020）。例えばその方法には、サプライチェーンの構造の理解（可視性）やバックアップ能力への投資（代理機能性）、問題解決能力や投入財間の代替能力の向上（敏捷性）、さらには生産プロセスの構成要素の垂直統合の実践がある（Christopher and Peck 2004; de Sá and de Souza Miguel 2019）。しかし、これらの戦略、特に代理機能性に関しては多額の費用を必要とするであろう（Baldwin and Freeman 2021）。そのため、企業がすべての災害を完全に回避するための投資は費用対効果が低い。だからその代わりに、もしサプライチェーンが混乱しても、その間に見込まれる収益が生産上の問題にかかるコストをカバーできるように、企業のリスクを抑える設計がされているのである（Miroudot2020; Baldwin and Freeman 2021）。

企業による回復力への投資不足の結果、サプライチェーンの混乱による負の波及効果がネットワーク化されたシステム内の他企業にも及ぶ危険性を高めている。この種の市場の失敗は、企業の投資決定が私的なコストと便益だけしか考慮せず、システム内の他の部分にもたらす波及効果が収益化できない場合に起こりやすい。確かに条件次第では、民間セクターが効率的な水準の投資を行うことは可能である。例えば、企業間で高い取引コストをかけずに交渉できる場合、民間契約や自己責任による協力的な取り決めを通して、効率的な市場結果を達成することができるかもしれない（Bernstein 2015）。しかし、こうした方法は、多くの企業が関与していることや不測の事態を考慮するとあまりにも現実的ではない。なぜなら契約の交渉と実施にかかる取引コストを増加させるからである（Coase 1960）。以下では、この場合に政府が果たすべき重要な役割について述べていく。

可視性

弾力性の構築に向けた第一歩は、企業が下請企業の生産力や在庫量を詳しく把握することである。これによって、下請企業が直接、主導企業と取引しなくても、サプライチェーンが需要を満たす能力を監視することができる。サプライチェーンの弱点を把握するためには、サプライチェーン関係の可視化が必要であり、これによって企業は混乱を招く事態にも適切に対処することができる（Fujimoto and Park 2014）。こうした知識を得ることは技術的な課題だけではなく、買い手と下請企業の信頼にも左右される（MacDuffie, Heller, and Fujimoto 2021）。買い手が下請企業に余剰生産力があることを知れば、買い手はより低い価格をおしつけることができるかもしれないからである。下請企業を特定できることに加えて、重要な指標として「生き抜く時間」——もし普段取引している下請企業が供給できなくなってしまった場合、特定の部品に対する需要を在庫または別の下請業者からどのくらいの期間満たすことが可能か——や緊急時における下請企業の「回復までの時間」などの意味も含まれている（Simchi-Levi2020; Simchi-Levi and Simchi-Levi 2020）。

代理機能性

企業は、新たな下請企業との関係を築くために投資することもできる。ある投入財について代わりとなる下請企業をみつけるには時間がかかり、下請企業は多くの場合、品質検証を受ける必要が

Box 6—4　少ない在庫とジャストインタイム生産

企業や国境を超えて生産が行われるように
なったことに加えて、企業は最終財と中間
財の両方の在庫を減らしている。図6-iiは、米
国で事業を展開している企業について、1947年
から2021年までの最終売上高に対する民間在庫
の比率を示したものである。過去30年間にわたっ
て、この比率が減少していることは明らかであ
る。生産のために余分な在庫を保有すると、倉庫
費用を引き上げることになる。在庫が減少するほ
ど、必要な運用資金も少なくなり、陳腐化してし
まうかもしれない資本を抱え込む可能性も低くな
る。しかし、供給に支障が生じると、企業の最終
売上高に対する在庫比率が低い場合には、在庫が
足りなくなるため、供給業者の生産能力が回復す
るか、他の供給業者がみつかるまで生産を中断し
なければならない可能性がある。

トヨタの大野耐一氏が当初構想していたジャス
トインタイム生産方式とは、少ない在庫と前述の
リスクを克服する追加政策を組み合わせたもので
ある。これにより、サプライチェーンの混乱から
の回復を早めることを目指すものである。これら
の政策には、すでに説明したように、消費者の近
くに生産拠点を置き、操業の「敏捷性」を高める
ことも含まれる（Liker 2004; Handfield 2004）。
これとは対照的に多くの米国企業は、すでに述べ
たように、在庫の削減と4～6週間という*長い*
供給ライン（Buchholz2020）やショックへの対
応力を削減するような従業員政策を組み合わせて
きた。すなわち、在庫が少ないことそれ自体が必
ずしも脆弱性につながるわけではなく、問題は在
庫の少なさと敏捷性の低さが組み合わさった時に
発生するのである。

図6-ii　最終売上高に対する個人在庫の国内事業比率

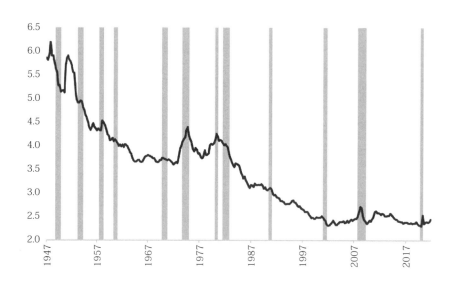

注：網掛け部分は米国の景気後退期を示している。
出所：Bureau of Economic Analysis; FRED Database of the Saint Louis Federal Reserve
　　　Bank.

ある。企業が複数の下請企業との関係構築に積極的に投資する場合、主導企業は代替策を用意している。ある下請企業が生産できなくなったとしても、別の下請企業が代役として参入することができるのである。

企業は、下請企業のリードタイム、製品の製造に要する時間をショックから回復する時間以下に抑えられない場合、新たな在庫を抱えることもできる（Michaelman 2007）。例えば、トヨタは半導体下請企業のリードタイムが4カ月であることを知り、4カ月分の製品の在庫を確保した（Shirouzu 2021）。代理機能性はたいていの場合、コストがかかる一方で、サプライチェーンに問題が生じた際にも生産を続けることで利益をあげることができる。しかし、抱えている部品が万一の時に必要な部品とは限らないことを考えると、在庫を用意しておくことが危機の際に常に効果的というわけではない（Sheffi 2022）（Box 6-4を参照）。

敏捷性

企業は自社と従業員の問題解決能力に投資することで、代替品や代替工程への迅速な切り替えが可能となり、非常事態に対応することができる（Baldwin and Freeman2021; MacDuffie, Heller, Fujimoto2021; Helper 2021）。新しい工程は、使用できないものに代えて以前とは異なる原材料を使えるものであるかもしれず、あるいは、元々企業が作っていたものとは全く異なるものと工程であるかもしれない。もう1つの選択肢は、企業が特殊ではない投入物を使えるように生産工程の柔軟性を高めることである。以下にはこうした柔軟性を促進するさまざまな方法が述べられている。

・重要なルートを特定し、機能を速めることによって、リードタイムを短縮する（Ericsen 2021）。
・（3Dプリンターなどの）汎用機器や、より全般的に訓練された労働者を万全に備え、大量動員能力投資を行う。
・いち早く問題を特定し解決に取り掛かるために、下請企業と顧客との協力関係を維持する。
・第一線の労働者を含む問題解決能力を構築す

る（人的資本に関する第4章の「正道」議論を参照）。
・例えば、長距離輸送に伴う供給時間に妥協せずむしろ国内生産を視野に入れるような現実的選択肢に幅を持たせておくことや、より多くの情報が入手できるまで意思決定を延期する能力を維持する（de Treville and Trigeorgis 2010）。

敏捷性は、サプライチェーン内の企業による先行投資を必要とするかもしれないが、時間の経過とともにコストを削減し、効率を高めるであろう。問題解決能力に投資し供給時間を短縮できれば、緊急時だけでなく、普段のパフォーマンスも高められる。

下請企業との協力関係は、活発なサプライチェーンのカギとなる。例えば、トヨタの全車両に使用されている比例弁の唯一の生産元であったアイシン精機は、1997年2月に発生した火災によって、トヨタの生産を数週間にわたって停止させる可能性があった。しかし、代替弁の生産調整を行った200社以上の下請企業とトヨタが協力し、組立工場はわずか2日で再開した。この協力はトヨタからの指示、知的財産権をめぐる駆け引き、または費用の返済を考慮することで調整された。長年の関係や今後の契約をめぐる水面下での競争、関係維持へのプレッシャー、トヨタグループへの信頼が、協力の効果とスピードを高めたのである（Nishiguchi and Beaudet 1998）。

国内生産の増加は、企業の敏捷性も高める可能性がある。近接性は輸送時間を短縮し、コミュニケーションを円滑にするため、国内生産によって企業の受注生産力は発達する。リードタイムの短縮によっても、意思決定者が予測する結果の幅を絞ることもできる（de Treville and Trigcorgis 2010; MacDuffie, Heller, and Fujimoto 2021）。

⑥

弾力性を促進する公的セクター戦略

公的セクターは、サプライチェーンの弾力性を促進する上で重要な役割を果たすことができ、特に広範囲な戦略地政学的かつ経済的な優先順位に沿った民間セクターの決定を促すことに役立つ。国境を越えたサプライチェーンは、生産が他国の決定や活動に左右され、供給の不確実性が増すことを意味する。さらにサプライチェーンの多くの面には外部性がある。つまり、ある決定は意思決定者自身だけでなく、サプライチェーン内の他の関係者にも影響を及ぼす。国家安全保障などの公共財が存在する場合、政府政策は国民の福祉を向上させることができる。

強靭なサプライチェーンを促進する政府の役割は、2種類の産業において特に重要となる。1つは、エネルギー生産、半導体または輸送など、波及効果の大きい多くの個別サプライチェーンに投入物を提供する産業である。もう1つは、気候や健康の安全保障を含む、国内生産による確実な供給が国家安全保障にとって特に重要な産業である。具体的には、強固なサプライチェーンを構築するための公的セクターの介入は、情報の集約と発信に関する課題に対処し、効果的な国家安全保障に不可欠な製品や商品を確保することができる。ここでは、そのそれぞれについて説明する。

情報の集約と発信

公的セクターには、市場の効率化に役立つ情報を広める役割がある。前述のように、企業は下請企業を他の企業と共有しているため、他の企業の行動に左右されることがある。サプライチェーンの情報は競争優位となるため、企業は特定のデータを他の企業に開示したがらないことがある。例えば、個人用防護具（PPE）のような製品が不足した場合、個別の病院は供給を確実なものにしようとするため、超過注文して在庫を抱え込む可能性が高い。このような状況下でPPEの下請企業は、新たな需要水準が今後も続くのか、それとも病院が在庫を積み上げて将来的に需要量を減らす

のかが分からないため、生産量を増やすべきか判断できない。しかし病院は、優先順位が下がり少量のPPEしか受け取れない可能性があるため、下請企業に対して本当の需要量の情報を共有しようとはしない。

政府には機密データを戦略的に収集し、市場の機能を改善できるように市場参加者に集計情報を公開する能力がある。例えば、米国保健福祉省は、PPEについて正確な需要信号を提供する上で重要な役割を担っている。同省のサプライチェーン・コントロール・タワーは、5000の病院の供給状況とともに、追跡調査している商品の販売量の80%以上を占める卸売業者から、ほぼ毎日のデータを受け取る。この計測は不足に対する病院の不安を軽減するため、病院は在庫を持つことによる追加費用を負担する必要がない。また、供給制約を悪化させる過度な注文を減らし、卸売業者がより正しい需要信号を受け取ることができるようにする（U.S. Department of Health and Human Services 2022, 13）。このような場合、公的セクターはこれらの情報を収集、集約、及び発信するのに適している。

政府はまた、民間セクターの関係者を招集し、調整する役割もある。例えば、商務省の米国立標準技術研究所のような標準機構は、USBポートなどの標準インタフェース開発に重要な役割を果たした。それによって、多くの企業は電子サプライチェーンへの参加が容易となり、イノベーションを促進しコストを削減した。

また、分散型サプライチェーンの主なイノベーションは、「鶏が先か、卵が先か」の問題に直面する可能性がある。これは川上企業は需要が見込めるまで何かを供給することはなく、しかし川下企業は十分な供給がない限り、その投入財を必要とする製品へは投資することはないという問題である。このジレンマを解決した過去の成功例は、1990年代の官民パートナーシップのセマテックによる半導体産業ロード・マップの開発である。このグループは、共通機器のニーズとイノベー

ションの方向性について合意し、資金を供給するために集まった。セマテックの招集は、機器メーカーがチップデザイナーの考えているものと互換性のある製品を製造することを助け、逆にそれはチップデザイナーが機器メーカーの進むべき方向を理解するのに役立った。セマテックが連邦政府の資金提供を受けた 7 年間で、連邦政府の支出 1 ドルにつき 1.65 ドル以上の利益が生み出された(Link, Teece, and Finan 1996)[9]。

パンデミックによるチップ不足の中で、商務省は 2021 年秋に主導企業の CEO を招集した際、自動車メーカーとチップ業界のリーダーは初めて面会し、サプライチェーンのボトルネックについて話し合い、共通理解を深めた。そのようなミーティングの 1 つが、フォードとグローバル・ファウンドリーズの結びつきに繋がった。今回の提携は、フォードの既存の製品ラインの生産能力を高め、次世代の乗り物に重要な未来のチップ技術の共同研究を促進することに重点が置かれた。また、フォードの CEO は、他の下請供給企業を通してチップを購入するよりもチップ製造業者から直接購入することにより、彼らが「将来の生産への確信を高める」よう行動すると発表した(Hicks 2021, 1)。ゼネラルモーターズは最近、7 つの半導体メーカーと同様のパートナーシップを発表した。新型車両、特に電気自動車が半導体要件を 2 倍に高めることにつながるので、自動車メーカーにとっては今後数年、サプライチェーン・マネジメントの進歩がきわめて重要になるであろう(Colias and Foldy 2021)。

国家安全保障

地政学的な争いの時代に外国の下請企業へ依存することは、特に代替品がほとんどない製品のサプライチェーンを脆弱にしてしまう。重要な資源を外国が掌握することは地政学的には優れた交渉材料となる(Sanger and Schmitt 2022)。今や、米国は多くの軍事技術の重要な投入物である半導体やバッテリーを外国の下請企業に大きく依存している。2021 年には、世界の先進半導体供給量の 92%が一カ所にある一社、すなわち台湾の TSMC によるものとなっている(Lee, Shirouzu, and Lague 2021)。同様に、バッテリーのサプラ

イチェーンの重要な部分は主に中国に存在している。中国は世界のリチウムの 60%、コバルトの 80%を精錬しており、これらは大容量バッテリーを製造する上で重要な、代替品の存在しない資源である。製品が国内で生産されているのであれば、国防にとって非常に重要なこれらの資源の入手がより確実なものとなる(White House 2021a)。

利潤を最大化しようとする企業は、国内生産に対するこの波及便益を十分に考慮していない。国防は公共財の一例であり、公共財には、2 つの性質がある。個人の消費が他人の財の消費量に影響を与えない非競合性と、料金を支払わない人の財の利用を防ぐことができない非排除性のことである。人々は公共財の対価を支払うことなく利用できるため、民間企業はそれらを十分に供給することはない。このような理由から、一般的に政府が国防を提供している。

重要な製品をある程度国内で生産しておくことは、自然災害が発生した場合において、米国の企業が他国の政策選択に左右されないことを意味している。少数の感染事例に対し都市や港全体を封鎖するという中国の COVID-19 に対する政策は、政策アプローチや症例数が異なる国の企業の生産体系を混乱させた(Kuttner 2022)。米国は幅広い分野の産業に十分な投資をしていないが、同盟国や貿易相手国が一部の商品に競争優位性を持ったり、国内に混乱が生じた場合に備えて分散化したりする可能性があることを考慮すると、国内生産 100%へと移行することはこれらの危機に対して必ずしも最良の選択であるとはいい難い(White House 2021a)。

国防生産に直接使用される資源に加えて、政府はサプライチェーンの混乱から電力や通信ネットワークを保護するため莫大な時間と費用を費やしている。これらのセクターは産業の中心であるため、ほとんどすべての経済活動での生産過程の一部となっている。サイバー攻撃から電力網を保護するため、米国連邦エネルギー規制委員会は送電網の操業に必要な最低限のサイバー・セキュリティ・システムの基準を義務づけており、米国エネルギー省はサイバー・セキュリティの研修とガイダンスを提供している(GAO 2021)。電力会社は収益を減少させうるシャットダウンに備えるインセンティブを有しているものの、電力セク

⑥

Box 6—5　サプライチェーンの機能を改善するための政策

バイデン - ハリス政権は、サプライチェーンの機能改善を支援するため、数多くの措置を講じている。気候危機に対処するためも必要な、重要なサプライチェーンの強化に焦点を当てている。政府が講じている措置とは以下のようなものである。

- ・経済と国家安全保障に不可欠な製品のサプライチェーンに注目し、サプライチェーンと産業基盤を強化するよう各省庁に指示する大統領令に署名した（White House 2021a; Executive Order 14017 2021）。
- ・パンデミックの影響を受け、経済再建で生じた課題に対処するため、サプライチェーン混乱タスクフォースを設立した（White House 2021c）。
- ・国家の最も重要なサプライチェーンの主要な弱点を特定するため、7 つの閣僚機関に対し報告書の公開を命じ、こうした問題に対処するための複数年の戦略を立案した（White House 2022b）。
- ・わが国史上最も重要な投資であり、米国のサプライチェーンを左右する交通システムを近代化させる超党派インフラ法を制定した（White House 2021d）。
- ・米国救済計画を制定し、数ある計画のなかでも特に、国家中小企業債権新規計画（State Small Business Credit Initiative）に 100 億ドルを承認した。これは製造業などの中小企業に対して、10 年間で 700 億ドル以上の融資と投資を促進するものである（White House 2021e）。
- ・米国政府は新しいバイ・アメリカン法を制定した。政府調達における米国産原材料の比率を高め、価格優遇措置の対象となる重要製品のカテゴリーを新設するもので、連邦政府の支出が米国企業への支援を確実なものにする（White House 2021f）。
- ・米国製造業の輸出を強化するため、輸出入銀行を通じた新たな国内融資制度を提案した。

このような政策には、直接的な効果に加え、第 1 章で議論したように、公的セクターは民間セクターの競争相手ではなく、協力者になりうるという主張と一致し、民間セクターの投資を促進する可能性がある。

ターの混乱は、電力産業の収入に与えるよりもはるかに大きな影響を経済全体に与える可能性がある。混乱が他の産業、特に国民の健康と安全に重要な役割を果たしている業界の生産能力に影響を及ぼすこれらの系統の産業では、民間セクターは社会の混乱に対する費用すべてを内部化しているわけではない。

これらの場合においては、公的セクターの介入は有益なものとなる。重要なセクターでは、国民は供給不足を回避するために民間企業により多くの費用を支払うことをいとわない。例えば、供給不足の可能性は大きな損害を生みかねないため、米国は食料の備蓄を多く確保し、平時であっても防衛力を維持している（Baldwin and Freeman 2021）。このような場合、公的セクターは弾力性を社会的に最適な水準に到達させるために介入し

なければならない。こうした介入には、米国の製造業への投資、サプライチェーンに対する需要を安定させるための公共調達、そして中小企業の生産能力拡大への投資を支援することなどが含まれている（Box 6-5 を参照）。

国家安全保障には、軍事安全保障への直接的な投入物だけでなく、国民の健康、気候、経済的な安全保障に必要不可欠な投入物も含まれている。そのため、新たなサプライチェーンを開発することは米国が気候変動に取り組む際の重要な要素となっている（気候については第 7 章を参照）。第 7 章で議論されているように、一般的に民間企業は利益のすべてを確保することはできないため、気候変動に取り組むための投資はほとんど行っていない。このことが政府による介入の根拠を示している。分散したサプライチェーンは需要と供給

の調整に対するこれらの投資の中で、新たな問題に直面している（Samford and Breznitz 2022）。

例えば、企業は部品を作る中で、電気自動車に需要を見出さない限りそれらに投資しようとはしない。逆に、自動車メーカーは部品の入手が困難な場合、電気自動車への投資を抑えようとする。バイデン‐ハリス政権の行動はそのような新しい事業を作るのが困難な「鶏が先か、卵が先か」の問題を克服するのに役立つであろう。例えば、米国の超党派インフラ法は採鉱の確立とバッテリーのリサイクリング・プログラムに数十億ドル投資している。また、ホワイトハウスはそのバッテリーを使う電気自動車やトラックを製造し販売する計画を立てるために、自動車メーカー、組合、環境保護団体や下請企業を招集した。政府はこの会議から、2030年までに米国の軽量自動車の売り上げの50％を「排出ゼロ車」にすべきという目標を公開する前に、どれだけの電気自動車の普及が実現可能かを知ることとなった（White House 2021b）。それらの政策によって生み出された確実性は、テネシー州やミシガン州のような地域で何千人もの人々を雇用するバッテリー生産に数十億ドルもの民間セクター投資をもたらした（Associated Press 2022b；Eggert 2022）。同様に、政府は太陽光パネルのサプライチェーンの各段階での税額控除とともに2050年までに太陽光エネルギーを米国の電力の45％にするという目標を掲げた（Fears 2021）。

間接的なサプライチェーン政策

多くのその他政府政策は、現代のサプライチェーン構造に影響を及ぼす。この節ではサプライチェーンよりも広範囲であるがその構造に影響を及ぼす経済政策の例を示す。

生産過程の中で数千マイルも中間財を輸送する価格には排出の社会的コストは含まれていない。輸送は米国の温室効果ガス排出量全体の約29％を占めており、その値は増加し続けている（EPA 2021）。例えば現在、国際海運は世界の温室効果ガスの総排出量の約3％を占めている。2015年における国際海運を仮に国として扱った場合、それは6番目に大きなエネルギー関連の二酸化炭素排出国であった。それはドイツを上回るほどであった（Chen, Fei, and Wan 2019; Gallucci 2021; IMO 2021; Oliver et al. 2016; Rose et al. 2021; Olner et al. 2017）。商品を輸送するための真のコスト、つまり温室効果ガスの排出を含む価格設定は、企業に輸送サービスの使用を減らすインセンティブとなるであろう。例えば、顧客の近隣で生産したり、新たな低炭素燃料に投資したりすることなどである（気候については第7章を参照）。

貿易政策もまたサプライチェーンの構造に大きな影響をもたらす。前述のように、中国の世界貿易機関への加盟はオフショアリングの大幅な増加につながり、消費者物価を下げただけでなく、米国のイノベーション、雇用、賃金に何十年にもわたって悪影響を与えてきた。北米自由貿易協定（NAFTA）は、より小規模ではあったが、同様に雇用と賃金の影響を及ぼしたことが分かった（Hakobyan and McLaren 2016）。しかし、米国‐メキシコ‐カナダ協定、つまり2020年のNAFTAの改定によってこれらの問題にいくらか対処できるようになった。米国と欧州連合間の鉄鋼とアルミニウムの貿易に関する世界の取り決めのような、排出量を基盤とした新しい政策は、低排出量の商品の生産に刺激を与えることで、サプライチェーンの更なる再構築を約束する。これらの新たな政策は豊かな国の人々にも貧しい国の人々にも同じく利益となるように世界のサプライチェーンを設計できることを約束するものである。

⑥

結 論

　アウトソーシング、オフショアリング、また弾力性維持への不十分な投資のために、多くのサプライチェーンは複雑で脆弱になり中心ノードは敏捷性に欠け、代替品がほとんどない状態である。この変化の一部は有益な効果をもたらすテクノロジーの進歩によって推進されてきた。例えば、今日の製品の多くが電子機器になっているため、半導体は経済に欠かせない存在になった[10]。しかし、この進化は財務指標に変えるのが難しい重大なコストを無視したり、他者に影響する波及効果を無視したりする、コスト削減に関する近視的な仮定に基づき推進されている。混乱がより蔓延し、企業がより緊密に相互連結されている世界においてこれらの仮定の妥当性は低下する。

　COVID-19 のパンデミックによりこれらの問題は大衆に対して顕著になり、大衆は個人用防護具から電化製品に至るまでの商品の配達の待ち時間に不満を抱いた。しかしサプライチェーン全体としては良好に機能しており、パンデミック前の時期と比較して 2021 年には 20％以上多い商品が流通しているが、混乱が続く可能性があることを考慮すると、サプライチェーンの脆弱性を対処することは依然として重要なことである。混乱がより一般化するにつれて、民間企業は可視性、代理機能性、及び敏捷性を通して弾力性を高め始めている。連邦政府は重要なサプライチェーンの弾力性を構築するためにこれまで行動してきたし、今後も行動し続けるであろう。例えば、需要と供給の明確なシグナルを提供することによって国の軍事、気候、及び医療保険にとって重要セクターをすでに変革しつつある。

　注
1　財だけでなくサービスもサプライチェーンの一部であり、時にこの章で取り上げたような問題に直面している。
2　なおデータの制約上、図 6-2 のティア 2 サプライヤーは主導企業の製品に投入財を供給しているのではなく、ティア 1 サプライヤーの下請企業であり、通常、複数の主導企業に向けて生産している。

3　実際には、一部の下請企業やパネル D の中心ノードもアウトソーシングされているだけでなくオフショアリングされている可能性もある。ここでは簡略化のためにそのパターンを省いている。
4　これらのデータは、アメリカ自動車ラベリング法（AALA: American Automobile Labeling Act）によるもので、米国とカナダの現地調達を分離することはできない（Center for Automotive Research 2020）。
5　前述の通り、半導体製造企業に対する政府補助金もまた企業がこの産業において垂直統合を縮小した重要な理由である。
6　後述の通り、最近米国の自動車メーカーは半導体の購入方法を大幅に変更すると発表した。
7　クラスターは生産に必要な天然資源が集中している場所、もしくはかつて集中していた場所の近くにできることがある（例えばクリーブランドの鉄鋼）。さらに下請企業の「クラスター」は、ある発明が起こった場所の近くで形成されることもある（例えば、ジョージア州のダルトンにおける床材）（Krugman 1991 を参照のこと）。
8　著者は、現在の米国経済の星型構造（図 6-1 のパネル D）とパネル A（垂直統合型企業）のような経済構造であった場合の効果を比較した。
9　この計算の論拠は、以下の通りである。「総原価に対する便益の非加重比率は 3.3 である。もちろん原価基準に連邦政府の資金が追加されると、表 4 の比率は半減される」（Link, Teece, and Finan 1996, 748）よって、3.33/2=1.65 である。これは私的便益だけであり、この論文では公共便益が推定されていない（したがって、1.65ドルを「上回っている」）。
10　本文で説明したように、この変化は、数十年にわたる米国政府のサプライチェーン政策によっても著しく促進された（『米国経済白書』2021 年を参照のこと）。

第7章
クリーン・エネルギーへの転換を加速し、円滑にすすめる

米国が直面する最も重要かつ困難な課題の1つとは、気候変動がもたらす重大なリスクへの対応である。空気中の温室効果ガスの濃度は、過去数百万年で最も高く、徐々に気温や海水面を上昇させ、ハリケーンや山火事、その他異常気象の壊滅的な結果を引き起こしている。バイデン‐ハリス政権は、気候変動の最悪の事態を避けるため、他の主要な温室効果ガス排出国の政府とともに、温室効果ガス排出を急速に削減する米国の意向を表明している。

米国の人為的な温室効果ガス排出の4分の3は、エネルギー源の化石燃料を燃やすことによって生じているため、排出削減のための最も重要なステップは、炭素集約からクリーンなエネルギー源に切り替えることである（U.S. Energy Information Administration 2021a）。つまり、クリーン・エネルギーへの転換を遂行することである。膨大な経済学の文献は、費用対効果の高い排出削減を促進することによって、このエネルギー転換を政策的に加速できることを示している。今世紀の半ばまでにこの転換を完了させるには、前例にないペースでエネルギー・システムを変換させる必要があり、現在、そして次世代に回避できる損害の規模を考えると、人類史に残る巨大な成果となる（Newell and Raimi 2018）。ジョセフ・R・バイデン大統領は、エネルギー転換によってもたらされる巨大な経済的機会やそれに関連する課題を反映し、「メイド・イン・アメリカ」と名づけられたクリーン・エネルギーのサプライチェーンの構築を公約としている。どのように米国の産業力とエネルギー安全保障の継続的な支援をするかが課題である。他の国が自国企業をどの程度支援しているのかを特に考慮しつつ、新興のグローバル産業分野において米国企業が競争できるようにするための、米国政府の取り組みが求められている。

この転換が提起するもう1つの課題とは、炭素集約型産業に雇用や税収を依存する全米の地域社会に対して、どのように最善の支援を提供するかである。これまでも米国の地域社会では、景気後退や中国との貿易、自動化などの経済ショックによって雇用喪失に直面してきた際、大部分の労働者とその家族は、より仕事が豊富な地域へと移住したわけではなかった。それは、現在いる場所でどのように人々を支援するのかという重大な政策課題を提起している。

この章では、米国のクリーン・エネルギー転換を加速させ、円滑にすすめるための効果的な政策戦略について、経済学から学べることを強調する。最初の節では、気候リスクの背景やそれらリスクを減らすための国際的な状況、そして転換を加速させるための政策を説明する。第2節では、こうした転換に最も影響を受けた国内産業や地域社会を支援する機会や課題について説明する。最後に、転換を加速させる戦略と円滑に進める戦略との間に相互依存の関係があることを明らかにして、この章の結論とする。

エネルギー転換を加速する

産業革命を可能にした、蒸気船や工場の動力源となった化石燃料エネルギー技術の普及は、1世紀以上にわたって経済成長を促進してきた（U.S. Energy Information Administration 2011; Friedrich and Damassa 2014）。化石燃料の燃焼によって、人為的な二酸化炭素（CO_2）の排出量も増加し、大気組成や地球上の環境は変化している。図 7-1 が示すように、20世紀以前の80万年間は、大気中の CO_2 濃度は 150〜300 ppm の間で推移し、世界の発展に快適な気候を作り上げてきた。2022年初頭、CO_2 濃度は 400 ppm を大きく上回り、上昇を続けている。CO_2 が温室効果ガスであることから、大気中の濃度上昇は、気温や海水面の上昇、海洋の酸性化、より頻繁に深刻な異常気象を引き起こしている（Zickfield, Solomon, and Gilford 2017; Bijma et al. 2013; Stott 2016）。

気候変動はグローバル経済にかなり大きなリスクをもたらしている。異常気象や生物多様性の喪失は、エネルギーや公衆衛生、水、食糧などの重大かつ相互につながるシステムに連鎖的な被害をもたらす可能性がある（Garcia et al. 2018; Porter et al. 2021）。米国における嵐、洪水、山火事、その他異常気象による推定被害額は、過去5年間で年間約1200億ドルに拡大した（Smith 2021）。気候変動は、低所得者や歴史的に社会から取り残されてきた人々にいっそう大きな被害を与える。なぜなら彼らは、異常気象や気候現象に十分に準備し対処するための資源がないからである（U.S. Global Change Research Program 2018）。

大気中の温室効果ガスの急激な増加は、現在進行中の地球上の実験であるため、気候変動による将来の被害状況を正確に予測することは難しい。そのため、経験的な推定は、起こりうる影響のごく一部しかカバーできない。2017年のメタ分析

図 7−1　大気中の二酸化炭素濃度、千年紀から 2019 年まで

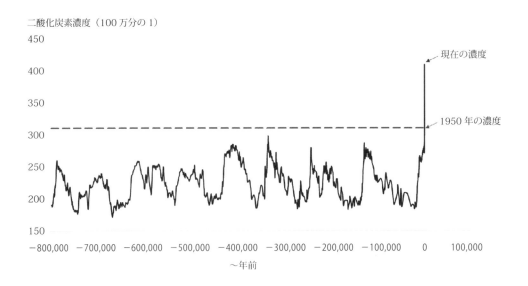

注：CO_2 ＝二酸化炭素。
出所：NASA (2021).

クリーン・エネルギーへの転換を加速し、円滑にすすめる

によれば、地球の気温が産業革命前の水準から華氏5.4度（摂氏3度）上昇すると——この基準は強力な政策的介入がなければ今世紀後半にも超える可能性がある——世界の国内総生産（GDP）の7〜11％に相当する経済的損害が生じる可能性がある（Howard and Sterner 2017）。さらに気候変動の経済的影響に関する研究は、気温に関連した大量の死者（Bressler 2021）や化石燃料関連の排出による局地的な汚染を原因とした死亡や病気を含めた、気候変動による公衆衛生への影響の重要な側面を考慮しないことが多い（Shindell et al. 2018; Scovronick et al. 2019）。

温室効果ガス排出を減らすためのグローバルな取り組み

世界の平均気温は、産業革命前に比べてすでに約1度上昇している（NASA 2021）。CO₂は何世紀にもわたって大気中に残るため、われわれが排出を続けると気温も上昇し続けることになる（Archer et al. 2009）。

排出の削減によって、気温上昇のペースを遅らせることはできるが、地球温暖化を止めるには、CO₂排出量実質ゼロを達成する必要がある（Net Zero Climate 2022）。この目標に向けた機運は、世界中でかなり高まっている。2015年のパリ協定において、世界の主要国は、地球温暖化を産業革命以前の気温に比べて2℃より十分低く保つことを表明したが、そのためには2050年から2070年の間に世界レベルで排出量実質ゼロを達成する必要がある（UNFCCC 2021）。米国を含めた多くの国々は、2050年までに排出量を実質ゼロにすることを目標にしている。バイデン大統領はさらに、2030年までに温室効果ガスの実質排出量を半減させることを約束した（McCarthy and Kerry 2021）。欧州連合、イギリス、そして日本では、今世紀半ばまでに排出量実質ゼロを目指すことを法律で定めている（European Commission 2021a; Climate Change Committee 2021; Jiji Press 2021）。世界最大の温室効果ガス排出国である中国は、2060年までに排出量を実質ゼロにすると表明した（Myers 2020）。また130兆㌦以上の資産を持つ金融機関を含めて、世界的巨大企業の多くもまた実質ゼロへの削減を約束している（Glasgow Financial Alliance for

図7−2　世界の二酸化炭素排出量予測、2025〜2040年

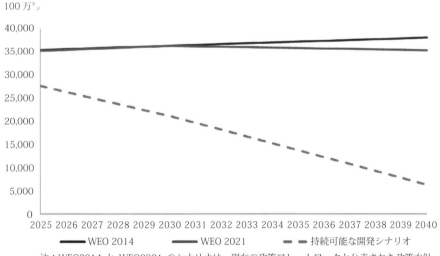

注：WEO2014とWEO2021のシナリオは、現在の政策フレームワークと公表された政策方針を前提とした予測を反映している。IEAの持続可能な開発シナリオは、エネルギーへの普遍的アクセスを達成すること、大気汚染による深刻な健康影響を減らすこと、そして気候変動に取り組むこと、というエネルギー関連の3大目標を世界がどのように実現できるかを概説したものである。

出所：International Energy Agency (IEA 2014, 2021),World Energy Outlook (WEO).

Net Zero 2022)。

ここ何世紀もの間、世界の年間CO₂排出量は増加を続けてきたが、こうした運動の結果、部分的には横ばいになり始めている（Our World in Data 2020）。最近の国連の報告書は、2030年までに世界の年間排出量をピークにすることは実現可能であると宣言している（UNFCCC 2021）。図7-2に示されるように、国際エネルギー機関（IEA）による世界のCO₂排出量の将来予測でも、向こう数十年で世界の年間排出量はピークを迎え、減少に転じることになる。

しかし、7年前のパリ協定で示された気候目標を達成するには、エネルギー転換を現在のトレンド以上にいっそう加速させる必要がある。最近の研究によれば、さらなる政策措置を講じなければ、2100年までに産業革命前の気温よりも2℃低くなる確率は10％未満である推定されている（Ou et al. 2021）。図7-2が示すように2040年には、現在発表または実施されている政策の下での世界排出量は、今世紀半ばまでに排出量実質ゼロを達成しようとするシナリオの7倍になると予測されている（IEA 2021b）。

米国におけるエネルギー転換を加速する

気候変動に効果的に対応するには、ここ米国から始まる世界中の政策措置が求められる。米国の温室効果ガスの年間排出量を超えるのは中国だけで、累積排出量は他のどこの国よりも多い（Ritchie and Roser 2020; Our World in Data 2020）。

米国において排出量実質ゼロを達成するために、炭素集約から無炭素エネルギー・システムへの転換は大きな課題である（図7-3を参照）。気候変動を遅らせるには、森林伐採の削減やエネルギーセクターの行動も重要ではあるが、米国の排出量の約4分の3はエネルギーの生産と消費が原因である（Ge, Friedrich, and Vigna 2020; Climate Watch 2021）。

米国経済のクリーン・エネルギーへの転換を成功させるには、経済活動の大きな転換が必要となる。アメリカ人の年間エネルギー消費量は1兆ドル以上であり、ここ数十年では米国のGDPの約5～10％を占めている（U.S. Energy Information

図7-3　米国における排出量実質ゼロを達成するための代表的な進路、2005～2050年

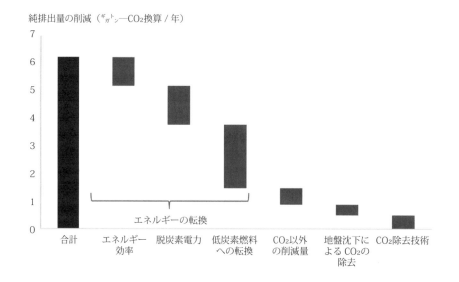

純排出量の削減（ギガトン—CO₂換算／年）

注：CO₂＝二酸化炭素。
出所：U.S. Long-Term Climate Strategy.

クリーン・エネルギーへの転換を加速し、円滑にすすめる

表 7―1　2020 年と 2030 年の世界のクリーン・エネルギー導入量（2050 年までの排出量実質ゼロの実現に合わせて）

クリーン・エネルギーの種類	2020 年	2030 年
世界の風力発電	114GW/ 年	390GW/ 年
世界の太陽エネルギー	134GW/ 年	630GW/ 年
電気自動車	世界の自動車販売の 5％	世界の自動車販売の 60％
ヒートポンプ	1 億 8000/ 年	6 億 / 年
CO_2 回収	40mt/ 年	1670mt/ 年

注：GW ＝ギガワット；mt＝メートルトン。
出所：Bouckaert et al. (2021,tables 2.5, 2.6, 2.9).

Administration 2018）。米国の電力の大部分を天然ガス及び石炭火力発電所が生産し、人や製品の輸送には天然ガスが支配的な燃料となっている。家や建物の多くは天然ガスや石油を燃やす加熱炉やボイラーで暖められ、アメリカ人が買う製品や食品、歩く歩道の生産過程には炭素が埋め込まれている（White House 2021a）。2019 年には、国内エネルギー需要の 83％が石炭、石油、天然ガスで占められ、2000 年の約 87％から減少している（Ritchie and Roser 2020）。

　国内そして世界の気候変動目標を達成することは、2050 年までの排出量実質ゼロへの道筋を詳細に示した最近の IEA 分析に示されるように、今後数十年にわたってクリーン・エネルギーの進展ペースを大幅に引き上げることを意味する（表7-1 を参照）（Bouckaert et al. 2021）。世界はこの IEA シナリオのペースで脱炭素化していないものの、最近の傾向や専門家の予測では、クリーン・エネルギー技術が爆発的に成長するとみられている。米国で最も急成長している 5 大職業のうちの 2 つは、風力タービン技術者と太陽エネル

ギーの設置者であり、米国における 2021 年第 3四半期の新規の発電量の 80％以上は風力または太陽エネルギーであった（U.S. Bureau of Labor Statistics 2021a; Shahan 2021）。

　エネルギー転換に関する詳細を、あらかじめ知ることは不可能ではあるが、成長する経済のエネルギー需要をクリーン・エネルギーで達成するためのロード・マップは、近年かなり明確になっている。膨大な「大規模な脱炭素化」に関する研究は、同様の処方箋を提示している。すなわち、炭素を含まない資源から電力を作り出し、エネルギー利用を無炭素電力や低炭素燃料に切り替えるのである（National Academies 2021）。

　急速なエネルギーの転換を実現するには、多くの政策措置が必要である。もし市場価格が排出による損害を考慮しなければ、消費者や生産者は、人為的に安くされた炭素集約的な財やサービスを過剰に売買し続けることになる。慎重に設計された政策では、炭素集約製品から転換するための金銭的なインセンティブを与え、炭素集約的な財やサービスの相対価格をクリーンな代替品よりも高

くすることで、こうした行動を変えることができる（Serrano and Feldman 2012）。

そのような炭素価格は、炭素税を通じて直接的に、あるいは排出上限や排出権取引を通じて間接的に、その他の類似の政策手段を通じて実施される可能性がある。炭素価格からの政府収入は、エネルギー価格の高騰による消費者への補償やその他の社会的優先事項への投資に使うことができる。

何らかの形で炭素価格が国家レベルで存在している国は45カ国で、イギリスのように排出削減に継続的に成功している国もある（Box 7-1を参照）（World Bank 2021）。カナダ連邦の炭素価格は、2022年にはCO₂の1^{トン}当たり50カナダ^{ドル}であったのが2030年には170^{ドル}に値上げする予定である（Government of Canada 2021）。しかし多くの国では、大規模な排出削減を達成するのに必要な規模と範囲で炭素価格を実行に移せてはいない（OECD 2021）。米国では、連邦レベルの炭素価格の提案は、下院では可決されたものの上院では否決された2009年の法案を含めて、30年以上にわたって膠着状態にある（Center for Climate and Energy Solutions 2021）。

こうした政治的課題がないとしても、炭素価格

Box 7－1　経済成長とともに急速に排出量を減少させたイギリス

イギリスでは2008年に気候変動に関する大規模な法律が成立し、排出価格や規制、補助金そしてクリーン・エネルギーへの支出を組み合わせて実施された（London School of Economics 2020）。図7-iに示すように、2009年から2019年にかけて温室効果ガスの排出量は約20%減少したが、このような傾向は国産の炭素集約製品を輸入品と入れ替えた（すなわち排出量の「オフショアリング」）からではない。事実、2009年から2019年にかけて輸入品からの排出量は、輸出品のそれを上回って減少しているからである（Ritchie and Roser 2020）。

図7－i　1990年以降のイギリスの温室効果ガス排出量と実質GDPの変化

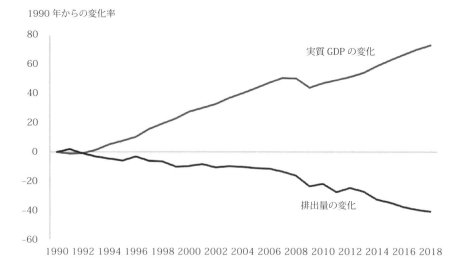

注：実質GDPは2019年ポンドの連鎖方式で報告されている。温室効果ガスはメガトン単位で報告され、生産基準勘定を勘定方法としている。
出所：Climate Watch; U.K. Office for National Statistics; CEA calculations.

は、費用対効果の高いエネルギー転換を加速するために必要な数多くの政策手段の1つにすぎない。結局のところ、排出による損害を市場価格が考慮できないことに加え、迅速かつ公平で、低コストに転換を実現するにはその他さまざまな障壁が立ちはだかっている。補完政策は、省エネや炭素集約製品からの転換をより安く、容易に実現することができる。

政策的措置は、消費者が価格シグナルに反応できない、もしくは十分に反応しない状況において必要となる。例えば、居住者の多くは公共料金を支払う責任を負うが、エネルギー消費の効果的な削減のために大家がすることについてはどうすることもできない(Ryan et al. 2011)。インセンティブや基準が十分に設計されていれば、エネルギー効率のよい製品の使用や、その他の省エネ行動を広く促すことができる。

技術革新を促進する措置もまた、クリーン・エネルギーへの転換コストの削減に必要である。民間企業が技術進歩に十分な投資をしない傾向にあるのは、その新興技術への投資から得られる利益が不公平に大規模に社会に還元されるからである。さらに新製品は、資本へのアクセスや生産の規模拡大に必要な人材、材料、顧客基盤の獲得が難しいなど、競争上の多くの不利な立場に置かれるため、公平な条件のもとで既製品と競争するのに苦労する。十分に練られた政策は、研究から実証プロジェクト、初期の商業化に至るまで、技術革新の過程におけるあらゆる段階で投資の促進に役立つ(Gundlach, Minsk, and Kaufman 2019)。

最終的にこうした政策が実施されたとしても、費用対効果の高いクリーン・エネルギーの解決法を広く採用するには、すでに確立された既製品と競争できるように、公的インフラと規制構造をつくることが必要である。例えば、規制当局は金融機関に対して、投資における気候リスク評価を求めることができ、連邦政府機関は、炭素回収・貯留などの新興技術が効果的かつ公平に展開されるようガイドラインを設定することができる(White House 2021b; Council on Environmental Quality 2021)。

より広範には、エネルギー転換を加速する政策は、公平性を優先した設計が可能である。現在、エネルギー料金の高騰による、被害者の多くは低所得世帯である。歴史的にみればエネルギーインフラへの投資は、社会から取り残された地域の環境を悪化させてきた。政策を通じてこれら公平性の問題を悪化させることなく軽減させることも可能である。例えばバイデン政権は、連邦政府のクリーン・エネルギー開発への投資の大部分を恵まれない地域に割り当てることを「ジャスティス40イニシアティブ」を通じて約束した(White House 2021c)。炭素価格を導入している多くの地域(例えば、カナダの連邦炭素汚染価格制度)では、その収益は低所得世帯に還元され、彼らは財やサービスの価格高騰で支払うより多く政府給付を受けている(Government of Canada 2022)。

⑦

クリーン・エネルギーへの円滑な転換

クリーン・エネルギーへの転換は、気候変動による深刻な脅威を軽減させるために、最も重要である。しかしクリーン・エネルギー経済への公平な転換を実現するには、排出量削減の努力以上のものが必要となる。この節では、エネルギーの転換がもたらす　2つの重要な課題に対応するため、特定の国内産業と脆弱な地域社会を支援する公的政策の必要性を強調する。

第1に、国内のクリーン・エネルギー産業は、国家安全保障と世界経済の位置づけにとって、ま

すます重要なものになる。現在、米国のエネルギー産業は、炭素集約型であり、それが経済の生産性と安定性の源泉となっている(U.S. Environmental Protection Agency 2021)。例えば天然ガスの国内生産は、米国の消費者や企業コストの引き下げに役立っている(U.S. Energy Information Administration 2021b)。しかしながら、世界のエネルギー転換が進むにつれて、クリーン技術の革新や生産の重要性は高まっていくであろう。幸いにも、米国には国際競争力のあるクリーン産業

を支えるのに必要な資源や制度、労働力がある。しかし、他の国も急速にクリーン・エネルギーへの投資を強化し、それぞれの国内産業を支援するようになった。連邦政府の強力かつ持続的な支援がなくても、クリーン・エネルギーを供給できる米国企業は、国際市場で苦戦する可能性が高い。

この節の後半では、化石燃料や自動車などの下流工程の生産など、炭素集約型産業に雇用や所得、税収を依存する全米の地域社会が、エネルギー転換によって直面する課題について説明する。化石燃料に依存する全米の地域社会はすでに経済的課題に直面しており、エネルギーの転換は、十分な準備と支援を受けられない地域社会にとって、さらなるリスクをもたらすことになる (Interagency Working Group2021)。過去にそうした地域で主要な雇用主が倒産に直面した時も、従業員とその家族のほとんどは仕事を探すために移動することはなかった。したがって、エネルギーの転換を通じてアメリカ人の集団を支援するための戦略は、化石燃料に依存した地域経済を対象とした政策である必要がある。

エネルギー転換を加速させるための政策の処方箋については、大半の経済学者の同意を得ているが、いかにスムーズに米国の企業や地域の転換を行うかについては、同様の戦略が存在していない。事実、経済学者は長らく、特定の産業や地域を優遇するような政府介入の危険性を指摘してきた。しかし経済学の文献は、政策の危険性をできる限り小さくさせ、世界をリードする企業の創出や地域経済の活性化などの経済的機会の活用方法を強調している。

第1の課題——国内産業のへ支援

この項では、国内のクリーン・エネルギー産業を支援する政策手段の必要性について、またこのエネルギー転換期に著しく成長する国際市場において、米国企業が競争するための政府介入が持つ機会とリスクを説明する。

国内のエネルギーセクターは、米国経済にとって重要である。 エネルギー生産は米国経済の強さと安定にとって重要な構成要素である。米国は世界最大の石油と天然ガスの産出国であり、2018年にはサウジアラビアの石油生産を、2011年にはロシアの天然ガス生産量を上回った (U.S. Energy Information Administration 2019)。石油と天然ガスの世界最大の消費者であるにもかかわらず、今や米国の生産者はこれら燃料の巨大な輸出者でもある (U.S. Energy Information Administration 2021c)。石油製品の純輸入量（約4分の3は原油）は、2000年には1日当たり約1000万㌳（米国の消費量の約半分）であったのが、2019年にはゼロ以下に減少し、一方で、天然ガスの純輸入量は2000年の約4兆立方㌳から2019年には約-2兆立方㌳に減少した (U.S. Energy Information Administration 2021b, 2021c)。

米国はまた、世界最大の石油精製製品と液化天然ガスの輸出国でもある (Observatory of Economic Complexity n.d.; U.S. Energy Information Administration 2021d)。商品輸出額に占める燃料輸出額は、2000年には僅か2%であったが、2020年には13%に上昇し、これは燃料輸出だけで米国のGDPの約1%を占めることを意味した (World Bank 2020)（図7-4）。

米国企業は化石燃料に加えて、化学製品や鋼鉄を含む、その他多くのエネルギー及び炭素集約製品の大規模な生産者であり、輸出業者でもある (DeCarlo 2017; U.S. International Trade Administration 2020; IEA 2022a)。炭素集約型の自動車産業はGDPの3%を占め、それは他のどの製造業セクターよりも多い (American Automotive Policy Council 2020)。

化石燃料に依存する米国の有害な影響にもかかわらず、現実には現在もその国内のエネルギー生産から一定の恩恵を受けている。2021年〜22年の冬、ヨーロッパでは大陸が天然ガスをロシアに依存していたことも影響し、一連のショックによる需要増加と供給制約によって、歴史的な天然ガス価格の高騰を含むエネルギー危機に陥った (Cohen 2021; Stapczynski 2021; Sabadus 2021)。

クリーン・エネルギーへの転換を加速し、円滑にすすめる

図7−4　特定年次における米国の化石燃料消費量の推移

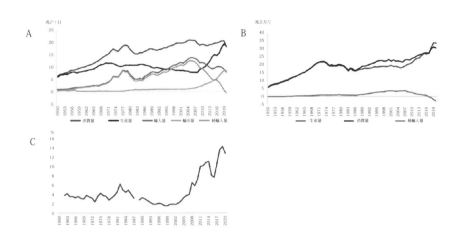

注：図のパネル、左から右へ。A：米国の石油消費量、生産量、輸入量、輸出量、純輸入量、
　　1950〜2020 年、B：米国の天然ガス消費量、乾性ガス生産量、純輸入量、1950〜2020 年、
　　C：米国の商品輸出に占める燃料輸出の割合、1960〜現在。
出所：U.S. Energy Information Administration;World Bank.

米国は、国内生産ができたこと、グローバル市場が完全に統合されていなかったこともあり、海外の天然ガス市場の混乱からいくらか距離をおくことができた。2021 年 12 月にはヨーロッパの天然ガス価格は、米国の 10 倍以上にまで上昇した（Reed 2021）。

　これとは対照的に、高度に統合された世界の石油市場では、原則的に価格を設定できる国々があり（Fattouh 2007）、生産コストが大きく異なる国営と民間の生産者が混在している。それゆえ米国の石油消費者は、地政学的な温乱や石油国家の政策決定に左右されやすい。米国にとっては、良心的な価格で途切れることなくエネルギーを利用できることが安全保障上の関心事となる（IEA 2022b）。わが国のエネルギー供給の安全を確保するには、エネルギー源とサプライチェーンを多角化し、将来のショックを緩和できるように、強靱なエネルギー・システムの政策措置が求められる（Yergin 2006）。

　エネルギーの転換は経済的機会ではあるが、強力な国内クリーン産業の育成を支援する政策が必要である。　米国の石油生産者もまた石油国の決

定に脆弱である。今や米国は世界最大の石油産出国ではあるが、仮に世界が急速に炭素排出を抑制し、その結果、石油需要が減少するような動きに向かえば、サウジアラビアなど国営の石油生産国は、次第に米国企業を含む高価格生産者を犠牲にして、現在よりも生産コストに近い価格を設定して生産レベルを維持することに関心を持つかもしれない（U.S. Energy Information Administration 2021f）。このことは、今後数十年で、世界の石油需要の減少が徐々にしか進まなかったとしても、米国の石油産業への影響は突然訪れる可能性があることを意味する。実際に、最近の 2 つの予測によれば、排出量ゼロのシナリオでは、石油輸出機構（OPEC）加盟国の石油市場シェアが、2021 年の約 3 分の 1 から 2050 年には 2 分の 1 もしくは 3 分の 2 に増加することが示されている（Bouckert et al. 2021; Mercure, Salas, and Vercoulen 2021）。

　同時に、無炭素製品の需要の世界的な急拡大は、米国企業にとって巨大な、しかしおそらくは束の間のビジネスチャンスを生み出す。重要な問題とは、各国によるクリーン・エネルギー転換によっ

Box 7—2　米国政府による国内炭素集約エネルギー産業に対する支援の歴史

20世紀初頭、産業界と消費者は化石燃料の使用を増やすにつれて、専門家たちの間では新しい油田を発掘し稼働させなければ、石油が枯渇してしまうことが懸念されるようになっていた（Olien and Olien 1993）。1913 年に連邦政府は、石油・ガス掘削を無形採掘費の控除対象に加えたことから、企業の新しい油田の採掘費の大半が控除されるようになり、採掘を妨げる高額な初期投資を軽減することができた（Center for a Responsible Federal Budget 2013）。これは現在まで続き、年間 23 億㌦の控除額は、化石燃料産業の唯一にして最大の生産税制上の優遇措置となっている（Roberts 2018）。

　米国政府は、混乱に直面すると定期的に市場に介入し、価格の安定を保証してきた。例えば1930 年のテキサス州東部で、石油業者のダッド・ジョイナーが「ブラック・ジャイアント」と呼ばれる新しい巨大油田を発見した時もそうである（Loeterman 1992）。ワイルドキャッターとして知られる何千もの独立系生産者がこの地域に集まり、石油市場に殺到したために、石油価格が生産コストをはるかに下回る 1㌭ 0.02㌦ にまで下落した。石油産業界が崩壊する可能性に直面し、テキサス州知事とオクラホマ州知事は、1931 年に戒厳令を発令し、生産を停止して価格を安定させた（Goodwyn 1996）。フランクリン・D・ローズヴェルト大統領の内務長官ハロルド・イケスは、この地域の生産者と割当量や規制を調整するために尽力した。30 年後、OPEC の創設者たちは、この制度をモデルにすることになる（Loeterman 1992）。1959 年にドワイト・D・アイゼンハワー

大統領は、石油輸入量を制限する割当制度を課し、この制度は 1973 年まで続いた（Council on Foreign Relations 2021）。

　米国政府はさらに米国企業が世界中のエネルギー源を利用できるように介入してきた。例えば、1940 年代から 50 年代にかけて、米国務省はベネズエラやサウジアラビアを含む石油産出国と米国企業が可能な限り有利なものになるように、企業と協力して利益分配協定の交渉を行った（Council on Foreign Relations 2021）。1950 年のサウジアラビアとの交渉で、石油会社は米国に対する税金を減らし、サウジアラビアへの税金を増やすという協定を結んだ（Ross 1950）。この協定によって、議会の正式な承認審査を経ることなく資金がサウジアラビアに流れるようになった。イランのモサデク政権がアングロ・イラニアン石油会社を国有化すると、1953 年に米英両政府はモサデク政権の転覆を支援するエイジャックス作戦を開始した。その後、英仏企業とともに米国の五大石油メジャーには、1954 年イラニアン・コンソーシアム協定の一部としてイラニアン油田へのアクセス権が与えられ、生産レベルの指揮権も認められた（Heiss 1994）。

　政府による支援は、エネルギーインフラやサプライチェーンの促進という形でも行われた。1956 年の連邦高速道路法はその有名な例であり、米国における人の移動や貨物輸送に化石燃料がなくてはならないネットワークを構築した。それは同時に、鉄道など低炭素の代替手段を締め出す可能性があったのである。

て、米国経済の生産性とエネルギー安全保障がどのような影響を受けるかである。米国企業は、新たに出現した世界の無炭素産業で競争することができるのか。できないとすれば米国のエネルギーの転換は、バッテリー、ヒートポンプ、低炭素鋼、その他クリーン・エネルギー経済への重要な投入財を輸入に依存することになりかねない。

　内燃機関（ICE）車から電気自動車（EV）への転換を考えてみよう。自動車は温室効果ガスの主要な排出源であり、バイデン大統領は、乗用車の新車販売数に占める EV とその他の排出ゼロ車の割合を 2020 年の 2.4％ から 2030 年には 50％に引き上げる目標を発表している（Bui, Slowik, and Lutsey 2021）。米国の自動車業界には 100

万人近い労働者が、自動車ディーラー業界には300万人を超える労働者がいる（U.S. Bureau of Labor Statistics 2021b）。自動車産業と部品産業の生産高は年間5000億㌦を超える（U.S. Bureau of Economic Analysis 2022）。自動車の有害な排出を減らすことは、ICE車に関連する生産と雇用を減少させることになるが、EVの成長は膨大である。ある専門家によれば、世界のEV市場の価値は2020年の1630億㌦から2030年までに8000億㌦以上に成長すると予想されている（Jadhav and Mutreja 2020）。

これまで過去1世紀以上にわたって、自動車メーカーの技術革新と労働組合、そして労働法の組み合わせの結果、ICE車は中産階級家庭の必需品となり、その過程で良質な仕事や新しい生産方式、強力な国内自動車産業が生み出されてきた。米国には、国内EV産業の規模の急速な拡大に必要な資源や資本があり、それは輸送ニーズの高まりや変化を満たすことができる。しかしわが国の気象目標と一致するペースでこれを実現するには、自動車産業のサプライチェーン全体で資本や労働者を再配置するための政策戦略が不可欠である。

より広い視点に立てば、米国は最先端のクリーン・エネルギー企業の創出に適した立場にある（Rodrik 2014; Cleary et al. 2018）。シリコンバレー、バイオテクノロジー、製薬、その他の産業において世界的リーダーになりうる、高度な教育を受けた人材や制度があるからである（National Center for Education Statistics 2021）。さらに優れた天然資源に恵まれた米国の特定の地域は、無炭素エネルギーの生産拠点として理想的である（National Academies 2021）。

それでも新興のクリーン製品の世界市場で競争するためには、米国企業への支援が必要となる。技術革新による社会的便益を完全に取り込むことができなければ、新興クリーン技術に対する民間セクターの投資は不十分なものとなり、クリーン産業の拡大を阻害してしまう（Council of Economic Advisers 2021）。例えば、世界初の低炭素セメント生産の実証施設は、社会に大きな利益をもたらす可能性はあるが、政府の支援なしには民間企業にとれないコストやリスク特性が存在する。

新技術の開発と実証が成功した後でさえも、そ

の生産者はより確立された技術と競合する新たな障壁に直面することが多い。既存企業は、広範なサプライチェーンや集積効果（例えば、イノベーションと生産の相互作用）、消費者ネットワークを持つ成熟産業からさまざまな恩恵を受けるが、「鶏と卵の問題」は新興技術の妨げになる。例えば、EVの普及は全国的な充電ネットワークの不足によって遅れたが、そもそも全米の充電ネットワークが構築されなかったのは、EV車が十分に道路を走っていなかったからである（Wei et al. 2021）。

他の国の頑強な産業政策戦略もまた、米国におけるクリーン産業の台頭を妨げる可能性がある。効率的なグローバル市場においては、各国はそれぞれの国内企業に対してすでに説明したようなハードルを乗り越えるために必要な支援を行うだけで、世界で最も生産的な企業が業界のリーダーになれるはずである。現実には、もし米国政府が国内企業に対して十分な支援をしないか、他国の政府がその国内企業に過剰な補償を行った場合には、米国企業はその潜在的な競争優位性にもかかわらず、グローバル市場で競うことができなくなる可能性がある。

中国政府はグローバルなクリーン・エネルギー経済を供給できる国内産業を生み出すために協力して努力してきた（Liu and Urpelainen 2021）。それゆえに、中国企業は世界のクリーン・エネルギー製造業を支配している。中国企業は、世界の風力タービンの約60%、太陽電池モジュールの約80%を生産している（図7-5参照）。

さらに、中国はいまやEVに使用される世界の電池の約80%以上を生産している。そのような産業で中国に屈することは米国企業にとって機会の喪失だけでなく、重要なサプライチェーンを中国に独占される可能性もあり、米国の消費者にとってもリスクとなる（第6章も参照）。中国やその他の国の企業と競争できる国内の電池産業、そして主要鉱物などのＥＶサプライチェーンの構築は、今後10年間の米国経済にとって主要課題であり、ＥＶへの世界的な需要の高まりを考えると大きな経済的機会でもある。

中国とロシアは、世界的なエネルギー転換の中で急成長の可能性があるもう1つのクリーンなエネルギー源、原子力にも大きな賭けに出てい

⑦

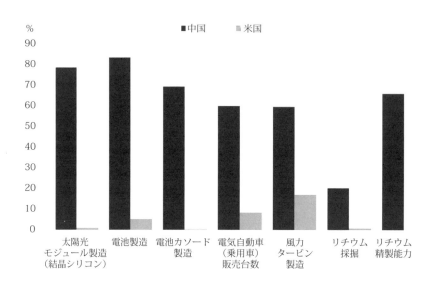

図7−5　クリーン技術産業における米国と中国の市場占有率

出所：BloombergNEF.

る（Berthélemy and Cameron 2021）。国際原子力機関（IAEA）による最近の調査によれば、原子力エネルギー容量は2030年までに世界全体で17％から94％に成長する可能性があると予測されている（IAEA 2013）。これとは対照的に、米国ではコストや安全性、廃棄物に関する懸念から原子力の成長は失速している。それでも超党派インフラ法やその他バイデン-ハリス政権の提案には、国内の原子力産業を支援する相当な奨励措置が含まれている（Bordoff 2022; U.S. Energy Information Administration 2021g）。原子炉技術を世界の他の地域に供給する中国やロシアに原子力産業で世界をリードされることは、米国企業にとって経済的機会の喪失だけでなく、米国政府が原子力施設を持つ他の国々の核不拡散の取り組み

に影響を与える可能性もある（Bordoff 2022）。
　わが国の同盟国もまた、産業政策戦略を展開している。例えばヨーロッパ連合は再生可能エネルギー発電への補助金で世界のリーダーとなっており（Taylor 2020）、最近では持続可能性とデジタル化への転換のために資金調達へのアクセス拡大、規制負担の軽減、そして能力開発によって国内産業を支援する新しい戦略も導入している（European Commission 2020）。EUはまた電池やクリーン水素など、主要な新興技術に対してかなりの支援をしており、ヨーロッパのクリーン・エネルギー企業を、形勢を一変させる可能性のある技術のグローバル・リーダーに位置づけている（European Commission 2021b, 2022）。

エネルギー転換を通じた国内産業への支援戦略

　米国を初めとする世界の先進諸国は、産業発展を目的とした政策措置を実施してきた（Goodman

2020）。米国の政策決定者は、強力な国内のエネルギー産業が経済競争力や国家安全保障にとって

重要であるとの認識から、1世紀以上にわたって化石燃料産業への支援を提供してきた（Johnson 2011）。しかし政府介入にリスクがないわけではない。結局のところ、市場原理こそが意思決定の経済効率を上げることができるからである。したがって、政策決定者の課題とは、リスクを最小限に抑えつつ、いかにクリーン・エネルギーの転換によって経済的機会を最大化できるような総合的な戦略を設計できるかである。

　グリーン産業政策について確立された戦略があるわけではないが、経済学者は数多くの一般原則を提示してきた（Vogel 2021; Rodrik 2014; Mazzucato, Kattel, and Ryan-Collins 2019）。第1に、政府は国内産業に対して、*透明性のある高いレベルの目標*を提供する必要がある。各国政府は、気候変動を含む、社会が直面する最大の課題に立ち向かう国家的任務を立ち上げることができる。例えば1960年代の宇宙開発競争では、米国航空宇宙局に対する資金は、連邦政府支出の4.5％近くになり、コンピュータ・チップ生産などの国内産業を活性化させ、新世代の技術者や科学者を生み出した（Chatzky, Siripurapu, and Markovich 2021）。高度なミッションとは対照的に、特定の企業や技術を他よりも支援することは、政策立案者にとって厳しい情報提供が求められる。政府関係者はそれぞれの投資が持つ潜在的な利益やコスト、リスクに関して完全な情報を持っていない（Schultze 1983）。その代わりに、政府は（少なくとも部分的には）政治的配慮が投資の決定に影響を与える可能性があり、その結果、無駄な政府支出が発生する確率が高くなる。

　もう1つの提言とは、政府は研究開発から実証プロジェクト、初期の商業化に至るまで*未成熟な技術の支援に集中すべき*であるということである。新興技術を生産する企業は、政府の支援なしには、成熟技術を生産する企業と競合できないことが多い。産業政策の大きな成功物語の多くは、幅広い潜在用途（多くは予見できない用途）を持つ革新的技術に対する投資によって生まれてきた（Goodman 2020）。これに対して、成熟技術への補助金は、主に価格や生産配分を基本的な経済条件から切り離すことになるため、長期的にみて配分効率は低下する（Kim, Lee, and Shin 2021年）。重要なことには、上記の関連する課題があるにも

かかわらず、特定の新興クリーン・エネルギー技術への支援を避けることは不可能であり、望ましくもないということである。

　政府は、*産業界との協力関係を築きながらも、政策過程に過度な影響を与えないようにする*という、潜在的に矛盾する要求の間でバランスを取る必要がある。公共政策を成功させるには、政府関係者が公共政策の焦点となるビジネスや技術を理解できるように、政府関係者と産業界の利害関係者との間でかなりの交流が必要になることが多い（Rodrik 2014）。このような交流は、必然的に政治腐敗への懸念を高めることになる。政治関係者が政治的決定を行うことから、例えば政府高官が彼らの有権者よりも自らの利益やロビー活動を行う業界関係者の利益を優先させることができるからである（Gregg 2020）。実際に、補助金や関税が検討される度に、財界は自らに都合の良い政策が採用され、維持されるようロビー活動を展開するが、これらの政策が不要または逆効果になった場合にも、廃止することは難しい。例えば化石燃料への補助金は1910年代に、農業への補助金の支払いは1930年代に始まった（Center for a Responsible Federal Budget 2013; Comparative Food Politics n.d.）が、どちらのケースでも、それらの利益団体のための補助金は現在に至るまで続いている。産業界とは協力しながらも産業界の過度な影響を与えないバランスをとるためのアプローチには、政治過程からある程度独立した政府機関の利用や行政サービスと産業界との間の回転ドアを制限することなどがあげられる。

　政府介入の効果を最大化するもう1つの方法は、*可能な限り規制環境を確実なものにすること*である。政府が支援する範囲や期限を明確にかつ具体的なものにしておけば、企業は将来の技術や市場機会に自信を持ち、他の方法では起こりえなかった投資やイノベーションを引き起こすことができる。その逆に、不確実な規制環境のもとでは民間セクターの投資を呼び込むことにはつながらない。例えば、米国では再生可能エネルギーに対する生産税額控除が定期的に失効（またはすぐに失効する）するため、風力やその他クリーン・エネルギー技術への投資が抑えられ、これら新興産業の成長が阻害される（Sivaram and Kaufman 2019）。

　最後に、投資家が個別株の集中投資ではなく、

分割投資されたポートフォリオを検討することが賢明であるように、政府はクリーン・エネルギー解決への幅広いポートフォリオに投資すべきである（Rodrik 2014）。政府の重要な役割の1つには、民間セクターが負担することのできないリスクを負うことにある。避けられない投資の失敗はあるにせよ、分割投資されたポートフォリオはそうしたリスクに対応することができる。例えば、米国エネルギー省融資プログラム局が設立されたのは、民間の金融機関では提供できない、あるいは提供しようとしない借入資本へのアクセスを含めて、米国内の革新的なエネルギー・プログラムに資金を提供するためであった（U.S. Department of Energy, Loan Programs Office 2017）。このプログラムは、倒産した企業（なかでも注目すべきは太陽電池メーカーのソリンドラ）にも資金を提供したが、こうした倒産によって、投資先全体が大きく成功できなかったわけではない（Rodrik 2014）。このプログラムによって、テスラを含む、革新的企業の成長を推進してきた（U.S. Department of Energy, Loan Programs Office 2017）。連邦政府はそうした利益を得るために損失を覚悟しなければならない。それどころか、融資プログラムによる金銭的損失は、これまでの融資で政府に支払われた利息の3分の1以下にすぎない（U.S. Department of Energy, Loan Programs Office 2021）。

この戦略にしたが従ってバイデン大統領は、EV生産を支える国内サプライチェーンの構築を支援するとともに、2030年までに乗用車販売の50％をEVにするという目標を発表した（White House 2021d）。さらに連邦政府は、消費者のEV購入を促すために必要なインフラにも投資している。現在、米国には公共用の最速EV充電器が5000台ほどしかなく、またこれも北東部や西海岸など一部の地域に集中している。2021年の超党派インフラ法では、電池の国内サプライチェーンとEV充電スタンドの全国ネットワークの構築に数十億ﾄﾞﾙを投資している（White House 2021d, White House 2021e）。

グローバル市場における国内産業を支援するためのこれまでの試みには、さまざまな実績がある（Box 7-3を参照）。産業政策の機会を戦略的にとらえるプロセスを改善していれば、失敗した投資の多くは避けられたかもしれない。しかし投資の失敗を回避するよりも、そうした失敗をデータ収集や情報共有、インパクト評価などの学習体験として捉え、予想し受け入れる状況を作り出すことの方が重要であろう。これによって政策決定者は政策設計を試し、何が有効なのかを知り、十分なリスクをとって経済活性化のための投資に活用することができる。

第2の課題——炭素集約経済に依存した地域社会への支援

化石燃料の採掘や高炭素製品の製造を含めて、エネルギー転換の影響を最も受けた産業の多くは地理的に集中している。このことはこれらの産業に雇用や税収を依存する国内の地域にとって不釣り合いなリスクと、これらのリスクを軽減し、同じ地域の住民に投資するための公共政策の重要な機会でもあることを意味する。

国内経済セクターと地域社会のためのエネルギー転換をともに円滑にすすめるという2つの課題の間には、かなりの重複がみられる。結局のところ、化石燃料に依存した地域経済へのクリーン・エネルギー関連投資は、エネルギー転換の影響を最も受ける産業と地域の双方の活性化に役立

つことになる。

しかし、この2つの課題には著しい違いもみられる。前述したように、国内産業を最も効果的に支援することは、必然的に化石燃料に依存する地域経済だけでなく、国家全体への投資につながる戦略が必要となるからである。同様に、化石燃料に依存する地域社会を効果的に支援するには、クリーン・エネルギー投資に限らず、こうした地域経済への取り組みも必要となる。

この節のここからは、化石燃料に依存する地域社会を支援するための政府介入の理由と、これまでの地域に根差した政策の経験から得られた教訓を説明する。

Box 7—3　産業政策の成功例と失敗例

世界各国の政府は、国内産業の支援において多くの成功と失敗を経験してきた。おそらく最も顕著なのが、経済発展の観点からのものであろう。韓国はしばしば称賛されるその成功例である。ヒュンダイやサムスンなどの有名ブランドを含むチェボルと呼ばれる一連の家族経営の巨大コングロマリットの構築に貢献したのは、特定産業に対する補助金であった。1973年から2017年にかけて、ターゲット産業は非ターゲット産業よりも80％以上も成長したという研究もある（Lane 2017）。その一方で、サハラ以南のアフリカや北アフリカ、中東では、汚職や既存の歪み、政府の能力の弱さが原因となって、推進された産業政策の効果は表れず、ほとんど成功していない（Devarajan 2016）。日本のように、発展状況からみて産業政策が成功した場合でも、順調な国内経済や高い貯蓄率など、経済成長に影響を与えるさまざまな要因を産業支援から切り離すことはできない（Goodman 2020）。

新興の高成長産業の国内生産者に対する先進国の支援についても、注目すべき成功と失敗の事例がある。デンマークは国家戦略を活用して洋上風力発電で世界をリードする力を得たが、一方で2000年代初頭のフランス、ドイツ、欧州連合によるグーグルに対抗できる検索エンジンに対する数十億ドルの出資は、成功しなかった（Lewis 2021; Goodman 2020）。

米国政府による国内産業を支援するための取り組みも、その結果はまちまちである。政府が介入した最大の成功例は、宇宙開発競争や第2次大戦中の戦時産業局のように、米国が脅威に直面した時である（Chatzky, Siripurapu, and Markovich 2021）。1980年代に日本との激しい競争に直面した半導体産業も、補助金によって1990年代までに国際競争力を持つ産業に成長した（Hof 2011）。これとは対照的なのが、1世紀にもわたって強力な支援をしてきた米国の海運業界である。海外の海運業界における貧弱な労働基準が原因となって、米国の船舶は、いまだに外国船とコスト面で競争できていない（これは海外でのクリーン・エネルギー生産でも重大な懸案事項である）（Frittelli 2003, 2019; Ha et al.）。

化石燃料に依存する地域社会の地理的集中度

例えば、自動車産業のICE車（内燃機関車）からの転換を考えてみよう。自動車の組立や販売など、特定の業界の仕事は、比較的円滑にEVラインの仕事に移行できるかもしれない。しかし、ICE車に特有の部品やサプライチェーンに関わる仕事の多くは減るであろう。例えばエンジンとモーターが車輪に動力を伝えるシステムである、パワートレインは、ICEとEVとでは異なる部品が必要となる。米国のパワートレイン・セクターで働く14万人の従業員のうち、70％は大部分、ミシガン州、オハイオ州、インディアナ州の小さな地域社会に集中している。ミシガン州モンロー郡では、雇用の4分の1以上は、ICE車のパワートレインに関連している（Raimi et al. 2021）。

エネルギー転換によるリスクは、化石燃料の採掘と燃焼に依存する地域社会にとって、よりいっそう深刻になる可能性がある。図7-6に示すように、米国の化石燃料産業は、極めて地理的に集中している。石炭採掘産業（パネルA）はアパラチアと山西部の一部に集中し、米国の石炭生産の約90％は50の郡で行われている（U.S. Energy Information Administration 2021h）。いくつかの郡では、雇用全体に占める化石燃料に関する雇用は30％から50％にも達する（パネルA、B、C）。この数字は、サービス・セクターやサプライチェーン、地方政府など、この地域の主導産業によって直接支えられている仕事を含めるとさらに高くなる（Tomer, Kane, and George 2021）。

化石燃料生産に関連する雇用と経済活動は、すでに国内の多くの地域で減少している。1980年以来、石炭採掘の雇用は約4分の3に減少し、石油とガス・セクターの雇用は、過去10年間で約30％も減少した（Interagency Working

Group 2021; Federal Reserve Bank of Saint Louis 2022)。その根本的な理由は無数にある。それは自動化、安価な天然ガスがもたらす石炭火力発電からの転換、再生可能エネルギーの価格低下、気候変動や大気汚染による被害を考慮した資源選択、不安定な石油市場、国際的な需要の低迷などであり、各国がパリ協定の公約の達成を目指すために今後も下がり続ける可能性がある（Look et al. 2021; Bowen et al. 2018）。

エネルギー転換への準備が不十分な化石燃料に依存する地域社会では、雇用と経済活動がさらに落ち込むリスクがある（Larson et al. 2020）。これらの地域は、田舎で多様性に欠け、それ以前から経済的な課題を抱えていることが多い。化石燃料に依存する地域の貧困率は、近隣の郡や国全体よりも高く、薬物の乱用や黒肺塵症などの問題が原因の死亡率も高い（Interagency Working Group 2021; Bowen et al. 2018; Metcalf and Wang 2019; National Institute for Occupational Safety and Health 2018）。石炭産業の地域社会では、多くの人々が年金やその他給付金に依存しており、支払い能力にも疑問がある（Randles 2019）。

より広い意味では、地方の多くは新しい産業へ転換するために必要な基本インフラ（道路やブロードバンド・インターネットなど）と金融インフラ（簡単に利用できるクレジットなど）がともに不足している（Raimi et al. 2021）。また地方の多くでは、経済が多様化せず、労働者もその地域の仕事に特化しているため、機会不足に悩まされている。例えば、アパラチアの労働者は、全米平均と比べて大卒の可能性が 25% も低い（Appalachian Regional Commission 2022）。

鉄鋼の街ペンシルベニア、イギリスの石炭生産地域、そして自動車中心のデトロイト経済などにもこれまでみられたように、支配的企業がいなくなると、その地域は財政スパイラルに陥り、回復に苦労する。主導企業が撤退すると、それを支えるサービスセクター周辺のサプライチェーンの規模は縮小する。経済活動が縮小すると、固定資産税や売上税など政府収入の減少につながり、その結果、行政サービスが削減されることが多い。同時に雇用機会の減少も発生することから、行き詰った地域では、新しいビジネスを誘致し、失

業者が新しい就業機会を得ることが難しくなる（Morris, Kaufman, and Doshi 2021）。

不十分な場所中立的な政策

エネルギー転換のリスクが地理的に集中していること、それ自体は、政府の支援が特にこれらの地域を対象とすべきことを意味しない。経済的に困窮する地域を対象とするのではなく、居住地がどこであれ、苦しむ人々を対象とする政策もあり得る。実際に、多くの政府プログラムは、特定の地域を対象としていないにもかかわらず、すでに経済ショックに直面した地域住民を支援している。例えば、連邦及び州政府は、貿易による失業者を直接補償する貿易調整支援プログラムを実施しており[1]、またかつてフードスタンプとして知られた補充的栄養支援プログラムやメディケイドのような支援プログラムは、経済的に苦境に陥った時期の人々を支援している（Higdon and Robertson 2020）[2]。

しかし、人々は大部分、経済ショックに反応して移動していないと示唆する新たな証拠は、転換期における支援を場所ではなく人に対して行うという議論に疑問を投げかけている。例えば、中国との貿易拡大が米国の地域社会に与えた影響に関する研究によれば、貿易がもたらした製造業の雇用喪失は、影響を受けた地域社会の雇用対人口比をほぼ 1 対 1 に減少させたことを明らかにし、このことは労働者が他の地域社会やセクターに移動しなかったことを示している（Autor, Dorn, and Hanson 2021）。同様に、ハーシュバインとスチュアート（Hershbein and Stuart 2021）は、厳しい景気後退の後に雇用人口比率が持続的に減少している事実を見出している。アメリカ人の半数以上は、幼少期に住んでいた大都市圏で人生の大半を過ごす（Bartik 2009）。人々がショックに反応して移動しない理由としては、家族や隣人の支援を含めた地元コミュニティへの愛着、衰退する地域社会の住宅価格の下落、そして高所得都市における非大卒労働者の賃金の低さがあげられる（Notowidigdo 2020; Autor, Dorn, and Hanson 2021）。

移住のきっかけとなるのは多くの場合、他の場所に機会があるからであり、自らの地域社会の

クリーン・エネルギーへの転換を加速し、円滑にすすめる

図7-6　郡別の化石燃料業界の雇用率

注：図のパネル、左から右へ A：石炭採掘、B：石油・ガス採掘、C：鉱物の採掘・採石および石油・ガス採掘のための支援サービス。産業は、NAICS コード 211（石油・ガス採掘）、2121（石炭採掘）、213（鉱業・石油ガス採掘の支援活動）による定義である。各パネルは、その郡の労働人口のうち、NAICS 産業で働く人の比率を示している。雇用規模の小さなセルは、労働統計局が発表していない。
出所：Quarterly Census of Employment and Wages; Bureau of Labor Statistics (BLS); CEA calculations.

ショックによるものではない。モンラス（Monras 2020）は、不況に反応する移住の地域差は、転出ではなく転入の差によって決定されることを発見した。いい換えれば、人々が移住を決定する条件とは、新しい場所の地域の経済状況に反応するということである。最も居残りやすい労働者とは、収入の少ない労働者である（Notowidigdo 2011; Bound and Holzer 2000）。マイノリティ世帯の場合には、住宅差別もまた移動を制限する要因となる（Neumark and Simpson 2015）。

　人々がいる場所を支援する政策が必要になるのは、経済的に困窮した地域に留まるこの傾向やそうした地域に対する長年行われてきた改善支援プログラムだけでは不十分だからである（Box 7-4 参照）。これにより、特定の地域に住む個人の幸福を向上させることを目的とした、地域に根差した経済開発政策に関する研究が盛んになった。初期の研究では、地域に根差した政策が非効率になる可能性の大きさが強調されたが、最近の知見によれば、そうした政策を正当化するための条件に焦点が当てられる。これには、地域の経済状況が立地選択を変えないこと、所得層が地理的に分

離しているために、地域への投資が低所得者への投資の合理的な代替手段となること（Akerlof 1978; Fajgelbaum and Gaubert 2021）、気温上昇が続くにつれてより重要になるうる、その土地に特有の経済ショックに対する保険への要望（Neumark and Simpson 2015）、地域の生産性水準に基づく最適な雇用補助金の地域間の違い（Kline and Moretti 2013）、地域の公共財供給の不均質性（Bartik 2020）、集積効果の利用への要望（Kline 2010）などがあげられる。

　地域に根差した政策のための戦略

　地域経済の発展を支援する政策を設計するために、政策立案者が従うべき確立された戦略はないが（Rodrik 2014）、以下は、エネルギー転換の影響を受けた地域社会を支援するための地域に根差した政策を設計するために、研究から得られた一般原則である。
　第1に地域社会を活性化させるには、連邦政府が地域コミュニティと連携し、経済発展するための適切な機会を提供するため、持続的な取り組み

⑦

Box 7—4　困窮する地域経済のより広範な課題

積極的なエネルギーの転換は、すでに困窮した地域がかかえる問題の悪化を防ぐことができる。多くの地域コミュニティの経済は貧困に苦しんでおり、その一部の困窮は長期にわたっている。COVID-19 パンデミック以前の 2019 年には、米国の郡の約 14％は失業率 8％を超えていた（図 7-ii を参照）。困窮している地域経済は、ブラックベルト、アパラチア、中西部の工業都市、西部の農村地帯の一部に集中している。こうした苦境の原因はさまざまで、2〜3 例をあげれば「中国貿易ショック」（Autor et al. 2013）、都市部への移住、技術革新（Acemoglu and Restrepo 2020）など

があり、その困難な状況は持続することが多い。2019 年に失業率が 8％を超えた郡の約 3 分の 1 は、1980 年、1990 年、2000 年、そして 2010 年にも失業率は米国の郡の中で最悪の 4 分の 1 に位置していた。同様に、クラインとモレッティ（Kline and Moretti（2013）は、1990 年と 2008 年の 239 都市圏の失業率をプロットすると、回帰係数 0.509（.045）、R^2 は 0.35 となり「驚くべき著しい持続性」を示している。彼らは、ヨーロッパの労働市場でも同様の（おそらくそれ以上の）持続性を示していると指摘している。

図 7−ii　米国における困窮した郡

注：図のパネルは左から右へ。A 失業率が最も高い五分位の郡の 10 年ごとの国勢調
査の数、B 2019 年の失業率。
出所：American Community Survey, Census Bureau.

が必要である。これは産業政策の設計における高度な国家的ミッションの一種である。

　実際に、地域に根差した政策の成功事例に対する理解が進まない最も大きな原因とは、こうした取り組みに連邦レベルの資源がほとんど投じられなかったことであろう。バルティック（Bartik

2020）によれば、米国政府は、地域に根差した政策の傘下に入りそうな連邦プログラムや税額控除に、年間約 101 億ドルしか費やしていない。このような支出は、連邦政府のほかの優先事項、例えばメディケイドや子供健康保険プログラムのために州や地方に交付している毎年 4170 億ドルと

比べても焼石に水である（Shambaugh and Nunn 2018）。仮に連邦政府が地域社会に対して経済ショックから立ち直る機会の提供を約束したならば、その後の政策実験によって、地域に根ざした政策を実施するための最も成功した戦略について、はるかに優れた理解が得られる可能性が高い。

　州政府や地方自治体は、地域に根ざした政策に連邦政府の年間5倍以上を支出しており（Bartik 2020）、一部の州政府では、域内の困窮した地域社会に対する重要な支援源となっている。しかし、予算制約に苦しむ地域にとって、経済開発プログラムは他の公共サービスの代わりであり、さらに悪いことに、新規企業を誘致するために地域社会同士が競り合い、政府財源を枯渇させるという底辺への競争を生み出している（Mast 2018）。連邦政府は、困難な状況にある地域を活性化させるための全国的な戦略に資金を提供し、実施することができる唯一の主体である。

　地域に根ざした政策を設計するための第2の原則とは、支援によって最も恩恵を受けるコミュニティを対象とすることである。オースティンら（Austin, Glaeser, and Summers 2019）は、雇用を増加させるための支出は、失業率の高い地域の方がより効果的であると指摘している。バルティック（Bartik 2020）によれば、雇用増加の恩恵は、困窮する地域の方が景気の良い地域経済より、少なくとも60％大きいと推定している。したがって、地域に根ざした政策を効果的に設計するには、対象となる地域社会を選択するプロセスが必要となる。プログラムの成功と信頼性にとって、このような決定に政治的な影響を持たせないことは重要である。

　地域に根ざした政策を成功させるために共通する第3の提言とは、画一的な解決策を避けることである。地域に根ざした政策は、どの地域にも適用可能な措置となるよう設計することもできるが、問題が複雑になるという犠牲を払ってでも、地域の状況や、個々の地域社会の相対的な強みやニーズ、既存資産に合わせて、措置を差別化するべきである。地域社会と連携し、地域の実情に合わせることは、すでに説明した顕著な特徴を考えると、化石燃料地域において特に重要となる。例えば、リーイマジン・アパラチアというシンクタンクは、化石燃料分野の労働者の技術に見合った公共投資

によって、高品質の雇用機会を拡大し、その地域の持続可能な経済発展の貢献を目指す青写真を提示している（ReImagine Appalachia 2021）。

　政策設計を成功させるためのその他の提言として、集積効果を活用するために、困難な地域も含めた研究開発活動の拠点作りを奨励すること（Gruber and Johnson 2019）、乗数効果の高い産業といわれる、投資による経済活動が大幅に促進される産業を地域に根差した政策の対象にするなどがあげられる。例えばバルティック（Bartik 2020）は、ハイテク産業の乗数効果が特に大きいのは、あるハイテク企業のアイデアや労働者が近隣のハイテク企業の生産性を上昇させるからだとしている（Rodrik 2014, 2020; Mast 2018）（Box 7-5を参照）。

クリーン・エネルギーへの転換がもたらす地域に根差した政策を成功させるための好機

　地域に根差した政策は、大部分が上記の原則にしたが従ってこなかった（Bartik 2020）。そのためこれまでの地域に根差した政策の試みを評価する実証的証拠にばらつきがあるのは、驚くことではない。バルティック（Bartik 2020）は、地域に根差した政策が長期的に大きな利益を生み出す可能性を裏づける証拠をみつけた。彼は、テネシー川流域開発公社やアパラチア地域委員会などに関わった経験などから、地域経済開発政策の成功例を数多くあげている。同時にノイマルクとシンプソン（Neumark and Simpson 2015）は、地域に根差した政策は、それが有効な時には経済活動を活性化させるかもしれないが、そうした政策によって常に持続的な経済発展の促進という目標を達成するかどうかは証拠からは明らかではない、と結論づけている。

　苦境にある地域社会への支援をクリーン・エネルギー投資だけに焦点を当てることはできない。しかし、エネルギー転換が地域に根差した政策の実績を改善する機会となると信じられるさまざまな理由がある。第1の理由は、その規模である。気候変動対策には一連のさまざまな新興クリーン・エネルギー技術への大規模な投資が求められる。最近の全米アカデミーの委員会は、米国が2050年までに排出量ゼロの目標を達成するには、

Box 7—5　エネルギー・コミュニティのための地域に根差した行政の動き

バイデン‐ハリス政権は、初年度にエネルギー・コミュニティの支援を目的とした措置を講じた。2021年1月27日、バイデン大統領は大統領令14008号に署名し、石炭・発電所コミュニティと経済活性化に関する省庁間ワーキンググループ（IWG）を設置した。IWGの最初の報告書では、エネルギー・コミュニティ支援のために適用される連邦補助金379億㌦を確認し、これまでのところ、IWG加盟機関は、全国で優先すべき25のエネルギー・コミュニティに対して28億㌦以上を直接交付している。

2021年アメリカ救済計画法は、COVID-19の影響でサービスが不十分なコミュニティを支援するために、経済開発局（EDA）に30億㌦を割り当てている。EDAは、「創造的復興のための地域の挑戦」補助金と経済調整支援補助金を通じて、石炭産業に依存するコミュニティ支援のために3億㌦を割り当てている。超党派インフラ法（BIL: Bipartisan Infrastructure Law）には、エネルギー・コミュニティが優先される、地域に根差した投資条項が多数含まれている（表7-iを参照）。今後5年間で、BILはこれらの計画に270億㌦以上を割り当てることになるが、これには地域クリーン水素ハブのための80億㌦、地域DACハブのための35億㌦、CO_2回収技術プログラムのための25億㌦が含まれる。BILには、その他の方法によって地域社会への支援を目的としたプログラムもあり、清潔な飲料水のために鉛管を排除することに550億㌦、誰でもアクセスできる高品質のブロードバンドに650億㌦、道路と橋の修復に1100億㌦、鉱山の埋め立てや廃坑になった油井・ガス田の処理など、過去の汚染物質の浄化のための210億㌦などが含まれる（White House 2021f）。

表7—i　エネルギー・コミュニティを対象とした
特定のBILプログラム

BILプログラムの名前	合計（1000㌦）
地域クリーン水素ハブ	8,000,000
地域DACハブ（地域直接空気回収技術ハブ）	3,500,000
電池材料加工補助金	3,000,000
電池製造・リサイクル補助金	3,000,000
CO_2回収技術プロジェクトプログラム	2,537,000
CO_2貯留の検証・試験	2,500,000
先進型原子炉実証プログラム	2,477,000
CO_2輸送インフラ	
融資とイノベーション	2,100,000
クリーン水素電解プログラム	1,000,000

注：BIL＝超党派インフラ法。この表には資金が10億㌦以上のプログラムだけをあげている。
出所：U.S. House of Representatives (2022).

今後 10 年間でおよそ 2 兆㌦の追加的な資本投資を動員する必要があると推定している（National Academies 2021）。プリンストン大学の「排出量ゼロ・アメリカ」報告書（Net Zero America）では、2020 年代に米国のエネルギーセクターで 50 万から 100 万人の追加雇用が必要であると推定している（Larson et al. 2020）。

実際に、多くのクリーン・エネルギー投資は、過去の典型的な地域に根差した政策の規模を大幅に上回ることになるであろう。例えば超党派インフラ法には、低炭素水素生産のための大規模な実証プロジェクトや鉄鋼大手、セメント、化学生産の炭素回収のための資金が含まれている（Box 7-5 参照）（White House 2021g）。そのような計画には、地域経済への投資に数百億㌦が必要となることがある（Jones and Lawson 2021）。

歴史的にみて地域に根差した政策は、苦境にある地域それぞれを十分に対象にしてこなかったが、クリーン・エネルギーの解決策の多様性は、地理的な特性や労働力のスキル、教育水準、そして現在のインフラを含めた地域社会の強みやニーズに合わせて投資を調整する機会を提供することができる（Bartik 2020; Tomer, Kane, and George 2021）。重要なことは、エネルギー転換によって生み出される雇用機会は、政策の介入がなければ、採掘的で労働集約的な産業を支援することが多い化石燃料に依存する地域社会では起こらない可能性があるということである。しかし、地域に根差した政策はこうした地域にも投資を振り向けることが可能である。炭素回収プロジェクトに適したところもあれば、風力、太陽光、地熱、原子力、その他気候変動対策に関連するプロジェクトに適したところもある。多くの場合、引退した発電所の再利用や、炭素の地下の隔離施設の設置を含めて、政策は、化石燃料に依存する地域の既存インフラと労働力のスキルを活用することができ

る（Tomer, Kane, and George 2021）。

またエネルギー転換は、エネルギー産業で働くアメリカ人労働者の仕事の質を高める施策を実施する、またとない機会となる。クリーン・エネルギー分野の労働力の約 30% は少なくとも学士号を必要とするが、70% に求められるのは 4 年未満の関連業務の経験だけである（Larson et al. 2020）。クリーン・エネルギーの仕事の中にはすでに高給なものもあるが、質の高いクリーン・エネルギーの仕事を奨励する政策措置は、クリーン産業における機会が、化石燃料に依存する地域社会の雇用の大半を占める比較的高給なブルーカラーの仕事の代わりとして適していることを保証するのに役立つ（Muro et al. 2019）。

繰り返しになるが、成長する EV 産業は重要な事例を示している。現在の自動車産業は、同じ場所の多くで国内 EV 産業を成功させるためのユニークな経済的機会を提供している。例えば、最近フォードはミシガン州スターリングにあるヴァンダイク変速機工場をヴァンダイク電動パワートレーンセンターに変更すると発表した（Ford Motor Company 2021）。このような転換を促すインセンティブは、場合によっては市場原理だけでも十分かもしれないが、自動車メーカーが現在操業している地域社会で EV への転換を推し進めるには、多くの場合に政策的支援が必要である。

最後に、クリーン・エネルギーへの投資は、変則的な成長の可能性があることが多いことを再度、強調する必要がある。世界は、気候変動のリスクへの対応を成功させるために、クリーン・エネルギーによる解決策を急速に拡大させる必要がある。クリーン・エネルギー投資に全くリスクがないわけではないが、クリーン製品への需要が今後数十年で急速に高まる可能性があることは、包括的な地域に根差した投資と比べて大きな利点となる。

議論と結論

この章では、米国がクリーン・エネルギー経済への転換を加速するためには、慎重に設計された政策が必要であることを強調してきた。この転換

を妨げる多くの市場の失敗があったために、低炭素製品の相対価格を引き下げ、技術革新とエネルギー効率にインセンティブを与え、クリーン・エ

ネルギー経済の発展を効果的に支援する公共財と規制措置を提供するような諸政策を実施することが正当化されるのである。こうした政策は、経済における現在の不公平を悪化させることなく、むしろ緩和させるように設計される必要がある。

またそうした政策は、グローバル市場における米国の競争力へのリスクを減らし、脆弱な地域社会を支援することによって、クリーン・エネルギーへの転換を円滑にする必要もある。学術研究は、国内産業を活性化させるために政府がどのように介入すれば成功するかについて多くの原則を指摘している。それは透明性のある高度な目標の設定、規制の確実性の提供、政府投資に関する多様なポートフォリオの作成、未成熟な技術に焦点を当てること、政策プロセスに業界の利害関係者が過度な影響を与えないような方策を追求することである。

また政府は、地域社会に特有の特性や強み、課題に沿った対策について、これらの地域社会と連携を深めていくことによって、化石燃料に依存する地域や地方経済を支援し、多様化させるよう持続的に取り組むことができる。

幸いなことにエネルギー転換は、新興のカーボンフリー産業の国内企業を強化し、転換のリスクに最も脆弱な地域社会を経済発展させる機会を提供する。こうした機会を活かすことは、バイデン - ハリス政権の経済及び気候戦略の核心である。

グリーン産業政策や地域に根差した政策に確立された戦略がないため、政策立案者は、すすんで政策実験に取り組んでいく必要があり、政策と投資のポートフォリオを成功させるために失敗を想定し、失敗から学ぶ教訓も、必要なものとして受け止める必要がある。

賭けは高くつく。この章では、クリーン・エネルギー転換を*加速*させる政策と、それを*円滑に進める*政策とを分けて議論してきたが、この両者の政策戦略の運命は非常に密接に絡み合っている。クリーン・エネルギーへの転換は始まっているが、そのペースを予測するのは難しい。気候政策はこれまで長期にわたって、政治的な反対に直面してきた。その理由は、コストが特定の地域に限定されて前倒しされるのに対して、その恩恵は地球全体と将来の何世代にもわたって生じるものだからである。労働者、企業、そして地域社会が、円滑

な転換に失敗すれば、転換を加速させるための国民の支持を損ないかねず、最も重要なことは、温暖化が進み続ける地球にとって、ますます悪化する脅威を回避できなくなるのである。

注

1　複数の報告書は、貿易調整支援（TAA）プログラムの労働者を新しい高収入の仕事へと移行させる効果は限定的であると示している（Rodrik 2017; U.S. Government Accountability Office 2012a, 2012b）。TAA は雇用と収入に大きな正の因果関係を持つにもかかわらず、その普及率は低い。そのため TAA の効果が限定的とされることの一部は、利用者が少ないことから説明できる可能性がある（Hyman 2018; Autor et al. 2014）。

2　社会的セーフティ・ネット・プログラムは、既存の経済的課題を抱え、業界が出資する年金制度の支払い能力の懸念への高まりを考慮すれば、化石燃料に依存する地域社会を支援するために特に重要となる（Higdon and Robertson 2020; Walsh 2019）。

参考文献

第1章

Almond, D., J. Currie, and V. Duque. 2018. "Childhood Circumstances and Adult Outcomes: Act II." *Journal of Economic Literature* 56, no. 4: 1360–1446.

Alternative Fuels Data Center. No date. "Electric Vehicle Supply Equipment (EVSE) Ports by State." U.S. Department of Energy. https://afdc.energy.gov/data/.

Autor, D., D. Cho, L. Crane, M. Goldar, B. Lutz, J. Montes, W. Peterman, D. Ratner, D. Vallenas, and A. Yildirmaz. 2022. *The $800 Billion Paycheck Protection Program: Where Did the Money Go and Why Did it Go There?* NBER Working Paper 29669. Cambridge, MA: National Bureau of Economic Research.

Auxier, B., and M. Anderson. 2020. "As Schools Close Due to the Coronavirus, Some U.S. Students Face a Digital 'Homework Gap.'" Pew Research Center. https://www.pewresearch.org/fact-tank/2020/03/16/as-schools-close-due-to-the-coronavirus-some-u-s-students-face-a-digital-homework-gap/.

Azar, J., I. Marinescu, M. Steinbaum, and B. Taska. 2019. *Concentration in U.S. Labor Markets: Evidence from Online Vacancy Data.* NBER Working Paper 24395. Cambridge, MA: National Bureau of Economic Research.

Baker, D., and J. Bernstein. 2013. *Getting Back to Full Employment: A Better Bargain for Working People.* Washington: Center for Economic and Policy Research.

Banerjee, A., E. Gould, and M. Sawo. 2021. "Setting Higher Wages for Child Care and Home Health Care Workers Is Long Overdue." Economic Policy Institute. https://www.epi.org/publication/higher-wages-for-child-care-and-home-health-care-workers/.

Barbanchon, T., R. Rathelot, and A. Roulet. 2021. "Gender Differences in Job Search: Trading Off Commute against Wage." *Quarterly Journal of Economics* 136, no. 1: 381–426.

Bailey, M., H. Hoynes, M. Rossin-Slater, and R. Walker. *Is the Social Safety Net a Long-Term Investment? Large-Scale Evidence from the Food Stamps Program.* NBER Working Paper 26942. Cambridge, MA: National Bureau of Economic Research.

Bauer, L. 2021. "A Healthy Reform to the Supplemental Nutrition Assistance Program: Updating the Thrifty Food Plan." Brookings Institution.

Bernstein, J., and E. Tedeschi. 2021. "President Biden's Infrastructure and Build Back Better Plans: An Antidote for Inflationary Pressure." White House Council of Economic Advisers, blog. https://www.whitehouse.gov/cea/written-materials/2021/08/23/president-bidens-infrastructure-and-build-back-better-plans-an-antidote-for-inflationary-pressure/.

Bivens, J., and A. Banerjee. 2021. "How to Boost Unemployment Insurance as a Macroeconomic Stabilizer: Lessons from the 2020 Pandemic Programs." Economic Policy Institute.

Bivens, J., M. Boteach, R. Deutsch, F. Diez, R. Dixon, B. Galle, A. Gould-Werth, N. Marquez, L. Roberts, H. Shierholz, W. Spriggs, and A. Stettner. 2021. "Reforming Unemployment Insurance." Economic Policy Institute.

Blau, F., and L. Kahn. 2017. "The Gender Wage Gap: Extent, Trends, and Explanations." *Journal of Economic Literature* 55, no. 3: 789–865.

Boushey, H. 2016. *Finding Time: The Economics of Work-Life Conflict.* Cambridge, MA: Harvard University Press.

Boushey, H., L. Barrow, and K. Rinz. 2021. "Supporting Labor Supply in the American Jobs Plan and the American Families Plan." White House, blog. https://www.whitehouse.gov/cea/written-materials/2021/05/28/supporting-labor-supply-in-the-american-jobs-plan-and-the-american-families-plan/.

Card, D. 1999. "The Causal Effect of Education on Earnings." In *Handbook of Labor Economics*, vol. 3, 1801–63, edited by O. Ashenelter and D. Card. Amsterdam: Elsevier Science. https://davidcard.berkeley.edu/papers/causal_educ_earnings.pdf.

Card, D., and A. Krueger. 1992. "School Quality and Black-White Relative Earnings: A Direct Assessment." *Quarterly Journal of Economics* 107, no. 1: 151–200.

Cascio, E. 2017. "Public Investments in Child Care." Hamilton Project.

———. 2021. *Early Childhood Education in the United States: What, When, Where, Who, How, and Why.* NBER Working Paper 28722. Cambridge, MA: National Bureau of Economic Research.

Case, A., and A. Deaton. 2020. *Deaths of Despair and the Future of Capitalism.* Princeton, NJ: Princeton University Press.

Chen, A., E. Oster, and H. Williams. 2016. "Why Is Infant Mortality Higher in the United States Than in Europe?" *American Economic Journal: Economic Policy* 8, no. 2: 89–124.

Clarida, R., B. Duygan-Bump, and C. Scotti. 2021. *The COVID-19 Crisis and the Federal Reserve's Policy Response.* Finance and Economics Discussion Series 2021-035. Washington: Board of Governors of the Federal Reserve System.

Clark, X., D. Dollar, and A. Micco. 2004. "Port Efficiency, Maritime Transport Costs, and Bilateral Trade." *Journal of Development Economics* 75, no. 2: 417–50.

Congressional Budget Office. 2021. "The Distribution of Household Income, 2018." https://www.cbo.gov/system/files/2021-08/57061-Distribution-Household-Income.pdf.

Cortes, P., and J. Pan. 2018. "Occupation and Gender." In *The Oxford Handbook of Women and the Economy*, edited by S. Averett, L. Argys, and S. Hoffman. Oxford: Oxford University Press.

Council of Economic Advisers and Office of Management and Budget. 2021. "The Cost of Living in America: Helping Families Move Ahead." https://www.whitehouse.gov/wp-content/uploads/2021/08/Costs-Brief.pdf.

Declercq, E., and L. Zephyrin. 2020. "Maternal Mortality in the United States: A Primer." Commonwealth Fund. www.commonwealthfund.org/publications/issue-brief-report/2020/dec/maternal-mortality-united-states-primer.

DeLong, J., and L. Summers. 2012. "Fiscal Policy in a Depressed Economy." *Brookings Papers on Economic Activity*, Spring, 233–97.

Derenoncourt, E., and C. Montialoux. 2021. "Minimum Wages and Racial Inequality." *Quarterly Journal of Economics* 136, no. 1: 169–228.

Donaldson, D., and R. Hornbeck. 2016. "Railroads and American Economic Growth: A 'Market Access' Approach." *Quarterly Journal of Economics* 131, no. 2: 799–858.

Donohue, J., and J. Heckman. 1991. "Continuous versus Episodic Change: The Impact of Civil Rights Policy on the Economic Status of Blacks." *Journal of Economic Literature* 29, no. 4: 1603–43.

Dupraz, S., E. Nakamura, and J. Steinsson. 2021. *A Plucking Model of Business Cycles.* NBER Working Paper 26351. Cambridge, MA: National Bureau of Economic Research.

Economic Research Service. 2022. "National School Lunch Program." U.S. Department of Agriculture.

Farber, H., D. Herbst, S. Naidu, and I. Kuziemko. 2021. "Unions and Inequality Over the Twentieth Century: New Evidence from Survey Data." *Quarterly Journal of Economics* 136, no. 3: 1325–85.

FCC (Federal Communications Commission). 2018. "International Broadband Data Report." https://www.fcc.gov/reports-research/reports/international-broadband-data-reports/international-broadband-data-report-4.

Federal Emergency Management Agency. 2021. "FEMA COVID-19 Response Update." https://www.fema.gov/disaster/coronavirus.

Federal Reserve. 2021. "DFA: Distributional Financial Accounts." https://www.federalreserve.gov/releases/z1/dataviz/dfa/distribute/chart/.

Fox, L., and K. Burns. 2021. "The Supplemental Poverty Measure: 2020." U.S. Census Bureau.

Frank R., L. Dach, and N. Lurie. 2021. "It Was the Government That Produced COVID-19 Vaccine Success." Health Affairs.

Friedman, M., J. Conrad, H. Lary, and G. Moore. 1964. "Reports on Selected Bureau Programs." In *The National Bureau Enters Its Forty-Fifth Year.* Cambridge, MA: National Bureau of Economic Research.

Furman, J. 2016. "Inequality: Facts, Explanations, and Policies." https://obamawhitehouse.archives.gov/sites/default/files/page/files/20161017_furman_ccny_inequality_cea.pdf.

Galvani, A., S. Moghadas, and E. Schneider. 2021. "Deaths and Hospitalizations Averted by Rapid U.S. Vaccination Rollout." Commonwealth Fund.

Goldin, C. 2014. "A Grand Gender Convergence: Its Last Chapter." *American Economic Review* 104, no. 4: 1091–1119.

———. 2021. Career & Family: Women's Century-Long Journey Toward Equity. Princeton, NJ: Princeton University Press.

Gould, E., and J. Kandra. 2021. "Wages Grew in 2020 Because the Bottom Fell Out of the Low-Wage Labor Market: The State of Working America 2020 Wages Report." Economic Policy Institute.

Grullon, G., Y. Larkin, and R. Michaely. 2019. "Are U.S. Industries Becoming More Concentrated?" *Review of Finance* 23, no. 4: 697–743.

Harris, J. 2021. *The Repeated Setbacks of HIV Vaccine Development Laid the Groundwork for SARS-CoV-2 Vaccines.* NBER Working Paper 28587. Cambridge, MA: National Bureau of Economic Research.

Helper, S., and E. Soltas. 2021. "Why the Pandemic Has Disrupted Supply Chains." White House Council of Economic Advisers, blog. https://www.whitehouse.gov/cea/written-materials/2021/06/17/why-the-pandemic-has-disrupted-supply-chains/.

Hendren, N., and B. Sprung-Keyser. 2020. "A Unified Welfare Analysis of Government Policies." *Quarterly Journal of Economics* 135, no. 3: 1209–1318.

Hornbeck, R., and M. Rotemberg. 2021. "Growth Off the Rails: Aggregate Productivity Growth in Distorted Economies." Working paper. https://voices.uchicago.edu/richardhornbeck/files/2021/12/Railroads_HR_Dec2021.pdf.

Hsieh, C., E. Hurst, C. Jones, and P. Klenow. 2019. "The Allocation of Talent and U.S. Economic Growth." *Econometrica* 87, no. 5: 1439–74.

Hummels, D., and G. Schaur. 2013. "Time as a Trade Barrier." *American Economic Review* 103, no. 7: 2935–59.

Kates, J. 2021. "What's in the American Rescue Plan for COVID-19 Vaccine and Other Public Health Efforts?" Kaiser Family Foundation.

Kekre, R. 2021. *Unemployment Insurance in Macroeconomic Stabilization.* NBER Working Paper 29505. Cambridge, MA: National Bureau of Economic Research.

Kleven, H. 2021. "Lecture 1: The Child Penalty." Zeuthen Lectures.

Krueger, A. 2017. "Where Have All the Workers Gone? An Inquiry into the Decline of the U.S. Labor Force Participation Rate." *Brookings Papers on Economic Activity*, Fall, 1–87.

Li, S., L. Tong, J. Xing, and Y. Zhou. 2017. "The Market for Electric Vehicles: Indirect Network Effects and Policy Design." *Journal of the Association of Environmental and Resource Economists* 4, no. 1: 89–133.

McKay, A., and R. Reis. 2016. "The Role of Automatic Stabilizers in the U.S. Business Cycle." *Econometrica* 84, no. 1: 141–94.

Mocan, N. 2007. "Can Consumers Detect Lemons? An Empirical Analysis of Information Asymmetry in the Market for Child Care." *Journal of Population Economics* 20, no. 4: 743–80.

Morgan, D., S. Peristiani, and V. Savino. 2014. "The Information Value of the Stress Test." *Journal of Money, Credit and Banking* 46, no. 7: 1479–1500.

National Center for Education Statistics. 2021. "Enrollment Rates of Young Children." U.S. Department of Education.

National Centers for Environmental Information. 2022.

"Billion-Dollar Weather and Climate Disasters: Time Series." National Oceanic and Atmospheric Administration.

OECD (Organization for Economic Cooperation and Development). 2021. "Life Expectancy at Birth." https://data.oecd.org/healthstat/life-expectancy-at-birth. htm.

Oreopoulos, P., and K. Salvanes. 2011. "Priceless: The Nonpecuniary Benefits of Schooling." *Journal of Economic Perspectives* 25, no. 1: 15984.

Perla, J., C. Tonetti, and M. Waugh. 2021. "Equilibrium Technology Diffusion, Trade, and Growth." *American Economic Review* 111, no. 1: 73–128.

Ramondo, N., A. Rodríguez-Clare, and M. Saborío-Rodríguez. "Trade, Domestic Frictions, and Scale Effects." *American Economic Review* 106, no. 10: 3159–84.

Romer, C., and D. Romer. 2021. A Social Insurance Perspective on Pandemic Fiscal Policy: Implications for Unemployment Insurance and Hazard Pay. NBER Working Paper 29419. Cambridge, MA: National Bureau of Economic Research.

Romer, D. 2019. *Advanced Macroeconomics.* New York: McGraw Hill. Rothstein, R. 2017. *The Color of Law.* New York: W. W. Norton.

Rouse, C., and B. Restrepo. 2021. "Federal Income Support Helps Boost Food Security Rates." White House Council of Economic Advisers, blog. https://www.whitehouse.gov/cea/written-materials/2021/07/01/federal-income-support-helps-boost-food-security-rates/.

Schwab, K., ed. 2019. *The Global Competitiveness Report.* Geneva: World Economic Forum. https://www3.weforum.org/docs/WEF_TheGlobalCompetitivenesReport2019.pdf.

Shrider, E., M. Kollar, F. Chen, and J. Semega. 2021. "Income and Poverty in the United States: 2020." U.S. Census Bureau.

Stiglitz, J. 2021. "The Proper Role of Government in the Market Economy: The Case of the Post-COVID Recovery." *Journal of Government and Economics* 1. https://www.sciencedirect.com/science/article/pii/S2667319321000045.

Stone, C., and W. Chen. 2014. "Introduction to Unemployment Insurance." Center on Budget and Policy Priorities.

Tüzemen, D. 2021. "Women Without a College Degree, Especially Minority Mothers, Face a Steeper Road to Recovery." Federal Reserve Bank of Kansas City.

U.S. Census Bureau. 2022. "Small Business Pulse Survey: Tracking Changes During the Coronavirus

Pandemic." https://www.census.gov/data/experimental-data-products/small-business-pulse-survey.html.

U.S. Department of Health and Human Services. 2021. "Appendix D: Updating Value per Statistical Life (VSL) Estimates for Inflation and Changes in Real Income." Office of the Assistant Secretary for Planning and Evaluation.

U.S. Department of Labor. 2022. "Benefits: Timeliness and Quality Reports." Employment and Training Administration.

U.S. Department of Transportation. 2021. "Departmental Guidance on Valuation of a Statistical Life in Economic Analysis." https://www.transportation.gov/office-policy/transportation-policy/revised-departmental-guidance-on-valuation-of-a-statistical-life-in-economic-analysis.

———. 2022a. "20-Foot Equivalent Units (TEUs) Handled by the Top 10 U.S. Container Ports: Jan 2019 to November 2021." https://explore.dot.gov/views/MonthlyContainerPortTEUs/TEUs?:embed=y&:isGuestRedirectFromVizport al=y.

———. 2022b. "Transportation Supply Chain Indicators." https://www.transportation. gov/briefing-room/transportation-supply-chain-indicators.

Viscusi, W. 2018. *Pricing Lives: Guideposts for a Safer Society*. Princeton, NJ: Princeton University Press.

Vroman, W., and S. Woodbury. 2014. "Financing Unemployment Insurance." *National Tax Journal* 67, no. 1: 253–68.

Washington Post. 2021. "Supply Chain Issues." *Washington Post* Interactive Report.

Wallace, N., and A. Irwin. 2021. "New EVs with the Longest Driving Range Ranked." Car & Driver, February 15. https://www.caranddriver.com/shopping-advice/g32634624/ev-longest-driving-range/.

Weeden, K. 2019. "State of the Union 2019: Occupational Segregation." *Pathways: A Magazine on Poverty, Inequality, and Social Policy*, July. https://inequality.stanford.edu/publications/media/details/state-union-2019-occupational-segregation-kim-weeden.

West, R., I. Dutta-Gupta, K. Grant, M. Boteach, C. McKenna, and J. Conti. 2016. "Strengthening Unemployment Protections in America." Center for American Progress.

Wheaton, L., L. Giannarelli, and I. Dehry. 2021. "2021 Poverty Projections." Urban Institute.

White House. 2016. "The Long-Term Decline in Prime-Age Male Labor Force Participation."

———. 2021. "President Biden's Bipartisan Infrastructure Law." https://www.whitehouse.gov/bipartisan-infrastructure-law/.

World Bank and IHS Markit. 2021. "The Container Port Performance Index 2020." IHS Markit.

World Inequality Database. 2021. "USA." http://wid.world.

Zandi, M., and B. Yaros. 2021. "Macroeconomic Consequences of the Infrastructure Investment and Jobs Act & Build Back Better Framework." Moody's Analytics.

第 2 章

American Journal of Managed Care. 2021. "A Timeline of COVID-19 Developments in 2020." https://www.ajmc.com/view/a-timeline-of-covid19-developments-in-2020.

Benmelech, E., and C. Frydman. 2020. "The 1918 Influenza Did Not Kill the U.S. Economy." Vox Europe and Centre for Economic Policy Research. https://voxeu.org/article/1918-influenza-did-not-kill-us-economy.

Blanchet, T., E. Saez, and G. Zucman. 2022. "Real-Time Inequality." https://eml.berkeley.edu/~saez/BSZ2022.pdf.

BLS (Bureau of Labor Statistics). 2014. "One Hundred Years of Price Change: The Consumer Price Index and the American Inflation Experience." *Monthly Labor Review*. https://www.bls.gov/opub/mlr/2014/article/one-hundred-years-of-price-change-the-consumer-price-index-and-the-american-inflation-experience.htm.

———. 2022. FRED Economic Data, Federal Reserve Bank of Saint Louis. https://fred. stlouisfed.org/graph/?g=Nyii.

Brookings Institution. 2019. "Deriving the Fiscal Impact Measure 1." https://www.brookings.edu/wp-content/uploads/2019/07/Deriving_the_Fiscal_Impact_Measure-1.pdf.

Cashin, D., J. Lenney, B. Lutz, and W. Peterman. 2017. "Fiscal Policy and Aggregate Demand in the USA Before, During, and Following the Great Recession." Finance and Economics Discussion Series, Board of Governors of the Federal Reserve System. https://www.federalreserve.gov/econres/feds/fiscal-policy-and-aggregate-demand-in-the-us-before-during-and-following-the-great-recession. htm.

CDC. 2022a. "COVID Data Tracker." https://covid.cdc.gov/covid-data-tracker/#datatracker-home.

———. 2022b. "COVID-19 Vaccinations in the United States, Jurisdiction." https://data.cdc. gov/Vaccinations/

COVID-19-Vaccinations-in-the-United-States-Jurisdi/unsk-b7fc.

Cohen, D., and G. Follette. 2000. "The Automatic Fiscal Stabilizers: Quietly Doing Their Thing." *Economic Policy Review* (Federal Reserve Bank of New York) 6, no. 1. https://www.newyorkfed.org/research/epr/2000n1.html.

Congressional Budget Office. 2021. "Additional Information about the Economic Outlook: 2021 to 2023." https://www.cbo.gov/system/files/2021-02/56989-economic-outlook.pdf.

Cooper, D., C. Foote, M. Luengo-Prado, and G. Olivei. 2021. "Population Aging and the U.S. Labor Force Participation Rate." Federal Reserve Bank of Boston. https://www.bostonfed.org/-/media/Documents/Workingpapers/PDF/2021/cpp20211220.pdf.

Council of Economic Advisers. 2015. *Long-Term Interest Rates: A Survey.* Executive Office of the President. https://obamawhitehouse.archives.gov/sites/default/files/docs/interest_rate_report_final.pdf.

David J. Spencer CDC Museum. 2022. "CDC Museum COVID-19 Timeline." Centers for Disease Control and Prevention. https://www.cdc.gov/museum/timeline/covid19.html.

Department of Veterans Affairs. 2021. "Factsheet: America's Wars." https://www.va.gov/opa/publications/factsheets/fs_americas_wars.pdf.

Figura, A., and D. Ratner. 2015. "The Labor Share of Income and Equilibrium Unemployment." Finance and Economics Discussion Series, Board of Governors of the Federal Reserve System. https://www.federalreserve.gov/econresdata/notes/feds-notes/2015/labor-share-of-income-and-equilibrium-unemployment-20150608.html.

Fujita, S., G. Moscarini, and F. Postel-Vinay. 2021. "Measuring Employer-to-Employer Reallocation." Working paper, Federal Reserve Bank of Philadelphia. https://www.philadelphiafed.org/the-economy/macroeconomics/measuring-employer-to-employer-reallocation.

Gordon, R., ed. 1986. *The American Business Cycle: Continuity & Change.* Cambridge, MA: National Bureau of Economic Research. https://www.nber.org/books-and-chapters/american-business-cycle-continuity-and-change.

Kovalski, M., S. Cambell, N. Salwati, and L. Sheiner. 2022. "Federal, State and Local Fiscal Policy and the Economy." Brookings Institution. https://www.brookings.edu/interactives/hutchins-center-fiscal-impact-measure/.

NAHB (National Association of Homebuilders). 2021.

"Record Number of Builders Report Material Shortages." Blog post. https://nahbnow.com/2021/06/record-number-of-builders-report-material-shortages/.

National Bureau of Economic Research. 2022. "U.S. Business Cycle Expansions and Contractions." https://www.nber.org/research/data/us-business-cycle-expansions-and-contractions.

Naylor, B. 2021. "Biden Says Goal of 200 Million COVID-19 Vaccinations in 100 Days Has Been Met." NPR. https://www.npr.org/2021/04/21/989487650/biden-says-goal-of-200-million-covid-19-vaccinations-in-100-days-has-been-met.

91-DIVOC. 2022. "COVID Visualizations." https://91-divoc.com/pages/covid-visualization/?chart=countries&highlight=United%20States&show=highlight-only&y=both&scale=linear&data=deaths&datasource=jhu&xaxis=right#countries.

Seliski, J., A. Betz, Y. Chen, U. Devrim Demirel, J. Lee, and J. Nelson. 2020. "Key Methods That CBO Used to Estimate the Effects of Pandemic-Related Legislation on Output: Working Paper 2020-07." Congressional Budget Office. https://www.cbo.gov/publication/56612.

SSA (U.S. Social Security Administration). 2022. "Monthly Statistical Snapshot, February 2022." https://www.ssa.gov/policy/docs/quickfacts/stat_snapshot/.

Treisman, R. 2021. "Biden Says All Adults Will Be Vaccine Eligible by April 19." NPR. https://www.npr.org/sections/coronavirus-live-updates/2021/04/06/984745020/biden-will-direct-states-to-make-all-adults-vaccine-eligible-by-april-19.

U.S. Bureau of the Census. 2022a. "Current Population Survey (CPS)." https://www.census.gov/programs-surveys/cps.html.

———. 2022b. "Longitudinal Employer-Household Dynamics." https://lehd.ces.census.gov/.

U.S. Department of Labor. 2021. "U.S. Department of Labor Issues Emergency Temporary Standard to Protect Workers from Coronavirus." Occupational Safety and Health Administration. https://www.osha.gov/news/newsreleases/national/11042021.

U.S. Food and Drug Administration. 2021a. "FDA Authorizes Pfizer-BioNTech COVID-19 Vaccine for Emergency Use in Children 5 through 11 Years of Age." https://www.fda.gov/news-events/press-announcements/fda-authorizes-pfizer-biontech-covid-19-vaccine-emergency-use-children-5-through-11-years-age.

———. 2021b. "Coronavirus (COVID-19) Update: FDA Authorizes Pfizer-BioNTech COVID-19 Vaccine for

Emergency Use in Adolescents in Another Important Action in Fight Against Pandemic." https://www.fda.gov/news-events/press-announcements/coronavirus-covid-19-update-fda-authorizes-pfizer-biontech-covid-19-vaccine-emergency-use.

White House. 2021a. "Remarks by President Biden on the 100 Million Shot Goal." https://www.whitehouse.gov/briefing-room/speeches-remarks/2021/03/18/remarks-by-president-biden-on-the-100-million-shot-goal./

———. 2021b. "Fact Sheet: President Biden to Announce All Americans to be Eligible for Vaccinations by May 1, Puts the Nation on a Path to Get Closer to Normal by July 4th." https://www.whitehouse.gov/briefing-room/statements-releases/2021/03/11/fact-sheet-president-biden-to-announce-all-americans-to-be-eligible-for-vaccinations-by-may-1-puts-the-nation-on-a-path-to-get-closer-to-normal-by-jul-y-4th/.

———. 2021c. "Executive Order on Requiring Coronavirus Disease 2019 Vaccination for Federal Employees." https://www.whitehouse.gov/briefing-room/presidential-actions/2021/09/09/executive-order-on-requiring-coronavirus-disease-2019-vaccination-for-federal-employees/.

———. 2021d. "Vaccination Requirements Are Helping Vaccinate More People, Protect Americans from COVID-19, and Strengthen the Economy." https://www.whitehouse.gov/wp-content/uploads/2021/10/Vaccination-Requirements-Report. pdf.

第 3 章

Acemoglu, D., and A. Wolitzky. 2011. "The Economics of Labor Coercion." *Econometrica* 79: 555–600. https://economics.mit.edu/files/8975.

Amiti, M., S. Redding, and D. Weinstein. 2019. "The Impact of the 2018 Tariffs on Prices and Welfare." Journal of *Economic Perspectives* 33, no. 4: 187–210.

Anand, A., J. Sandefur, and A. Subramanian. 2021. *Three New Estimates of India's All-Cause Excess Mortality during the COVID-19 Pandemic.* CGD Working Paper 589. Washington: Center for Global Development.

Antràs, P., A. de Gortari, and O. Itskhoki. 2017. "Globalization, Inequality and Welfare." *Journal of International Economics* 108: 387–412. https://scholar.harvard.edu/files/antras/files/agi_published.pdf.

Autor, D., D. Dorn, and G. Hanson. 2013. "The China Syndrome: Local Labor Market Effects of Import Competition in the United States." *American Economic Review* 103, no. 6: 2121–68. https://www.aeaweb.org/articles?id=10.1257/aer.103.6.2121.

———. 2016. *The China Shock: Learning from Labor Market Adjustment to Large Changes in Trade.* NBER Working Paper 21906. Cambridge, MA: National Bureau of Economic Research. https://www.nber.org/papers/w21906.

———. 2021. *On the Persistence of the China Shock.* NBER Working Paper 29401. Cambridge, MA: National Bureau of Economic Research. https://www.nber.org/papers/w29401.

Autor, D., D. Dorn, G. Hanson, G. Pisano, and P. Shu. 2020. "Foreign Competition and Domestic Innovation: Evidence from U.S. Patents." *American Economic Review: Insights* 2, no. 3: 357–74.

Azemar, D., and I. Wooton. 2020. "Is International Tax Competition Only About Taxes? A Market-Based Perspective." *Journal of Comparative Economics* 48, no. 4: 891–912.

Bair, J., A. Guerra Luz, and B. Bradham. 2021. "Americans Desperate to Get Out Set Stage for Gasoline Comeback." Bloomberg, April 9. https://www.bloomberg. com/news/articles/2021-04-09/americans-desperate-to-get-out-set-stage-for-gasoline-comeback.

Bagwell, K., C. Bown, and R. Staiger. 2016. "Is the WTO Passé?" *Journal of Economic Literature* 54, no. 4: 1125–1231.

BEA (Bureau of Economic Analysis). 2022a. "International Trade in Goods and Services." https://www.bea.gov/data/intl-trade-investment/international-trade-goods-and-services.

———. 2022b. "Personal Income and Outlays Data." https://www.bea.gov/data/income-saving/personal-income.

———. 2021c. "Quarterly Real Gross Domestic Product Accounts." https://www.bea. gov/data/gdp/gross-domestic-product.

Bernstein, J., and L. Wallach. 2016. "The New Rules of the Road: A Progressive Approach to Globalization." *American Prospect*, no. 22. https://jaredbernsteinblog.com/wp-content/uploads/2016/09/The-New-Rules-of-the-Road.pdf.

Bloom, N. 2014. "Fluctuations in Uncertainty." *Journal of Economic Perspectives* 28, no.2: 153–16.

BLS (Bureau of Labor Statistics). 2014. "How the Government Measures Unemployment." Current Population Survey Technical Documentation. https://www.bls.gov/cps/cps_htgm.htm.

———. 2022a. "Civilian Unemployment Rate." https://www.bls.gov/charts/employment-situation/civilian-

unemployment-rate.htm.

———. 2022b. "Consumer Price Index Databases." https://www.bls.gov/cpi/data.htm.

Boissay, F., E. Kohlscheenm, R. Moessner, and D. Rees. 2021. *Labour Markets and Inflation in the Wake of the Pandemic*. BIS Bulletin 47. Basel: Bank for International Settlements. https://www.bis.org/publ/bisbull47.pdf.

Boone, L. 2021. "The EA and the U.S. in the COVID-19 Crisis: Implications for the 2022–2023 Policy Stance." OECD Ecosocope, blog.

Bown, C. 2021. "How COVID-19 Medical Supply Shortages Led to Extraordinary Trade and Industrial Policy." *Asian Economic Policy Review* 9999: 1–22.

———. 2022. "Trump Ended WTO Dispute Settlement; Trade Remedies Are Needed to Fix It." Working Paper 22-1, Peterson Institute for International Economics, Washington.

Bown, C., and J. Hillman. 2019. "WTO'ing a Resolution to the China Subsidy Program." *Journal of International Economic Law* 22, no. 4: 557–78.

Bruce, A. 2021. "Goods, Not Services, Back in Vogue with U.K. Consumers as Omicron Spreads." Reuters, December 9. https://www.reuters.com/world/uk/black-friday-pushes-uk-card-spending-new-pandemic-high-ons-2021-12-09/.

Bushey, C. "The e-Bike That Encapsulates the Global Supply Chain Crisis." *Financial Times*, December 22.

Caldara, D., M. Iacoviello, P. Molligo, A. Prestipino, and A. Raffo. 2020. "The Economic Effects of Trade Policy Uncertainty." *Journal of Monetary Economics* 109: 38–59.

Campbell, E., A. McDarris and W. Pizer. 2021. "Border Carbon Adjustments 101." Resources for the Future. https://www.rff.org/publications/explainers/border-carbon-adjustments-101/.

Caselli, F., M. Koren, M. Lisicky, and S. Tenreyro. 2020. "Diversification through Trade." *Quarterly Journal of Economics* 135: 449–502.

Cavallo, A., G. Gopinath, B. Neiman, and J. Tang. 2021. "Tariff Pass-Through at the Border and at the Store: Evidence from U.S. Trade Policy." *American Economic Review: Insights* 3, no. 1: 19–34.

Census Bureau. 2022a. "Foreign Trade: County and Product Trade Data." https://www.census.gov/foreign-trade/statistics/country/index.html.

———. 2022b. "U.S. International Trade in Goods and Services." https://www.census.gov/foreign-trade/Press-Release/current_press_release/index.html.

CNBS (China National Bureau of Statistics). 2021a.

"Statistical Database." https://data. stats.gov.cn/english/easyquery.htm?cn=B01.

———. 2021b. "Statistical Database." https://data.stats.gov.cn/english/easyquery. htm?cn=B01.

Chetty, R., J. Friedman, N. Hendren, M. Stepner, and Opportunity Insights Team. 2020. *The Economic Impacts of COVID-19: Evidence from a New Public Database Built Using Private Sector Data*. NBER Working Paper 27431. Cambridge, MA: National Bureau of Economic Research.

Clausing, K. 2003. "Tax-Motivated Transfer Pricing and US Intrafirm Trade Prices." *Journal of Public Economics* 87, nos. 9–10: 2207–23.

———. 2019. *Open: The Progressive Case for Free Trade, Immigration, and Global Capital*. Cambridge, MA: Harvard University Press.

———. 2020. "Profit Shifting Before and After the Tax Cuts and Jobs Act." *National Tax Journal* 73, no. 4.

Cobham, A., and P. Jansky, 2018. "Global Distribution of Revenue Loss from Corporate Tax Avoidance: Re-estimation and Country Results." *Journal of International Development* 30, no. 2: 206–32.

Creemers R., H. Dorwart, K. Neville, and K. Shaefer. 2021. "Translation: 14th Five-Year Plan for National Informatization—Dec. 2021." Digichina, Cyber Policy Center, Stanford University.

CRS (Congressional Research Service). 2020. "'Made in China 2025' Industrial Policies: Issues for Congress." https://sgp.fas.org/crs/row/IF10964.pdf.

D'Aguanno, L., O. Davies, A. Dogan, R. Freeman, S. Lloyd, D. Reinhardt, R. Sajedi, and R. Zymek. 2021. "Global Value Chains, Volatility and Safe Openness: Is Trade a Double-Edged Sword?" Financial Stability Paper 46, Bank of England, London.

Dechezlepretre, A. and Sato, M. 2017. "The Impacts of Environmental Regulations on Competitiveness." *Review of Environmental Economics and Policy* 11, no. 2: 183-206. https://www.journals.uchicago.edu/doi/full/10.1093/reep/rex013.

Dixit, A., and V. Norman. 1986. "Gains from Trade Without Lump-Sum Compensation." *Journal of International Economics* 21, nos. 1–2: 111–22. https://www.sciencedirect.com/science/article/abs/pii/0022199686900085.

Djankov, S. 2021. "How Do Companies Avoid Paying International Taxes?" Realtime Economic Issues Watch, Peterson Institute for International Economics, Washington.

Economist. 2021. "Why Has the Dollar Weakened during the Pandemic?" April 2. https://www.economist.com/the-economist-explains/2021/02/04/why-hasthe-dollar-weakened-during-the-pandemic.

EIA (U.S. Energy Information Administration). 2020. "OPEC+ Agreement to Reduce Production Contributes to Global Oil Market Rebalancing." *Today in Energy*, September 23. https://www.eia.gov/todayinenergy/detail.php?id=45236.

———. 2021a. "What Countries Are the top Producers and Consumers of Oil?" https://www.eia.gov/tools/faqs/faq.php?id=709&t=6.

———. 2021b. "Cold Weather Led to Refinery Shutdowns in U.S. Gulf Coast Region." *Today in Energy*, March 1. https://www.eia.gov/todayinenergy/detail.php?id=46936.

———. 2021c. "Hurricane Ida Disrupted Crude Oil Production and Refining Activity." *Today in Energy*, September 1. https://www.eia.gov/todayinenergy/detail. php?id=49576.

———. 2021d. "Pre-Labor Day Retail Gasoline Prices at Highest Level Since 2014." *Today in Energy*, September 3. https://www.eia.gov/todayinenergy/detail. php?id=49416.

———. 2022. "Crude Oil Prices: West Texas Intermediate (WTI)." https://fred.stlouisfed. org/series/DCOILWTICO.

Eurostat. 2022a. "Monthly Harmonized Index of Consumer Prices Database." https://ec.europa.eu/eurostat/web/hicp/data/database.

———. 2022b. "Production in Industry: Monthly Database." https://ec.europa.eu/eurostat/databrowser/view/sts_inpr_m/default/table?lang=en.

———. 2022c. "Quarterly National Accounts Tables." https://ec.europa.eu/eurostat/web/national-accounts/data/main-tables.

Ewing, J., and N. Boudette. 2021. "A Tiny Part's Big Ripple: Global Chip Shortage Hobbles the Auto Industry." *New York Times*, April 23. https://www.nytimes. com/2021/04/23/business/auto-semiconductors-general-motors-mercedes.html.

Federal Reserve Board. 2022. "Industrial Production and Capacity Utilization Database." https://www.federalreserve.gov/releases/g17/current/.

Flaaen, A., and J. Pierce. 2019. *Disentangling the Effects of the 2018–2019 Tariffs on a Globally Connected U.S. Manufacturing Sector.* Finance and Economics Discussion Paper 2019-086. Washington: Federal Reserve Board.

Furman, J., and W. Powell. 2021. "U.S. Economy Slows in Third Quarter as Spending and Business Investment Growth Sag." Realtime Economic Issues Watch, Peterson Institute for International Economics, Washington. https://www.piie. com/blogs/realtime-economic-issues-watch/us-economy-slows-third-quarter-spending-and-business-investment.

GACC (General Administration of Customs of the People's Republic of China). 2021. Monthly Bulletin, http://english.customs.gov.cn/statics/report/monthly.html. Retrieved from Haver Analytics, "China: Merchandise Exports, FOB."

Giles, C. 2021. "World's Leading Economies Agree Global Minimum Corporate Tax Rate." *Financial Times*, July 1. https://www.ft.com/content/d0311794-abcf-4a2a-a8a4-bcabfc4f71fa.

Gross, A., Miller, J. and Inagaki, K. 2021. "Chip Shortage Drags on as Plant Closures Hit Carmakers." *Financial Times*, September 14. https://www.ft.com/content/86336d38-6b89-4637-a2a5-3978d14fb324.

Group of Seven. 2021. "The Joint Statement Issued by the G7 Countries at the G7 Trade Track on Forced Labour." https://www.g7uk.org/g7-trade-ministers-statement-on-forced-labour/.

Gruber, J., A. McCallum, and R. Vigfusson. 2016. "The Dollar in the U.S. International Transactions (USIT) Model." International Finance Discussion Paper Note. Board of Governors of the Federal Reserve System, Washington. https://www.federalreserve.gov/econresdata/notes/ifdp-notes/2016/the-dollar-in-the-us-international-transactions-model-20160208.html.

Grubert, H., and J. Mutti. 1991. "Taxes, Tariffs and Transfer Pricing in Multinational Corporate Decision Making." *Review of Economics and Statistics* 73, no. 2: 285–93.

Guvenen, F., R. Mataloni Jr., D. Rassier, and K. Ruhl. 2019. *Offshore Profit Shifting and Domestic Productivity Measurement.* NBER Working Paper 23324. Cambridge, MA: National Bureau of Economic Research.

Hanson, G. 2021. "Can Trade Work for Workers?" *Foreign Affairs*, May–June. https://www.foreignaffairs.com/articles/united-states/2021-04-20/can-trade-work-workers.

Hardy, B., and T. Logan. 2020. "Racial Economic Inequality Amid the COVID-19 Crisis." Hamilton Project, Washington. https://www.brookings.edu/research/racial-economic-inequality-amid-the-covid-19-crisis/.

Harper Petersen. 2022. "Harpex Index." https://www.harperpetersen.com/harpex.

Hart, D. 2020. "The Impact of China's Production Surge on Innovation in the Global Solar Photovoltaics

Industry." Information Technology & Innovation Foundation, Washington.

Heise, S., J. Pierce, G. Schaur, and P. Schott. 2021. "Tariff Rate Uncertainty and the Structure of Supply Chains." Working paper, Yale School of Management, New Haven, CT. https://cowles.yale.edu/3a/heisepierceschaurschottsupplychains-tariff-rate-uncertainty-and-structure-supply-chains.pdf.

Hobijn, B., and A. Sahin. 2021. *Maximum Employment and the Participation Cycle.* NBER Working Paper 29222. Cambridge MA: National Bureau of Economic Research. https://www.nber.org/system/files/working_papers/w29222/w29222. pdf.

Huizinga, H., and L. Laeven. 2008. "International Profit Shifting Within Multinationals: A Multi-Country Perspective." *Journal of Public Economics* 92, no. 5: 1164–82.

ILO (International Labor Organization). 2014. *Profits and Poverty: The Economics of Forced Labour.* Geneva. ILO.

———. 2017. *Global Estimates of Modern Slavery: Forced Labour and Forced Marriage.* Geneva. ILO.

IMF (International Monetary Fund). 2021. *International Financial Statistics.* Retrieved from FRED, "Global Price of Natural Gas, EU." https://fred.stlouisfed.org/series/PNGASEUUSDM.

INEGI (Instituto Nacional de Estadística, Geografía, e Informática of Mexico). 2022. "Quarterly Gross Domestic Product Database." https://en.www.inegi.org.mx/programas/pib/2013.

International Energy Agency. 2021. *World Energy Investment 2021.* Paris: International Energy Agency. https://iea.blob.core.windows.net/assets/5e6b3821-bb8f-4df4-a88b-e891cd8251e3/WorldEnergyInvestment2021.pdf

Jiang, Z., A. Krishnamurthy, and H. Lustig. 2021. "Foreign Safe Asset Demand and the Dollar Exchange Rate." *Journal of Finance* 76, no. 3: 1049–89. https://onlinelibrary.wiley.com/doi/epdf/10.1111/jofi.13003.

Johns Hopkins. 2022. "Mortality Analyses." Coronavirus Resource Center, Johns Hopkins University, Baltimore. https://libanswers.snhu.edu/faq/48009.

Kovak, B., L. Oldenski, and N. Sly. 2021. "The Labor Market Effects of Offshoring by U.S. Multinational Firms." *Review of Economics and Statistics* 103, no. 2: 381–96.

Kuzmanovic, A., and J. Rassineux. No date. "Post COVID-19 Aerospace Industry." Deloitte Points of View Blog.

Lawler, A., A. Ghaddar, and O. Astakhova. 2021. "OPEC+ Sticks to Plan for Gradual Oil Output Hike, Price Roars Higher." Reuters, October 4. https://www.reuters.com/business/energyopec-seen-keeping-oil-output-policy-unchanged-opec-sources-say-2021-10-04/.

Liu, O., and T. Mai. 2020. "Employment during the COVID-19 Pandemic: Collapse and Early Recovery." Working paper, Columbia University, New York. https://papers.ssrn.com/sol3/papers.cfm?abstract_id=3682369.

Lorentz, S., and S. Mokkas. 2015. "Evidence for Profit Shifting with Tax-Sensitive Capital Stocks." *Financial Archive: Public Finance Analysis* 71, no. 1: 1–36.

Marine Digital. 2021. "15 Biggest Shipping Companies in the World." https://marine-digital.com/article_15biggest_shipping_companies.

Mattoo, A., and R. Staiger. 2020, "Trade Wars: What Do They Mean? Why Are They Happening Now? What Are the Costs?" *Economic Policy* 35, no.103: 563–84.

McBride, J., and A. Chatzky. 2019. "Is 'Made in China 2025' a Threat to Global Trade?" Council on Foreign Relations. https://www.cfr.org/backgrounder/made-china-2025-threat-global-trade.

McKinsey & Company. 2021. "Coping with The Auto-Semiconductor Shortage: Strategies for Success." https://www.mckinsey.com/industries/automotive-and-assembly/our-insights/coping-with-the-auto-semiconductor-shortage-strategies-for-success.

METI (Ministry of Economy, Trade, and Finance of Japan). 2021. "Indexes of Industrial Production Historical Database." https://www.meti.go.jp/english/statistics/tyo/iip/b2015_result-2.html.

Milesi-Ferretti, G. 2021. "A Most Unusual Recovery: How the US Rebound from COVID Differs from Rest of G7." Brookings Institution, Up Front Blog. https://www.brookings.edu/blog/up-front/2021/12/08/a-most-unusual-recovery-how-the-us-rebound-from-covid-differs-from-rest-of-g7/.

Miroudot, S. 2020. "Reshaping the Policy Debate on the Implications of COVID-19 for Global Supply Chains." *Journal of International Business Policy*, no. 3: 430–42.

Moll, B., L. Rachel, and P. Restrepo. 2021. *Uneven Growth: Automation's Impact on Income and Wealth Inequality.* NBER Working Paper 28440. Cambridge, MA: National Bureau of Economic Research.

Mongey, S., L. Pilossoph, and A. Weinberg. 2021. "Which Workers Bear the Burden of Social Distancing?" *Journal of Economic Inequality* 19, no. 3: 509–26.

Morgan, S., S. Arita, J. Beckman, S. Ahsan, D. Russell, P. Jarrell, and B. Kenner. 2022. *The Economic Impacts of Retaliatory Tariffs on U.S. Agriculture.* Economic

Research Report 1962-2022-080. Washington: U.S. Department of Agriculture. https://www.ers.usda.gov/publications/pub-details/?pubid=102979.

OECD (Organization for Economic Cooperation and Development). 2020. "Job Retention Schemes during the COVID-19 Lockdown and Beyond." OECD Policy Responses to Coronavirus.

———. 2021. "Statement on a Two-Pillar Solution to Address the Tax Challenges Arising from the Digitalisation of the Economy." https://www.oecd.org/tax/beps/statement-on-a-two-pillar-solution-to-address-the-tax-challenges-arising-from-the-digitalisation-of-the-economy-october-2021.htm.

ONS (U.K. Office of National Statistics). 2022. "GDP Quarterly National Accounts Time Series." https://www.ons.gov.uk/economy/grossdomesticproductgdp/datasets/quarterlynationalaccounts.

Ossa, R. 2014. "Trade Wars and Trade Talks with Data." *American Economic Review* 104, no. 12: 4104–46.

OWID (Our World in Data). No date. "Data on COVID-19 (Coronavirus) by Our World in Data." https://github.com/owid/covid-19-data/tree/master/public/data.

Ponczuk, M. 2021. "The European Union Recommends Opening to Americans to Rescue the Summer." *New York Times*, June 18. https://www.nytimes.com/2021/06/18/world/europe/eu-us-covid-tourism.html.

Riker, D. 2015. "Export-Intensive Industries Pay More on Average: An Update." U.S. International Trade Commission, Office of Economics Research, Note 2015-0A.

Riordan, P. 2021. "China's Energy Crisis: What Caused the Crunch?" *Financial Times*, October 10.

Rodrik, D. 1996. *Why Do More Open Economics Have Bigger Governments?* NBER Working Paper 5537. Cambridge, MA: National Bureau of Economic Research. https://www.nber.org/system/files/working_papers/w5537/w5537.pdf.

Rovnick, N., J. Rennison, and E. Platt. 2021. "Dollar Rallies and Big Tech Gains After Further Uptick in U.S. Inflation." *Financial Times*, July 13. https://www.ft.com/content/3a14dd44-0af9-4c51-8b6d-6bcd2612849b.

Schengen Visa Info. 2021. "EU Countries to Permit Entry for Vaccinated Americans in Summer 2021." COVID-19 & EU Travel Restrictions. https://www.schengenvisainfo.com/news/eu-countries-to-permit-entry-for-vaccinated-americans-in-summer-2021/.

Statistics Canada. 2022. "Expenditure-Based Gross Domestic Product Tables." https://www150.statcan.gc.ca/t1/tbl1/en/tv.action?pid=3610010401.

Sullivan, D., and T. von Wachter. 2009. "Job Displacement and Mortality: An Analysis Using Administrative Data." *Quarterly Journal of Economics* 124, no 3: 1265– 1306. https://doi.org/10.1162/qjec.2009.124.3.1265.

Sykes, A. 2003. *The Economics of WTO Rules on Subsidies and Countervailing Measures.* John M. Olin Program in Law and Economics Working Paper 186. Chicago: Coase-Sandor Institute for Law and Economics.

Tai, K. 2021. "The Biden-Harris Administration's 'Worker-Centered Trade Policy.'" Office of U.S. Trade Representative, Transcript of Remarks at June 10 AFL-CIO Town Hall.

USTR (U.S. Trade Representative). 2021a. "Fact Sheet: Biden Administration Reaches Agreement with Mexican Auto Parts Company to Protect Workers' Rights." https://ustr.gov/about-us/policy-offices/press-office/fact-sheets/2021/august/fact-sheet-biden-administration-reaches-agreement-mexican-auto-parts-company-protect-workers-rights.

———. 2021b. "Fact Sheet: Biden Administration Reaches Agreement with Mexico on GM Silao Rapid Response Action and Delivers Results for Workers." https://ustr.gov/about-us/policy-offices/press-office/fact-sheets/2021/july/fact-sheet-biden-administration-reaches-agreement-mexico-gm-silao-rapid-response-action-and-delivers.

Von Wachter, T. 2020. "A Proposal for Scaling Enrollments in Work Sharing (Short-Time Compensation) Programs During the Covid-19 Crisis: The Case of California." Working paper, University of California, Los Angeles.

Weichenrieder, A. 2009. "Profit Shifting in the EU: Evidence From Germany." *International Tax and Public Finance* 16: 281–97.

White House. 2021a. "Fact Sheet: New U.S. Government Actions on Forced Labor in Xinjiang." https://www.whitehouse.gov/briefing-room/statements-releases/2021/06/24/fact-sheet-new-u-s-government-actions-on-forced-labor-in-xinjiang/.

———. 2021b. "Fact Sheet: The United States and European Union to Negotiate World's First Carbon-Based Sectoral Arrangement on Steel and Aluminum Trade." https://www.whitehouse.gov/briefing-room/statements-releases/2021/10/31/fact-sheet-the-united-states-and-european-union-to-negotiate-worlds-first-carbon-based-sectoral-arrangement-on-steel-and-aluminum-trade/.

———. 2021c. "Fact Sheet: Biden Administration Releases Additional Detail for Implementing a Safer, More Stringent International Air Travel System." https://

www.whitehouse.gov/briefing-room/statements-releases/2021/10/25/fact-sheet-biden-administration-releases-additional-detail-for-implementing-a-safer-more-stringent-international-air-travel-system/.

第 4 章

Aaronson, D., L. Barrow, and W. Sander. 2007. "Teachers and Student Achievement in the Chicago Public High Schools." *Journal of Labor Economics* 25, no. 1: 95–135. https://www.journals.uchicago.edu/doi/epdf/10.1086/508733.

Aaronson, D., and D. Sullivan. 2001. "Growth in Worker Quality." *Economic Perspectives* 25, no. 4: 53–74. https://www.chicagofed.org/publications/economic-perspectives/2001/4qepart5.

Aizer, A. and J. Currie. 2019. "Lead and Juvenile Delinquency: New Evidence from Linked Birth, School, and Juvenile Detention Records." *Review of Economics and Statistics* 101, no. 4: 575–87. https://direct.mit.edu/rest/article/101/4/575/58572/Lead-and-Juvenile-Delinquency-New-Evidence-from.

Aizer, A., J. Currie, P. Simon, and P. Vivier. 2018. "Do Low Levels of Blood Lead Reduce Children's Future Test Scores?" *American Economic Journal: Applied Economics* 10, no. 1: 307–41. https://pubs.aeaweb.org/doi/pdfplus/10.1257/app.20160404.

Alderman, H., J. Hoddinott, and B. Kinsey. 2006. "Long Term Consequences of Early Childhood Malnutrition." *Oxford Economic Papers* 58, no. 3: 450–74. https://doi.org/10.1093/oep/gpl008.

Allensworth, E., and S. Evans. 2016. "Tackling Absenteeism in Chicago." *Phi Delta Kappan* 98, no. 2: 16–21. https://doi.org/10.1177%2F0031721716671900.

Anand, P., L. Dague, and K. Wagner. 2021. *The Role of Paid Family Leave in Labor Supply Responses to a Spouse's Disability or Health Shock*. NBER Working Paper 28808. Cambridge, MA: National Bureau of Economic Research. https://www.nber.org/system/files/working_papers/w28808/w28808.pdf.

Anderson K., E. McGinty, R. Presskreischer, and C. Barry. 2021. "Reports of Forgone Medical Care Among U.S. Adults During the Initial Phase of the COVID-19 Pandemic." *JAMA Network Open* 4, no. 1: e2034882. https://jamanetwork.com/journals/jamanetworkopen/fullarticle/2775366.

Andresen, M., and E. Nix. 2019. "Can the Child Penalty Be Reduced? Evaluating Multiple Policy Interventions." https://www.marshall.usc.edu/sites/default/files/enix/intellcont/Nix_Child_penalty_policy-1.pdf.

——. Forthcoming. "What Causes the Child Penalty? Evidence from Adopting and Same Sex Couples." *Journal of Labor Economics*. https://www.journals.uchicago.edu/doi/epdf/10.1086/718565.

Angelov, N., P. Johansson, and E. Lindahl. 2016. "Parenthood and the Gender Gap in Pay." *Journal of Labor Economics* 34, no. 3: 545–79. https://www.journals.uchicago.edu/doi/full/10.1086/684851.

Angrist, J., and A. Krueger. 1991. "Does Compulsory School Attendance Affect Schooling and Earnings?" *Quarterly Journal of Economics* 106, no. 4: 979–1014. https://www.jstor.org/stable/2937954?seq=1.

Angrist, J., and V. Lavy. 1999. "Using Maimonides' Rule to Estimate the Effect of Class Size on Scholastic Achievement." *Quarterly Journal of Economics* 114, no. 2: 533–57. https://academic.oup.com/qje/article/114/2/533/1844228?login=true.

Arias, E., B. Tejada-Vera, F. Ahmad, and K. Kochanek. 2021. "Provisional Life Expectancy Estimates for 2020." Vital Statistics Rapid Release, National Center for Health Statistics. https://www.cdc.gov/nchs/data/vsrr/VSRR10-508.pdf.

Arias, E., and J. Xu. 2020. "United States Life Tables, 2018." *National Vital Statistics Reports* 69, no. 12.

Ashenfelter, O., and C. Rouse. 1998. "Income, Schooling and Ability: Evidence from a New Sample of Identical Twins." *Quarterly Journal of Economics* 113, no. 1: 253–84. https://academic.oup.com/qje/article/113/1/253/1892032?login=true.

Atasoy, H. 2013. "The Effects of Broadband Internet Expansion on Labor Market Outcomes." *Industrial and Labor Relations Review* 66, no. 2: 315–45. https://journals.sagepub.com/doi/pdf/10.1177/001979391306600202.

Atteberry, A., D. Bassok, and V. Wong. 2019. "The Effects of Full-Day Prekindergarten: Experimental Evidence of Impacts on Children's School Readiness." *Educational Evaluation and Policy Analysis* 41, no. 4: 537–62. https://journals.sagepub.com/doi/abs/10.3102/0162373719872197.

Autor, D. 2015. "Why Are There Still So Many Jobs? The History and Future of Workplace Automation." *Journal of Economic Perspectives* 29, no. 3: 3–30. https://www.aeaweb.org/articles?id=10.1257/jep.29.3.3.

Bahr, P., S. Dynarski, B. Jacob, D. Kreisman, A. Sosa, and M. Wiederspan. 2015. "Labor Market Returns to Community College Awards: Evidence from Michigan." Working Paper, Center for Analysis of Postsecondary Education and Employment. https://

capseecenter.org/labor-market-returns-michigan/.

Bailey, M., S. Sun, and B. Timpe. 2020. *Prep School for Poor Kids: The Long-Run Impacts of Head Start on Human Capital and Economic Self-Sufficiency.* NBER Working Paper 28268. Cambridge, MA: National Bureau of Economic Research. https://www.aeaweb.org/articles?id=10.1257/aer.20181801.

Barrow, L., L. Markman, and C. Rouse. 2009. "Technology's Edge: The Educational Benefits of Computer-Aided Instruction," *American Economic Journal: Economic Policy* 1, no. 1: 52–74. https://www.aeaweb.org/articles?id=10.1257/pol.1.1.52.

Barrow, L., and C. Rouse. 2007. "Causality, Causality, Causality: The View of Education Inputs and Outputs from Economics." In *The State of Education Policy Research*, edited by D. Cohen, S. Fuhrman, and F. Mosher. New York: Routledge. https://www.taylorfrancis.com/chapters/edit/10.4324/9781003064466-11/causality-causality-causality-view-education-inputs-outputs-economics-lisa-barrow-cecilia-elena-rouse.

Barrow, L., and D. Schanzenbach. 2012. "Education and the Poor." In *The Oxford Handbook of the Economics of Poverty*, edited by Philip N. Jefferson. Oxford: Oxford University Press. https://www.oxfordhandbooks.com/view/10.1093/oxfordhb/9780195393781.001.0001/oxfordhb-9780195393781-e-10.

Bassier, I., A. Dube, and S. Naidu. Forthcoming. "Monopsony in Movers: The Elasticity of Labor Supply to Firm Wage Policies." *Journal of Human Resources* 57. http://jhr.uwpress.org/content/early/2021/04/05/jhr.monopsony.0319-10111R1.full.pdf+html.

Bassok, D., and E. Galdo. 2016. "Inequality in Preschool Quality? Community-Level Disparities in Access to High-Quality Learning Environments." *Early Education and Development* 27: 128–44. https://www.tandfonline.com/doi/abs/10.1080/10409289.2015.1057463.

Bauernschuster, S., and M. Schlotter. 2015. "Public Child Care and Mothers' Labor Supply: Evidence from Two Quasi-Experiments." *Journal of Public Economics* 123: 1–16. https://www.sciencedirect.com/science/article/abs/pii/S004727271500002X.

Baum, C., and C. Ruhm. 2016. "The Effects of Paid Family Leave in California on Labor Market Outcomes." *Journal of Policy Analysis and Management* 35, no. 2: 333–56. https://onlinelibrary.wiley.com/doi/full/10.1002/pam.21894.

Becker, G. 2007. "Health as Human Capital: Synthesis and Extensions." *Oxford Economic Papers* 59: 379–410. https://ucema.edu.ar/u/je49/capital_humano/Health_as_Human_Capital_Becker.pdf.

Bertrand, M., C. Goldin, and L. Katz. 2010. "Dynamics of the Gender Gap for Young Professionals in the Financial and Corporate Sectors." *American Economic Journal: Applied Economics* 2: 228–55. https://pubs.aeaweb.org/doi/pdfplus/10.1257/app.2.3.228.

Bettinger, E., L. Fox, S. Loeb, and E. Taylor. 2017. "Virtual Classrooms: How Online College Courses Affect Student Success." *American Economic Review* 107, no. 9: 2855–75. https://pubs.aeaweb.org/doi/pdfplus/10.1257/aer.20151193.

Bettinger, E., B. Long, P. Oreopoulos, and L. Sanbonmatsu. 2012. "The Role of Application Assistance and Information in College Decisions: Results from the H&R Block FAFSA Experiment." *Quarterly Journal of Economics* 127, no. 3: 1205–42. https://academic.oup.com/qje/article/127/3/1205/1921970?login=true.

Billings, S., and K. Schnepel. 2017. "Life After Lead: Effects of Early Interventions for Children Exposed to Lead." IZA Discussion Paper 10872. Institute of Labor Economics, Bonn. https://www.econstor.eu/handle/10419/170856.

Blagg, K. 2021. "The Effect of COVID-19 Learning Loss on Adult Outcomes: Building a Set of Age-Cohort Projections Using the Social Genome Model." Urban Institute, Washington. https://www.urban.org/sites/default/files/publication/103549/the-effect-of-covid-19-learning-loss-on-adult-outcomes.pdf.

Blair, P., and B. Chung, 2019. "How Much of Barrier to Entry Is Occupational Licensing?" *British Journal of Industrial Relations* 57, no. 4: 919–43. https://onlinelibrary.wiley.com/doi/abs/10.1111/bjir.12470.

Blake, P., M. Piovesan, N. Montinari, F. Warneken, and F. Gino. 2014. "Prosocial Norms in the Classroom: The Role of Self-Regulation in Following Norms of Giving." *Journal of Economic Behavior and Organization* 115. https://www.sciencedirect.com/science/article/abs/pii/S0167268114002649.

Bleakley, H. 2007. "Disease and Development: Evidence from Hookworm Eradication in the American South." *Quarterly Journal of Economics* 122, no. 2007: 73–117. https://academic.oup.com/qje/article/122/1/73/1924773?login=true.

———. 2010. "Malaria Eradication in the Americas: A Retrospective Analysis of Childhood Exposure. *American Economic Journal. Applied Economics* 2, no. 2: 1–45. https://www.aeaweb.org/

articles?id=10.1257/app.2.2.1.

Bloom, D., and D. Canning. 2003. "Health as Human Capital and its Impact on Economic Performance." *Geneva Papers on Risk and Insurance—Issues and Practice* 28: 304–15. https://link.springer.com/content/pdf/10.1111%2F1468-0440.00225. pdf.

Bloom, N., J. Lian, J. Roberts, and Z. Ying. 2015. "Does Working from Home Work? Evidence from a Chinese Experiment." *Quarterly Journal of Economics* 130, no. 1: 165–218. https://academic.oup.com/qje/article/130/1/165/2337855?login=true.

Bohrnstedt, G., and B. Stecher, eds. 2002. *What We Have Learned About Class Size Reduction in California.* Sacramento: California Department of Education. https://eric.ed.gov/?id=ED471331.

Booher-Jennings, J. 2005. "Below the Bubble: 'Educational Triage' and the Texas Accountability System." *American Educational Research Journal* 42, no. 2. https://journals.sagepub.com/doi/abs/10.3102/00028312042002231.

Brown, D., A. Kowalski, and I. Lurie. 2019. "Long-Term Impacts of Childhood Medicaid Expansions on Outcomes in Adulthood." *Review of Economic Studies* 87, no. 2: 792–821. https://academic.oup.com/restud/article/87/2/792/5538992?login=true.

Buckles, K., A. Hagemann, O. Malamud, M. Morrill, and A. Wozniak. 2016. "The Effect of College on Health." *Journal of Health Economics* 50: 99–114. https://www.sciencedirect.com/science/article/abs/pii/S0167629616301382.

Bulman, G., and R. Fairlie. 2016. "Technology and Education: Computers, Software, and the Internet." In *Handbook of the Economics of Education,* vol. 5, edited by E. Hanushek, S. Machin, and L. Woessmann. Amsterdam: Elsevier. https://www.sciencedirect.com/science/article/abs/pii/B9780444634597000051.

Byker, T. 2016. "Paid Parental Leave Laws in the United States: Does Short-Duration Leave Affect Women's Labor-Force Attachment?" *American Economic Review: Papers and Proceedings* 106, no. 5. https://pubs.aeaweb.org/doi/pdfplus/10.1257/aer.p20161118.

Card, D. 1995. "Using Geographic Variation in College Proximity to Estimate the Return to Schooling." In *Aspects of Labor Market Behaviour: Essays in Honour of John Vanderkamp,* edited by L. Christofides, E. Grant, and R. Swidinsky. Toronto: University of Toronto Press.

———. 1999. "The Causal Effect of Education on Earnings." In *Handbook of Labor Economics,* vol. 3A, edited by O. Ashenfelter and D. Card. Amsterdam: Elsevier. https://davidcard.berkeley.edu/papers/causal_educ_earnings.pdf.

Card, D., and A. Payne. 2002. "School Finance Reform, the Distribution of School Spending, and the Distribution of Student Test Scores." *Journal of Public Economics* 83, no. 1: 49–82. https://www.sciencedirect.com/science/article/pii/S0047272700001778.

Carminucci, J., S. Rickles, and M. Garet. 2021. "Student Attendance and Enrollment Loss in 2020–2021." American Institutes for Research, Washington. https://www.air. org/sites/default/files/2021-07/research-brief-covid-survey-student-attendance-june-2021_0.pdf.

Carneiro, P., C. Crawford, and A. Goodman. 2007. "The Impact of Early Cognitive and Non-Cognitive Skills on Later Outcomes." Centre for the Economics of Education, London. http://eprints.lse.ac.uk/19375/1/The_Impact_of_Early_Cognitive_and_Non-Cognitive_Skills_on_Later_Outcomes.pdf.

Carruthers, C., and W. Fox. 2016. "Aid for All: College Coaching, Financial Aid, and Post-Secondary Persistence in Tennessee." *Economics of Education Review* 51: 97–112. https://doi.org/10.1016/j.econeduerev.2015.06.001.

Carson, A. 2020. "Prisoners in 2019." U.S. Department of Justice, Bureau of Justice Statistics. https://bjs.ojp.gov/content/pub/pdf/p19.pdf.

Cascio, E. 2009. "Maternal Labor Supply and the Introduction of Kindergartens into American Public Schools." *Journal of Human Resources* 44, no. 1, 140–70. http://jhr.uwpress.org/content/44/1/140.short.

———. 2015. "The Promises and Pitfalls of Universal Early Education." *IZA World of Labor* 116. https://wol.iza.org/uploads/articles/116/pdfs/promises-and-pitfalls-of-universal-early-education.pdf?v=1.

———. Forthcoming. "Does Universal Preschool Hit the Target? Program Access and Preschool Impacts." *Journal of Human Resources.* http://jhr.uwpress.org/content/early/2021/01/04/jhr.58.3.0220-10728R1.abstract.

Cascio, E, and D. Schanzenbach. 2013. "The Impacts of Expanding Access to High-Quality Preschool Education." *Brookings Papers on Economic Activity* 47. no. 2: 127–92. https://www.brookings.edu/wp-content/uploads/2016/07/2013b_cascio_preschool_education.pdf.

Case, A., A. Fertig, and C. Paxson. 2005. "The Lasting Impact of Childhood Health and Circumstance," *Journal of Health Economics* 24, no. 2: 365–89.

https://doi. org/10.1016/j.jhealeco.2004.09.008.

CDC (Centers for Disease Control and Prevention). 2017. "Table 15. Life Expectancy at Birth, at Age 65, and at Age 75, by Sex, Race, and Hispanic Origin: United States, Selected Years 1900–2016." https://www.cdc.gov/nchs/data/hus/2017/015.pdf.

———. 2021a. "Provisional COVID-19 Deaths by Sex and Age." https://data.cdc.gov/NCHS/Provisional-COVID-19-Deaths-by-Sex-and-Age/9bhg-hcku.

———. 2021b. "Provisional Drug Overdose Death Counts." https://www.cdc.gov/nchs/nvss/vsrr/drug-overdose-data.htm.

———. 2021c. "Vaccination and Case Trends of COVID-19 in the United States." https://www.cdc.gov/coronavirus/2019-ncov/community/health-equity/racial-ethnic-disparities/disparities-hospitalization.html.

———. 2022. "Trends in Number of COVID-19 Cases and Deaths in the U.S. Reported to CDC, by State/Territory." https://covid.cdc.gov/covid-data-tracker/#trends_totaldeaths.

———. No date. "Childhood Lead Poisoning Prevention." https://www.cdc.gov/nceh/lead/default.htm.

Census Bureau. 2021. "Week 39 Household Pulse Survey: September 29–October 11." https://www.census.gov/data/tables/2021/demo/hhp/hhp39.html.

Chambers, D., J. Scala, and D. English. 2020. "Promising Practices Brief: Improving Student Engagement and Attendance During COVID-19 School Closure." U.S. Department of Education. https://insightpolicyresearch.com/wp-content/uploads/2020/08/NSAES_COVID19_Whitepaper_Final_508.pdf.

Chen, X., B. Elliott, S. Kinney, D. Cooney, J. Pretlow, M. Bryan, J. Wu, N. Ramirez, and T. Campbell. 2019. *Persistence, Retention, and Attainment of 2011–12 First-Time Beginning Postsecondary Students as of Spring 2017*. NCES 2019-401. Washington: U.S. Department of Education, National Center for Education Statistics. https://nces.ed.gov/pubs2019/2019401.pdf.

Chetty, R., J. Friedman, and J. Rockoff. 2014. "Measuring the Impacts of Teachers I: Evaluating Bias in Teacher Value-Added Estimates." *American Economic Review* 104, no. 9: 2593–2632. https://www.aeaweb.org/articles?id=10.1257/aer.104.9.2593.

Chetty R., M. Stepner, S. Abraham, S. Lin, B. Scuderi, N. Turner, A. Bergeron, and D. Cutler. 2016. "The Association Between Income and Life Expectancy in the United States, 2001–2014." *JAMA* 315: 1750–66. https://www.ncbi.nlm.nih. gov/pmc/articles/

PMC4866586/.

Choudhury, P., C. Foroughi, and B. Larson. 2021. "Work-from-Anywhere: The Productivity Effects of Geographic Flexibility." Harvard Business School, Technology & Operations Management Unit, Working Paper 19-054. https://onlinelibrary.wiley.com/doi/10.1002/smj.3251.

CMS (Centers for Medicare and Medicaid Services). 2021. "CMS Data Shows Vulnerable Americans Forgoing Mental Health Care During COVID-19 Pandemic." CMS Newsroom. https://www.cms.gov/newsroom/press-releases/cms-data-shows-vulnerable-americans-forgoing-mental-health-care-during-covid-19-pandemic.

Cortes. K. 2013. "Achieving the DREAM: The Effect of IRCA on Immigrant Youth Postsecondary Educational Access." *American Economic Review: Papers & Proceedings* 103, no. 3: 428–32. https://www.aeaweb.org/articles?id=10.1257/aer.103.3.428.

Congressional Research Service. 2022a. "Infrastructure Investment and Jobs Act (IIJA): Drinking Water and Wastewater Infrastructure." CRS Report R46892. https://crsreports.congress.gov/product/pdf/R/R46892.

———. 2022b. "The FAFSA Simplification Act." CRS Report R46909. https://crsreports. congress.gov/product/pdf/R/R46909.

Council of Economic Advisers, U.S. Department of Labor, and U.S. Department of the Treasury, Office of Economic Policy. 2015. "Occupational Licensing: A Framework for Policymakers." https://obamawhitehouse.archives.gov/sites/default/files/docs/licensing_report_final_nonembargo.pdf.

Coviello, D., E. Deserranno, and N. Persico. 2021. "Minimum Wage and Individual Worker Productivity: Evidence from a Large U.S. Retailer." Northwestern Working Papers, Northwestern University, Evanston, IL. https://wwws.law. northwestern.edu/research-faculty/clbe/workforcescience/documents/coviello_minimum_wage.pdf.

Crimmins, E., S. Preston, and B. Cohen, eds. 2011. *Explaining Divergent Levels of Longevity in High-Income Countries*. Washington: National Academies Press. https://doi.org/10.17226/13089.

Cronen, S., M. McQuiggan, and E. Isenberg. 2017. "Adult Training and Education: Results from the National Household Education Surveys Program of 2016 (NCES 2017-103rev)." U.S. Department of Education, National Center for Education Statistics, Institute of Education Sciences, Washington. http://nces.ed.gov/pubsearch.

Cunha, F., and J. Heckman. 2007. "The Technology of Skill Formation." *American Economic Review* 97, no. 2: 31–47. https://www.aeaweb.org/articles?id=10.1257/aer.97.2.31.

Currie, J. 2008. *The Invisible Safety Net: Protecting the Nation's Poor Children and Families.* Princeton, NJ: Princeton University Press. https://press.princeton.edu/books/paperback/9780691138527/the-invisible-safety-net.

Currie, J., and E. Moretti. 2003. "Mother's Education and the Intergenerational Transmission of Human Capital: Evidence from College Openings and Longitudinal Data." *Quarterly Journal of Economics* 118: 1495–532. https://academic.oup.com/qje/article/118/4/1495/1925120?login=true.

Currie, J., and M. Stabile. 2006. "Child Mental Health and Human Capital Accumulation: The Case of ADHD." *Journal of Health Economics* 25, no. 6: 1094–118. https://www.sciencedirect.com/science/article/abs/pii/S0167629606000282?via%3Dihub.

Czeisler, M., R. Lane, J. Wiley, C. Czeisler, M. Howard, and S. Rajaratnam. 2021. "Follow-Up Survey of U.S. Adult Reports of Mental Health, Substance Use, and Suicidal Ideation During the COVID-19 Pandemic, September 2020." *JAMA Network Open* 4, no. 2: e2037665. https://jamanetwork.com/journals/jamanetworkopen/fullarticle/2776559.

Czernich, N., O. Falck, T. Kretschmer, and L. Woessmann. 2011. "Broadband Infrastructure and Economic Growth." *Economic Journal* 121, no. 552: 505–32. https://doi.org/10.1111/j.1468-0297.2011.02420.x.

de Brey, C., T. Snyder, A. Zhang, and S. Dillow. 2021. "Digest of Education Statistics 2019." National Center for Education Statistics, Institute of Education Sciences, U.S. Department of Education. https://nces.ed.gov/pubsearch/pubsinfo.asp?pubid=2021009.

Decker, S., H. Peele, M. Riser-Kositsky, H. Kim, and E. Harris. 2020. "The Coronavirus Spring: The Historic Closing of U.S. Schools (A Timeline)." *Education Week*, July 1. https://www.edweek.org/leadership/the-coronavirus-spring-the-historic-closing-of-u-s-schools-a-timeline/2020/07.

Dee, T., E. Huffaker, C. Phillips, and E. Sagara. 2021. *The Coronavirus Spring: The Historic Closing of U.S. Schools (a Timeline).* NBER Working Paper 29156. Cambridge, MA: National Bureau of Economic Research. https://www.nber.org/papers/w29156.

Dee, T., J. James, and J. Wycoff. 2021. "Is Effective Teacher Evaluation Sustainable? Evidence from District of Columbia Public Schools." *Education Finance and Policy* 16, 2: 313–46. https://direct.mit.edu/edfp/article-abstract/16/2/313/97155/Is-Effective-Teacher-Evaluation-Sustainable.

Deming, D. 2009. "Early Childhood Intervention and Life-Cycle Skill Development: Evidence from Head Start." *American Economic Journal: Applied Economics* 1 no. 3: 111–34. https://www.aeaweb.org/articles?id=10.1257/app.1.3.111.

———. 2017. "The Growing Importance of Social Skills in the Labor Market." *Quarterly Journal of Economics* 132, no. 4: 1593–1640. https://academic.oup.com/qje/article/132/4/1593/3861633?login=true.

DeRigne L., P. Stoddard-Dare, and L. Quinn. 2016. "Workers Without Paid Sick Leave Less Likely to Take Time Off for Illness or Injury Compared to Those with Paid Sick Leave." *Health Affairs* 35: 520–27. https://www.healthaffairs.org/doi/full/10.1377/hlthaff.2015.0965.

Dewa, C., A. Lesage, P. Goering, and M. Caveen. 2004. "Nature and Prevalence of Mental Illness in the Workplace." *Healthcare Papers* 5, no. 2: 12–26. https://pubmed.ncbi.nlm.nih.gov/15829761/.

Dorn, E., B. Hancock, J. Sarakatsannis, and E. Viruleg. 2021. "COVID-19 and Education: The Lingering Effects of Unfinished Learning." McKinsey & Company, New York. https://www.mckinsey.com/industries/education/our-insights/covid-19-and-education-the-lingering-effects-of-unfinished-learning.

Dube, A., T. Lester, and M. Reich. 2016. "Minimum Wage Shocks, Employment Flows, and Labor Market Frictions." *Journal of Labor Economics* 34, no. 3: 663–704. https://www.journals.uchicago.edu/doi/full/10.1086/685449.

Duncan, G., and K. Magnuson. 2011. "The Nature and Impact of Early Achievement Skills, Attention Skills, and Behavior Problems." In *Whither Opportunity*, edited by G. Duncan and R. Murnane. New York: Russell Sage Foundation. https://www.russellsage.org/publications/whither-opportunity.

Durkin, K., M. Lipsey, D. Farran, and S. Wiesen. 2022. "Effects of a Statewide Pre-Kindergarten Program on Children's Achievement and Behavior Through Sixth Grade." *Developmental Psychology*. https://doi.apa.org/doi/10.1037/dev0001301.

Dynarski, S., C. Libassi, K. Michelmore, and S. Owen. 2018. *Closing the Gap: The Effect of a Targeted, Tuition-Free Promise on College Choices of High-Achieving, Low-Income Students.* NBER Working Paper 25349. Cambridge, MA: National Bureau of Economic Research. https://www.nber.org/system/files/working_papers/w25349/w25349.pdf.

Ely, D., and A. Driscoll. 2021. "Infant Mortality in the United

States, 2019: Data from the Period Linked Birth/Infant Death File," *National Vital Statistics Reports* 70, no. 14. https://www.cdc.gov/nchs/data/nvsr/nvsr70/nvsr70-14.pdf.

Emanuel, N., and E. Harrington. 2020. "The Payoffs of Higher Pay: Elasticities of Productivity and Labor Supply with Respect to Wages." Harvard Working Papers, Harvard University, Cambridge, MA. https://scholar.harvard.edu/files/emanuel_jmp.pdf.

Engbom, N. 2022. *Labor Market Fluidity and Human Capital Accumulation*. NBER Working Paper 29698. Cambridge, MA: National Bureau of Economic Research. https://www.nber.org/system/files/working_papers/w29698/w29698. pdf.

Fairlie, R., and M. Lofstrom. 2015. "Immigration and Entrepreneurship." In *Handbook of the Economics of International Migration*, vol. 1, edited by B. Chiswick and P. Miller. Amsterdam: North Holland. https://doi.org/10.1016/B978-0-444-53768-3.00017-5.

Fallick, B., J. Haltiwanger, E. McEntarfer, M. Staiger. 2021. *Job Displacement and Job Mobility: The Role of Joblessness*. Working Paper 19-27R. Cleveland: Federal Reserve Bank of Cleveland. https://www.nber.org/system/files/working_papers/w29187/w29187.pdf.

FCC (Federal Communications Commission). 2017. "Improving the Nation's Digital Infrastructure." https://www.fcc.gov/document/improving-nations-digital-infrastructure.

Federation of State Medical Boards. 2022. "U.S. States and Territories Modifying Requirements for Telehealth in Response to COVID-19." https://www.fsmb.org/siteassets/advocacy/pdf/states-waiving-licensure-requirements-for-telehealth-in-response-to-covid-19.pdf.

Feng, Z. Y. Lee, S. Kuo, O. Intrator, A. Foster, and V. Mor. 2010. "Do Medicaid Wage Pass Through Payments Increase Nursing Home Staffing?" *Health Services Research* 45: 728–47. https://www.ncbi.nlm.nih.gov/pmc/articles/PMC2875757/#:~:text=Conclusions,least%20in%20the%20short%20term.

Fernald, J. 2016. *Reassessing Longer-Run U.S. Growth: How Low?* Working Paper 2016-18. San Francisco: Federal Reserve Bank of San Francisco. https://doi.org/10.24148/wp2016-18._

Fernald, J., and C. Jones. 2014. "The Future of U.S. Economic Growth." *American Economic Review* 104, no. 5: 44–49. https://pubs.aeaweb.org/doi/pdfplus/10.1257/aer.104.5.44.

Fernald, J., and H. Li. 2019. "Is Slow Still the New Normal for GDP Growth?" *Federal Reserve Bank of San Francisco Economic Letter*, no. 17. https://www.frbsf.org/economic-research/publications/economic-letter/2019/june/is-slow-still-new-normal-for-gdp-growth/.

Fernald, J., H. Li, and M. Ochse. 2021. "Future Output Loss from COVID-Induced School Closures." *Federal Reserve Bank of San Francisco Economic Letter*, no. 4. https://www.frbsf.org/economic-research/publications/economic-letter/2021/february/future-output-loss-from-covid-induced-school-closures/.

Figlio, D., K. Holden, and U. Ozek. 2018. "Do Students Benefit from Longer School Days? Regression Discontinuity Evidence from Florida's Additional Hour of Literacy Instruction." *Economics of Education Review* 67: 171–83. https://eric.ed.gov/?id=ed591819.

Finseraas, H., I. Hardoy, and P. Schøne. 2017. "School Enrollment and Mothers' Labor Supply: Evidence from a Regression Discontinuity Approach." *Review of Economics of the Household* 15: 621–38. https://link.springer.com/article/10.1007/s11150-016-9350-0.

Fletcher, J., and B. Wolfe. 2016. "The Importance of Family Income in the Formation and Evolution of Non-Cognitive Skills in Childhood." *Economics of Education Review* 54: 143–54. https://www.sciencedirect.com/science/article/abs/pii/S0272775716303831.

Frederiksen, B., U. Ranji, A. Salganicoff, and M. Long. 2021. "Women's Experiences with Health Care during the COVID-19 Pandemic: Findings from the KFF Women's Health Survey." Kaiser Family Foundation. https://www.kff.org/womens-health-policy/issue-brief/womens-experiences-with-health-care-during-the-covid-19-pandemic-findings-from-the-kff-womens-health-survey/.

Fuchs-Schündeln, N., D. Krueger, A. Ludwig, and I. Popova. 2020. *The Long-Term Distributional and Welfare Effects of COVID-19 School Closures*. NBER Working Paper 27773. Cambridge, MA: National Bureau of Economic Research. https://www.nber.org/system/files/working_papers/w27773/w27773.pdf.

Gallagher, K., J. Gerhart, K. Amin, M. Rae, and C. Cox. 2021. "Early 2021 Data Show No Rebound in Health Care Utilization." Peterson Center on Health Care and Kaiser Family Foundation. https://www.healthsystemtracker.org/brief/early-2021-data-show-no-rebound-in-health-care-utilization/.

Gathmann, C., and N. Keller. 2018. "Access to Citizenship

and the Economic Assimilation of Immigrants." *Economic Journal* 128: 3141–81. https://onlinelibrary.wiley.com/doi/full/10.1111/ecoj.12546.

Garcia, E., and E. Weiss. 2020. "COVID-19 and Student Performance, Equity, and U.S. Education Policy: Lessons from Pre-Pandemic Research to Inform Relief, Recovery, and Rebuilding." Economic Policy Institute, Washington. https://files.epi.org/pdf/205622.pdf.

Garg, S., L. Kim, M. Whitaker, A. O'Halloran, C. Cummings, and R. Holstein. 2020. "Hospitalization Rates and Characteristics of Patients Hospitalized with Laboratory-Confirmed Coronavirus Disease." *Morbidity and Mortality Weekly Report* 69: 458–64. https://www.ncbi.nlm.nih.gov/pmc/articles/PMC7755063/.

Gelbach, J. 2002. "Public Schooling for Young Children and Maternal Labor Supply." *American Economic Review* 92, no. 1: 307–32. https://pubs.aeaweb.org/doi/pdf/10.1257/000282802760015748.

Giattino, C., H. Ritchie, M. Roser, E. Ortiz-Ospina, and J. Hasell. 2020. "Excess Mortality During the Coronavirus Pandemic (COVID-19)." Our World in Data. https://ourworldindata.org/excess-mortality-covid.

Gittleman, M., M. Klee, and M. Kleiner. 2017. "Analyzing the Labor Market Outcomes of Occupational Licensing." *Industrial Relations* 57: 57–100. https://onlinelibrary.wiley.com/doi/abs/10.1111/irel.12200.

Giuntella, O., K. Hyde, S. Saccardo, and S. Sadoff. 2021. "Lifestyle and Mental Health Disruptions During COVID-19." *Proceedings of the National Academy of Sciences* 118, no. 9. https://www.pnas.org/doi/10.1073/pnas.2016632118.

Goldhaber, D., T. Kane, and A. McEachin. 2021. "Analysis: Pandemic Learning Loss Could Cost U.S. Students $2 Trillion in Lifetime Earnings; What States & Schools Can Do to Avert This Crisis." https://www.the74million.org/article/analysis-pandemic-learning-loss-could-cost-u-s-students-2-trillion-in-lifetime-earnings-what-states-schools-can-do-to-avert-this-crisis/.

Goldin, C. 2016. "Human Capital." In *Handbook of Cliometrics*, edited by Claude Diebolt and Michael Haupert. Heidelberg: Springer-Verlag. https://scholar.harvard.edu/files/goldin/files/goldin_human_capital.pdf.

Goldin, C., and L. Katz. 2008. *The Race Between Education and Technology*. Cambridge, MA: Harvard University Press. https://www.hup.harvard.edu/catalog.php?isbn=9780674035300.

Goldin, C., and J. Mitchell. 2017. "The New Life Cycle of Women's Unemployment: Disappearing Humps, Sagging Middles, Expanding Tops." *Journal of Economic Perspectives* 31, no. 1. https://dash.harvard.edu/bitstream/handle/1/34309590/human_capital_handbook_of_cliometrics_0.pdf?sequence=1&isAllowed=y.

Gonzalez, D., M. Karpman, and J. Haley. 2021. "Coronavirus Concerns Led More Than 1 in 10 Nonelderly Adults to Delay or Forgo Health Care in Spring 2021." Urban Institute, Washington. https://www.rwjf.org/en/library/research/2021/08/coronavirus-concerns-led-more-than-1-in-10-nonelderly-adults-to-delay-or-forgo-health-care-in-spring-2021.html.

Gonzalez, D., M. Karpman, G. Kenney, and S. Zuckerman. 2021. "Delayed and Forgone Health Care for Nonelderly Adults during the COVID-19 Pandemic Findings from the September 11–28 Coronavirus Tracking Survey." Urban Institute, Washington. https://www.urban.org/sites/default/files/publication/103651/delayed-and-forgone-health-care-for-nonelderly-adults-during-the-covid-19-pandemic_1.pdf.

Gordon, S., B. Sommers, I. Wilson, and A. Trivedi. 2020. "Effects of Medicaid Expansion on Postpartum Coverage and Outpatient Utilization." *Health Affairs* 39, no. 1: 77–84. https://www.healthaffairs.org/doi/full/10.1377/hlthaff.2019.00547.

Gottlieb, J., M. Polyakova, K. Rinz, H. Shiplett, and V. Udalova. 2020. "Who Values Human Capitalists' Human Capital? Healthcare Spending and Physician Earnings." https://www.census.gov/library/working-papers/2020/adrm/CES-WP-20-23.html.

Gray-Lobe, G., P. Pathak, and C. Walters. 2021. *The Long-Term Effects of Universal Preschool in Boston*. NBER Working Paper 28756. Cambridge, MA: National Bureau of Economic Research. https://www.nber.org/papers/w28756.

Grossman, M. 1972. "On the Concept of Health Capital and the Demand for Health." *Journal of Political Economy* 80, no. 2: 223–55. https://doi.org/10.1086/259880.

Haas, S., M. Glymour, and L. Berkman. 2011. "Childhood Health and Labor Market Inequality over the Life Course." *Journal of Health and Social Behavior* 52, no. 3: 298–313. https://journals.sagepub.com/doi/abs/10.1177/0022146511410431.

Hamory, J., E. Miguel, M. Walker, M. Kremer, and S. Baird. 202). "Twenty-Year Economic Impacts of Deworming." *Proceedings of the National Academy of Sciences* 118, no. 14. https://www.pnas.org/doi/10.1073/pnas.2023185118.

Hampton, K., L. Fernandez, C. Robertson, and J. Bauer. 2020. "Broadband and Student Performance Gaps." Quello Center, Michigan State University, East Lansing. https://quello.msu.edu/wp-content/uploads/2020/03/Broadband_Gap_Quello_Report_MSU.pdf.

Harknett K., D. Schnieder, and V. Irwin. 2021. "Improving Health and Economic Security by Reducing Work Schedule Uncertainty." *Proceedings of the National Academy of Science* 118, no. 42. https://www.pnas.org/doi/pdf/10.1073/pnas.2107828118.

Havnes, T., and M. Mogstad. 2011. "No Child Left Behind: Subsidized Child Care and Children's Long-Run Outcomes." *American Economic Journal: Economic Policy* 3, no. 2: 97–129. https://www.aeaweb.org/articles?id=10.1257/pol.3.2.97.

Helper, S. 2009. "The High Road for U.S. Manufacturing." *Issues in Science and Technology* 25, no. 2. https://www.jstor.org/stable/43314824.

Herbst, C. 2017. "Universal Child Care, Maternal Employment, and Children's Long-Run Outcomes: Evidence from the U.S. Lanham Act of 1940." *Journal of Labor Economics* 35, no. 2: 519–64. https://www.journals.uchicago.edu/doi/full/10.1086/689478.

Holzer, H. 2021. "After COVID-19: Building a More Coherent and Effective Workforce Development System in the United States." Policy Proposal 2021-01, Hamilton Project. https://www.brookings.edu/wp-content/uploads/2021/02/Holzer_LO_v5-1.pdf.

Hout, M., and S. Elliott, eds. 2011. *Incentives and Test-Based Accountability in Education*. Washington: National Academies Press. https://doi.org/10.17226/12521.

Hoxby, C., and S. Turner. 2015. What High-Achieving Low-Income Students Know about College. *American Economic Review* 105, no. 5: 514–17. https://www.aeaweb.org/articles?id=10.1257/aer.p20151027.

Hunt, J., and M. Gauthier-Loiselle. 2010. "How Much Does Immigration Boost Innovation?" *American Economic Journal: Macroeconomics* 2, no. 2: 31–56. https://pubs.aeaweb.org/doi/pdf/10.1257/mac.2.2.31.

Hyman, J. 2017. "Does Money Matter in the Long Run? Effects of School Spending on Educational Attainment." *American Economic Journal: Economic Policy* 9, no. 4: 256–80. https://www.aeaweb.org/articles?id=10.1257/pol.20150249.

Irwin, V. 2021. "Students' Internet Access Before and During the Coronavirus Pandemic by Household Socioeconomic Status." National Center for Education Statistics. https://nces.ed.gov/blogs/nces/post/students-internet-access-before-and-during-the-coronavirus-pandemic-by-household-socioeconomic-status.

Jackson, C., R. Johnson, and C. Persico. 2016. "The Effects of School Spending on Educational and Economic Outcomes: Evidence from School Finance Reforms." *Quarterly Journal of Economics* 131, no. 1: 157–218. https://www.jstor.org/stable/2117574?seq=1.

Jacobs, E., and L. Hipple. 2018. "Are Today's Inequalities Limiting Tomorrow's Opportunities?" Washington Center for Equitable Growth, Washington. https://equitablegrowth.org/research-paper/are-todays-inequalities-limiting-tomorrows-opportunities/?longform=true.

Jacobson, L., R. LaLonde, and D. Sullivan. 1993. "Earnings Losses of Displaced Workers." *American Economic Review* 83, no. 4: 685–709.

Jepsen, C., K. Troske, and P. Coomes. 2014. "The Labor-Market Returns to Community College Degrees, Diplomas, and Certificates." *Journal of Labor Economics* 32, no. 1: 95–121. https://www.jstor.org/stable/10.1086/671809?seq=1.

Johns Hopkins University. 2022. "Daily COVID-19 Hospitalizations." Coronavirus Resource Center, Baltimore. https://coronavirus.jhu.edu/region/united-states.

Johnson, J., and M. Kleiner. 2020. "Is Occupational Licensing a Barrier to Interstate Migration?" *American Economic Journal: Economic Policy* 12, no. 3: 347–73. https://pubs.aeaweb.org/doi/pdfplus/10.1257/pol.20170704.

Jones, K., and B. Wilcher. 2019. "Reducing Maternal Labor Market Detachment: A Role for Paid Family Leave." American University Working Paper 2019-07. https://www.equitablegrowth.org/wp-content/uploads/2020/03/031220-WP-Reducing-maternal-labor-market-detachment-Jones-and-Wilcher.pdf.

Kane, T., and C. Rouse. 1995. "Labor-Market Returns to Two-and Four-Year College." *American Economic Review* 85, no. 3: 600–614. http://www.jstor.org/stable/2118190.

Katz, L., J. Roth, R. Hendra, and K. Schaberg. 2020. *Why Do Sectoral Employment Programs Work? Lessons from WorkAdvance*. NBER Working Paper 28248. Cambridge, MA: National Bureau of Economic Research. https://www.nber.org/papers/w28248.

Kesavan, S., S. Lambert, J. Williams, and P. Pendem. 2021. "Doing Well by Doing Good: Improving Store Performance with Responsible Scheduling Practices at the Gap, Inc." *Management Science*, forthcoming. https://papers.ssrn.com/sol3/papers. cfm?abstract_id=3731670.

KewalRamani, A., J. Zhang, J. Wang, X. Rathbun, A. Corcoran, M. Diliberti, and J. Zhang. 2018. "Student Access to Digital Learning Resources Outside of the Classroom." U.S. Department of Education, National Center for Education Statistics, Institute of Education Sciences, Washington. https://files.eric.ed.gov/fulltext/ED581891.pdf.

Kleiner, M., and A. Krueger. 2010. "The Prevalence and Effects of Occupational Licensing." *British Journal of Industrial Relations* 48, no. 4: 676–87. https://onlinelibrary.wiley.com/doi/abs/10.1111/j.1467-8543.2010.00807.x.

———. 2013. "Analyzing the Extent and Influence of Occupational Licensing on the Labor Market." *Journal of Labor Economics* 31: 173–202. https://www.journals.uchicago.edu/doi/full/10.1086/669060.

Kleiner, M., and E. Soltas. 2019. "A Welfare Analysis of Occupational Licensing in U.S. States." https://www.oecd.org/economy/reform/welfare-effect-of-occup-licensing_Morris-Kleiner.pdf.

Kleiner, M., and M. Xu. 2020. *Occupational Licensing and Labor Market Fluidity*. NBER Working Paper 27568. Cambridge, MA: National Bureau of Economic Research. https://www.nber.org/system/files/working_papers/w27568/w27568.pdf.

Kleven, H., C. Landais, and J. Søgaard. 2019. "Children and Gender Inequality: Evidence from Denmark." *American Economic Journal: Applied Economics* 11, no. 4: 181–209. https://pubs.aeaweb.org/doi/pdfplus/10.1257/app.20180010.

Kleven, H., C. Posch, J. Steinhauer, and A. Zweimüller. 2019. "Child Penalties across Countries: Evidence and Explanations." *AEA Papers and Proceedings* 109: 122–26. https://pubs.aeaweb.org/doi/pdfplus/10.1257/pandp.20191078.

Kofoed, M., L. Gebhart, D. Gilmore, and R. Moschitto. 2021. "Zooming to Class? Experimental Evidence on College Students' Online Learning During COVID-19." IZA Discussion Paper 14356. Institute of Labor Economics, Bonn. https://papers.ssrn.com/sol3/papers.cfm?abstract_id=3846700.

Kraay, A. 2018. "Methodology for a World Bank Human Capital Index." World Bank Policy Research Working Paper 8593. World Bank, Washington. https://papers.ssrn.com/sol3/papers.cfm?abstract_id=3255311

Krueger, A. 1999. "Experimental Estimates of Education Production Functions." *Quarterly Journal of Economics* 115, no. 2: 497–532. https://academic.

oup.com/qje/article/114/2/497/1844226?login=true.

———. 2017. "Where Have All the Workers Gone? An Inquiry into the Decline of the U.S. Labor Force Participation Rate." *Brookings Papers on Economic Activity* 2: 1–87. https://www.brookings.edu/wp-content/uploads/2018/02/kruegertextfa17bpea.pdf.

Krueger, A., and D. Whitmore. 2001. "The Effect of Attending a Small Class in the Early Grades on College-Test Taking and Middle School Test Results: Evidence from Project STAR." *Economic Journal* 111: 1–28. https://www.jstor.org/stable/2667840?seq=1.

Lafortune, J., J. Rothstein, and D. Schanzenbach. 2018. "School Finance Reform and the Distribution of Student Achievement." *American Economic Journal: Applied Economics* 10, no. 2: 1–26. https://www.aeaweb.org/articles?id=10.1257/app.20160567.

Levine, D., M. Toffel, and M. Johnson. 2012. "Randomized Government Safety Inspections Reduce Worker Injuries with No Detectable Job Loss." *Science* 336: 907–11. https://www.science.org/doi/pdf/10.1126/science.1215191.

Lewis, K., M. Kuhfeld, E. Ruzek, and A. McEachin. 2021. "Learning During COVID-19: An Update on Student Achievement and Growth at the Start of the 2021–22 School Year." https://www.nwea.org/content/uploads/2021/07/Learning-during-COVID-19-Reading-and-math-achievement-in-the-2020-2021-school-year.research-brief.pdf.

Lin, C., A. Dievler, C. Robbins, Al. Sripipatana, M. Quinn, and S. Nair. 2018. "Telehealth In Health Centers: Key Adoption Factors, Barriers, And Opportunities." *Health Affairs* 37, no. 12: 1967–1974. https://www.healthaffairs.org/doi/pdf/10.1377/hlthaff.2018.05125.

Liscow, Z., and W. Woolston. 2017. "Does Legal Status Affect Educational Attainment in Immigrant Families." National Tax Association, Washington. https://www.jstor.org/stable/26794421.

Lochner, L., and E. Moretti. 2004. "The Effect of Education on Crime: Evidence from Prison Inmates, Arrests, and Self-Reports." *American Economic Review* 94, no. 1: 155–89. doi:10.1257/000282804322970751.

Loichinger, E., and D. Weber. 2016. "Trends in Working Life Expectancy in Europe." *Journal of Aging and Health* 28: 1194–1213. https://journals.sagepub.com/doi/abs/10.1177/0898264316656509.

参考文献

Luciano, A., and E. Meara. 2014. "Employment Status of People with Mental Illness: National Survey Data From 2009 and 2010." *Psychiatry Services* 65, no. 10:1201–9. https://www.ncbi.nlm.nih.gov/pmc/articles/PMC4182106/.

Ludwig, J., and D. Miller. 2007. "Does Head Start Improve Children's Life Chances? Evidence from a Regression Discontinuity Design." *Quarterly Journal of Economics* 122, no. 1: 159–208. https://academic.oup.com/qje/article/122/1/159/1924719?login=true.

Luik, M. 2016. "Child Health, Human Capital and Adult Financial Behavior." Discussion Paper 174, Helmut-Schmidt-Universität–Universität der Bundeswehr Hamburg, Fächergruppe Volkswirtschaftslehre, Hamburg. http://hdl.handle. net/10419/155629.

Ma, J., and M. Pender. 2021. *Trends in College Pricing and Student Aid 2021*. New York: College Board. https://research.collegeboard.org/media/pdf/trends-college-pricing-student-aid-2021.pdf.

MACPAC (Medicaid and CHIP Payment and Access Commission). 2021. "MACStats: Medicaid and CHIP Data Book." https://www.macpac.gov/wp-content/uploads/2020/12/EXHIBIT-3.-National-Health-Expenditures-by-Type-and-Payer-2019.pdf.

Maguire, S., J. Freely, C. Clymer, M. Conway, and D. Schwartz. 2010. *Tuning In to Local Labor Markets: Findings from the Sectoral Employment Impact Study*. Philadelphia: Public/Private Ventures. https://ppv.issuelab.org/resources/5101/5101.pdf.

Malik, R., L. Hamm, C. Schochet, S. Novoa, S. Workman, and S. Jessen-Howard. 2018. "America's Child Care Deserts in 2018." American Progress, Washington. https://www.americanprogress.org/article/americas-child-care-deserts-2018/.

Marcotte, D. 2010. "The Earnings Effect of Education at Community Colleges." *Contemporary Economic Policy* 28, no. 1: 36–51. https://onlinelibrary.wiley.com/doi/10.1111/j.1465-7287.2009.00173.x.

Mas, A., and A. Pallais. 2017. "Valuing Alternative Work Arrangements." *American Economic Review* 107, no. 12: 3722–59. https://pubs.aeaweb.org/doi/pdfplus/10.1257/aer.20161500.

McGee, D., Y. Liao, G. Cao, and R. Cooper. 1999. "Self-Reported Health Status and Mortality in a Multiethnic U.S. Cohort." *American Journal of Epidemiology* 49, no. 1: 41–46. https://doi.org/10.1093/oxfordjournals.aje.a009725.

Milligan, K., E. Moretti, and P. Oreopoulos. 2004. "Does Education Improve Citizenship? Evidence from the United States and the United Kingdom." *Journal of Public Economics* 88: 1667–95. https://www.sciencedirect.com/science/article/abs/pii/S0047272703002056.

Minaya, V., and J. Scott-Clayton. 2022. "Labor Market Trajectories for Community College Graduates: How Returns to Certificates and Associate Degrees Evolve Over Time." *Education Finance and Policy* 17, no. 1: 53–80. https://doi. org/10.1162/edfp_a_00325.

Mountjoy, J. 2019. *Community Colleges and Upward Mobility*. NBER Working Paper 29254. Cambridge, MA: National Bureau of Economic Research. https://www.nber.org/papers/w29254.

Mushkin, S. 1962. "Heath as an Investment." *Journal of Political Economy* 70, no. 5:129–57. https://www.journals.uchicago.edu/doi/abs/10.1086/258730.

National Conference of State Legislatures. 2020. "Occupational Licensing: Assessing State Policies and Practices Final Report." https://licensing.csg.org/wp-content/uploads/2020/12/Occupational_Licensing_Final_Project_Report.pdf.

National Council on Teacher Quality. 2017. "Teacher & Principal Policy Evaluation." State Teacher Policy Database. https://www.nctq.org/policy-area/Evaluation.

National Research Council. 1993. *Measuring Lead Exposure in Infants, Children, and Other Sensitive Populations*. Washington: National Academies Press. https://www.ncbi.nlm.nih.gov/books/NBK236458/.

National Student Clearinghouse. 2021. "Stay Informed with the Latest Enrollment Information." https://nscresearchcenter.org/stay-informed/.

Neal, D., and D. Schanzenbach. 2010. "Left Behind by Design: Proficiency Counts and Test-Based Accountability," *Review of Economics and Statistics* 92, no. 2: 263–83. https://direct.mit.edu/rest/article/92/2/263/58591/Left-Behind-by-Design-Proficiency-Counts-and-Test.

Newman, C. 2021. "The Pandemic Is Increasing Intimate Partner Violence. Here Is How Health Care Providers Can Help." University of Alabama at Birmingham News. https://www.uab.edu/news/health/item/12390-the-pandemic-is-increasing-intimate-partner-violence-here-is-how-health-care-providers-can-help.

Nguyen, H. 2020. "Free College? Assessing Enrollment Responses to the Tennessee Promise Program." *Labour Economics* 66: 101882. https://www.sciencedirect. com/science/article/abs/pii/S0927537120300865.

OECD (Organization for Economic Cooperation and

Development). 2022a. "Population with Tertiary Education (Indicator)." https://www.oecd-ilibrary. org/education/population-with-tertiary-education/ indicator/english_0b8f90e9-en.

———. 2022b. "Life Expectancy at Birth (Indicator)." https://www.oecd-ilibrary.org/social-issues-migration-health/life-expectancy-at-birth/indicator/ english_27e0fc9d-en.

Oreopoulos, P., T. Wachter, and A. Heisz. 2012. "The Short-and Long-Term Career Effects of Graduating in a Recession." *American Economic Journal: Applied Economics* 4, no. 1: 1–29. https://pubs. aeaweb.org/doi/pdfplus/10.1257/app.4.1.1.

Panchal, N., R. Kamal, C. Cox, and R. Garfield. 2021. "The Implications of COVID-19 for Mental Health and Substance Use." Kaiser Family Foundation. https://www.kff.org/coronavirus-covid-19/issue-brief/the-implications-of-covid-19-for-mental-health-and-substance-use/.

Physicians Foundation. 2021. "America's Physicians: COVID-19 Impact Edition—A Year Later." https://physiciansfoundation.org/wp-content/ uploads/2021/08/2021-Survey-Of-Americas-Physicians-Covid-19-Impact-Edition-A-Year-Later.pdf.

Pichler, S., and N. Ziebarth. 2017. "The Pros and Cons of Sick Pay Schemes: Testing for Contagious Presenteeism and Noncontagious Absenteeism Behavior." *Journal of Public Economics* 156: 14–33. https://www.sciencedirect.com/science/article/ abs/pii/S0047272717301056.

Pischke, J. 2007. "The Impact of Length of the School Year on Student Performance and Earnings: Evidence from the German Short School Years." *Economic Journal* 117, no. 523: 1216–42. https://academic.oup. com/ej/article-abstract/117/523/1216/5086553.

Puma, M., S. Bell, R. Cook, C. Heid, P. Broene, F. Jenkins, A. Mashburn, and J. Downer. 2012. *Third Grade Follow-Up to the Head Start Impact Study Final Report.* OPRE Report 2012-45. Washington: Office of Planning, Research, and Evaluation, Administration for Children and Families, U.S. Department of Health and Human Services. https://files.eric. ed.gov/fulltext/ED539264.pdf.

Qureshi, J., and A. Gangopadhyaya. 2021. "Childhood Medicaid Eligibility and Human Capital." *Economics of Education Review* 82: article 102092. https://doi. org/10.1016/j.econedurev.2021.102092.

Reed, D., A. Yung-Hsu Liu, R. Kleinman, A. Mastri, D. Reed, S. Sattar, and J. Ziegler. 2012. "An Effectiveness Assessment and Cost-Benefit Analysis of Registered Apprenticeship in 10 States." Mathematica Policy Research, Oakland. https://www.mathematica. org/publications/an-effectiveness-assessment-and-costbenefit-analysis-of-registered-apprenticeship-in-10-states.

Reich, M., P. Hall, and K. Jacobs. 2004. "Living Wage Policies at San Francisco Airport: Impacts on Workers and Businesses." *Industrial Relations* 44, no. 1: 106–38. https://doi.org/10.1111/j.0019-8676.2004.00375.x.

Reichman, N., H. Corman, K. Noonan, and O. Schwartz-Soicher. 2010. "Effects of Prenatal Care on Maternal Postpartum Behaviors." *Review of Economics of the Household* 8, no. 2: 171–97. https://www.ncbi.nlm. nih.gov/pmc/articles/PMC2889707/.

Rickles, J., M. Garet, S. Neiman, and S. Hodgman. 2020. "Approaches to Remote Instruction: How District Responses to the Pandemic Differed Across Contexts." American Institutes for Research, Washington. https://www.air.org/sites/default/files/ COVID-Survey-Approaches-to-Remote-Instruction-FINAL-Oct-2020.pdf.

Ribiero Pereira, J. 2016. "Broadband Access and Digital Divide." *New Advances in Information Systems and Technologies* 445: 363–68. https://link.springer.com/ chapter/10.1007/978-3-319-31307-8_38.

Rinz, K. Forthcoming. "Did Timing Matter? Life Cycle Differences in Effects of Exposure to the Great Recession." *Journal of Labor Economics.* https:// www.journals.uchicago.edu/doi/pdf/10.1086/716346.

Rivkin, S., E. Hanushek, and J. Kain. 2005. "Teachers, Schools, and Academic Achievement." *Econometrica* 73, no. 2: 417–58. https://onlinelibrary.wiley.com/ doi/abs/10.1111/j.1468-0262.2005.00584.x.

Romo, V. 2020. "California Bill Clears Path for Ex-Inmates to Become Firefighters— Nation & World News." WUFT. https://www.wuft.org/nation-world/2020/09/11/california-bill-clears-path-for-ex-inmates-to-become-firefighters/.

Roser, M., E. Ortiz-Ospina, and H. Ritchie. 2013. "Life Expectancy." Our World in Data. https:// ourworldindata.org/life-expectancy.

Rouse, C., and L. Barrow. 2006. "U.S. Elementary and Secondary Schools: Equalizing Opportunity or Replicating the Status Quo?" *Future Child* 16, no. 2: 99–123. https://eaop.ucsd.edu/198/achievement-gap/Equalizing Opportunity or Replicating the Status Quo.pdf.

Rouse, C., L. Barrow, K. Rinz, and E. Soltas. 2021. "The Economic Benefits of Extending Permanent Legal Status to Unauthorized Immigrants." Council of Economic Advisers, blog. https://www.whitehouse.

gov/cea/written-materials/2021/09/17/the-economic-benefits-of-extending-permanent-legal-status-to-unauthorized-immigrants/.

Rouse, C., J. Hannaway, D. Goldhaber, and D. Figlio. 2013. "Feeling the Florida Heat? How Low-Performing Schools Respond to Voucher and Accountability Pressure," *American Economic Journal: Economic Policy*, 5, no. 2: 251–81. https://pubs.aeaweb.org/doi/pdfplus/10.1257/pol.5.2.251.

Ruffini, K. 2020. "Worker Earnings, Service Quality, and Firm Profitability: Evidence from Nursing Homes and Minimum Wage Reforms." Washington Center for Equitable Growth, Washington. https://equitablegrowth.org/working-papers/worker-earnings-service-quality-and-firm-profitability-evidence-from-nursing-homes-and-minimum-wage-reforms/.

Saad-Lessler, J. 2020. "How Does Paid Family Leave Affect Unpaid Care Providers?" *Journal of the Economics of Ageing.* http://www.sciencedirect.com/science/article/pii/S2212828X2030030X.

Sartain, L., and M. Steinberg. 2016. "Teachers' Labor Market Responses to Performance Evaluation Reform: Experimental Evidence from Chicago Public Schools." *Journal of Human Resources* 51, no. 3: 615–55. http://jhr.uwpress.org/content/51/3/615.short.

Shonkoff, J., and D. Phillips, eds. 2000. *From Neurons to Neighborhoods: The Science of Early Childhood Development.* Washington: National Academies Press. https://www.nap.edu/download/9824.

Schultz, T. 1962. "Reflections on Investment in Man." *Journal of Political Economy* 70, no. 5: 1–8. http://www.jstor.org/stable/1829102.

Schwartz, J. 1992a. "Low Level Health Effects of Lead: Growth Development and Neurological Disturbances." In *Human Lead Exposure*, edited by H. Needleman. Boca Raton, FL: CRC Press. https://www.google.com/books/edition/Human_Lead_Exposure/e9fel0gM3j0C?hl=en&gbpv=1&dq=Human+Lead+Exposure&pg=PA3&printsec=frontcover.

Scrivener, S., M. Weiss, A. Ratledge, T. Rudd, C. Sommo, and A. Fresques. 2015. "Doubling Graduation Rates: Three-Year Effects of CUNY's Accelerated Study in Associate Programs (ASAP) for Developmental Education Students." MDRC, New York. https://www.mdrc.org/sites/default/files/doubling_graduation_rates_fr.pdf.

Sharma, R. 2018. "Health and Economic Growth: Evidence from Dynamic Panel Data of 143 Years." *PLoS ONE* 13, no.10: e0204940. https://doi.org/10.1371/journal.pone.0204940.

Shen, K. 2021. "Who Benefits from Public Financing of Home Care for Low-income Seniors?" Harvard Working Papers, Harvard University, Cambridge, MA. https://scholar.harvard.edu/sites/scholar.harvard.edu/files/kshen/files/caregivers.pdf.

Smith, E. 2021. "Why Is It Still So Hard for Former Prisoners to Become Firefighters in California?" *Los Angeles Times*, June 4. https://www.latimes.com/california/story/2021-06-04/why-is-it-hard-former-prisoners-become-firefighters-california.

Snyder, T., C. de Brey, and S. Dillow. 2019. "Digest of Education Statistics 2017." National Center for Education Statistics, Institute of Education Sciences, U.S. Department of Education. https://nces.ed.gov/pubs2018/2018070.pdf.

Stearns, J., and C. White. 2018. "Can Paid Sick Leave Mandates Reduce Leave-Taking?" *Labour Economics* 51: 227–46. https://www.sciencedirect.com/science/article/abs/pii/S0927537118300034.

Stuart, B. 2022. "The Long-Run Effects of Recessions on Education and Income." *American Economic Journal: Applied Economics* 14, no. 1: 42–74. https://pubs.aeaweb.org/doi/pdfplus/10.1257/app.20180055.

Sullivan, D., and T. Von Wachter. 2009. "Job Displacement and Mortality: An Analysis Using Administrative Data." *Quarterly Journal of Economics* 124: 1265–1306. https://academic.oup.com/qje/article/124/3/1265/1905153?login=true.

Taylor, E., and J. Tyler. 2012. "The Effect of Evaluation on Teacher Performance." *American Economic Review* 102, no. 7: 3628–51. https://www.aeaweb.org/articles?id=10.1257/aer.102.7.3628.

Tejada-Vera, B., B. Bastian, E. Arias, L. Escobedo, and B. Salant. 2020. "Life Expectancy Estimates by U.S. Census Tract, 2010–2015." National Center for Health Statistics. https://www.cdc.gov/nchs/data/nvsr/nvsr69/nvsr69-12-508.pdf.

Tomer, A., and C. George. 2021. "The American Rescue Plan Is the Broadband Down Payment the Country Needs." Brookings Institution, Washington. https://www.brookings.edu/research/the-american-rescue-plan-is-the-broadband-down-payment-the-country-needs/.

Ton, Z. 2012. "Why 'Good Jobs' Are Good for Retailers." *Harvard Business Review*, January–February. https://hbr.org/2012/01/why-good-jobs-are-good-for-retailers.

Umez, C., and J. Gaines. 2021. "After the Sentence, More Consequences: A National Report of Barriers to

Work." Justice Center, Council of State Governments, Washington. https://csgjusticecenter.org/wp-content/uploads/2021/02/collateral-consequences-national-report.pdf.

U.S. Department of Education. 2016. "National Household Education Survey: Adult Training and Education Survey." https://nces.ed.gov/nhes/.

———. 2019. "Beginning Postsecondary Students Longitudinal Study, 2012/2017." National Center for Education Statistics. https://nces.ed.gov/surveys/bps/.

———. 2021a. "Education in a Pandemic: The Disparate Impacts of COVID-19 on America's Students." Office of Civil Rights. https://www2.ed.gov/about/offices/list/ocr/docs/20210608-impacts-of-covid19.pdf.

———. 2021b. "State Plans." Office of Elementary and Secondary Education. https://oese.ed.gov/offices/american-rescue-plan/american-rescue-plan-elementary-and-secondary-school-emergency-relief/stateplans/.

U.S. Department of Labor. 2020. "Registered Apprenticeship National Results Fiscal Year 2020." https://www.dol.gov/agencies/eta/apprenticeship/about/statistics/2020.

U.S. Department of the Treasury and U.S. Department of Defense. 2012. "Supporting Our Military Families: Best Practices for Streamlining Occupational Licensing Across State Lines." https://download.militaryonesource.mil/12038/MOS/Reports/Occupational-Licensing-and-Military-Spouses-Report.pdf.

White House. 2021a. "Fact Sheet: The Bipartisan Infrastructure Deal." Briefing Room, blog. https://www.whitehouse.gov/briefing-room/statements-releases/2021/11/06/fact-sheet-the-bipartisan-infrastructure-deal/.

———. 2021b. "Fact Sheet: How the Biden-Harris Administration Is Advancing Educational Equity." Briefing Room, blog. https://www.whitehouse.gov/briefing-room/statements-releases/2021/07/23/fact-sheet-how-the-biden-harris-administration-is-advancing-educational-equity/.

Wikle, J., and R. Wilson. 2021. "Access to Head Start and Maternal Labor Supply: Experimental and Quasi-Experimental Evidence." IZA Discussion Paper 14880. Institute of Labor Economics, Bonn. https://www.econstor.eu/bitstream/10419/250541/1/dp14880.pdf.

Winter, A., and R. Sampson. 2017. "From Lead Exposure in Early Childhood to Adolescent Health: A Chicago Birth Cohort." *American Journal of Public Health*

107, no. 9: 1496–1501. https://pubmed.ncbi.nlm.nih.gov/28727523/.

Woodward, M. 2013. "The U.S. Economy to 2022: Settling into a New Normal." *Monthly Labor Review*, December. https://www.bls.gov/opub/mlr/2013/article/the-u-s-economy-to-2022-settling-into-a-new-normal.htm.

Yagan, D. 2019. "Employment Hysteresis from the Great Recession." *Journal of Political Economy* 127, no. 5: 2505–53. https://www.journals.uchicago.edu/doi/abs/10.1086/701809.

Yeter, D., E. Banks, and M. Aschner. 2020. "Disparity in Risk Factor Severity for Early Childhood Blood Lead among Predominantly African-American Black Children: The 1999 to 2010 US NHANES." *International Journal of Environmental Research and Public Health* 17, no. 5: 1552. https://www.mdpi.com/1660-4601/17/5/1552.

Yoshikawa, H., W. Christina, and J. Brooks-Gunn. 2016. "When Does Preschool Matter?" *Future of Children* 26, no. 2: 21–35. https://www.jstor.org/stable/43940579?seq=1.

Zhai, Y., T. Santibanez, K. Kahn, C. Black, and M. de Perio. 2018. "Paid Sick Leave Benefits, Influenza Vaccination, and Taking Sick Days Due to Influenza-Like Illness Among U.S. Workers." *Vaccine* 36, no. 48: 7316–23. https://www.ncbi.nlm.nih.gov/pmc/articles/PMC6433122/.

Zijdeman, R., and F. Ribeira da Silva. 2015. "Life Expectancy at Birth (Total)." IISG, Amsterdam. https://datasets.iisg.amsterdam/dataset.xhtml?persistentId=hdl:10622/LKYT53.

Zimmerman, S. 2014. "The Returns to Four-Year College for Academically Marginal Students." *Journal of Labor Economics* 32, no. 4: 711–54. https://doi.org/10.1086/676661.

第5章

Aaronson, D., D. Hartley, and B. Mazumder. 2021. "The Effects of the 1930s HOLC 'Redlining' Maps." *American Economic Journal: Economic Policy* 13, no. 4: 355–92. https://pubs.aeaweb.org/doi/pdfplus/10.1257/pol.20190414.

Abrams, R. 2018. "8 Fast-Food Chains Will End 'No-Poach' Policies." *New York Times*, August 20. https://www.nytimes.com/2018/08/20/business/fast-food-wages-no-poach-franchisees.html?msclkid=b1071198a56411ec95054d4a7bd36925.

Acemoglu, D. 2001. "Good Jobs versus Bad Jobs." *Journal of Labor Economics* 19, no. 1. https://

economics.mit.edu/files/5689.

Acemoglu, D., and D. Autor. 2012. "What Does Human Capital Do? A Review of Goldin and Katz's *The Race between Education and Technology.*" *Journal of Economic Literature* 50, no. 2: 426–63.https://economics.mit.edu/files/11637.

Acemoglu, D., and A. Wolitzky. 2011. "The Economics of Labor Coercion." *Econometrica* 79, no. 2: 555–600. https://doi.org/10.3982/ECTA8963.

Adeyemo, W., and L. Batchelder. 2021. "Advancing Equity Analysis in Tax Policy." U.S. Department of the Treasury. https://home.treasury.gov/news/featured-stories/advancing-equity-analysis-in-tax-policy.

Agan, A., and S. Starr. 2018. "Ban the Box, Criminal Records, and Racial Discrimination: A Field Experiment." *Quarterly Journal of Economics* 133, no. 1, 191–235. https://doi.org/10.1093/qje/qjx028.

Akee, R. 2020. "Land Titles and Dispossession: Allotment on American Indian Reservations." *Journal of Economics, Race, and Policy* 3, no. 1: 123–43. https://doi.org/10.1007/s41996-019-00035-z.

Altonji, J., and C. Pierret. 2001. "Employer Learning and Statistical Discrimination." *Quarterly Journal of Economics* 116, no. 1: 313–50. https://academic.oup.com/qje/article/116/1/313/1939055?login=true.

Anand, P., L. Dague, and K. Wagner. 2021. *The Role of Paid Family Leave in Labor Supply Responses to a Spouse's Disability or Health Shock.* NBER Working Paper 28808. Cambridge, MA: National Bureau of Economic Research. https://www.nber.org/papers/w28808.

Arnold, D. 2019. "Mergers and Acquisitions, Local Labor Market Concentration, and Worker Outcomes." http://dx.doi.org/10.2139/ssrn.3476369.

Arrow, K. 1973. "The Theory of Discrimination." In *Discrimination in Labor Markets*, edited by O. Ashenfelter and A. Rees. Princeton, NJ: Princeton University Press. https://www.jstor.org/stable/j.ctt13x10hs.

Ashenfelter, O. 1970. "Changes in Labor Market Discrimination Over Time." *Journal of Human Resources* 5, no. 4: 403–30. https://doi.org/10.2307/144999.

Auten, G., and D. Splinter. 2020. "Top Income Shares and the Difficulties of Using Tax Data." In *United States Income, Wealth, Consumption, and Inequality*, edited by Diana Furchtgott-Roth. New York: Oxford University Press. http://www.davidsplinter.com/AutenSplinter-TopIncomes-Oxford.pdf.

Autor, D. 2010. "The Polarization of Job Opportunities in the U.S. Labor Market." Center for American Progress. https://economics.mit.edu/files/11631.

Autor, D., D. Dorn, and G. Hanson. 2013. "The China Syndrome: Local Labor Market Effects of Import Competition in the United States." *American Economic Review* 103, no. 6: 2121–68. http://www.jstor.org/stable/42920646.

———. 2016. "The China Shock: Learning from Labor-Market Adjustment to Large Changes in Trade." *Annual Review of Economics* 8, no. 1: 205–40. https://www.nber.org/system/files/working_papers/w21906/w21906.pdf?msclkid=cb7c604ca56711ecbefa2d6d598f4f24.

———. 2021. *On the Persistence of the China Shock.* NBER Working Paper 29401. Cambridge, MA: National Bureau of Economic Research. https://www.nber.org/papers/w29401?msclkid=a941de9aa56711eca9efb1697e3cd333.

Autor, D., D. Dorn, L. Katz, C. Patterson, and J. Van Reenen. 2020. "The Fall of the Labor Share and the Rise of Superstar Firms." *Quarterly Journal of Economics* 135, no. 2: 645–709. https://scholar.harvard.edu/lkatz/publications/fall-labor-share-and-rise-superstar-firms?msclkid=85c20b62a56711ec801eebe730d8857.

Autor, D., L. Katz, and M. Kearney. 2006. "The Polarization of the U.S. Labor Market." *American Economic Review* 96, no. 2: 189–94. https://www.nber.org/papers/w11986?msclkid=e97ad1c1a56711ec981f2f021509e9c0.

Autor, D., F. Levy, and R. Murnane. 2003. "The Skill Content of Recent Technological Change: An Empirical Exploration." *Quarterly Journal of Economics* 118, no. 4: 1279–333. https://economics.mit.edu/files/11574?msclkid=0c61d4dba56811ec8150ce96d89880e6.

Azar, J., S. Berry, and I. Marinescu. 2019. "Estimating Labor Market Power." https://papers.ssrn.com/sol3/papers.cfm?abstract_id=3456277&msclkid=361bcd74a55911ecab95875577d65b18.

Azar, J., E. Huet-Vaughn, I. Marinescu, B. Taska, and T. von Wachter. 2019. *Minimum Wage Employment Effects and Labor Market Concentration.* NBER Working Paper 26101. Cambridge, MA: National Bureau of Economic Research. https://www.nber.org/papers/w26101.

Azar, J., I. Marinescu, and M. Steinbaum. 2019. *Labor Market Concentration.* NBER Working Paper 24147. Cambridge, MA: National Bureau of Economic Research. https://www.nber.org/system/files/

working_papers/w24147/w24147. pdf?msclkid=9b39 e7a6a55a11ecbbfd775351cfc001.

Bahn, K, and W. McGrew. 2018. "The Intersectional Wage Gaps Faced by Latina Women in the United States." Washington Center for Equitable Growth. https://equitablegrowth.org/the-intersectional-wage-gaps-faced-by-latina-women-in-the-united-states/.

Bailey, M., J. DiNardo, and B. Stuart. 2020. *The Economic Impact of a High National Minimum Wage: Evidence from the 1966 Fair Labor Standards Act*. NBER Working Paper 26926. Cambridge, MA: National Bureau of Economic Research. https://www.nber.org/papers/w26926.

Baker, M., Y. Halberstam, K. Kroft., A. Mas., and D. Messacar. 2021. *Pay Transparency and the Gender Gap*. NBER Working Paper 25834. Cambridge, MA: National Bureau of Economic Research. https://www.nber.org/system/files/working_papers/w25834/w25834.pdf.

Barkai, S. 2020. "Declining Labor and Capital Shares." *Journal of Finance* 75, no. 5: 2421–63. https://onlinelibrary.wiley.com/doi/pdf/10.1111/jofi.12909msclkid=be 4fe44da55a11ec895275b6904607cf.

Barron, D., and E. West. 2011. "The Financial Costs of Caring in the British Labour Market: Is There a Wage Penalty for Workers in Caring Occupations?" *British Journal of Industrial Relations* 51: 104–23. https://onlinelibrary.wiley.com/doi/10.1111/j.1467-8543.2011.00884.x.

Bassier, I., A. Dube, and S. Naidu. 2021. "Monopsony in Movers: The Elasticity of Labor Supply to Firm Wage Policies." *Journal of Human Resources* 57, no. 2. https://papers.ssrn.com/sol3/papers.cfmabstract_id=3683639&msclkid=15d0927aa55b 11ec8601044bc6318e10.

Bauernschuster, S., and M. Schlotter. 2015. "Public Child Care and Mothers' Labor Supply: Evidence from Two Quasi-Experiments." *Journal of Public Economics* 123: 1–16. https://www.sciencedirect.com/science/article/abs/pii/S004727271500002X.

Becker, G. 1971. *The Economics of Discrimination*. Chicago: University of Chicago Press. https://press.uchicago.edu/ucp/books/book/chicago/E/bo22415931.html.

Benmelech, E., N. Bergman, and H. Kim. 2020. "Strong Employers and Weak Employees: How Does Employer Concentration Affect Wages?" *Journal of Human Resources*, 0119-10007R1. http://jhr.uwpress.org/content/early/2020/12/03/jhr.monopsony.0119-10007R1.full.pdf.

Bertrand, M. 2020. "Gender in the Twenty-First Century." *AEA Papers and Proceedings* 110: 1–24. https://www.aeaweb.org/articles?id=10.1257/pandp.20201126.

Bertrand, M., and S. Mullainathan. 2004. "Are Emily and Greg More Employable Than Lakisha and Jamal? A Field Experiment on Labor Market Discrimination." *American Economic Review* 94, no. 4: 991–1013. https://www.aeaweb.org/articl es?id=10.1257/0002828042002561.

Bhutta, N., A. Chang, L. Dettling, and J. Hsu. 2020. *Disparities in Wealth by Race and Ethnicity in the 2019 Survey of Consumer Finances*. Washington: Board of Governors of the Federal Reserve System. https://doi.org/10.17016/2380-7172.2797.

Bianchi, S., L. Sayer, M. Milkie, and J. Robinson. 2012. "Housework: Who Did, Does or Will Do It, and How Much Does It Matter?" *Social Forces* 91, no. 1: 55–63. https://www.ncbi.nlm.nih.gov/pmc/articles/PMC4242525/.

Biasi, B., and H. Sarsons. 2022. "Flexible Wages, Bargaining, and the Gender Gap" *Quarterly Journal of Economics* 137, no. 1: 215–66. https://doi.org/10.1093/qje/qjab026.

Biddle, J., and D. Hamermesh. 2013. "Wage Discrimination Over the Business Cycle." *IZA Journal Labor Policy* 2, no. 7. https://doi.org/10.1186/2193-9004-2-7.

Blanchet, T., E. Saez, and G. Zucman. 2022. "Realtime Inequality." https://eml.berkeley. edu/~saez/BSZ2022.pdf.

Blau, F., and L. Kahn. 2013. "Female Labor Supply: Why Is the United States Falling Behind?" *American Economic Review: Papers & Proceedings* 103, no. 3: 251–56. https://www.aeaweb.org/articles?id=10.1257/aer.103.3.251.

———. 2017. "The Gender Wage Gap: Extent, Trends, and Explanations." *Journal of Economic Literature* 55, no. 3: 789–865. https://pubs.aeaweb.org/doi/pdfplus/10.1257/jel.20160995.

BLS (U.S. Bureau of Labor Statistics). 2020. "Average Hours Per Day Parents Spent Caring for and Helping Household Children as Their Main Activity." https://www.bls.gov/charts/american-time-use/activity-by-parent.htm.

———. 2021. "Earnings by Demographics." https://www.bls.gov/cps/earnings. htm#demographics.

———. 2022a. "Labor Force Participation Rate: Men [LNS11300001]." https://fred. stlouisfed.org/series/LNS11300001.

———. 2022b. "Union Members Summary." https://www.bls.gov/news.release/union2. nr0.htm.

Boone, G. 2015. "Labor Law Highlights, 1915–2015." *Monthly Labor Review*, U.S. Bureau of Labor Statistics. https://www.bls.gov/opub/mlr/2015/article/labor-law-highlights-1915-2015.htm?msclkid=5a6ae832a55b11ec89ed51edd8e5016e.

Borowczyk-Martins, D., J. Bradley, and L. Tarasonis. 2017. "Racial Discrimination in the U.S. Labor Market: Employment and Wage Differentials by Skill." *Labour Economics* 49: 106–27. https://nottingham-repository.worktribe.com/output/884921?msclkid=8f4e3843a55b11ecb09b421c2e20a7b1.

Boushey, H., and H. Knudsen. 2021. "The Importance of Competition for the American Economy." White House. https://www.whitehouse.gov/cea/written-materials/2021/07/09/the-importance-of-competition-for-the-american-economy/?msclkid=89a39b49a55b11ec96ca88ce09bbb8bb.

Boustan, L., and W. Collins. 2014. "The Origin and Persistence of Black-White Differences in Women's Labor Force Participation." In *Human Capital in History: The American Record*, edited by L. Boustan, C. Frydman, and R. Margo. Chicago: University of Chicago Press. https://www.nber.org/system/files/chapters/c13793/c13793.pdf?msclkid=82db97e6a55b11eca8ce50ac523 cd1e7.

Buckman, S., L. Choi, M. Daly, and L. Seitelman. 2021. "The Economic Gains from Equity." *Brookings Papers on Economic Activity*. https://www.brookings.edu/wp-content/uploads/2021/09/The-Economic-Gains-from-Equity_Conf-Draft. pdf.

Bucknor, C., and A. Barber. 2016. "The Price We Pay: Economic Costs of Barriers to Employment for Former Prisoners and People Convicted of Felonies." Center for Economic and Policy Research. https://cepr.net/images/stories/reports/employment-prisoners-felonies-2016-06.pdf.

Budig, M., M. Hodges, and P. England. 2019. "Wages of Nurturant and Reproductive Care Workers: Individual and Job Characteristics, Occupational Closure, and Wage-Equalizing Institutions." *Social Problems* 66, no. 2: 294–319. https://doi.org/10.1093/socpro/spy007.

Budig, M., J. Misra, and I. Boeckmann. 2016. "Work–Family Policy Trade-Offs for Mothers? Unpacking the Cross-National Variation in Motherhood Earnings Penalties." *Work and Occupations* 43, no. 2: 119–77. https://www.ssoar.info/ssoar/bitstream/handle/document/64976/ssoar-woc-2016-2-budig_et_al-Work-family_policy_trade-offs_for_mothers.pdf?sequence=1.

Burnette, J. 2017. "Inequality in the Labor Market for Native American Women and the Great Recession." *American Economic Review* 107, no. 5: 425–29. https://www.aeaweb.org/articles?id=10.1257%2faer.p20171144&msclkid=e79b0c5aa55611ecbc7a73b55d5a8c0d.

Byker, T. 2016. "Paid Parental Leave Laws in the United States: Does Short-Duration Leave Affect Women's Labor-Force Attachment?" *American Economic Review* 106, no. 5: 242–46. https://www.aeaweb.org/articles?id=10.1257/aer. p20161118.

Cai, J., and S. Wang. 2020. *Improving Management through Worker Evaluations: Evidence from Auto Manufacturing*. NBER Working Paper 27680. Cambridge, MA: National Bureau of Economic Research. https://www.nber.org/papers/w27680.

Cajner, T., T. Radler, D. Ratner, and I. Vidangos. 2017. "Racial Gaps in Labor Market Outcomes in the Last Four Decades and over the Business Cycle." Finance and Economics Discussion Series, Federal Reserve Board, Washington. https://www.federalreserve.gov/econres/feds/files/2017071pap.pdf.

Caldwell, S., and S. Naidu. 2020. "Wage and Employment Implications of U.S. Labor Market Monopsony and Possible Policy Solutions." Washington Center for Equitable Growth. https://equitablegrowth.org/wage-and-employment-implications-of-u-s-labor-market-monopsony-and-possible-policy-solutions/.

Card, D. 1996. "The Effect of Unions on the Structure of Wages: A Longitudinal Analysis." *Econometrica* 64, no. 4: 957–79. https://doi.org/10.2307/2171852.

———. 2022. *Who Set Your Wage?* NBER Working Paper 29683. Cambridge, MA: National Bureau of Economic Research. https://www.nber.org/papers/w29683m sclkid=9b556416a55611ec9f02ce2530c56109.

Card, D., and A. Krueger. 1994. "Minimum Wages and Employment: A Case Study of the Fast-Food Industry in New Jersey and Pennsylvania." *American Economic Review* 84, no. 4: 772–93. http://www.jstor.org/stable/2118030.

Carlos, A., D. Feir, and A. Redish. 2021. "Indigenous Nations and the Development of the U.S. Economy: Land, Resources, and Dispossession." Working Paper, Queen's University Center for Economic History, Kingston. https://www.econstor.eu/handle/10419/234901.

Carson, E. 2021. "Prisoners in 2020: Statistical Tables." U.S. Department of Justice, Bureau of Justice Statistics. https://bjs.ojp.gov/content/pub/pdf/p20st.pdf.

Carson, J., and M. Mattingly. 2020. "COVID-19 Didn't

Create a Child Care Crisis, but Hastened and Inflamed It." Carsey School of Public Policy, University of New Hampshire, Durham. https://carsey.unh.edu/publication/child-care-crisis-COVID-19.

CEA (Council of Economic Advisers). 2016. "Labor Market Monopsony: Trends, Consequences, and Policy Responses." CEA Issue Brief. https://obamawhitehouse.archives.gov/sites/default/files/page/files/20161025_monopsony_labor_mrkt_cea.pdf?msclkid=faa69f87a56311ecb6c3dda29d71cfe7.

Census Bureau. 2021. "Research to Improve Data on Race and Ethnicity." https://www.census.gov/about/our-research/race-ethnicity.html.

Cengiz, D., A. Dube, A. Lindner, and B. Zipperer. 2019. "The Effect of Minimum Wages on Low-Wage Jobs." *Quarterly Journal of Economics* 134, no. 3:1405–54. https://doi.org/10.1093/qje/qjz014.

Chava S., A. Danis, and A. Hsu. 2020. "The Economic Impact of Right-to-Work Laws: Evidence from Collective Bargaining Agreements and Corporate Policies." *Journal of Financial Economics* 137, no. 2: 451–69. https://doi.org/10.1016/j.jfineco.2020.02.005.

Chelwa, G., D. Hamilton, and J. Stewart. Forthcoming. "Stratification Economics: Core Constructs and Policy Implications." *Journal of Economic Literature.* https://www.aeaweb.org/articles?id=10.1257/jel.20211687&&from=f.

Center on Poverty and Social Policy. 2021. "October Child Tax Credit Payment Kept 3.6 Million Children from Poverty." https://www.povertycenter.columbia.edu/news-internal/monthly-poverty-october-2021.

Collier, R., and J. Grumbach. 2022. "The Deep Structure of Democratic Crisis." *Boston Review.* https://bostonreview.net/articles/the-deep-structure-of-democratic-crisis/.

Collins, W. 2003. "The Labor Market Impact of State-Level Anti-Discrimination Laws, 1940–1960." *ILR Review* 56, no. 2: 244–72. https://journals.sagepub.com/doi/abs/10.1177/001979390305600203.

Congressional Budget Office. 2021. "The Distribution of Household Income, 2018." https://www.cbo.gov/publication/57061?msclkid=b5342626a55e11ec91cd01bb2dd74b30.

Cook, L. 2014. "Violence and Economic Activity: Evidence from African American Patents, 1870–1940." *Journal of Economic Growth.* https://www.jstor.org/stable/44113425?seq=1.

Cook, L., and J. Gerson. 2019. "The Implications of U.S. Gender and Racial Disparities in Income and Wealth Inequality at Each Stage of the Innovation Process." Working paper, Washington Center for Equitable Growth. https://equitablegrowth.org/the-implications-of-u-s-gender-and-racial-disparities-in-income-and-wealth-inequality-at-each-stage-of-the-innovation-process/.

Cook, L., and T. Logan. 2020. "Racial Inequality." Policy Brief 27, Economics for Inclusive Prosperity. https://econfip.org/policy-briefs/racial-inequality/.

Correll, S., S. Bernard, and I. Paik. 2007. "Getting a Job: Is There a Motherhood Penalty?" *American Journal of Sociology* 112, no. 5: 1297–338. https://doi.org/10.1086/511799.

Crenshaw, K. 1989. "Demarginalizing the Intersection of Race and Sex: A Black Feminist Critique of Antidiscrimination Doctrine, Feminist Theory and Antiracist Politics." *University of Chicago Legal Forum* 1989, no. 1, art. 8: 139–67. https://chicagounbound.uchicago.edu/cgi/viewcontent.cgi?article=1052&context=uclf&msclkid=b4aac117a55c11ecbcb9d91906be296f.

Dahl, G., and M. Knepper. 2021. *Why Is Workplace Sexual Harassment Underreported? The Value of Outside Options Amid the Threat of Retaliation.* NBER Working Paper 29248. Cambridge, MA: National Bureau of Economic Research. https://www.nber.org/papers/w29248.

Darity, W. 2005. "Stratification Economics: The Role of Intergroup Inequality." *Journal of Economics and Finance* 29, no. 2: 144–53. https://www.researchgate.net/profile/William-Darity/publication/226437749_Stratification_economics_The_role_of_intergroup_inequality/links/00b7d51f25d3a3fa36000000/Stratification-economics-The-role-of-intergroup-inequality.pdf.

———. Forthcoming. "Position and Possessions: Stratification Economics and Intergroup Inequality." *Journal of Economic Literature.* https://www.aeaweb.org/articles?id=10.1257/jel.20211690&&from=f.

Davis, E., C. Carlin, C. Krafft, and N. Forry. 2018. "Do Child Care Subsidies Increase Employment Among Low-Income Parents?" *Journal of Family and Economic Issues* 39, no. 1: 662–82. https://doi.org/10.1007/s10834-018-9582-7.

del Río, C., and O. Alonso-Villar. 2015. "The Evolution of Occupational Segregation in the United States, 1940–2010: Gains and Losses of Gender–Race/Ethnicity Groups." *Demography* 52: 967–88. https://doi.org/10.1007/s13524-015-0390-5.

Derenoncourt, E. 2022. "Can You Move to Opportunity?

Evidence from the Great Migration." *American Economic Review* 112, no. 2: 369–408. https://pubs.aeaweb.org/doi/pdfplus/10.1257/aer.20200002?msclkid=bc455039a55c11ec945 4181e64e62ced.

Derenoncourt, E., and C. Montialoux. 2021. "Minimum Wages and Racial Inequality." *Quarterly Journal of Economics* 136, no. 1, 169–228. https://doi.org/10.1093/qje/qjaa031.

Derenoncourt E., C. Noelke, D. Weil, and B. Taska. 2021. *Spillover Effects from Voluntary Employer Minimum Wages*. NBER Working Paper 29425. Cambridge, MA: National Bureau of Economic Research. https://www.nber.org/papers/w29425.

Dodini, D., K. Salvanes, and A. Willén. 2022. "The Dynamics of Power in Labor Markets: Monopolistic Unions Versus Monopsonistic Employers." CESinfo Working Paper 9495. http://dx.doi.org/10.2139/ssrn.3998033.

Druedahl, J., M. Ejrnæs, and T. Jørgensen. 2019. "Earmarked Paternity Leave and the Relative Income within Couples." *Economics Letters* 180, no. 1: 85–88. https://doi.org/10.1016/j.econlet.2019.04.018.

Dube, A. 2019. "Impacts of Minimum Wages: Review of the International Evidence." https://assets.publishing.service.gov.uk/government/uploads/system/uploads/attachment_data/file/844350/impacts_of_minimum_wages_review_of_the_international_evidence_Arindrajit_Dube_web.pdf.

Dube, A., J. Jacobs, S. Naidu, and S. Suri. 2020. "Monopsony in Online Labor Markets." *American Economic Review: Insights* 2, no. 1: 33–46. https://pubs.aeaweb.org/doi/pdfplus/10.1257/aeri.20180150.

Dunatchik, A., and B. Ozcan. 2020. "Reducing Mommy Penalties with Daddy Quotas." *Journal of European Social Policy* 31, no. 2: 175–91. https://doi.org/10.1177/0958928720963324.

Economic Policy Institute. 2021. "The Productivity/Pay Gap." www.epi.org/productivity-pay-gap/.

———. 2022. "Minimum Wage Tracker." https://www.epi.org/minimum-wage-tracker/.

Eggertsson, G., J. Robbins, and E. Wold. 2021. "Kaldor and Piketty's Facts: The Rise of Monopoly Power in the United States." *Journal of Monetary Economics* 124: S19–S38. http://jacobarobbins.com/kaldor_final_jme_submission.pdf.

England, P., M. Budig, and N. Folbre. 2002. "Wages of Virtue: The Relative Pay of Care Work." *Social Problems* 49, no. 4: 455–73. https://doi.org/10.1525/sp.2002.49.4.455.

Farber, H., D. Herbst, I. Kuziemko, and S. Naidu. 2021.

"Unions and Inequality over the Twentieth Century: New Evidence from Survey Data." *Quarterly Journal of Economics* 136, no. 3: 1325–85. https://doi.org/10.1093/qje/qjab012.

Federal Trade Commission. 2022. "Federal Trade Commission and Justice Department Seek to Strengthen Enforcement Against Illegal Mergers." https://www.ftc.gov/news-events/news/press-releases/2022/01/federal-trade-commission-justice-department-seek-strengthen-enforcement-against-illegal-mergers.

File, T., and J-H. Lee. 2021. "Household Pulse Survey Updates Sex Question, Now Asks About Sexual Orientation and Gender Identity." U.S. Census Bureau. https://www.census.gov/library/stories/2021/08/household-pulse-survey-updates-sex-question-now-asks-sexual-orientation-and-gender-identity.html.

Fishback, P., J. Rose, K. Snowden, and T. Storrs. 2021. *New Evidence on Redlining by Federal Housing Programs in the 1930s*. NBER Working Paper 29244. Cambridge, MA: National Bureau of Economic Research. https://www.nber.org/papers/w29244.

Folbre, N., and K. Smith. 2017. "The Wages of Care: Bargaining Power, Earnings and Inequality." Working paper, Washington Center for Equitable Growth. https://equitablegrowth.org/wp-content/uploads/2017/02/021417-WP-the-wages-of-care.pdf.

Foster, T., M. Murray-Close, L. Landivar, and M. deWolf. 2020. "An Evaluation of the Gender Wage Gap Using Linked Survey and Administrative Data." Working Paper 20-34, U.S. Census Bureau, Center for Economic Studies. https://www2.census.gov/ces/wp/2020/CES-WP-20-34.pdf?msclkid=7a1c6698a55d11ec9684a e56251f965e.

Freeman, R., and J. Medoff. 1984. *What Do Unions Do?* New York: Basic Books. https://scholar.harvard.edu/freeman/publications/what-do-unions-do?msclkid=7ea34e0 4a55d11ec927100eaa6b401c5.

Freeman, R., R. Gordon, D. Bell, and R. Hall. 1973. "Changes in the Labor Market for Black Americans, 1948–72." *Brookings Papers on Economic Activity*, no. 1: 67–131. https://doi.org/10.2307/2534085.

Frymer, P., and J. Grumbach. 2020. "Labor Unions and White Racial Politics." *American Journal of Political Science* 65, no. 1: 225–40. https://doi.org/10.1111/ajps.12537.

Gans, J., A. Leigh, M. Schmalz, and A. Triggs. 2018. *Inequality and Market Concentration, When Shareholding Is More Skewed than Consumption*. NBER Working Paper 25395. Cambridge, MA:

National Bureau of Economic Research. https://www.nber.org/system/files/working_papers/w25395/w25395. pdf.

Goldin, C. 2014. "A Grand Gender Convergence: Its Last Chapter." *American Economic Review* 104, no. 4: 1091–119. https://scholar.harvard.edu/goldin/publications/grand-gender-convergence-its-last-chapter.

Goldin, C., and C. Rouse. 2000. "Orchestrating Impartiality: The Impact of 'Blind' Auditions on Female Musicians." *American Economic Review* 90, no.4: 715–41. https://www.aeaweb.org/articles?id=10.1257/aer.90.4.715.

Gould, E. 2019. "State of Working America Wages 2018." Economic Policy Institute. https://www.epi.org/publication/state-of-american-wages-2018/.

Gould, E., M. Sawo, and A. Banerjee. 2021. "Care Workers Are Deeply Undervalued and Underpaid." Economic Policy Institute. https://www.epi.org/blog/care-workers-are-deeply-undervalued-and-underpaid-estimating-fair-and-equitable-wages-in-the-care-sectors/.

Gould, E., J. Schieder, and K. Geier. 2016. "What Is the Gender Pay Gap, and Is It Real?" Economic Policy Institute. https://www.epi.org/publication/what-is-the-gender-pay-gap-and-is-it-real/.

Guryan, J., and K. Charles. 2013. "Taste-Based or Statistical Discrimination: The Economics of Discrimination Returns to Its Roots." *Economic Journal* 123, no. 572: 417–32. https://academic.oup.com/ej/article-abstract/123/572/F417/5080752?redirectedFrom=fulltext.

Guyton, J., P. Langetieg, D. Reck, M. Risch, and G. Zucman. 2021. *Tax Evasion at the Top of the Income Distribution: Theory and Evidence*. NBER Working Paper 28542. Cambridge, MA: National Bureau of Economic Research. https://www.nber.org/papers/w28542.

Hakobyan, S., and J. McLaren. 2016. "Looking for Local Labor Market Effects of NAFTA." *Review of Economics and Statistics* 98, no. 4: 728–41. https://direct. mit.edu/rest/article/98/4/728/58338/Looking-for-Local-Labor-Market-Effects-of-NAFTA.

Hanson, A., and M. Santas. 2014. "Field Experiment Tests for Discrimination against Hispanics in the U.S. Rental Housing Market." *Southern Economic Journal* 81, no. 1: 135–67. https://www.jstor.org/stable/23809668.

Hangartner, D., D. Kopp, and M. Siegenthaler. 2021. "Monitoring Hiring Discrimination through Online Recruitment Platforms." *Nature* 589: 572–76. https://www.nature.com/articles/s41586-020-03136-0#citeas.

Harris, K., and M. Walsh. 2022. "White House Task Force on Worker Organizing and Empowerment: Report to the President." https://www.whitehouse.gov/wp-content/uploads/2022/02/White-House-Task-Force-on-Worker-Organizing-and-Empowerment-Report.pdf.

Herbst, C. 2017. "Universal Child Care, Maternal Employment, and Children' s Long-Run Outcomes: Evidence from the U.S. Lanham Act of 1940." *Journal of Labor Economics* 35, no. 2. https://www.journals.uchicago.edu/doi/pdf/10.1086/689478.

Hertel-Fernandez, A. 2020. "Aligning U.S. Labor Law with Worker Preferences for labor Representation." Washington Center for Equitable Growth. https://equitablegrowth.org/aligning-u-s-labor-law-with-worker-preferences-for-labor-representation/.

Hill, H. 1959. "Labor Unions and the Negro: The Record of Discrimination." *Commentary*. https://www.commentary.org/articles/herbert-hill/labor-unions-and-the-negrothe-record-of-discrimination/.

Hornbeck, R., and S. Naidu. 2014. "When the Levee Breaks: Black Migration and Economic Development in the American South." *American Economic Review* 104, no 3: 963–90. https://www.aeaweb.org/articles?id=10.1257/aer.104.3.963.

Horowitz, J., R. Igielnik, and R. Kochhar. 2020. "1. Trends in Income and Wealth Inequality." Pew Research Center. https://www.pewresearch.org/social-trends/2020/01/09/trends-in-income-and-wealth-inequality/.

Hoynes, H., D. Miller, and J. Schaller. 2012. "Who Suffers during Recessions?" *Journal of Economic Perspectives* 26, no. 3: 27–48. https://www.aeaweb.org/articles?id=10.1257/jep.26.3.27.

Hsieh, C-T., E. Hurst, C. Jones, and P. Klenow. 2019. "The Allocation of Talent and U.S. Economic Growth." *Econometrica* 87, no. 5: 1439–74. https://_econometricsociety.org/publications/econometrica/2019/09/01/allocation-talent-and-us-economic-growth.

Huang, C-C., and R. Taylor. 2019. "How the Federal Tax Code Can Better Advance Racial Equity." Center on Budget and Policy Priorities." https://www.cbpp.org/research/federal-tax/how-the-federal-tax-code-can-better-advance-racial-equity.

Institute for Women's Policy Research. 2016. "Breadwinner Mothers by Race/Ethnicity and State." https://iwpr.org/wp-content/uploads/2020/08/Q054.pdf.

Internal Revenue Service. 2019. "Internal Revenue

Service Research, Applied Analytics & Statistics Federal Tax Compliance Research: Tax Gap Estimates for Tax Years 2011–2013" https://www.irs.gov/pub/irs-pdf/p1415.pdf?msclkid=3f6828d2a56411ecbce54f1af3c372f5.

———. 2021. "SOI Tax Stats: Individual Income Tax Rates and Tax Shares." www.irs. gov/statistics/soi-tax-stats-individual-income-tax-rates-and-tax-shares.

Jäger, S., C. Roth, N. Roussille, and B. Schoefer. 2021. *Worker Beliefs About Outside Options*. NBER Working Paper 29623. Cambridge, MA: National Bureau of Economic Research. https://www.nber.org/system/files/working_papers/w29623/w29623.pdf.

Johnson, M., K. Lavetti, and M. Lipsitz. 2021. "The Labor Market Effects of Legal Restrictions on Worker Mobility." https://dx.doi.org/10.2139/ssrn.3455381.

Kaiser Family Foundation. 2021. "Paid Leave in the U.S." https://www.kff.org/womens-health-policy/fact-sheet/paid-leave-in-u-s/.

Kamara, J. 2015. "Decomposing the Wage Gap: Analysis of the Wage Gap Between Racial and Ethnic Minorities and Whites." *Pepperdine Policy Review* 8, no. 1: 1–13. https://1library.net/document/qmv56d5q-decomposing-wage-analysis-wage-racial-ethnic-minorities-whites.html?msclkid=225112cca56411ec932faa7 7d31d51a3.

Kessler, J., C. Low, and C. Sullivan. 2019. "Incentivized Resume Rating: Eliciting Employer Preferences without Deception." *American Economic Review* 109, no. 11: 3713–44. https://www.aeaweb.org/articles?id=10.1257/aer.20181714.

Kleven, H., C. Landias, J. Posch, A. Steinhauer, and J. Zweimuller. 2019. "Child Penalties Across Countries: Evidence and Explanations." *AEA Papers and Proceedings* 109: 122–26. https://www.henrikkleven.com/uploads/3/7/3/1/37310663/klevenetal_aea-pp_2019.pdf.

———. 2021. *Do Family Policies Reduce Gender Inequality? Evidence from 60 Years of Policy Experimentation*. NBER Working Paper 28082. Cambridge, MA: National Bureau of Economic Research. https://www.nber.org/system/files/working_papers/w28082/w28082.pdf.

Kline, P., E. Rose, and C. Walters. 2021. *Systemic Discrimination Among Large U.S. Employers*. NBER Working Paper 29053. Cambridge, MA: National Bureau of Economic Research. https://www.nber.org/system/files/working_papers/w29053/w29053.pdf.

Krueger, A., and O. Ashenfelter. 2021. "Theory and

Evidence on Employer Collusion in the Franchise Sector." *Journal of Human Resources* 57. http://jhr.uwpress.org/content/early/2021/10/07/jhr.monopsony.1019-10483.abstract.

Kuka, E., and B. Stuart. 2021. *Racial Inequality in Unemployment Insurance Receipt and Take-Up*. NBER Working Paper 29595. Cambridge, MA: National Bureau of Economic Research. https://www.nber.org/system/files/working_papers/w29595/w29595.pdf.

Ledwith, S. 2012. "Gender Politics in Trade Unions: The Representation of Women Between Exclusion and Inclusion." *Transfer: European Review of Labour and Research* 18, no. 2: 185–99. https://journals.sagepub.com/doi/abs/10.1177/1024258912439145.

Leiserson, G., and D. Yagan. 2021. "What Is the Average Federal Individual Income Tax Rate on the Wealthiest Americans?" White House. https://www.whitehouse.gov/cea/written-materials/2021/09/23/what-is-the-average-federal-individual-income-tax-rate-on-the-wealthiest-americans/.

Levanon, A., P. England, and P. Allison. 2009. "Occupational Feminization and Pay: Assessing Causal Dynamics Using 1950–2000 U.S. Census Data." *Social Forces* 88, no. 2: 865–91. https://doi.org/10.1.353/sof.0.0264.

Lipsitz, M., and E. Starr. 2021. "Low-Wage Workers and the Enforceability of Noncompete Agreements." *Management Science* 68, no.1: 143–70. https://pubsonline.informs.org/doi/abs/10.1287/mnsc.2020.3918.

Logan, T. 2020. "Do Black Politicians Matter? Evidence from Reconstruction." *Journal of Economic History*. https://www.cambridge.org/core/journals/journal-of-economic-history/article/abs/do-black-politicians-matter-evidence-from-reconstr uction/06745434C8FAE4E9289A4F6FF01EA02C.

Manning, A. 2020a. "Monopsony in Labor Markets: A Review." *ILR Review* 74, no. 1: 3–26. https://journals.sagepub.com/doi/full/10.1177/0019793920922499.

———. 2020b. "Why We Need to Do Something About the Monopsony Power of Employers." Phelan U.S. Centre, London School of Economics and Political Science. https://blogs.lse.ac.uk/usappblog/2020/09/05/why-we-need-to-do-something-about-the-monopsony-power-of-employers/.

Marinescu, I., and E. Posner. 2019. "A Proposal to Enhance Antitrust Protection Against Labor Market Monopsony." Working paper, Roosevelt Institute. https://rooseveltinstitute.org/publications/

a-proposal-to-enhance-antitrust-protection-against-labor-market-monopsony/.

Miller, M. 2020. "'The Righteous and Reasonable Ambition to Become a Landholder': Land and Racial Inequality in the Postbellum South." *Review of Economics and Statistics* 102, no. 2: 381–94. https://direct.mit.edu/rest/article/102/2/381/96752/The-Righteous-and-Reasonable-Ambition-to-Become-a?msclkid=d05c3ca6a563 11ec9e6ebb6ff8f31ea9.

McElrath, K., and M. Martin. 2021. *Bachelor's Degree Attainment in the United States: 2005 to 2019.* Report ACSBR-009. Washington: U.S. Census Bureau. https://www.census.gov/content/dam/Census/library/publications/2021/acs/acsbr-009. pdf?msclkid=b3b2024aa56311ec831fc2d136715451.

McWhirter, E., K. Ramos, and C. Medina. 2013. "¿Y ahora qué? Anticipated Immigration Status Barriers and Latina/o High School Students' Future Expectations." *Cultural Diversity and Ethnic Minority Psychology* 19, no. 3: 288–97. https://doi.org/10.1037/a0031814.

Milkman, R. 1990. "Gender and Trade Unionism in Historical Perspective." In *Women, Politics, and Change*, edited by L. Tilly and P. Gurin. New York: Russell Sage Foundation. https://www.jstor.org/stable/3174980?msclkid=987e54a3a56311ec8b0deec388df8416.

Mishel, L., and J. Kandra. 2021. "CEO Pay Has Skyrocketed 1,322% since 1978." Economic Policy Institute. https://www.epi.org/publication/ceo-pay-in-2020/.

Morrissey, T. 2017. "Child Care and Parent Labor Force Participation: A Review of the Research Literature." *Review of Economics of the Household* 15, no. 1: 1–24. https://doi.org/10.1007/s11150-016-9331-3.

Naidu, S. 2010. "Recruitment Restrictions and Labor Markets: Evidence from the Postbellum U.S. South." *Journal of Labor Economics* 28, no. 2: 413–45. https://www.journals.uchicago.edu/doi/pdf/10.1086/651512.

Naidu, S., E. Posner, and E. Weyl. 2018. "Antitrust Remedies for Labor Market Power." *Harvard Law Review.* https://papers.ssrn.com/sol3/papers.cfm?abstract_id=3129221.

National Center for Education Statistics. 2022. "Fast Facts: Degrees Conferred by Race/Ethnicity and Sex." National Center for Education Statistics. https://nces. ed.gov/FastFacts/display.asp?id=72.

Nelson, A., and C. Wardell III. 2021. "An Update from the Equitable Data Working Group." White House, blog. https://www.whitehouse.gov/briefing-room/blog/2021/07/27/an-update-from-the-equitable-data-working-group/.

Neumark, D., R. Bank, K. Van, and V. Nort. 1996. "Sex Discrimination in Restaurant Hiring: An Audit Study." *Quarterly Journal of Economics* 111, no. 3: 915–41. https://academic.oup.com/qje/article/111/3/915/1839989?login=true.

Neumark, D., I. Burn, P. Button, and N. Chehras. 2019. "Do State Laws Protecting Older Workers from Discrimination Reduce Age Discrimination in Hiring? Evidence from a Field Experiment" *Journal of Law and Economics* 62, no. 2: 373–402. https://www.journals.uchicago.edu/action/showCitFormats?doi=10.108 6%2F704008.

Neumark, D., and P. Shirley. 2021. *Myth or Measurement: What Does the New Minimum Wage Research Say about Minimum Wages and Job Loss in the United States?* NBER Working Paper 28388. Cambridge, MA: National Bureau of Economic Research. https://www.nber.org/system/files/working_papers/w28388/w28388. pdf?msclkid=2f7c0792a56311ecb66222496b718f65.

Nunley, J., A. Pugh, N. Romero, and R. Seals. 2015. "Racial Discrimination in the Labor Market for Recent College Graduates: Evidence from a Field Experiment" *B.E. Journal of Economic Analysis & Policy* 15, no. 3: 1093–1125. https://doi. org/10.1515/bejeap-2014-0082.

OECD (Organization for Economic Cooperation and Development). 2022. "Income Inequality (Indicator)." https://data.oecd.org/inequality/income-inequality.htm.

Olivetti, C., and B. Petrongolo. 2017. "The Economic Consequences of Family Policies: Lessons from a Century of Legislation in High-Income Countries." *Journal of Economic Perspectives* 31, no. 1: 205–30. https://www.aeaweb.org/articles?id=10.1257/jep.31.1.205.

Pan, J. 2015. "Gender Segregation in Occupations: The Role of Tipping and Social Interactions." *Journal of Labor Economics* 33, no. 2: 365–408. https://www.journals.uchicago.edu/doi/full/10.1086/678518.

Patnaik, A. 2019. "Reserving Time for Daddy: The Consequences of Fathers' Quotas." *Journal of Labor Economics* 37, no. 4: 1009–59. https://www.journals.uchicago.edu/doi/10.1086/703115?msclkid=c76e0e86a56211ec818ad9e320e1 21dc.

Paul, M., K. Zaw, D. Hamilton, and W. Darity. 2018. "Returns in the Labor Market: A Nuanced View of Penalties at the Intersection of Race and Gender." Washington Center for Equitable Growth. https://

www.semanticscholar.org/paper/Equitable-Growth-Working-paper-series-Returns-in-%3A-Paul-Zaw/5dd4e7a0aa686a2549 44de81e7906f5ea344b976?msclkid=6229fb08a56111ec9c2783ef1ad16523.

Persson, P., and M. Rossin-Slater. 2019. "When Dad Can Stay Home: Fathers' Workplace Flexibility and Maternal Health." IZA Discussion Paper 12386. http://dx.doi. org/10.2139/ssrn.3401154.

Petit, P. 2007. "The Effects of Age and Family Constraints on Gender Hiring Discrimination: A Field Experiment in the French Financial Sector." *Labour Economics* 14, no. 3: 371–91. https://doi.org/10.1016/j.labeco.2006.01.006.

Phelps, E. 1972. "The Statistical Theory of Racism and Sexism." *American Economic Review* 62, no. 4: 659–61. https://www.jstor.org/stable/1806107?seq=1#metadata_info_tab_contents.

Philippon, T. 2019. *The Great Reversal: How America Gave Up on Free Markets.* Cambridge, MA: Belknap Press. https://www.hup.harvard.edu/catalog.php?isbn=9780674237544&msclkid=3188cb75a56111eca4757e3291afb3fe.

Pietrykowski, B. 2017. "The Return to Caring Skills: Gender, Class, and Occupational Wages in the U.S." *Feminist Economics* 23, no. 4: 32–61. https://www.tandfonline.com/doi/full/10.1080/13545701.2016.1257142.

Piketty, T. 2014. *Capital in the Twenty-First Century.* Cambridge, MA: Harvard University Press. http://piketty.pse.ens.fr/files/Piketty2014Chap1316.pdf.

Piketty T., E. Saez, and G. Zucman. 2018. "Distributional National Accounts: Methods and Estimates for the United States." *Quarterly Journal of Economics* 133, no. 2: 553–609. https://academic.oup.com/qje/article/133/2/553/4430651.

Posner, E. 2021. *How Antitrust Failed Workers.* New York: Oxford University Press. https://global.oup.com/academic/product/how-antitrust-failed-workers-9780197507629?cc=us&lang=en&#.

Prager, E., and M. Schmitt. 2021. "Employer Consolidation and Wages: Evidence from Hospitals." *American Economic Review* 111, no. 2: 397–427. https://pubs.aeaweb.org/doi/pdfplus/10.1257/aer.20190690.

Prell, M. 2016. "Illuminating SNAP Performance Using the Power of Administrative Data." U.S. Department of Agriculture, Economic Research Service. https://www.ers.usda.gov/amber-waves/2016/november/illuminating-snap-performance-using-the-power-of-administrative/.

Qiu, Y., and A. Sojourner. 2019. "Labor-Market Concentration and Labor Compensation."

IZA Discussion Paper. http://hdl.handle.net/10419/193383.

Quillian, L., D. Pager, O. Hexel, and A. Midtboen. 2017. "Meta-analysis of Field Experiments Shows No Change in Racial Discrimination in Hiring Over Time." *Proceedings of the National Academy of Sciences* 114, no. 41: 10870–75. https://www.pnas.org/doi/abs/10.1073/pnas.1706255114.

Quinton, S. 2017. "Why Janitors Get Noncompete Agreements, Too." *Huffpost.* https://www.huffpost.com/entry/why-janitors-get-noncompete-agreements-too_b_591c5609e4b021dd5a829057.

Rinz, K., and J. Voorheis. 2018. "The Distributional Effects of Minimum Wages: Evidence from Linked Survey and Administrative Data." CARRA Working Paper. https://www.census.gov/content/dam/Census/library/working-papers/2018/adrm/carra-wp-2018-02.pdf.

Rinz, K. 2020. "Labor Market Concentration, Earnings, and Inequality." *Journal of Human Resources.* http://jhr.uwpress.org/content/early/2020/10/02/jhr.monopsony.0219-10025R1.full.pdf+html.

Robinson, J. 1933. *The Economics of Imperfect Competition.* London: Macmillan. https://www.worldcat.org/title/economics-of-imperfect-competition/oclc/270400.

Rodgers, W., III. 2008. "Macroeconomic Factors Impacting Poverty and Income Distribution Among African Americans." *American Economic Review: Papers and Proceedings* 98, no. 2: 382–86. https://pubs.aeaweb.org/doi/pdf/10.1257/aer.98.2.382.

Rosenfeld, J., and M. Kleykamp. 2012. "Organized Labor and Racial Wage Inequality in the United States." *American Journal of Sociology* 117, no. 5: 1460–502. https://www.journals.uchicago.edu/doi/abs/10.1086/663673.

Rossin-Slater M., C. Ruhm, and J. Waldfogel. 2013. "The Effects of California's Paid Family Leave Program on Mothers' Leave-Taking and Subsequent Labor Market Outcomes." *Journal of Policy Analysis and Management* 32, no. 2: 224–45. https://www.ncbi.nlm.nih.gov/pmc/articles/PMC3701456/.

Sarin, N. 2021. "The Case for a Robust Attack on the Tax Gap." U.S. Department of the Treasury. https://home.treasury.gov/news/featured-stories/the-case-for-a-robust-attack-on-the-tax-gap.

Sarsons, H. 2019. "Interpreting Signals in the Labor Market: Evidence from Medical Referrals." Working paper, Department of Economics, Harvard University. https://drive.google.com/file/d/12LI5b4Xg7DlNWt-ml2qw-PaMHlihdl0V/view.

Starr, E., J. Prescott, and N. Bishara. 2021. "Noncompete Agreements in the U.S. Labor Force." *Journal of Law and Economics* 64, no. 1: 53–84. https://www.journals. uchicago.edu/doi/10.1086/712206.

Sibilla, N. 2020. "A Nationwide Study of Occupational Licensing Barriers for Ex-Offenders." Institute for Justice. https://ij.org/wp-content/uploads/2020/08/Barred-from-Working-August-2020-Update.pdf.

Siminski, P., and R. Yetsenga. 2021 "Specialization, Comparative Advantage, and the Sexual Division of Labor." *Journal of Labor Economics*, forthcoming. https://www.journals.uchicago.edu/doi/10.1086/718430.

Sockin, J., A. Sojourner, and E. Starr. 2021. "Externalities from Silence: Non-Disclosure Agreements Distort Firm Reputation." https://conference.iza.org/conference_files/LaborMarkets_2021/sockin_j28322.pdf.

Sokolova, A., and T. Sorensen. 2020. "Monopsony in Labor Markets: A Meta-Analysis." *ILR Review* 74, no. 1: 27–55. https://doi.org/10.1177/0019793920965562.

Stelzner, M., and K. Bahn. 2021. "Discrimination and Monopsony Power." *Review of Black Political Economy.* https://doi.org/10.1177%2F00346446211025646.

Sullivan, D., and T. von Wachter. 2009. "Job Displacement and Mortality: An Analysis Using Administrative Data." *Quarterly Journal of Economics* 124, no. 3: 1265– 1306. https://doi.org/10.1162/qjec.2009.124.3.1265.

Suzuki, M. 1995. "Success Story? Japanese Immigrant Economic Achievement and Return Migration, 1920–1930." *Journal of Economic History* 55, no. 4: 889–901. https://www.cambridge.org/core/journals/journal-of-economic-history/article/abs/success-story-japanese-immigrant-economic-achievement-and-return-migration-19201930/E4335FF880FB77AD58D4ADD279E8BA3F.

Tax Policy Center. 2020. "How Are Capital Gains Taxed?" https://www.taxpolicycenter.org/briefing-book/how-are-capital-gains-taxed.

U.S. Bureau of Economic Analysis. 2021. "Distribution of Personal Income." https://www.bea.gov/data/special-topics/distribution-of-personal-income.

U.S. Congress. 1889. "Nelson Act." https://govtrackus.s3.amazonaws.com/legislink/pdf/stat/25/STATUTE-25-Pg641a.pdf.

———. 1935. "National Labor Relations Act." https://govtrackus.s3.amazonaws.com/legislink/pdf/stat/49/STATUTE-49-Pg449.pdf.

———. 1938. "Fair Labor Standards Act." https://govtrackus.s3.amazonaws.com/legislink/pdf/stat/52/STATUTE-52-Pg1060.pdf.

———. 1964. "Civil Rights Act." https://www.govinfo.gov/content/pkg/STATUTE-78/pdf/STATUTE-78-Pg241.pdf.

———. 1966. "Amendment to the Fair Labor Standards Act of 1938." https://www.govinfo.gov/content/pkg/STATUTE-80/pdf/STATUTE-80-Pg830.pdf#page=1.

———. 1990. "Americans with Disabilities Act." https://www.congress.gov/bill/103rd-congress/house-bill/1.

———. 1993. "Family and Medical Leave Act." https://www.congress.gov/bill/103rd-congress/house-bill/1.

———. 2020. "Coronavirus Aid, Relief, and Economic Security Act." https://www.congress.gov/116/plaws/publ136/PLAW-116publ136.pdf.

———. 2021a. "Protecting the Right to Organize (PRO) Act." Legislation proposed by Congress. https://www.congress.gov/bill/117th-congress/house-bill/842.

———. 2021b. "Public Service Freedom to Negotiate Act." Legislation proposed by Congress. https://www.congress.gov/bill/117th-congress/house-bill/5727?s=1&r=18.

———. 2021c. "National Domestic Workers' Bill of Rights." Legislation proposed by Congress. https://www.congress.gov/bill/117th-congress/house-bill/4826/text.

———. 2021d. "Raise the Wage Act." Legislation proposed by Congress. https://www.congress.gov/bill/117th-congress/house-bill/603.

———. 2021e. "Equality Act." Legislation proposed by Congress. https://www.congress.gov/bill/117th-congress/house-bill/5.

U.S. Department of Labor. 2022a. "Bearing the Cost: How Overrepresentation in Undervalued Jobs Disadvantaged Women during the Pandemic." https://www.dol.gov/sites/dolgov/files/WB/media/BearingTheCostReport.pdf.

———. 2022b. "Consolidated Minimum Wage Table." Wage and Hour Division, Department of Labor. https://www.dol.gov/agencies/whd/mw-consolidated.

U.S. Department of the Treasury. 2021a. "General Explanations of the Administration's Fiscal Year 2022 Revenue Proposals." https://home.treasury.gov/system/files/131/General-Explanations-FY2022.pdf.

———. 2021b. "The Economics of Child Care Supply in the United States." https://home.treasury.gov/system/files/136/The-Economics-of-Childcare-

Supply-09-14-final.pdf.

———. 2021c. "The American Families Plan Tax Compliance Agenda." https://home. treasury.gov/system/files/136/The-American-Families-Plan-Tax-Compliance-Agenda.pdf.

———. 2022. "The State of Labor Market Competition." https://home.treasury.gov/system/files/136/State-of-Labor-Market-Competition-2022.pdf?msclkid=aa5c88 f7a55e11eca646b91186838211.

Webber, D. 2015. "Firm Market Power and the Earnings Distribution." *Labour Economics* 35: 123–34. https://www.sciencedirect.com/science/article/abs/pii/S0927537115000706.

———. 2016. "Firm-Level Monopsony and the Gender Pay Gap." *Industrial Relations* 55, no. 2: 323–45. https://onlinelibrary.wiley.com/doi/abs/10.1111/irel.12142.

White House. 2021a. "Executive Order 13985, Advancing Racial Equity and Support for Underserved Communities Through the Federal Government." https://www.whitehouse.gov/briefing-room/presidential-actions/2021/01/20/executive-order-advancing-racial-equity-and-support-for-underserved-communities-through-the-federal-government/.

———. 2021b. "National Strategy on Gender Equity and Equality." https://www.whitehouse.gov/wp-content/uploads/2021/10/National-Strategy-on-Gender-Equity-and-Equality.pdf.

———. 2021c. "Executive Order 14036, Promoting Competition in the American Economy." https://www.whitehouse.gov/briefing-room/presidential-actions/2021/07/09/executive-order-on-promoting-competition-in-the-american-economy/.

———. 2021d. "Executive Order 14025, Worker Organizing and Empowerment." https://www.whitehouse.gov/briefing-room/presidential-actions/2021/04/26/executive-order-on-worker-organizing-and-empowerment/.

———. 2021e. "Executive Order 14026, Increasing the Minimum Wage for Federal Contractors." https://www.whitehouse.gov/briefing-room/presidential-actions/2021/04/27/executive-order-on-increasing-the-minimum-wage-for-federal-contractors/.

Wikle, J., and R. Wilson. 2021. "Access to Head Start and Maternal Labor Supply: Experimental and Quasi-experimental Evidence." Working paper, Brigham Young University. https://economics.byu.edu/00000173-9aea-d2bd-a9f7-fbeb30dd0000/hs-laborsupply-wikle-wilson-july2020-pdf.

Wolff, E. 2021. "The Declining Wealth of the Middle Class, 1983–2016." *Contemporary Economic Policy*

39, no. 3: 461–78. https://onlinelibrary.wiley.com/doi/full/10.1111/coep.12513.

Wright, G. 2013. *Sharing the Prize: The Economics of the Civil Rights Revolution in the American South*. Cambridge, MA: Harvard University Press. https://www.hup. harvard.edu/catalog.php?isbn=9780674980402.

第6章

Admati, A. 2017. "A Skeptical View of Financialized Corporate Governance." *Journal of Economic Perspectives* 31, no. 3: 131–50.

Alfaro, L., and M. Chen. 2018. "Selection and Market Reallocation: Productivity Gains from Multinational Production." *American Economic Journal: Economic Policy* 10, no. 2: 1–38.

Antràs, P. 2020. "Conceptual Aspects of Global Value Chains." *World Bank Economic Review* 34, no. 3: 551–74.

Aoki, K., and M. Wilhelm. 2017. "The Role of Ambidexterity in Managing Buyer– Supplier Relationships: The Toyota Case." *Organization Science* 28, no. 6: 1080–97.

Asker, J., J. Farre-Mensa, and A. Ljungqvist. 2015. "Corporate Investment and Stock Market Listing: A Puzzle?" *Review of Financial Studies* 28, no. 2: 342–90.

Associated Press. 2022a. "That Big Deal for Nvidia to Buy Computer Chip Giant Arm Has Come Crashing Down." National Public Radio, February 8.

———. 2022b. "Ford, Battery Maker Face Job Requirement for Tennessee Plant."

Market Watch, February 17. https://www.marketwatch.com/story/ford-battery-maker-face-job-requirement-for-tennessee-plant-01645145360.

Auer, R., A. Levchenko, and P. Saure. 2019. "International Inflation Spillovers through Input Linkages." *Review of Economics and Statistics* 101, no. 3: 507–21.

Autor, D., D. Dorn, and G. Hanson. 2016. *The China Shock: Learning from Labor Market Adjustment to Large Changes in Trade*. NBER Working Paper 21906. Cambridge, MA: National Bureau of Economic Research.

———. 2021. *On the Persistence of the China Shock*. NBER Working Paper 29401. Cambridge, MA: National Bureau of Economic Research.

Autor, D., D. Dorn, G. H. Hanson, G. Pisano, and P. Shu. 2020. "Foreign Competition and Domestic Innovation: Evidence from U.S. Patents." *American Economic Review: Insights* 2, no. 3: 357–74.

Bai, L., and S. Stumpner. 2019. "Estimating U.S. Consumer Gains from Chinese Imports." *American Economic Review: Insights* 1, no. 2: 209–24.

Baker, G., R. Gibbons, and K. Murphy. 1995. "Subjective Performance Measures in Optimal Incentive Contracts." *Quarterly Journal of Economics* 109: 1125–56.

———. 2001. "Relational Contracts and the Theory of the Firm." *Quarterly Journal of Economics* 117, no. 1: 39–84.

Baldwin, R., and R. Freeman. 2021. *Risks and Global Supply Chains: What We Know and What We Need to Know.* NBER Working Paper 29444. Cambridge, MA: National Bureau of Economic Research.

Batra, G., S. Cheng, B. Liverman, and N. Santhanam. 2016. "Creating Mutually Beneficial Partnerships with Distributors. McKinsey & Company. https://www.mckinsey.com/~/media/mckinsey/industries/semiconductors/our%20insights/creating%20mutually%20beneficial%20partnerships%20with%20distributors/creating_mutually_beneficial_partnerships.pdf.

Barrot, J., and J. Sauvagnat. 2016. "Input Specificity and the Propagation of Idiosyncratic Shocks in Production Networks." *Quarterly Journal of Economics* 131, no. 3: 1543–92.

Barthelemy, J. 2001. "The Hidden Costs of IT Outsourcing." *MIT Sloan Management Review* 42, no. 3: 60–69.

Berger, S. 2015. *Making in America: From Innovation to Market.* Cambridge, MA: MIT Press.

Bernstein, L. 2015. "Beyond Relational Contracts: Social Capital and Network Governance in Procurement Contracts." *Journal of Legal Analysis* 561.

Bigio, S., and J. La'O. 2020. "Distortions in Production Networks." *Quarterly Journal of Economics* 135, no. 4: 2187–2253.

Black, T. 2021. "Highly Paid Union Workers Give UPS a Surprise Win in Delivery Wars." Bloomberg Quint, November 4. https://www.bloombergquint.com/businessweek/labor-shortage-ups-union-drivers-give-delivery-service-edge-over-fede6-fdx.

Bloom, N., M. Draca, and J. Van Reenen. 2016. "Trade-Induced Technical Change? The Impact of Chinese Imports on Innovation, IT, and Productivity." *Review of Economic Studies* 83, no. 1: 87–117.

Bloom, N., R. Sadun, and J. van Reenan. 2016. *Management as Technology.* NBER Working Paper 22327. Cambridge, MA: National Bureau of Economic Research.

Bloomberg New Energy Finance. 2021. "U.S. Narrows Gap With China in Race to Dominate Battery Value Chain." Bloomberg, October 7. https://about.bnef.com/blog/u-s-narrows-gap-with-china-in-race-to-dominate-battery-value-chain/.

Boehm, C., A. Flaaen, and N. Pandalai-Nayar. 2019. "Input Linkages and the Transmission of Shocks: Firm-Level Evidence from the 2011 Tohoku Earthquake." *Review of Economics and Statistics* 101, no. 1: 60–75.

Bonadio, B., Z. Huo, A. Levchenko, and N. Pandalai-Nayar. 2020. *Global Supply Chains in the Pandemic.* NBER Working Paper 27224. Cambridge, MA: National Bureau of Economic Research.

Brede, M., and B. J. M. de Vries. 2009. "Networks That Optimize a Trade-Off between Efficiency and Dynamical Resilience." International Conference on Complex Sciences, Berlin and Heidelberg.

Breznitz, D. 2005. "Development, Flexibility and R&D Performance in the Taiwanese IT Industry: Capability Creation and the Effects of State-Industry Coevolution." *Industrial and Corporate Change* 14, no. 1: 153–87.

Brin, S., and L. Page. 1998. "The Anatomy of a Large-Scale Hypertextual Web Search Engine." *Computer Networks and ISDN Systems* 30: 107–17.

Buchholz, K. 2021. "Lost in Transit: Major Delays Plague China-U.S. Shipping." *World Economic Forum*, November 2. https://www.weforum.org/agenda/2021/11/major-delays-china-united-states-shipping/.

Bureau of Economic Analysis. 2012. "Input-Output Accounts Data." https://www.bea.gov/industry/input-output-accounts-data.

Burkacky, O., L. Lingemann, and K. Pototzky. 2021. "Coping with the Auto-Semiconductor Shortage: Strategies for Success." McKinsey and Company, New York.

Carvalho, V. 2014. "From Micro to Macro via Production Networks." *Journal of Economic Perspectives* 28, no. 4.

Carvalho, V., and A. Tahbaz-Salehi. 2019. "Production Networks: A Primer." *Annual Review of Economics* 11: 635–63.

Caselli, F., M. Koren, M. Lisicky, and S. Tenreyro. 2020. "Diversification Through Trade." *Quarterly Journal of Economics* 135, no. 1: 449–502.

Center for Automotive Research. 2020. "Production-Weighted AALA Content of the Detroit 3."

Center for Strategic and International Studies. 2021. "Significant Cyber Incidents." https://www.csis.org/programs/strategic-technologies-program/significant-cyber-incidents.

Chandler, A. 1962. Strategy and Structure: Chapters in the History of the American Industrial Enterprise. Cambridge, MA: MIT Press.

———. 1992. "Organizational Capabilities and the Economic History of the Industrial Enterprise." *Journal of Economic Perspectives* 6, no. 3: 79–100. https://www.aeaweb.org/articles?id=10.1257/jep.6.3.79.

Chen, J., Y. Fei, and Z. Wan. 2019. "The Relationship between the Development of Global Maritime Fleets and GHG Emission from Shipping." *Journal of Environmental Management* 242: 31–39.

Christopher, M., and H. Peck. 2004. "Building the Resilient Supply Chain." *International Journal of Logistics Management* 15: 1–14.

Clausing, K. 2005. "Tax Holidays (and Other Escapes) in the American Jobs Creation Act." *National Tax Journal* 58, no. 3: 331–46.

Clausing, K., and K. Hassett. 2005. "The Role of U.S. Tax Policy in Offshoring." *Brookings Trade Forum*, 457–90.

Coase, R. 1937. "The Nature of the Firm." *Economica* (New Series) 4, no. 16: 386–405. https://www.jstor.org/stable/2626876?seq=1#metadata_info_tab_contents.

———. 1960. "The Problem of Social Cost." *Journal of Law & Economics* 3: 1–44. https://www.jstor.org/stable/724810?seq=1#metadata_info_tab_contents.

Colias, M., and B. Foldy. 2021. "Ford, GM Step into Chip Business." *Wall Street Journal*. November 18. https://www.wsj.com/articles/ford-enters-semiconductor-business-amid-chip-shortage-impact-11637242202?msclkid=be7f09d0a3f411ecac9125b27ad9d404.

Congressional Research Service. 2020. "'Made in China 2025' Industrial Policies: Issues for Congress." https://sgp.fas.org/crs/row/IF10964.pdf.

Corcos, G.. D. Irac, G. Mion, and T. Verdier. 2013. "The Determinants of Intrafirm Trade: Evidence from French Firms." *Review of Economics and Statistics* 95, no. 3.

Council of Economic Advisers. 2021. "Innovation, Investment, and Inclusion: Accelerating the Energy Transition and Creating Good Jobs." White Paper. https://www.whitehouse.gov/wp-content/uploads/2021/04/Innovation-Investment-and-Inclusion-CEA-April-23-2021-1.pdf.

Davis-Blake, A. and J. Broschak. 2009. "Outsourcing and the Changing Nature of Work." *Annual Review of Sociology* 35: 321–40. https://www.jstor.org/stable/27800081?seq=4#metadata_info_tab_contents.

Delbufalo, E. 2012. "Outcomes of Inter-Organizational Trust in Supply Chain Relationships: A Systematic Literature Review and a Meta-Analysis of the Empirical Evidence." *Supply Chain Management* 17, no. 4: 377–402.

Delgado, M., and K. Mills. 2020. "The Supply Chain Economy: A New Industry Categorization for Understanding Innovation in Services." *Research Policy* 49, no. 8.

Delgado, M., M. Porter, and S. Stern. 2015. "Defining Clusters of Related Industries." *Journal of Economic Geography* 16, no. 1: 1–38.

de Mooij, A., and S. Ederveen. 2006. "What a Difference Does It Make? Understanding the Empirical Literature on Taxation and International Capital Flows." European Commission Economic Papers. https://ec.europa.eu/economy_finance/publications/pages/publication578_en.pdf.

de Sá, M., P. de Souza Miguel, R. de Brito, and S. Farias Pereira. 2019. "Supply Chain Resilience: The Whole Is Not the Sum of the Parts." *International Journal of Operations and Production Management*. https://doi.org/10.1108/IJOPM-09-2017-0510.

de Treville, S., and L. Trigeorgis. 2010. "It May Be Cheaper to Manufacture at Home." *Harvard Business Review*, October. https://hbr.org/2010/10/it-may-be-cheaper-to-manufacture-at-home.

Dorn, D., J. Schmieder, and J. Spletzer. 2018. "Domestic Outsourcing in the United States." U.S. Department of Labor. https://www.dol.gov/sites/dolgov/files/OASP/legacy/files/Domestic-Outsourcing-in-the-United-States.pdf.

Drake, C. 2018. "Disparate Treatment for Property and Labor Rights in U.S. Trade Agreements?" *UCLA Journal for International Law and Foreign Affairs* 22, no. 1: 70–117.

Edmans, A., M. Heinle, and C. Huang. 2016. "The Real Costs of Financial Efficiency When Some Information Is Soft." *Review of Finance* 20, no. 6: 2151–82.

Eggert, D. 2022. "Michigan Lawmakers Finalize $666M Transfer for GM Projects." U.S. News & World Report, March 9. https://www.usnews.com/news/best-states/michigan/articles/2022-03-09/michigan-lawmakers-finalize-666m-transfer-for-gm-projects.

EPA (U.S. Environmental Protection Agency). 2021. "Carbon Pollution from Transportation." https://www.epa.gov/transportation-air-pollution-and-climate-change/carbon-pollution-transportation.

Ericksen, P. 2021. *Better Business: Breaking Down the Walls of the Purchasing Silo*. Nashville: Endeavor

Business Media.

Ewing, J., and N. Boudette. 2021. "A Tiny Part's Big Ripple: Global Chip Shortage Hobbles the Auto Industry." *New York Times*, October 14.

"Executive Order 14017 of February 24, 2021, America's Supply Chains." 2021. *Code of Federal Regulations*, title 3 (2021): 11849–54. https://www.federalregister. gov/documents/2021/03/01/2021-04280/americas-supply-chains.

Ezell, S., and R. Atkinson. 2011. "International Benchmarking of Countries' Policies and Programs Supporting SME Manufacturers." Information Technology and Innovation Foundation. https://itif. org/files/2011-sme-manufacturing-tech-programs-new.pdf.

Fadinger, H., C. Ghiglino, and M. Teteryatnikova. 2015. *Income Differences and Input-Output Structure*. CEPR Working Paper. London: Centre for Economic Policy Research.

Fears, D. 2021, "Biden Officials Trumpet How Solar Can Provide Nearly Half of the Nation's Electricity by 2050." *Washington Post*. September 2021.

Fifarek, B., F. Veloso, and C. Davidson. 2007. "Offshoring Technology Innovation: A Case Study of Rare-Earth Technology." *Journal of Operations Management* 26, no. 2: 222–38.

Fogarty, K. 2020. "Apple, Arm Using 80% of TSMC Capacity for Most Advanced 5nm Chips." *S&P Global*, December.

Fuchs, E., and R. Kirchain. 2010. "Design for Location? The Impact of Manufacturing Offshore on Technology Competitiveness in the Optoelectronics Industry." *Management Science* 56, no. 12: 2323-2349. https://pubsonline.informs.org/doi/abs/10.1287/ mnsc.1100.1227.

Fujimoto, T., and Y. Park. 2014. "Balancing Supply Chain Competitiveness and Robustness Through 'Virtual Dual Sourcing': Lessons from the Great East Japan Earthquake." *International Journal of Production Economics* 147, B: 429–36.

Gallucci, M. 2021. "What's the True Cost of Shipping All Your Junk across the Ocean?"

Grist, July 27. https://grist.org/climate/the-true-cost-of-shipping-junk-across-ocean-walmart-target/.

GAO (U.S. Government Accountability Office). 2021. "DOE Needs to Ensure Its Plans Fully Address Risks to Distribution Systems." https://www.gao.gov/ assets/gao-21-81.pdf.

Gereffi, G. 2020. "What Does the COVID-19 Pandemic Teach Us About Global Value Chains? The Case of Medical Supplies." *Journal of International Business Policy* 3.

Gereffi, G., and M. Korzeniewicz. 1994. *Commodity Chains and Global Capitalism*. Westport, CT: Praeger Press.

Gibbons, R., and R. Henderson. 2011. "Relational Contracts and Organizational Capabilities." *Organization Science* 23, no. 5: 1350–64.

Gil, R., and G. Zanarone. 2018. "On the Determinants and Consequences of Informal Contracting." *Journal of Economics and Management Strategy* 27, no. 4: 726–41. https://extranet.sioe.org/uploads/isnie2015/gil_ zanarone.pdf.

Goodman, Jack. 2021. "Has China Lifted 100 Million People Out of Poverty?" BBC News, February 28. https://www.bbc.com/news/56213271.

Google Trends. 2022. "Supply Chain." https://trends. google.com/trends/explore?date=today%20 5-y&geo=US&q=supply%20chain.

Gordon, R., and J. Hines Jr. 2002. *International Taxation*. NBER Working Paper 28854.

Cambridge, MA: National Bureau of Economic Research.

Graham, J., C. Harvey, and S. Rajgopal. 2019. "Value Destruction and Financial Reporting Decisions." *Financial Analysts Journal* 62, no. 6: 27–39.

Gray, J., S. Helper, and B. Osborn. 2020. "Value First, Cost Later: Total Value Contribution as a New Approach to Sourcing Decisions." *Journal of Operations Management* 66, no. 6: 735–50.

Grossman, G., and E. Helpman. 2020. *When Tariffs Disturb Global Supply Chains*. NBER Working Paper 27722. Cambridge, MA: National Bureau of Economic Research.

Grossman, G., and E. Rossi-Hansberg. 2006. "The Rise of Offshoring: It's Not Wine for Cloth Anymore." In *Proceedings from the Economic Policy Symposium at Jackson Hole*. Kansas City: Federal Reserve Bank of Kansas City. https://www.kansascityfed. org/documents/3289/PDF-8GrossmanandRossi-Hansberg.pdf.

Handfield, R. 2021. "Five Myths about the Supply Chain." *Washington Post*, November 24.

Handwerker, E., and J. Spletzer. 2015. *The Role of Establishments and the Concentration of Occupations in Wage Inequality*. Report DP 9294. Bonn: Institute of Labor Economics (IZA).

Hakobyan, S., and J. McLaren. 2016. "Looking for Local Labor Market Effects of NAFTA." *Review of Economics and Statistics* 98, no. 4: 728–41.

Hart, O., and J. Moore. 1990. "Property Rights and the Nature of the Firm." *Journal of Political Economy* 98, no. 6: 1119–58.

Hauge, J. 2020. "Industrial Policy in the Era of Global Value Chains: Towards a Developmentalist Framework Drawing on the Industrialisation Experiences of South Korea and Taiwan." *World Economy* 43: 2070–92.

Helper, S. 1991. Strategy and Irreversibility in Supplier Relations: The Case of the U.S. Automobile Industry. Business History Review 65, no. 4.

———. 2021. "Transforming U.S. Supply Chains to Create Good Jobs." Washington Center for Equitable Growth. https://equitablegrowth.org/transforming-u-s-supply-chains-to-create-good-jobs/.

Helper, S., and R. Henderson. 2014. "Management Practices, Relational Contracts, and the Decline of General Motors." *Journal of Economic Perspectives* 28 no. 1: 49–72.

Helper, S., and R. Martins. 2020. "The High Road in Manufacturing." In *Creating Good Jobs: An Industry-based Strategy*, edited by P. Osterman. Cambridge, MA: MIT Press. https://mitpress.mit.edu/books/creating-good-jobs.

Helper, S., and A. Munasib. 2022. "Economies of Scope and Relational Contracts: Exploring Global Value Chains in the Automotive Industry." Working Paper BEA-WP2022-5, Bureau of Economic Analysis. https://www.bea.gov/research/papers/2022/economies-scope-and-relational-contracts-exploring-global-value-chains.

Henze, V. 2021. "U.S. Narrows Gap with China in Race to Dominate Battery Value Chain." Bloomberg, October 7. https://about.bnef.com/blog/u-s-narrows-gap-with-china-in-race-to-dominate-battery-value-chain.

Hicks, J. 2021, "Ford and GM are Getting into Chip Development to Help Deal with the Shortage." *The Verge,* November 21. https://www.theverge.com/2021/11/18/22789413/ford-gm-chip-shortage-globalfoundries-qualcomm-tsmc.

Hufford, A., K. Kim, and A. Levinson. 2021. "Why Is the Supply Chain Still So Snarled? We Explain, with a Hot Tub." *Wall Street Journal*, August 26.

IMO (International Maritime Organization). 2021. "Fourth IMO GHG Study 2020: Full Report." https://wwwcdn.imo.org/localresources/en/OurWork/Environment/Documents/Fourth%20IMO%20GHG%20Study%202020%20-%20Full%20 report%20 and%20annexes.pdf.

IPCC (Intergovernmental Panel on Climate Change). 2022. *Climate Change 2022: Impacts, Adaptation and Vulnerability.* Geneva: IPCC. https://www.ipcc.ch/report/ar6/wg2/.

Jie, Y., S. Yang, and A. Fitch. 2021. "The World Relies on One Chip Maker in Taiwan, Leaving Everyone Vulnerable." *Wall Street Journal*, June 19. https://www.wsj. com/articles/the–world–relies–on–one–chip–maker–in–taiwan–leaving–everyone–vulnerable–11624075400.

Kamalahmadi, M., and M. Parast. 2016. "A Review of the Literature on the Principles of Enterprise and Supply Chain Resilience: Major Findings and Directions for Future Research." *International Journal of Production Economics* 171.

Kachaner, N., and A. Whybrew. 2014. "When "Asset Light" Is Right." Boston Consulting Group. https://www.bcg.com/publications/2014/business–model–innovation–growth–asset–light–is–right.

Karlamangla, S. 2021. "The Busiest Port in the U.S." *New York Times*, November 4. https://www.nytimes.com/2021/10/18/us/port-of-los-angeles-supply-chain.html.

Krugman, P. 1991. "Increasing Returns and Economic Geography." *Journal of Political Economy* 99, no. 3: 483–99.

Kuttner, R. 2022. "China: Epicenter of the Supply Chain Crisis." *American Prospect*, February 1.

Lawrence, A., and J. VerWey. 2019. "The Automotive Semiconductor Market: Key Determinants of U.S. Firm Competitiveness." U.S. International Trade Commission.

Lee, J. 1995. "Comparative Advantage in Manufacturing as a Determinant of Industrialization: The Korean Case." *World Development* 23, no. 7: 1195-1214.

Lee, Y. 2021. "2 Charts Show How Much the World Depends on Taiwan for Semiconductors." CNBC News, March 16.

Lee, Y., N. Shirouzu, and D. Lauge. 2021. "T-Day: The Battle for Taiwan." Reuters, December 27.

Levin, J. 2002. "Multilateral Contracting and the Employment Relationship." *Quarterly Journal of Economics* 117, no. 3: 1075–1103. https://academic.oup.com/qje/article/117/3/1075/1932944.

Liberti, J., and M. Petersen. 2019. "Information: Hard and Soft." *Review of Corporate Financial Studies* 8, no. 1: 1–41.

Lieberman, M., S. Helper, and L. Demeester. 1999. "The Empirical Determinants of Inventory Levels in High-Volume Manufacturing." *Productions and Operations Management* 8, no. 1: 44–55.

Liker, J. 2004. *The Toyota Way: 14 Management Principles from the World's Greatest Manufacturer.* New York: McGraw Hill. https://thetoyotaway.org/product/the–toyota–way/.

Linden, G., K. Kraemer, and J. Dedrick. 2007. "Who

Captures Value in a Global Innovation System? The Case of Apple's iPod." Personal Computing Industry Center.

———. 2011. "Capturing Value in Global Networks: Apple's iPad and iPhone." Working Paper, University of California, Irvine.

Link, A., D. Teece, and W. Finan. 1996. "Estimating the Benefits from Collaboration: The Case of Sematech." *Review of Industrial Organization* 11, no. 5: 737–51.

Lund, S., J. Manyika, J. Woetzel, E. Barriball, M. Krishnan, K. Alicke, and M. Birshan. 2020. "Risk, Resilience, and Rebalancing in Global Value Chains." McKinsey Global Institute. https://www.mckinsey.com/~/media/mckinsey/business%20functions/operations/our%20insights/risk%20resilience%20and%20rebalancing%20in%20global%20value%20chains/risk-resilience-and-rebalancing-in-global-value-chains-full-report-vh.pdf?shouldIndex=false.

MacDuffie, J., D. Heller, and T. Fujimoto. 2021. "Building Supply Chain Continuity Capabilities for a Post-Pandemic World." Working paper, Wharton School. https://mackinstitute.wharton.upenn.edu/2021/building-supply-chain-continuity-capabilities-for-a-post-pandemic-world/.

Malik, Y., A. Niemeyer, and B. Ruwadi. 2011. "Building the Supply Chain of the Future." McKinsey Quarterly.

Marshall, A. 1919. *Industry and Trade*. London: Macmillan.

Mazzucato, M. 2016, "From Market Fixing to Market-Creating: A New Framework for Innovation policy." *Industry and Innovation*, 32, no. 2. https://www.tandfonline.com/doi/cited by/10.1080/13662716.2016.1146124.

McNerney, J., B. Fath, and G. Silverberg. 2013. "Network Structure of Inter-Industry Flows." *Physica A: Statistical Mechanics and Its Applications* 392, no. 24.

Michaelman, P. 2007. "Building a Resilient Supply Chain." *Harvard Business Review*, August 14. https://hbr.org/2007/08/building-a-resilient-supply-ch%20May%2011.

Miroudot, S. 2020. "Resilience vs. Robustness in Global Value Chains: Some Policy Implications." In *COVID-19 and Trade Policy: Why Turning Inward Won't Work*, edited by R. Baldwin and S. Evenett. London: CEPR Press.

Miroudot, S., R. Lanz, and A. Ragoussis. 2009, "Trade in Intermediate Goods and Services." *OECD Trade Policy Papers*, no. 93.

Mulally, A. 2008. "Testimony of Alan R. Mulally President and Chief Executive Officer, Ford Motor Company Senate Committee on Banking, Housing, and Urban Affairs December 4." https://www.banking.senate.gov/imo/media/doc/Mulally0Ford12408FinalWrittenTestimony.pdf.

NCEI (National Centers for Environmental Information). 2021. "Billion-Dollar Weather and Climate Disasters: Time Series." National Centers for Environmental Information. https://www.ncdc.noaa.gov/billions/.

———. 2022. "U.S. Billion-Dollar Weather and Climate Disasters."

Nishiguchi, T., and A. Beaudet. 1998. "The Toyota Group and the Aisin Fire." *MIT Sloan Magazine Review.*

Olivier, J., G. Janssens-Maenhous, M. Muntean, and J. Peters. 2016. "Trends in Global CO2 Emissions: 2016 Report." PBL Netherlands Environmental Assessment Agency.

Olmer, N., B. Comer, B. Roy, X. Mao, and D. Rutherford. 2017. "Greenhouse Gas Emissions from Global Shipping, 2013–2015." International Council on Clean Transportation.

Owen, M. 2021. "Apple & TSMC Partnership Is a Double-Edged Sword." *Apple Insider*, November 2.

Pierce, J., and P. Schott. 2016. "The Surprisingly Swift Decline of U.S. Manufacturing Employment." *American Economic Review* 106, no. 7: 1632–62.

Pisano, G., and W. Shih. 2012. "Does America Really Need Manufacturing?" *Harvard Business Review*, March. https://hbr.org/2012/03/does-america-really-need-manufacturing.

Poterba, J., and L. Summers. 1995. "A CEO Survey of U.S. Companies' Time Horizons and Hurdle Rates." *Sloan Management Review* 37, no. 1: 43–53.

Rapier, R. 2019. "Why China Is Dominating Lithium-Ion Battery Production." *Forbes*, August 4.

Rose, M., K. Ulrich, G. Cook, J. Gamble, T. Bui, and T. McFadden. 2021. "Shady Ships: Retail Giants Pollute Communities and Climate with Fossil-Fueled Ocean Shipping." *Ship it Zero.* https://www.pacificenvironment.org/wp-content/uploads/2021/07/SIZ_Shady-Ships-Report.pdf.

Sanger, D., and E. Schmitt. 2022. "U.S. Details Costs of a Russian Invasion of Ukraine." *New York Times*, January 8.

Samford, S., and D. Breznitz. 2022. "Mending the Net: Public Strategies for the Remediation of Network Failures." *Social Forces* 100, no. 3: 1333–56. https://academic.oup.com/sf/article–abstract/100/3/1333/6232576?redirectedFrom=full text.

Schrank, A., and J. Whitford. 2009. "Industrial Policy in the United States: A Neo-Polanyian Interpretation." *Politics & Society* 37: 521–53.

———. 2011. "The Anatomy of Network Failure." *Sociological Theory* 29, no. 3: 151–77.

Sheffi, Y. 2022. "Commentary: Pandemic Shortages Haven't Shattered the Case for 'Just-in-Time' Supply Chains." *Wall Street Journal*, January 30.

Shirouzu, N. 2021. "How Toyota Thrives When the Chips Are Down." Reuters, March 8. https://www.reuters.com/article/us-japan-fukushima-anniversary-toyota-in/ how-toyota-thrives-when-the-chips-are-down-idUSKBN2B1005.

Simchi-Levi, D. 2020. "Three Scenarios to Guide Your Global Supply Chain Recovery." *MIT Sloan Management Review*, April 13. https://sloanreview.mit.edu/article/three-scenarios-to-guide-your-global-supply-chain-recovery/.

Simchi-Levi, D., and E. Simchi-Levi. 2020. "We Need a Stress Test for Critical Supply Chains." *Harvard Business Review*, April 28. https://hbr.org/2020/04/we-need-a-stress-test-for-critical-supply-chains.

Tax Policy Center. 2020. "Key Elements of the U.S. Tax System." https://www.taxpolicycenter.org/briefing-book/key-elements-us-tax-system.

U.S.-China Economic and Security Review Commission. 2019. "Exploring the Growing

U.S. Reliance on China's Biotech and Pharmaceutical Products." Hearing. https://www.uscc.gov/hearings/exploring-growing-us-reliance-chinas-biotech-and-pharmaceutical-products.

U.S. Department of Defense. 2022. "Securing Defense-Critical Supply Chains." https://media.defense.gov/2022/Feb/24/2002944158/-1/-1/1/DOD-EO-14017-REPORT-SECURING-DEFENSE-CRITICAL-SUPPLY-CHAINS.PDF.

U.S. Department of Energy. 2022. "Solar Photovoltaics. Supply Chain Deep Dive Assessment." https://www.energy.gov/sites/default/files/2022-02/Solar%20Energy%20Supply%20Chain%20Report%20-%20Final.pdf.

U.S. Department of Health and Human Services. 2022. "One-Year Report in Response to Executive Order 14017." https://aspr.hhs.gov/MCM/IBx/2022Report/Documents/Public-Health-Supply-Chain-and-Industrial-Base%20One-Year-Report-Feb2022.pdf.

U.S. Department of the Treasury. 2022. "The State of Labor Market Competition." March 7. https://home.treasury.gov/system/files/136/State-of-Labor-Market-Competition-2022.pdf.

Vinod, T., and R. López. 2015. "Global Increase in Climate-Related Disasters." Asian Development Bank Economics Working Paper 466.

von Hippel, E. 1988. *Sources of Innovation*. New York: Oxford University Press.

Weber, A. 2019. "Ford's Rouge Assembly Plant Turns 100." *Assembly Magazine*, March 14.

Weil, D. 2017. *The Fissured Workplace: Why Work Became So Bad for So Many and What Can Be Done to Improve It*. Cambridge, MA: Harvard University Press.

White, G. 2017. "What's Changed Since More Than 1,110 People Died in Bangladesh's Factory Collapse?" *Atlantic*, May 3.

Williams, B. 2018. "Multinational Tax Incentives and Offshored U.S. Jobs." *Accounting Review* 93, no. 5: 293–324.

Wilmers, N. 2018. "Wage Stagnation and Buyer Power: How Buyer–Supplier Relations Affect U.S. Workers' Wages, 1978 to 2014." *American Sociological Review* 83, no. 2: 213–42.

White House. 2021a. "Building Resilient Supply Chains, Revitalizing American Manufacturing, and Fostering Broad-Based Growth." https://www.whitehouse.gov/wp-content/uploads/2021/06/100-day-supply-chain-review-report.pdf.

———. 2021b. "Fact Sheet: President Biden Announces Steps to Drive American Leadership Forward on Clean Cars and Trucks." https://www.whitehouse.gov/briefing-room/statements-releases/2021/08/05/fact-sheet-president-biden-announces-steps-to-drive-american-leadership-forward-on-clean-cars-and-trucks/.

———. 2021c. "Fact Sheet: Biden-Harris Administration Announces Supply Chain Disruptions Task Force to Address Short-Term Supply Chain Discontinuities." https://www.whitehouse.gov/briefing-room/statements-releases/2021/06/08/fact-sheet-biden-harris-administration-announces-supply-chain-disruptions-task-force-to-address-short-term-supply-chain-discontinuities/.

———. 2021d. "Fact Sheet: The Bipartisan Infrastructure Deal." https://www.whitehouse.gov/briefing-room/statements-releases/2021/11/06/fact-sheet-the-bipartisan-infrastructure-deal/.

———. 2021e. "Fact Sheet: The American Rescue Plan." https://www.whitehouse.gov/wp-content/uploads/2021/03/American-Rescue-Plan-Fact-Sheet.pdf.

———. 2021f. "Fact Sheet: Biden-Harris Administration Issues Proposed Buy American Rule, Advancing the President's Commitment to Ensuring the Future of America Is Made in America by All of America's Workers." https://www.whitehouse.gov/briefing-

room/statements-releases/2021/07/28/fact-sheet-biden-harris-administration-issues-proposed-buy-american-rule-advancing-the-presidents-commitment-to-ensuring-the-future-of-america-is-made-in-america-by-all-of-americas/.

———. 2022a. "Fact Sheet: Building Resilient Supply Chains, Revitalizing American Manufacturing, and Fostering Broad-Based Growth." https://www.whitehouse. gov/briefing-room/statements-releases/2022/01/20/fact-sheet-biden-harris-administration-bringing-semiconductor-manufacturing-back-to-america/.

———. 2022b. "The Biden-Harris Plan to Revitalize American Manufacturing and Secure Critical Supply Chains in 2022." https://www.whitehouse.gov/briefing-room/statements-releases/2022/02/24/the-biden-harris-plan-to-revitalize-american-manufacturing-and-secure-critical-supply-chains-in-2022/.

———. 2022c. "Statement by President Biden on General Motors Investment in Michigan." https://www.whitehouse.gov/briefing-room/statements-releases/2022/01/25/statement-by-president-biden-on-general-motors-investment-in-michigan/.

Whitford, J. 2006. *The New Old Economy.* Oxford: Oxford University Press. Wiseman, P., and T. Krisher. 2021. "Chemical Shortage Inflates Paints and Plastics Prices." Public Broadcasting Service, September 29.

World Bank. 2020a. *World Development Report 2020: Trading for Development in the Age of Global Value Chains.* Washington: World Bank. https://openknowledge. worldbank.org/bitstream/handle/10986/32437/211457ov.pdf.

———. 2020b. *The New Face of Trade.* Background report for *World Development Report 2021.* Washington: World Bank. https://elibrary.worldbank.org/doi/10.1596/978-1-4648-1457-0_ch1.

World Trade Organization. 2021. "Exports of Intermediate Goods Gain Momentum in Q2 with 47% Year-on-Year Increase." https://www.wto.org/english/news_e/news21_e/stat_03nov21_e.htm.

Xing, Y. 2019. "How the iPhone Widens the U.S. Trade Deficit with China: The Case of the iPhone X." National Graduate Institute for Policy Studies Discussion Paper. https://voxeu.org/article/how-iphone-widens-us-trade-deficit-china-0.

第 7 章

Abdallah, B., director. 1993. *The Prize: The Epic Quest for Oil, Money, & Power, Part 5.* Washington: PBS.

Acemoglu, D., and P. Restrepo. 2020. "Robots and Jobs: Evidence from U.S. Labor Markets." *Journal of Political Economy* 128, no. 6, 2188–2244. https://www.journals.uchicago.edu/doi/epdf/10.1086/705716.

Akerlof, G. 1978. "The Economics of 'Tagging' as Applied to the Optimal Income Tax, Welfare Programs, and Manpower Planning." *American Economic Review* 68, no. 1: 8–19. https://www.jstor.org/stable/1809683?seq=1#metadata_info_tab_contents.

Albert, E. 2018. "South Korea's Chaebol Challenge." Council on Foreign Relations. https://www.cfr.org/backgrounder/south-koreas-chaebol-challenge.

Allen-Ebrahimian, B. 2017. "64 Years Later, CIA Finally Releases Details of Iranian Coup." *Foreign Policy,* June 20. https://foreignpolicy.com/2017/06/20/64-years-later-cia-finally-releases-details-of-iranian-coup-iran-tehran-oil/.

American Automotive Policy Council. 2020. "U.S. Economic Contributions." https://www.americanautomakers.org/us-economic-contributions.

Appalachian Regional Commission. 2022. "Education in Appalachia." https://www.arc. gov/education-in-appalachia/#:~:text=The%20Region%27s%20high%20school%20completion,degree%20has%20risen%20to%2024%25.

Archer, D., M. Eby, V. Brovkin, A. Ridgwell, L. Cao, U. Mikolajewicz, K. Caldeira, K. Matsumoto, G. Munhoven, A. Montenegro, and K. Tokos. 2009. "Atmospheric Lifetime of Fossil Fuel Carbon Dioxide." *Annual Review of Earth and Planetary Sciences* 37, 117–34. https://www.annualreviews.org/doi/abs/10.1146/annurev.earth.031208.100206.

Austin, B., E. Glaeser, and L. Summers. 2018. "Saving the Heartland: Place-Based Policies in 21st-Century America." *Brookings Papers on Economic Activity.* https://www.brookings.edu/wp-content/uploads/2018/03/AustinEtAl_Text.pdf.

Autor, D., D. Dorn, and G. Hanson. 2013. "The China Syndrome: Local Labor Market Effects of Import Competition in the United States." *American Economic Review* 103, no. 6: 2121–68. https://economics.mit.edu/files/6613.

———. 2014. "Trade Adjustment: Worker Level Evidence." *Quarterly Journal of Economics* 129, no. 4: 1799–1860. https://economics.mit.edu/files/8897.

———. 2021. "On the Persistence of the China Shock." *Brookings Papers on Economic Activity.* https://www.brookings.edu/wp-content/uploads/2021/09/On-the-Persistence-of-the-China-Shock_Conf-Draft.pdf.

Autor, D., D. Dorn, G. Hanson, and J. Song. 2014. "Trade Adjustment: Worker-Level Evidence." *Quarterly Journal of Economics* 125, no. 4: 1799–1860. http://ddorn.net/papers/ADHS-TradeAdjustment.pdf.

Bartik, T. 2009. "What Proportion of Children Stay in the Same Location as Adults, and How Does This Vary Across Location and Groups?" Working Paper 09-145, W.E. Upjohn Institute for Employment Research. https://research.upjohn.org/cgi/viewcontent.cgi?article=1162&context=up_workingpapers.

———. 2020. "Using Place-Based Jobs Policies to Help Distressed Communities." *Journal of Economic Perspectives* 34, no. 3: 99–127. https://pubs.aeaweb.org/doi/pdf/10.1257/jep.34.3.99.

Berthélemy, M., and D. Cameron. 2021. "Nuclear Power." International Energy Agency. https://www.iea.org/reports/nuclear-power.

Bijma, J., H. Pörtner, C. Yesson, and A. Rogers. 2013. "Climate Change and the Oceans: What Does the Future Hold?" *Marine Pollution Bulletin* 74, no. 2: 495–505. https://citeseerx.ist.psu.edu/viewdoc/download?doi=10.1.1.404.6139&rep=rep1 &type=pdf.

Bordoff, J. 2022. "3 Reasons Nuclear Power Has Returned to the Energy Debate." *Foreign Policy*, January 3. https://foreignpolicy.com/2022/01/03/nuclear-energy-climate-policy/.

Bouckaert, S., A. Pales, C. McGlade, U. Remme, B. Wanner., L. Varro, and D. D'Ambrosio. 2021. "Net Zero by 2050: A Roadmap for the Global Energy Sector." International Energy Agency. https://iea.blob.core.windows.net/assets/beceb956-0dcf-4d73-89fe-1310e3046d68/NetZeroby2050-ARoadmapfortheGlobalEnergySector_CORR.pdf.

Bound, J., and Holzer, H. 2000. "Demand Shifts, Population Adjustments, and Labor Market Outcomes during the 1980s." *Journal of Labor Economics* 18, no. 1: 20–54. https://www.jstor.org/stable/pdf/10.1086/209949.pdf.

Bowen, E., J. Christiadi, J. Deskins, and B. Lego. 2018. "An Overview of the Coal Economy in Appalachia." West Virginia University. https://www.arc.gov/wp-content/uploads/2018/01/CIE1-OverviewofCoalEconomyinAppalachia-2. pdf.

Bradley, R., Jr. 1986. "U.S. Synthetic Fuel Corporation Shuts Down." *New York Times*, April 19. https://www.nytimes.com/1986/04/19/us/us-synthetic-fuel-corporation-shuts-down.html.

Bressler, R. 2021. "The Mortality Cost of Carbon." *Nature Communications* 12, no. 4467 https://www.nature.com/articles/s41467-021-24487-w.

Bui, A., P. Slowik, and N. Lutsey. 2021. "Evaluating Electric Vehicle Market Growth Across U.S. Cities." International Council on Clean Transportation. https://theicct.org/publication/evaluating-electric-vehicle-market-growth-across-u-s-cities/.

Calhoun, G. 2021. "The U.S. Still Dominates in Semiconductors; China Is Vulnerable (Pt 2)." *Forbes*, October 11. https://www.forbes.com/sites/georgecalhoun/2021/10/11/the-us-still-dominates-in-semiconductors-china-is-vulnerable-pt-2/?sh=55a4b0de70f7.

Center for Climate and Energy Solutions. 2021. "Congress Climate History." https://www.oecd-ilibrary.org/docserver/0e8e24f5-en.pdf?expires=1648070600&id=id &accname=ocid49017102b&checksum=5805A65FD4D1AA1BBD0DE2477C3 286FC.

Center for a Responsible Federal Budget. 2013. "The Tax Break-Down: Intangible Drilling Costs." https://www.crfb.org/blogs/tax-break-down-intangible-drilling-costs#:~:text=The%20deduction%20for%20 intangible%20drilling%20costs%20 allows%20oil%20and%20gas,of%20oil%20and%20gas%20exploration.

Chatzky, A., A. Siripurapu, and S. Markovich. 2021. "Space Exploration and U.S. Competitiveness." Council on Foreign Relations. https://www.cfr.org/backgrounder/space-exploration-and-us-competitiveness.

Cleary, E., J. Beierlein, N. Khanuja, L. McNamee, and F. Ledley. 2018. "Contribution of NIH Funding to New Drug Approvals 2010-2016." *Proceedings of the National Academy of Sciences* 115, no. 10: 2329–34. https://www.pnas.org/doi/10.1073/pnas.1715368115.

Climate Change Committee. 2021. "A Legal Duty to Act." https://www.theccc.org.uk/the-need-to-act/a-legal-duty-toact/#:~:text=The%20Climate%20Change%20 Act%20commits,20%25%20of%20the%2UK's%20 emissions.

Climate Watch. 2019. "Climate Watch Historical Country Greenhouse Gas Emissions Data (1990–2018)." World Resources Institute. https://www.climatewatchdata.org/ghg-emissions?breakBy=regions&end_year=2018&regions=WORLD&start_year=1990.

———. 2021. "Historical GHG Emissions." World Resources Institute. https://www.climatewatchdata.org/ghg-emissions?end_year=2018&start_year=1990.

Cohen, A. 2021, "Europe's Self-Inflicted Energy Crisis." *Forbes*, October 14. https://www.forbes.com/sites/arielcohen/2021/10/14/europes-self-inflicted-energy-crisis/?sh=5d23b4c02af3.

Comparative Food Politics. No date. "History of Agricultural Subsidies in the U.S. and E.U." https://food-studies.net/foodpolitics/agricultural-subsidies/jades-sample-page/#:~:text=Like%20most%20government%20policy%2C%20 agricultural%20subsidies%20in%20both,of%201933%2C%20marked%20the%20beginnings%20of%20agricultural%20subsidies.

Council of Economic Advisers. 2021. "Innovation, Investment, and Inclusion: Accelerating the Energy Transition and Creating Good Jobs." CEA White Paper. https://www.whitehouse.gov/wp-content/uploads/2021/04/Innovation-Investment-and-Inclusion-CEA-April-23-2021-1.pdf.

Council on Environmental Quality. 2021. "Council of Environmental Quality Report to Congress on Carbon Capture, Utilization, and Sequestration." https://www.whitehouse.gov/wp-content/uploads/2021/06/CEQ-CCUS-Permitting-Report. pdf.

Council on Foreign Relations. 2021. "Timeline: Oil Dependence and U.S. Foreign Policy, 1850–2021. https://www.cfr.org/timeline/oil-dependence-and-us-foreign-policy.

Davis, M., and J. Gregory. 2021. *Place-Based Redistribution in Location Choice Models.* NBER Working Paper 29045. Cambridge, MA: National Bureau of Economic Research. https://www.nber.org/papers/w29045.

DeCarlo, S. 2017. "Chemicals and Related Products" U.S. International Trade Commission. https://www.usitc.gov/research_and_analysis/trade_shifts_2017/chemicals.htm.

Devarajan, S. 2016. "Three Reasons Why Industrial Policy Fails." Brookings Institution, Washington. https://www.brookings.edu/blog/future-development/2016/01/14/three-reasons-why-industrial-policy-fails/.

Economic Innovation Group. 2020. "Opportunity Zones." https://eig.org/opportunityzones/facts-and-figures.

European Battery Alliance. "Building a European Battery Industry." European Commission. https://www.eba250.com/.

European Commission. 2020. "European Industrial Strategy." https://ec.europa.eu/growth/industry/strategy_en#:~:text=In%20March%202020%20the%20Commission,plates%20and%20increasing%20global%20competition.

———. 2021a. "European Climate Law." https://ec.europa.eu/clima/eu-action/european-green-deal/european-climate-law_en.

———. 2021b. "In Focus: Batteries—A Key Enabler of a Low-Carbon Economy." https://ec.europa.eu/info/news/focus-batteries-key-enabler-low-carbon-economy-2021-mar-15_en.

———. 2022. "Building a European Research Area for Clean Hydrogen: The Role of EU Research and Innovation Investments to Deliver on the EU's Hydrogen Strategy." Commission Staff Working Document. https://ec.europa.eu/info/sites/default/files/research_and_innovation/research_by_area/documents/ec_rtd_swd-era-clean-hydrogen.pdf.

Fajgelbaum, P., and C. Gaubert. 2020. "Optimal Spatial Policies, Geography, and Sorting." *Quarterly Journal of Economics* 135, no. 2: 959–1036. https://academic.oup.com/qje/article/135/2/959/5697213?login=true.

Fattouh, Bassam. 2007. "OPEC Pricing Power: The Need for a New Perspective." Oxford Institute for Energy Studies. https://a9w7k6q9.stackpathcdn.com/wpcms/wp-content/uploads/2010/11/WPM31-OPECPricingPowerTheNeedForANewPe rspective-BassamFattouh-2007.pdf.

Federal Reserve Bank of Saint Louis. 2022. "All Employees, Oil and Gas Extraction." FRED Economic Data. https://fred.stlouisfed.org/series/CES1021100001.

Ford Motor Company. 2021. "Van Dyke Plant's Name Change Aligns with Expanded Production Line, Ford's Commitment to Electrification." Ford Media Center. https://media.ford.com/content/fordmedia/fna/us/en/news/2021/05/24/van-dyke-plant_s-name-change-electrification.html.

Friedrich, J., and T. Damassa. 2014. "The History of Carbon Dioxide Emissions." World Resources Institute. https://www.wri.org/insights/history-carbon-dioxide-emissions.

Frittelli, J. 2003. "The Jones Act: An Overview." Congressional Research Service, Report for Congress. https://sgp.fas.org/crs/misc/RS21566.pdf.

———. 2019. "Shipping Under the Jones Act: Legislative and Regulatory Background." Congressional Research Service, Report for Congress. https://sgp.fas.org/crs/misc/R45725.pdf.

Garcia, F., E. Bestion, R. Warfield, and G. Yvon-Durocher. 2018. "Changes in Temperature Alter the Relationship Between Biodiversity and Ecosystem Functioning." *Proceedings of the National Academy of Sciences* 115, no. 43, 10989–94. https://www.pnas.org/doi/pdf/10.1073/pnas.1805518115.

Ge, M., J. Friedrich, and L. Vigna. 2020. "4 Charts Explain Greenhouse Gas Emissions by Countries and Sectors." World Resources Institute. https://www.wri.org/insights/4-charts-explain-greenhouse-gas-emissions-countries-and-sectors.

Glasgow Financial Alliance for Net Zero. 2022. "About Us." https://www.gfanzero.com/about/.

Goodman, M. 2020. "From Industrial Policy to Innovation Strategy: Lessons from Japan, Europe, and the United States." Center for Strategic and International Studies. https://www.csis.org/analysis/industrial-policy-innovation-strategy-lessons-japan-europe-and-united-states.

Goodwyn, L. 1996. *Texas Oil, American Dreams: A Study of the Texas Independent Producers and Royalty Owners Association.* Austin: Texas State Historical Association.

Government of Canada. 2021. "The Federal Carbon Pollution Pricing Benchmark." https://www.canada.ca/en/environment-climate-change/services/climate-change/pricing-pollution-how-it-will-work/carbon-pollution-pricing-federal-benchmark-information.html.

———. 2022. "Carbon Pollution Pricing Systems Across Canada." https://www.canada. ca/en/environment-climate-change/services/climate-change/pricing-pollution-how-it-will-work.html.

Gregg, S. 2020. "The Trouble with Industrial Policy." Public Discourse. https://www.thepublicdiscourse.com/2020/08/64708/.

Gruber, J., and S. Johnson. 2019. *Jump-Starting America: How Breakthrough Science Can Revive Economic Growth and the American Dream.* New York: PublicAffairs.

Gundlach, J., Minsk, R., and N. Kaufman. 2019. "Interactions between a Federal Carbon Tax and Other Climate Policies." Center on Global Energy Policy at the School of International and Public Affairs of Columbia University. https://www.ourenergypolicy.org/wp-content/uploads/2019/03/CarbonTaxPolicyInteractions-CGEP_Report_030419.pdf.

Ha, K., J. Wittels, K. Kyaw, and K. Chia. 2020. "Worst Shipping Crisis in Decades Puts Lives and Trade at Risk." Bloomberg. https://www.bloomberg.com/features/2020-pandemic-shipping-labor-violations/.

Heiss, M. 1994. "The United States, Great Britain, and the Creation of the Iranian Oil Consortium, 1953–1954." *International History Review* 16, no. 3: 511–35. https://www.jstor.org/stable/40107317.

Hershbein, B., and B. Stuart. 2020. "Recessions and Local Labor Market Hysteresis." Working Paper 20-325, W. E. Upjohn Institute for Employment Research. https://research.upjohn.org/cgi/viewcontent.cgi?article=1344&context=up_workingpapers.

Higdon, J., and M. Robertson. 2020. "The Role of Public Benefits in Supporting Workers and Communities Affected by Energy Transition." Resources for the Future. https://media.rff.org/documents/Report_20-16.pdf.

Hof, R. 2011. "Lessons from Sematech." *MIT Technology Review*, August. https://www.technologyreview.com/2011/07/25/192832/lessons-from-sematech/.

Howard, P., and T. Sterner. 2017. "Few and Not So Far Between: A Meta-Analysis of Climate Damage Estimates." *Environmental and Resource Economics* 68: 197–225. https://link.springer.com/article/10.1007/s10640-017-0166-z.

Hyman, B. 2018. "Can Displaced Labor Be Retrained? Evidence from Quasi-Random Assignment to Trade Adjustment Assistance." Working paper, University of Chicago. https://static1.squarespace.com/static/5acbd8e736099b27ba4cfb36/t/5b e07a4140ec9a642e20aa70/1541438026120/Hyman_TAA_Latest.pdf.

IAEA (International Atomic Energy Agency). 2013. "IAEA Issues Projections for Nuclear Power from 2020 to 2050." https://www.iaea.org/newscenter/news/iaea-issues-projections-nuclear-power-2020-2050.

IEA (International Energy Agency). 2014. *World Energy Outlook.* Paris: International Energy Agency. https://www.iea.org/reports/world-energy-outlook-2014.

———. 2021. "Sustainable Development Scenario (SDS)." In *World Energy Outlook.* Paris: International Energy Agency. https://www.iea.org/reports/world-energy-model/sustainable-development-scenario-sds.

———. 2022a. "Chemicals." https://www.iea.org/reports/chemicals.

———. 2022b. "Energy Security." https://www.iea.org/topics/energy-security.

Igogo, T., P. Basore, G. Bromhal, S. Browne, C. Caddy, G. Coplon-Newfield, C. Cunliff, et al. 2022. "America's Strategy to Secure the Supply Chain for a Robust Clean Energy Transition." U.S. Department of Energy.

"Infrastructure Investment & Jobs Act: A Down Payment on Fulfilling Federal Promises for Climate Action." 2021. Clean Air Task Force. https://cdn.catf.us/wp-content/uploads/2021/11/16170917/CATF_IIJAFactSheet_Proof_11.16.21.pdf.

Interagency Working Group on Coal and Power Plant Communities and Economic Revitalization. 2021. "Initial Report to the President on Empowering Workers Through Revitalizing Energy Communities." U.S. Department of Energy, National Energy Technology Laboratory. https://netl.doe.gov/sites/default/files/2021-04/Initial%20Report%20

on%20Energy%20Communities_Apr2021. pdf.

Jadhav, A., and S. Mutreja. 2020. "Electric Vehicle Market by Type (Battery Electric Vehicles (BEV), Hybrid Electric Vehicles (HEV), and Plug-in Hybrid Electric Vehicles (PHEV), Vehicle Class (Mid-Priced and Luxury), and Vehicle Type (Two-Wheelers, Passenger Cars, and Commercial Vehicles): Global Opportunity Analysis and Industry Forecast, 2020–2027." Allied Market Research. https://www.alliedmarketresearch.com/electric-vehicle-market.

Jiji Press. 2021. "Japan Diet Oks Bill on Achieving Carbon Neutrality by 2050." https://www.nippon.com/en/news/yjj2021052600187/.

Johnson, J. 2011. "Long History of U.S. Energy Subsidies." *Chemical & Engineering News Archive* 51: 30–31. https://cen.acs.org/articles/89/i51/Long-History-US-Energy-Subsidies.html.

Jones, A., and A. Lawson. 2021. "Carbon Capture and Sequestration in the United States." U.S. Congressional Research Service, Report 44902. https://sgp.fas.org/crs/misc/R44902.pdf.

Kaplan, T., C. Buckley, and B. Plumer. 2021. "U.S. Bans Imports of Some Chinese Solar Materials Tied to Forced Labor." *New York Times*, June 24. https://www.nytimes.com/2021/06/24/business/economy/china-forced-labor-solar.html.

Kim, M., M. Lee, and Y. Shin. 2021. *The Plant-Level View of an Industrial Policy: The Korean Heavy Industry Drive of 1973*. NBER Working Paper 29252. Cambridge, MA: National Bureau of Economic Research. https://www.nber.org/system/files/working_papers/w29252/w29252.pdf.

Kline, P. 2010. "Place Based Policies, Heterogeneity, and Agglomeration." *American Economic Review* 100, 383–87. https://pubs.aeaweb.org/doi/pdfplus/10.1257/aer.100.2.383.

Kline, P., and E. Moretti. 2013. "Place Based Policies with Unemployment." *American Economic Review* 103, no. 3, 238–43. https://www.aeaweb.org/articles?id=10.1257/aer.103.3.238.

Lane, N. 2017. "Manufacturing Revolutions: The Role of Industrial Policy in South Korea's Industrialisation." https://voxdev.org/topic/firms-trade/manufacturing-revolutions-role-industrial-policy-south-korea-s-industrialisation.

Larson, E., C. Greig, J. Jenkins, E. Mayfield, A. Pascale, C. Zhang, J. Drossman, R. Williams, S. Pacala, R. Socolow, E. Baik, R. Birdsey, R. Duke, R. Jones, B. Haley, E. Leslie, K. Paustian, and A. Swan. 2020. "Net-Zero America: Potential Pathways, Infrastructure, and Impacts, Interim Report." Princeton University, Princeton, NJ. https://netzeroamerica.princeton.edu/the-report.https://netzeroamerica.princeton.edu/the-report.

Lewis, M. 2021. "Ørsted Is Going Big on U.S. Offshore Wind, and This Is What It Needs to Succeed." https://electrek.co/2021/10/21/orsted-is-going-big-on-us-offshore-wind-and-this-is-what-it-needs-to-succeed/.

Liu, C., and J. Urpelainen. 2021. "Why the United States Should Compete with China on Global Clean Energy Finance." Brookings Institution, Washington. https://www.brookings.edu/research/why-the-united-states-should-compete-with-china-on-global-clean-energy-finance/.

Loeterman, B., director. 1992. *The Prize: The Epic Quest for Oil, Money, & Power, Part3*. Washington: PBS.

London School of Economics and Political Science. 2020. "What Is the 2008 Climate Change Act?" Grantham Research Institute on Climate Change and the Environment. https://www.lse.ac.uk/granthaminstitute/explainers/what-is-the-2008-climate-change-act/.

Look, W., D. Raimi, M. Robertson, J. Higdon, and D. Propp. 2021. "Enabling Fairness for Energy Workers and Communities in Transition: A Review of Federal Policy Options and Principles for a Just Transition in the United States."Resources for the Future and Environmental Defense Fund. https://media.rff.org/documents/21-07_RFF_EDF-large.pdf.

Mast, E. 2018. "Race to the Bottom? Local Tax Break Competition and Business Location." *W. E. Upjohn Institute for Employment Research, Employment Research Newsletter* 25, no. 1. https://discovery.ucl.ac.uk/id/eprint/10089989/1/Mazzucato2019_Article_Challenge-DrivenInnovationPoli.pdf.

Mazzucato, M., R. Kattel, and J. Ryan-Collins. 2019. "Challenge-Driven Innovation Policy: Towards a New Policy Toolkit." *Journal of Industry, Competition, and Trade* 20: 421–37. https://discovery.ucl.ac.uk/id/eprint/10089989/1/Mazzucato2019_Article_Challenge-DrivenInnovationPoli.pdf.

McCarthy, G., and J. Kerry. 2021. "The United States' Nationally Determined Contribution, Reducing Greenhouse Gases in the United States: A 2030 Emissions Target." https://www4.unfccc.int/sites/ndcstaging/PublishedDocuments/United%20States%20of%20America%20First/United%20States%20NDC%20April%202021%202021%20Final.pdf.

Mercure, J., P. Salas, and P. Vercoulen, G. Semieniuk, A. Lam, H. Pollitt, P. Holden, et al. 2021. "Reframing Incentives for Climate Policy Action." *National*

Energy 6: 1133–43. https://www.nature.com/articles/s41560-021-00934-2.pdf.

Metcalf, G., and Q. Wang. 2019. *Abandoned by Coal, Swallowed by Opioids?* NBER Working Paper 26551. Cambridge, MA: National Bureau of Economic Research. https://www.nber.org/system/files/working_papers/w26551/w26551. pdf.

Monras, J. 2020. "Economic Shocks and Internal Migration." Centre de Recerca en Economica Internacional. https://crei.cat/wp-content/uploads/2020/06/3-ECO-SHOCKS.pdf.

Morris, A., N. Kaufman, and S. Doshi. 2021. "Revenue at Risk in Coal Reliant Communities." *Environmental and Energy Policy and the Economy* 2: 83–116. https://www.journals.uchicago.edu/doi/epdf/10.1086/711307.

Muro, M., A. Tomer, R. Shivaram, and J. Kane. 2019. "Advancing Inclusion Through Clean Energy Jobs." Brookings Institution, Washington. https://www.brookings. edu/research/advancing-inclusion-through-clean-energy-jobs/.

Myers, S. 2020. "China's Pledge to Be Carbon Neutral by 2060: What It Means." *New York Times*, September 23. https://www.nytimes.com/2020/09/23/world/asia/china-climate-change.html.

NASA (National Aeronautics and Space Administration). 2021. "Global Climate Change: Vital Signs of the Planet, Global Temperature." https://climate.nasa.gov/vital-signs/global-temperature/.

National Academies of Sciences, Engineering, and Medicine. 2021. *Accelerating Decarbonization in the United States: Technology, Policy, and Societal Dimensions.* Washington: National Academies Press. https://www.nationalacademies.org/our-work/accelerating-decarbonization-in-the-united-states-technology-policy-and-societal-dimensions.

National Center for Education Statistics. 2021. "International Educational Attainment." https://nces.ed.gov/programs/coe/pdf/2021/cac_508c.pdf.

National Institute for Occupational Safety and Health. 2018. "Prevalence of Black Lung Continues to Increase Among U.S. Coal Miners." Centers for Disease Control and Prevention. https://www.cdc.gov/niosh/updates/upd-07-20-18.html.

Neumark, D., and H. Simpson. 2015. "Place-Based Policies." *Handbook of Regional and Urban Economics* 5: 1197–1287. https://www.economics.uci.edu/~dneumark/1-s2.0-B9780444595317000181-main.pdf.

Net Zero Climate. 2022. "What Is Net Zero?" https://netzeroclimate.org/what-is-net-zero/.

Newell, R., and D. Raimi. 2018. "The New Climate Math: Energy Addition, Subtraction, and Transition." Resources for the Future. https://www.rff.org/publications/issue-briefs/the-new-climate-math-energy-addition-subtraction-and-transition/.

Notowidigdo, M. 2020. "The Incidence of Local Labor Demand Shocks." *Journal of Labor Economics* 38, no. 3. https://www.journals.uchicago.edu/doi/full/10.1086/706048.

Observatory of Economic Complexity. N.d. "Refined Petroleum." https://oec.world/en/profile/hs92/refined-petroleum?redirect=true.

OECD (Organization for Economic Cooperation and Development). 2021. "Effective Carbon Rates 2021: Pricing Carbon Emissions Through Taxes and Emissions Trading." https://www.oecd-ilibrary.org/docserver/0e8e24f5-en.pdf?expires=164 8070600&id=id&accname=ocid49017102b&checksum=5805A65F D4D1AA1B BD0DE2477C3286FC.

Office of Senator Sheldon Whitehouse. 2021. "New Build Back Better Bill Includes Key Whitehouse Tax Priorities." https://www.whitehouse.senate.gov/news/release/new-build-back-better-bill-includes-key-whitehouse-tax-priorities#:~:text=Additional%20Carbon-Free%20Energy%20Tax%20 Credits%20and%20Funding%3A%20The,sector%2C%20and%20incentivize%20the%20production%20of%20clean%20hydrogen.

Olien, D., and R. Olien. 1993. "Running Out of Oil: Discourse and Public Policy, 1909– 1929." *Business and Economic History* 22, no. 2. https://www.jstor.org/stable/23702907.

Ou, Y., G. Iyer, L. Clarke, J. Edmonds, A. Fawcett, N. Hultman, et al. 2021. "Can Updated Climate Pledges Limit Warming Well Below 2°C?" *Science* 374: 693–95. https://www.science.org/doi/pdf/10.1126/science.abl8976.

Our World in Data. 2020. "Cumulative CO_2 Emissions."https://ourworldindata.org/grapher/cumulative-co-emissions.

Porter, H., R. Scholes, R. Agard, J. Archer, E. Ameth, A. Bai, X. Barnes, et al. 2021. "IPBES-IPCC Co-Sponsored Workshop Report on Biodiversity and Climate Change." https://ipbes.net/sites/default/files/2021-06/20210609_workshop_report_embargo_3pm_CEST_10_june_0.pdf.

Raimi, D. 2021. "Mapping the U.S. Energy Economy to Inform Transition Planning."

Resources for the Future. https://www.rff.org/publications/reports/mapping-the-us-energy-economy-to-inform-transition-planning/.

Raimi, D., A. Barone, S. Carley, D. Foster, E. Grubert, J. Haggerty, J. Higdon, et al. 2021. "Policy Options to Enable an Equitable Energy Transition." Resources for the Future. https://media.rff.org/documents/RFF_Report_21-09_Policy_Options_to_Enable_an_Equitable_Energy_Transition.pdf.

Randles, J. 2019. "Coal Miners' Pension, Health Benefits Under Stress After Bankruptcies." *Wall Street Journal*. https://www.wsj.com/articles/coal-miners-pension-health-benefitsunder-stress-after-bankruptcies-11572427802?tpl=bankruptcy.

Reed, S. 2021. "European Natural Gas Prices are Soaring Again." *New York Times*, December 15. https://www.nytimes.com/2021/12/15/business/europe-natural-gas-prices.html.

ReImagine Appalachia. 2021. "The Blueprint." https://reimagineappalachia.org/wp-content/uploads/2021/03/ReImagineAppalachia_Blueprint_042021.pdf.

Ritchie, H., and M. Roser. 2020. "CO2 and Greenhouse Gas Emissions." Our World in Data. https://ourworldindata.org/co2-and-other-greenhouse-gas-emissions.

Roberts, D. 2018. "Friendly Policies Keep U.S. Oil and Coal Afloat Far More Than We Thought." https://www.vox.com/energy-and-environment/2017/10/6/16428458/us-energy-coal-oil-subsidies#:~:text=Ukraine-,Friendly%20policies%20keep%20US%20oil%20and%20coal%20afloat%20far%20more,more%20of%20the%20dirty%20stuff.

Rodrik, D. 2014. "Green Industrial Policy." *Oxford Review of Economic Policy* 30, no. 3, 469–91. https://drodrik.scholar.harvard.edu/files/dani-rodrik/files/green_industrial_policy.pdf.

———. 2017. "The Trouble with Globalization." *Milken Institute Review*, no. 26. https://www.milkenreview.org/articles/the-trouble-with-globalization?IssueID=26.

Ross, A. 1950. "Saudi Arabia Gets Half U.S. Oil Profit: Ibn Saud and Aramco Agree to 50–50 Sharing Plan." *New York Times*, January 3. https://www.nytimes.com/1951/01/03/archives/saudi-arabia-gets-half-u-s-oil-profit-ibn-saud-and-aramco-agree-to.html.

Ryan, L., S. Moarif, E. Levina, and R. Baron. 2011. "Energy Efficiency and Carbon Pricing." International Energy Agency, Information Paper. https://iea.blob.core.windows.net/assets/e9dd1ffd-be5b-4c47-a2b2-2dc29e10a659/EE_Carbon_Pricing.pdf.

Sabadus, A. 2021. "Europe's Energy Crisis Highlights Dangers of Reliance on Russia." Atlantic Council, Washington. https://www.atlanticcouncil.org/blogs/ukrainealert/europes-energy-crisis-highlights-dangers-of-reliance-on-russia/.

Schultze, C. 1983. "Industrial Policy: A Dissent." *Brookings Review* 2, no. 1: 3–12. https://www.brookings.edu/wp-content/uploads/2016/06/industrial_policy_schultze.pdf.

Scovronick, N., M. Budolfson, F. Dennig, F. Errickson, M. Fleurbaey, W. Peng, R. Socolow, D. Spears, and F. Wagner. 2019. "The Impact of Human Health Co-Benefits on Evaluations of Global Climate Policy." *Nature Communications* 10, no. 2095. https://www.nature.com/articles/s41467-019-09499-x.

Serrano, R., and A. Feldman. 2012. *A Short Course in Intermediate Microeconomics with Calculus*. Cambridge: Cambridge University Press.

Shahan, Z. 2021. "Wind and Solar = 86% of New U.S. Power Capacity in January–October." https://cleantechnica.com/2021/12/27/wind-solar-86-of-new-us-power-capacity-in-january-october/.

Shambaugh, J., and R. Nunn. 2018. "Place-Based Policies for Shared Economic Growth." Brookings Institution, Washington. https://www.brookings.edu/wp-content/uploads/2018/09/ES_THP_PBP-book_20190425.pdf.

Shindell, D., G. Faluvegi, K. Seltzer, and C. Shindell. 2018. "Quantified, Localized Health Benefits of Accelerated Carbon Dioxide Emissions Reductions." *Nature Climate Change* 8, no: 4: 291–95. https://www.ncbi.nlm.nih.gov/pmc/articles/PMC5880221/?fbclid=IwAR3zMA7ZktUK5U3hc B9HrtwPHjtG6LNFFwjtU0BbIWGcGvRBMssBSYxYo1I.

Sivaram, V., and N. Kaufman. 2019. "The Next Generation of Federal Clean Electricity Tax Credits." Columbia Center on Global Energy Policy. https://www.energypolicy.columbia.edu/research/commentary/next-generation-federal-clean-electricity-tax-credits.

Smith, A. 2021. "2020 U.S. Billion-Dollar Weather and Climate Disasters in Historical Context." https://www.climate.gov/disasters2020.

Smyth, J. 2020. "Petra Nova Carbon Capture Project Stalls with Cheap Oil." Energy and Policy Institute, San Francisco. https://www.energyandpolicy.org/petra-nova/.

Stapczynski, S. 2021, "Europe's Energy Crisis Is Coming for the Rest of the World, Too." *Bloomberg Businessweek*, September 27. https://www.bloomberg.com/news/articles/2021-09-27/europe-s-energy-crisis-is-about-to-go-global-as-gas-prices-soar.

Stott, P. 2016. "How Climate Change Affects Extreme Weather Events." *Science* 352, no. 6293: 1517–18. https://www.science.org/doi/pdf/10.1126/science.

aaf7271.

Taylor, M. 2020. "Energy Subsidies: Evolution in the Global Energy Transformation to 2050." International Renewable Energy Agency. https://irena.org/publications/2020/Apr/Energy-Subsidies-2020.

Tomer, A., J. Kane, and C. George. 2021. "How Renewable Energy Jobs Can Uplift Fossil Fuel Communities and Remake Climate Politics." Brookings Institution, Washington. https://www.brookings.edu/research/how-renewable-energy-jobs-can-uplift-fossil-fuel-communities-and-remake-climate-politics/.

U.K. Office of National Statistics. 2021. "GDP (Gross Domestic Product)." https://www.ons.gov.uk/economy/grossdomesticproductgdp.

UNFCCC (United Nations Framework Convention on Climate Change). 2021. "Nationally Determined Contributions Under the Paris Agreement." https://unfccc.int/sites/default/files/resource/cma2021_08_adv_1.pdf.

United Nations. 1992. "United Nations Framework Convention on Climate Change." https://unfccc.int/.

U.S. Bureau of Economic Analysis. 2022. "Table 2.4.5U: Personal Consumption Expenditures by Type of Product." https://apps.bea.gov/iTable/iTable.cfm?reqid=19&step=3&isuri=1&select_all_years=0&nipa_table_list=2017&series=a&first_year=2018&last_year=2018&scale=-99&categories= underlying&thetable=x#reqid=19&step=3&isuri=1&se lect_all_years=0&nipa_table_list=2017&series=a&first_year=2018&last_year=2018&scale=-99&categories=underlying&thetable=x.

U.S. Bureau of Labor Statistics. 2021a. "Fastest Growing Occupations." In *Occupational Outlook Handbook*. https://www.bls.gov/ooh/fastest-growing.htm.

———. 2021b. "Automotive Industry: Employment, Earnings, and Hours." https://www.bls.gov/iag/tgs/iagauto.htm.

U.S. Department of Energy. 2016. "Exploring Regional Opportunities in the U.S. for Clean Energy Technology Innovation." https://www.energy.gov/sites/prod/files/2016/10/f33/Exploring%20Regional%20Opportunities%20in%20the%20 U.S.%20for%20Clean%20Energy%20Technology%20Innovation_Volume%20 1%20-%20Summary%20Report%20-%20October%202016_0.pdf.

U.S. Department of Energy, Loan Programs Office. 2017. "TESLA: Loan Programs Office." https://www.energy.gov/lpo/tesla.

———. 2021. "Portfolio: Loan Programs Office." https://www.energy.gov/lpo/portfolio.

———. No date. "About Us." https://www.energy.gov/lpo/about-us-home.

U.S. Department of State and Executive Office of the President. 2021. "The Long-Term Strategy of the United States: Pathways to Net-Zero Greenhouse Gas Emissions by 2050." https://www.whitehouse.gov/wp-content/uploads/2021/10/US-Long-Term-Strategy.pdf.

U.S. Energy Information Administration. 2011. "History of Energy Consumption in the United States, 1775–2009." https://www.eia.gov/todayinenergy/detail.php?id=10.

———. 2018. "In 2016, U.S. Energy Expenditures per Unit GDP Were the Lowest Since at Least 1970." https://www.eia.gov/todayinenergy/detail.php?id=36754.

———. 2019. "The U.S. Leads Global Petroleum and Natural Gas Production with Record Growth in 2018." https://www.eia.gov/todayinenergy/detail.php?id=40973.

———. 2021a. "Energy and Environment Explained: Where Greenhouse Gases Come From." https://www.eia.gov/energyexplained/energy-and-the-environment/where-greenhouse-gases-come-from.php.

———. 2021b. "Natural Gas Explained: Natural Gas Imports and Exports." https://www.eia.gov/energyexplained/natural-gas/imports-and-exports.php.

———. 2021c. "Natural Gas." https://www.eia.gov/naturalgas.

———. 2021d. "Oil and Petroleum Products Explained: Oil Imports and Exports." https://www.eia.gov/energyexplained/oil-and-petroleum-products/imports-and-exports.php.

———. 2021e. "U.S. Liquefied Natural Gas Export Capacity Will Be World's Largest by End of 2022." https://www.eia.gov/todayinenergy/detail.php?id=50598.

———. 2021f. "What Countries Are the Top Producers and Consumers of Oil?" https://www.eia.gov/tools/faqs/faq.php?id=709&t=6.

———. 2021g. "Nuclear Explained." https://www.eia.gov/energyexplained/nuclear/usnuclearindustry.php#:~:text=At%20the%20end%20of%202020,number%20 of%20operating%2reactors%20declined.

———. 2021h. "Annual Coal Report." https://www.eia.gov/coal/annual/pdf/acr.pdf.

———. 2022. "Solar Power Will Account for Nearly Half of New U.S. Electric Generating Capacity in

2022." https://www.eia.gov/todayinenergy/detail. php?id=50818#:~:text=In%202022%2C%20we%20 expect%2046.1,%25%20 and%20wind%20at%2017%25.

U.S. Environmental Protection Agency. 2021. "Sources of Greenhouse Gas Emissions." https://www.epa.gov/ ghgemissions/sources-greenhouse-gas-emissions.

———. 2022. "What Drives Crude Oil Prices?" https:// www.eia.gov/finance/markets/crudeoil/spot_prices. php.

U.S. Global Change Research Program. 2018. "Impacts, Risks, and Adaptation in the United States: Fourth National Climate Assessment, Volume II." Fourth National Climate Assessment. https://nca2018. globalchange.gov/

U.S. Government Accountability Office. 2012a. "Trade Adjustment Assistance: Commerce Program Has Helped Manufacturing and Services Firms, but Measures, Data, and Funding Formula Could Improve." GAO-12-930. https://www.gao.gov/ products/gao-12-930.

———. 2012b. "Trade Adjustment Assistance: USDA Has Enhanced Technical Assistance for Farmers and Fishermen, but Steps are Needed to Better Evaluate Program Effectiveness." GAO-12-731. https://www. gao.gov/assets/gao-12-731. pdf.

U.S. House Committee on Energy and Commerce. "Hearing on 'Securing America's Future: Supply Chain Solutions for a Clean Energy Economy.'" https://energycommerce.house. gov/sites/democrats.energycommerce.house. gov/files/documents/Briefing%20Memo_ ECCENG_2021.11.16_0.pdf.

U.S. House of Representatives. 2022. "Infrastructure Investment and Jobs Act." https://www.congress. gov/bill/117th-congress/house-bill/3684/text.

U.S. International Trade Administration. 2020. "Steel Exports Report: United States." Global Steel Trade Monitor. https://legacy.trade.gov/steel/countries/ pdfs/exports-us.pdf.

Vergun, D. 2020. "During WWII, Industries Transitioned from Peacetime to Wartime." *U.S. Department of Defense News*, March 27. https://www.defense. gov/News/Feature-Stories/story/Article/2128446/ during-wwii-industries-transitioned-from-peacetime- to-wartime-production/.

Vogel, S. 2021. "Level Up America: The Case for Industrial Policy and How to Do It Right." Niskanen Center. https://www.niskanencenter.org/level-up-america- the-case-for-industrial-policy-and-how-to-do-it-right/.

Wall Street Journal. 2016. "Barrel Breakdown: The Cost of Producing a Barrel of Oil and Gas." http://graphics.

wsj.com/oil-barrel-breakdown/.

Walsh, M. 2019. 'Congress Saves Coal Miner Pensions, but What About Others?" *New York Times*, December 24. https://www.nytimes.com/2019/12/24/business/ coal-miner-pensions-bailout.html.

Wei, W., S. Ramakrishnan, Z. Needell, and J. Trancik. 2021. "Personal Vehicle Electrification and Charging Solutions for High-Energy Days." *Nature Energy* 6: 105–14. https://www.nature.com/articles/s41560- 020-00752-y.

Westphal, L. 1990. "Industrial Policy in an Export- Propelled Economy: Lessons from South Korea's Experience." *Journal of Economic Perspectives* 4, no. 3: 41–59. https://pubs.aeaweb.org/doi/ pdfplus/10.1257/jep.4.3.41.

White House. 2021a. "United States Mid-Century Strategy for Deep Decarbonization." https://unfccc.int/files/ focus/long-term_strategies/application/pdf/mid_ century_strategy_report-final_red.pdf.

———. 2021b. "Executive Order 14030: A Roadmap to Build a Climate-Resilient Economy." https://www. whitehouse.gov/wp-content/uploads/2021/10/ Climate-Finance-Report.pdf.

———. 2021c. "The Path to Achieving Justice40." White House Briefing Room. https://www.whitehouse. gov/omb/briefing-room/2021/07/20/the-path-to- achieving-justice40/

———. 2021d. "Fact Sheet: President Biden Announces Steps to Drive American Leadership Forward on Clean Cars and Trucks." White House Briefing Room. https://www.whitehouse.gov/briefing-room/ statements-releases/2021/08/05/fact-sheet-president- biden-announces-steps-to-drive-american-leadership- forward-on-clean-cars-and-trucks/.

———. 2021e. "President Biden's Bipartisan Infrastructure Law." https://www.whitehouse.gov/ bipartisan-infrastructure-law/#electricvehicle.

———. 2021. "Fact Sheet: The American Jobs Plan." https://www.whitehouse.gov/briefing-room/ statements-releases/2021/03/31/fact-sheet-the- american-jobs-plan/.

World Bank. 2020. "Fuel Experts (% of Merchandise Exports)—United States Data." https://data. worldbank.org/indicator/TX.VAL.FUEL.ZS.UN.

———. 2021. "Carbon Pricing Dashboard." https:// carbonpricingdashboard.worldbank. org/.

Yergin, D. 2006. "Ensuring Energy Security." *Foreign Affairs* 85, no. 2: 69–82. https://www.jstor.org/ stable/pdf/20031912.pdf.

Zickfield, K., S. Solomon, and D. Gilford. 2017. "Centuries of Thermal Sea-Level Rise Due to Anthropogenic

Emissions of Short-Lived Greenhouse Gases." *Proceedings of the National Academy of Sciences* 114, no. 4: 657–62. https://www.pnas.org/doi/10.1073/pnas.1612066114#:~:text=Our%20study%20 shows%20that%20short,additional%20future%20sea%2Dlevel%20 rise.

大統領経済諮問委員会活動報告

大統領経済諮問委員会の 2021 年中の活動についての大統領への報告

付録 A

送付状

経済諮問委員会
ワシントン D.C.　2021 年 12 月 31 日

　大統領閣下
　経済諮問委員会は、1978 年「完全雇用及び均衡成長法」によって修正された
「1946 年雇用法」第 10 条 (d) 項に基づき、議会の要請にしたがって、2021 暦
年中の本委員会の諸活動についての報告書を提出いたします。

敬具

セシリア・エレナ・ラウズ
委員長

ジャレッド・バーンスタイン
委員

ヘザー・ブーシェイ
委員

Council Members and Their Dates of Service

Name	Position	Oath of office date	Separation date
Edwin G. Nourse	Chairman	August 9, 1946	November 1, 1949
Leon H. Keyserling	Vice Chairman	August 9, 1946	
	Acting Chairman	November 2, 1949	
	Chairman	May 10, 1950	January 20, 1953
John D. Clark	Member	August 9, 1946	
	Vice Chairman	May 10, 1950	February 11, 1953
Roy Blough	Member	June 29, 1950	August 20, 1952
Robert C. Turner	Member	September 8, 1952	January 20, 1953
Arthur F. Burns	Chairman	March 19, 1953	December 1, 1956
Neil H. Jacoby	Member	September 15, 1953	February 9, 1955
Walter W. Stewart	Member	December 2, 1953	April 29, 1955
Raymond J. Saulnier	Member	April 4, 1955	
	Chairman	December 3, 1956	January 20, 1961
Joseph S. Davis	Member	May 2, 1955	October 31, 1958
Paul W. McCracken	Member	December 3, 1956	January 31, 1959
Karl Brandt	Member	November 1, 1958	January 20, 1961
Henry C. Wallich	Member	May 7, 1959	January 20, 1961
Walter W. Heller	Chairman	January 29, 1961	November 15, 1964
James Tobin	Member	January 29, 1961	July 31, 1962
Kermit Gordon	Member	January 29, 1961	December 27, 1962
Gardner Ackley	Member	August 3, 1962	
	Chairman	November 16, 1964	February 15, 1968
John P. Lewis	Member	May 17, 1963	August 31, 1964
Otto Eckstein	Member	September 2, 1964	February 1, 1966
Arthur M. Okun	Member	November 16, 1964	
	Chairman	February 15, 1968	January 20, 1969
James S. Duesenberry	Member	February 2, 1966	June 30, 1968
Merton J. Peck	Member	February 15, 1968	January 20, 1969
Warren L. Smith	Member	July 1, 1968	January 20, 1969
Paul W. McCracken	Chairman	February 4, 1969	December 31, 1971
Hendrik S. Houthakker	Member	February 4, 1969	July 15, 1971
Herbert Stein	Member	February 4, 1969	
	Chairman	January 1, 1972	August 31, 1974
Ezra Solomon	Member	September 9, 1971	March 26, 1973
Marina v.N. Whitman	Member	March 13, 1972	August 15, 1973
Gary L. Seevers	Member	July 23, 1973	April 15, 1975
William J. Fellner	Member	October 31, 1973	February 25, 1975
Alan Greenspan	Chairman	September 4, 1974	January 20, 1977
Paul W. MacAvoy	Member	June 13, 1975	November 15, 1976
Burton G. Malkiel	Member	July 22, 1975	January 20, 1977
Charles L. Schultze	Chairman	January 22, 1977	January 20, 1981
William D. Nordhaus	Member	March 18, 1977	February 4, 1979
Lyle E. Gramley	Member	March 18, 1977	May 27, 1980
George C. Eads	Member	June 6, 1979	January 20, 1981
Stephen M. Goldfeld	Member	August 20, 1980	January 20, 1981
Murray L. Weidenbaum	Chairman	February 27, 1981	August 25, 1982
William A. Niskanen	Member	June 12, 1981	March 30, 1985
Jerry L. Jordan	Member	July 14, 1981	July 31, 1982

Council Members and Their Dates of Service

Name	Position	Oath of office date	Separation date
Martin Feldstein	Chairman	October 14, 1982	July 10, 1984
William Poole	Member	December 10, 1982	January 20, 1985
Beryl W. Sprinkel	Chairman	April 18, 1985	January 20, 1989
Thomas Gale Moore	Member	July 1, 1985	May 1, 1989
Michael L. Mussa	Member	August 18, 1986	September 19, 1988
Michael J. Boskin	Chairman	February 2, 1989	January 12, 1993
John B. Taylor	Member	June 9, 1989	August 2, 1991
Richard L. Schmalensee	Member	October 3, 1989	June 21, 1991
David F. Bradford	Member	November 13, 1991	January 20, 1993
Paul Wonnacott	Member	November 13, 1991	January 20, 1993
Laura D'Andrea Tyson	Chair	February 5, 1993	April 22, 1995
Alan S. Blinder	Member	July 27, 1993	June 26, 1994
Joseph E. Stiglitz	Member	July 27, 1993	
	Chairman	June 28, 1995	February 10, 1997
Martin N. Baily	Member	June 30, 1995	August 30, 1996
Alicia H. Munnell	Member	January 29, 1996	August 1, 1997
Janet L. Yellen	Chair	February 18, 1997	August 3, 1999
Jeffrey A. Frankel	Member	April 23, 1997	March 2, 1999
Rebecca M. Blank	Member	October 22, 1998	July 9, 1999
Martin N. Baily	Chairman	August 12, 1999	January 19, 2001
Robert Z. Lawrence	Member	August 12, 1999	January 12, 2001
Kathryn L. Shaw	Member	May 31, 2000	January 19, 2001
R. Glenn Hubbard	Chairman	May 11, 2001	February 28, 2003
Mark B. McClellan	Member	July 25, 2001	November 13, 2002
Randall S. Kroszner	Member	November 30, 2001	July 1, 2003
N. Gregory Mankiw	Chairman	May 29, 2003	February 18, 2005
Kristin J. Forbes	Member	November 21, 2003	June 3, 2005
Harvey S. Rosen	Member	November 21, 2003	
	Chairman	February 23, 2005	June 10, 2005
Ben S. Bernanke	Chairman	June 21, 2005	January 31, 2006
Katherine Baicker	Member	November 18, 2005	July 11, 2007
Matthew J. Slaughter	Member	November 18, 2005	March 1, 2007
Edward P. Lazear	Chairman	February 27, 2006	January 20, 2009
Donald B. Marron	Member	July 17, 2008	January 20, 2009
Christina D. Romer	Chair	January 29, 2009	September 3, 2010
Austan D. Goolsbee	Member	March 11, 2009	
	Chairman	September 10, 2010	August 5, 2011
Cecilia Elena Rouse	Member	March 11, 2009	February 28, 2011
Katharine G. Abraham	Member	April 19, 2011	April 19, 2013
Carl Shapiro	Member	April 19, 2011	May 4, 2012
Alan B. Krueger	Chairman	November 7, 2011	August 2, 2013
James H. Stock	Member	February 7, 2013	May 19, 2014
Jason Furman	Chairman	August 4, 2013	January 20, 2017
Betsey Stevenson	Member	August 6, 2013	August 7, 2015
Maurice Obstfeld	Member	July 21, 2014	August 28, 2015
Sandra E. Black	Member	August 10, 2015	January 20, 2017
Jay C. Shambaugh	Member	August 31, 2015	January 20, 2017

Council Members and Their Dates of Service

Name	Position	Oath of office date	Separation date
Kevin A. Hassett	Chairman	September 13, 2017	June 30, 2019
Richard V. Burkhauser	Member	September 28, 2017	May 18, 2019
Tomas J. Philipson	Member	August 31, 2017	
	Acting Chairman	July 1, 2019	
	Vice Chairman	July 24, 2019	June 22, 2020
Tyler B. Goodspeed	Member	May 22, 2019	
	Acting Chairman	June 23, 2020	
	Vice Chairman	June 23, 2020	January 6, 2021
Cecilia Elena Rouse	Chair	March 2, 2021	
Jared Bernstein	Member	January 20, 2021	
Heather Boushey	Member	January 20, 2021	

大統領経済諮問委員会の 2021 年中の活動についての大統領への報告

経済諮問委員会は 1946 年雇用法によって設立され、データ、研究、エビデンスに基づいて経済政策について大統領に助言する責任を持っている。本委員会は 3 人の委員で構成されている。委員長は、上院の助言と同意を得て大統領によって任命される。2 人の委員は、大統領によって任命される。経済学者から成るチームとともに、彼らは経済的出来事を分析、解釈し、アメリカ国民の利益にかなう経済政策を策定し勧告する。

本委員会の委員長

セシリア・エレナ・ラウズは、第 30 代経済諮問委員会委員長として、2021 年 3 月 2 日に上院によって承認された。彼女は、この職位に就いた最初のアフリカ系アメリカ人である。この役割において、彼女はバイデン大統領のチーフ・エコノミスト、閣僚を務めている。彼女はプリンストン大学のカッツマン＝アーンスト教育経済学寄附講座教授、経済学、公共問題の教授である。

2012 年から 2021 年まで、ラウズはプリンストン大学公共・国際問題大学院の研究科長であった。ラウズは、2009 年から 2011 年までバラク・オバマ政権の経済諮問委員会委員を務めた。彼女はまた、クリントン政権の国家経済会議で 1998 年から 1999 年まで大統領特別補佐官を務めた。彼女の学術研究は、コミュニティ・カレッジ進学の経済的利益や、学生ローン債務が卒業後の結果に及ぼす影響などを含む教育経済学、また差別など労働経済学のその他の問題に焦点を合わせている。

本委員会の委員

ジャレッド・バーンスタインは、2021 年 1 月 20 日、大統領により本委員会に任命された。任命以前、バーンスタインは経済政策研究所で 16 年間上級職を務め、労働省に勤務した。彼は、2011 年から 2020 年まで予算・政策優先事項センターの上席研究員を務めた。2009 年から 2011 年まで、彼は、バイデン副大統領（当時）のチーフ・エコノミスト兼経済顧問を務めた。

ヘザー・ブーシェイは、2021 年 1 月 20 日、大統領により本委員会に任命された。この職位に就く前に、ブーシェイはワシントン公平成長センターを共同設立し、2013 年から 2020 年まで理事長兼 CEO を務めた。彼女は以前、ヒラリー・クリントン長官の 2016 年の政権移行チームのチーフ・エコノミストを務めたほか、アメリカ進歩センター、米連邦議会合同経済委員会、経済政策研究センター、経済政策研究所のエコノミストとして活躍した。

活動分野

本委員会の中心的機能は、すべての経済的な問題や出来事について大統領に助言することである。昨年、本委員会の優先事項には、COVID-19 の世界的パンデミックから回復を図りつつ、経済成長と雇用創出に拍車をかける政策に関する分析が含まれていた。

本委員会は、国家経済会議、国内政策会議、行政管理予算局、幾多の政策問題に関する討議に関与する行政機関を含め、さまざまな政府機関の職員と密接に連携している。

本委員会が今年重点を置いた分野には、景気刺激策とパンデミックからの回復、所得不平等と包摂的成長、強靭なインフラとサプライチェーンへの投資、イノベーションと（労働市場を含む）競争、インフレと失業、気候関連リスク、ケア、住宅、その他生活必需品のコストが含まれる。

本委員会は、カギとなる経済データ公表及び政策課題に関し、大統領、副大統領、ホワイトハウス上級職員に向けてほぼ毎日メモを作成している。

本委員会、財務省、行政管理予算局——政権の経済「トロイカ」——は、政権の予算案の基礎となる経済予測を作成する責任を負っている。本委員会は、毎年 2 回、有力な民間セクターの予測機関や他の政府機関を含め、さまざまな外部情報源と相談しながら、予測作業に着手している。本委員会は、既存の貿易協定の施行や、提案されている貿易政策の分析など、幅広い貿易関連問題に分析と意見を提供している。

経済協力開発機構（OECD）は、高所得工業国の経済協力のための重要な会議体であり、本委員会は主要な参加者である。本委員会は、経済政策委員会の議長を務め、米国経済に関する OECDの見解のための情報の提供を——商務省、国務省、財務省、労働省、行政管理予算局を含め——調整している。本委員会の委員及びスタッフ・エコノミストは、マクロ経済政策に関する作業部会に参加し、OECD の調査課題に寄与している。

本委員会は、一連のブログやイシュー・ブリーフで経済分析を発表している。昨年、次のようなものが行われた。

・米国救済計画（ARP）の景気刺激策がいかにして公平なパンデミックからの回復を始動させうるかに関するイシュー・ブリーフ（2021 年 2月）。

・パンデミックが賃金増、雇用、物価に及ぼす影響について評価し、賃金変動における構成効果と基本効果を概説したブログ（2021 年 4 月）。

・COVID-19 パンデミックに起因する景気後退と、基本効果、サプライチェーンの混乱、繰延サービス需要に推進されたインフレ高進の可能性を説明したブログ（2021 年 4 月）。

・パンデミック中の政府支援がいかに個人所得と個人支出を引き上げ、ひいては経済成長に貢献したのかに関するブログ（2021 年 4 月）。

・クリーン・エネルギー・イノベーションへの民間セクター投資を阻害する障壁と、官民パートナーシップの重要性に関するイシュー・ブリーフ（2021 年 4 月）。

・持続的かつ公平な経済成長を促進する上で公的セクター投資が果たす役割について、イノベーション、社会プログラム、物理的及び人的インフラへの重要性を浮き彫りにしたイシュー・ブリーフ（2021 年 5 月）。

・労働者の家族のニーズ——適正価格で質の高い保育、在宅医療、有休家族・医療休暇など——を満たす支援がいかにして米国の労働供給を増やし経済成長を加速させるかを説明したブログ（2021 年 5 月）。

・パンデミックによるサプライチェーンの混乱、過去にサプライチェーンが混乱に適応した方法、考えられる解決策について説明したブログ（2021 年 5 月）。

・排他的土地区画法の害悪と、住宅市場における持続的不平等に対処する政策提案の可能性に関するブログ（2021 年 6 月）。

・データの変動性と、特定のひと月や一情報源で

付録
A

はなくトレンドや幅広い指標を検証する必要性に関するブログ（2021 年 6 月）。

- 先のメディケア拡大が受給資格者の保険加入、健康、食料及び住宅保障、経済的福利などに及ぼす影響に関するイシュー・ブリーフ（2021 年 6 月）。
- 給付金及び補足的失業保険給付という形態での追加的連邦援助が、いかにして経済的困難に直面した世帯の食糧難の顕著な改善に結びついたのかを概説したブログ（2021 年 7 月）。
- インフレが高進した時期の歴史的類例を検証したブログ（2021 年 7 月）。
- 米国経済における財市場及び労働市場の競争の重要性に関するブログ（2021 年 7 月）。
- 経済的厚生を確保するための投票権の重要性に関するブログ（2021 年 8 月）。
- 大統領が提案した政策が、物理的インフラ、人的資本、クリーン・エネルギー、住宅、ヘルスケアへの長期的投資を通じ、いかにしてインフレ圧力を抑え経済的能力を上昇させるのかに関するブログ（2021 年 8 月）。
- 行政管理予算局（OMB）との共著で、生活必需品——処方薬、保育、教育など——の物価上昇が、米国の家計にどのような影響を及ぼしているのかを説明したイシュー・ブリーフ（2021 年 8 月）。
- 住宅市場における価格上昇と供給制約に関するブログ（2021 年 9 月）。
- 家賃、住宅価格、計測インフレ率の間の関係に関するブログ（2021 年 9 月）。
- 行政管理予算局（OMB）との共著で、米国の最富裕層 400 世帯によって支払われる平均連邦個人所得税率の推計に関するブログ（2021 年 9 月）。
- 大統領の政策提案が、消費者のエネルギー・コストを低位に保ちながら、いかにして温室効果ガスを削減できるかに関するブログ（2021 年 9 月）。
- 無許可移民に永住権を与えることの経済的利益に関するブログ（2021 年 9 月）。
- 債務上限と、連邦議会が債務上限引き上げを認めなかった場合に影響を受ける債務利払いに関するブログ（2021 年 10 月）。
- 近代的で気候変動に強い物理的インフラへの投資が持つ経済的利益と、継続的投資不足がわが国経済に課すリスクに関するイシュー・ブリーフ（2021 年 11 月）。
- 金融リスクと政府財政の評価の基礎となる経済予測に気候変動を組み入れることの重要性に関するイシュー・ブリーフ（2021 年 11 月）。
- 米中小企業庁によって提供された詳細データを、連邦政府が現行の調達慣行を見直すために分析したイシュー・ブリーフ（2021 年 12 月）。
- 『経済指標』の月次刊行（2021 年 1 〜 12 月）。
- 月次雇用統計に対応した雇用情勢を分析した月次ブログ（2021 年 1 〜 12 月）。

　本委員会はまた、経済・金融報道機関へのブリーフィングやインタビュー、講演、外部エコノミストとの意見交換、議会証言、主要データ定期更新を通じて、経済問題とわが政権の政策に関する国民の理解に貢献した。委員長と委員はまた、連邦準備制度理事会の議長及び理事と経済に関する意見交換をするために定期的に会合を持っている。

一般向け情報

　『大統領経済報告』は、経済諮問委員会年次報告とともに、政権の国内及び国際経済政策を提示する重要な手段である。それは政府出版局を通じて購入でき、www.gpo.gov/erp で無料で入手できる。本委員会の前記のすべての文書は、www.whitehouse.gov/cea で入手できる。

経済諮問委員会スタッフ

執行部

エリザベス・ハーシュホーン・ドナヒュー・・・・・
　首席補佐官兼総務
マーサ・ギンベル・・・・・・・・・・・・・・・
　上級顧問
サハラ・グリフィン・・・・・・・・・・・・・・
　委員長特別補佐官
アビゲイル・オシェー・・・・・・・・・・・・・
　委員特別補佐官
ザーラ・カーン・・・・・・・・・・・・・・・・
　コミュニケーション専門官

シニア・エコノミスト

リサ・バロー・・・・・・・・・・・・・・・・・
　教育、労働
スティーブン・ブラウン・・・・・・・・・・・・
　マクロ経済予測主幹
ネイサン・コンバース・・・・・・・・・・・・・
　マクロ経済、国際金融
ゴピ・シャー・ゴーダ・・・・・・・・・・・・・
　健康、長期ケア、社会保険
カリ・ヒーアマン・・・・・・・・・・・・・・・
　国際貿易
スーザン・ヘルパー・・・・・・・・・・・・・・
　サプライチェーン、製造業
デイモン・ジョーンズ・・・・・・・・・・・・・
　社会保険、不平等、人種的公正
ノア・カウフマン・・・・・・・・・・・・・・・
　気候
ヘレン・クヌーセン・・・・・・・・・・・・・・
　産業組織、中小企業、健康
グレッグ・ライザーソン・・・・・・・・・・・・
　税制、規制
ケビン・リンツ・・・・・・・・・・・・・・・・
　教育、労働
アーニー・テデスキ・・・・・・・・・・・・・・

マクロ経済
ローラ・ティーヘン・・・・・・・・・・・・・・
　貧困、都市問題
ジェフリー・チャン・・・・・・・・・・・・・・
　マクロ経済、金融、住宅

国家安全保障担当エコノミスト

メーガン・グリーン・・・・・・・・・・・・・・
　国家安全保障担当上級顧問

スタッフ・エコノミスト

R・ダニエル・ブレスラー・・・・・・・・・・・
　気候
エリオット・シャレット・・・・・・・・・・・・
　マクロ経済、貿易、金融
ライアン・カミングス・・・・・・・・・・・・・
　マクロ経済、金融、エネルギー
ブランドン・エンリケス・・・・・・・・・・・・
　気候、農村問題
ビクトリア・リー・・・・・・・・・・・・・・・
　教育、労働
リンゼー・レイモンド・・・・・・・・・・・・・
　産業組織、サプライチェーン、イノベーション
エヴァン・ソルタス・・・・・・・・・・・・・・
　教育、労働

リサーチ・アシスタント

ブラッドリー・クラーク・・・・・・・・・・・・
　気候、金融、住宅
マシュー・モーリー・・・・・・・・・・・・・・
　気候、金融、住宅
スティーブン・ニャルコ・・・・・・・・・・・・
　健康、サプライチェーン、中小企業
アンナ・パスナウ・・・・・・・・・・・・・・・
　気候、社会保険、不平等、インフラ

付録 A

サラ・ロビンソン・・・・・・・・・・・・・・
　マクロ経済
サファイア・セイド・・・・・・・・・・・・・
　税制、規制、社会保険
サラ・ウィートン・・・・・・・・・・・・・
　教育、労働

統計部

ブライアン・アモロシ・・・・・・・・・・・・
　統計部主幹

事務局
メーガン・パッカー・・・・・・・・・・・・・
　財務・行政主幹

インターン

マルハー・アグラウォール、ウマン・バンサル、
プロッサー・キャシー、アディティヤ・ダール、ジェ
イ・フィルブリック、ディラン・サエズ、ショシャ
ナ・シンガー

『大統領経済報告』作成

アルフレッド・インホフ・・・・・・・・・・・
　編集者
スーザン・ケラム・・・・・・・・・・・・・・
　編集者

萩原伸次郎監修・『米国経済白書』翻訳研究会訳

【翻訳者】

萩原 伸次郎（はぎわら しんじろう）　横浜国立大学名誉教授（総論、大統領経済報告、序章、第1～2章）

大橋 陽（おおはしあきら）　立命館大学経済学部（第3～5章、付録A）

下斗米 秀之（しもとまい ひでゆき）　明治大学政治経済学部（第6～7章）

米国経済白書 2022

2022年9月10日　初版第1刷発行

監訳者　萩原伸次郎監修・『米国経済白書』翻訳研究会訳

発行者　上野教信

発行所　蒼天社出版（株式会社　蒼天社）

　　　　101-0051　東京都千代田区神田神保町 3-25-11

　　　　電話　03-6272-5911　FAX 03-6272-5912

　　　　振替口座番号　00100-3-628586

印刷・製本所　株式会社シナノパブリッシングプレス

元気な中小企業を育てる　日本経済の未来を切り拓く中小企業のイノベーター 　　村本孜著	定価（本体 2,700 円＋税）
競争と結合　岡田与好著	定価（本体 3,500 円＋税）
アジア外交動と静　元中国大使・中江要介オーラルヒストリー 　　中江要介著、若月秀和ほか編	定価（本体 2,800 円＋税）
日中外交の証言　中江要介著	定価（本体 1,800 円＋税）
揺れ動くユーロ　吉國眞一・小川英治・春井久志編	定価（本体 2,800 円＋税）
国立国会図書館所蔵 GHQ/SCAP 文書目録・全 11 巻 　　荒敬・内海愛子・林博史編集	定価（本体 420,000 円＋税）
カンリフ委員会審議記録　全 3 巻 　　春井久志・森映雄訳	定価（本体 89,000 円＋税）
システム危機の歴史的位相　ユーロとドルの危機が問いかけるもの 　　矢後和彦編	定価（本体 3,400 円＋税）
国際通貨制度論攷　島崎久彌著	定価（本体 5,200 円＋税）
バーゼルプロセス　金融システム安定への挑戦 　　渡部訓著	定価（本体 3,200 円＋税）
現代証券取引の基礎知識　国際通貨研究所糠谷英輝編	定価（本体 2,400 円＋税）
銀行の罪と罰　ガバナンスと規制のバランスを求めて 　　野﨑浩成著	定価（本体 1,800 円＋税）
国際決済銀行の 20 世紀　矢後和彦著	定価（本体 3,800 円＋税）
サウンドマネー　BIS と IMF を築いた男ペールヤコブソン 　　吉國眞一・矢後和彦監訳	定価（本体 4,500 円＋税）
多国籍金融機関のリテール戦略　長島芳枝著	定価（本体 3,800 円＋税）
HSBC の挑戦　　立脇和夫著	定価（本体 1,800 円＋税）

The Carl S. Shoup's Materials of Public Finance and Taxation

カール・S・シャウプ財政資料 B5 判上製

横浜国立大学シャウプ・コレクション編集委員会

深貝 保則・伊集 守直・千原 則和・アドヴァイザー　W. Elliot Brownlee

カール・S・シャウプ財政資料　全 41 巻　揃定価（本体 1,312,000 円＋税）

配本	編	価格（税抜き）	ISBN
第 1 回	日本関係資料 第 1 回配本（第 1、9、10 巻）	96,000 円	9784901916660
第 2 回	日本関係資料 第 2 回配本（第 3、4、5 巻）	96,000 円	9784901916677
第 3 回	米国関係資料 第 1 回配本（第 1、2、3 巻）	96,000 円	9784901916714
第 4 回	米国関係資料 第 2 回配本（第 4、5、6 巻）	96,000 円	9784901916721
第 5 回	米国関係資料 第 3 回配本（第 7、8、9 巻）	96,000 円	9784901916738
第 6 回	米国関係資料 第 4 回配本（第 10、11、12 巻）	96,000 円	9784901916745
第 7 回	日本関係資料 第 3 回配本（第 2、11、12 巻）	96,000 円	9784901916684
第 8 回	米国関係資料 第 5 回配本（第 13、14、15 巻）	96,000 円	9784901916752
第 9 回	米国関係資料 第 6 回配本（第 16、17、18 巻）	96,000 円	9784901916769
第 10 回	諸外国関係資料 第 1 回配本（第 3、4、5 巻）	96,000 円	9784901916783
第 11 回	米国関係資料 第 7 回配本（第 19、20 巻）	6,4000 円*	9784901916776
第 12 回	日本関係資料 第 4 回配本（第 7、8、13 巻）	96,000 円	9784901916691
第 13 回	日本関係資料 第 5 回配本（第 6、14、15 巻）	96,000 円	9784901916707
第 14 回	諸外国関係資料 第 2 回配本（第 1、2、6 巻）	96,000 円	9784901916790

日本関係資料　全 15 巻

配本	価格（税抜き）	ISBN
日本関係資料 第 1 回配本（第 1、9、10 巻）	96,000 円	9784901916660
日本関係資料 第 2 回配本（第 3、4、5 巻）	96,000 円	9784901916677
日本関係資料 第 3 回配本（第 2、11、12 巻）	96,000 円	9784901916684
日本関係資料 第 4 回配本（第 7、8、13 巻）	96,000 円	9784901916691
日本関係資料 第 5 回配本（第 6、14、15 巻）	96,000 円	9784901916707

米国関係資料　全 20 巻

配本	価格（税抜き）	ISBN
米国関係資料 第 1 回配本（第 1、2、3 巻）	96,000 円	9784901916714
米国関係資料 第 2 回配本（第 4、5、6 巻）	96,000 円	9784901916721
米国関係資料 第 3 回配本（第 7、8、9 巻）	96,000 円	9784901916738
米国関係資料 第 4 回配本（第 10、11、12 巻）	96,000 円	9784901916745
米国関係資料 第 5 回配本（第 13、14、15 巻）	96,000 円	9784901916752
米国関係資料 第 6 回配本（第 16、17、18 巻）	96,000 円	9784901916769
米国関係資料 第 7 回配本（第 19、20 巻）	64000 円	9784901916776

諸外国関係資料　全 6 巻

配本	価格（税抜き）	ISBN
諸外国関係資料 第 1 回配本（第 3、4、5 巻）	96,000 円	9784901916783
諸外国関係資料 第 2 回配本（第 1、2、6 巻）	96,000 円	9784901916790

蒼天社出版　〒101-0051 東京都千代田区神田神保町 3-25-11　喜助九段ビル　電話 03-6272-5911　FAX03-6272-5912

申込書

書店	編集・横浜国立大学シャウプ・コレクション編集委員会	申込数
	カール・S・シャウプ財政資料 全41巻 揃定価（本体1,312,000円＋税）	セット
	米国関係資料　全 20 巻　揃定価（本体 640,000 円＋税）	セット
	日本関係資料　全 15 巻　揃定価（本体 480,000 円＋税）	セット
	諸外国関係資料　全 6 巻　揃定価（本体 192,000 円＋税）	セット